1421, l'année où la Chine
a découvert l'Amérique

Première publication en anglais sous le titre *1421, The Year China Discovered the World*, par Bantam, Londres, Royaume-Uni. Cette édition est publiée en accord avec Transworld Publishers, une division de The Random House Group Ltd.
www.1421.tv

ISBN : 978-2-916355-17-7

GAVIN MENZIES

1421, l'année où la Chine a découvert l'Amérique

Traduit de l'anglais (Royaume-Uni)
par Julie Sauvage

ÉDITIONS INTERVALLES

Ce livre est dédié à ma chère épouse Marcella,
qui m'a accompagné au cours des voyages relatés dans ce livre
et tout au long de mon existence.

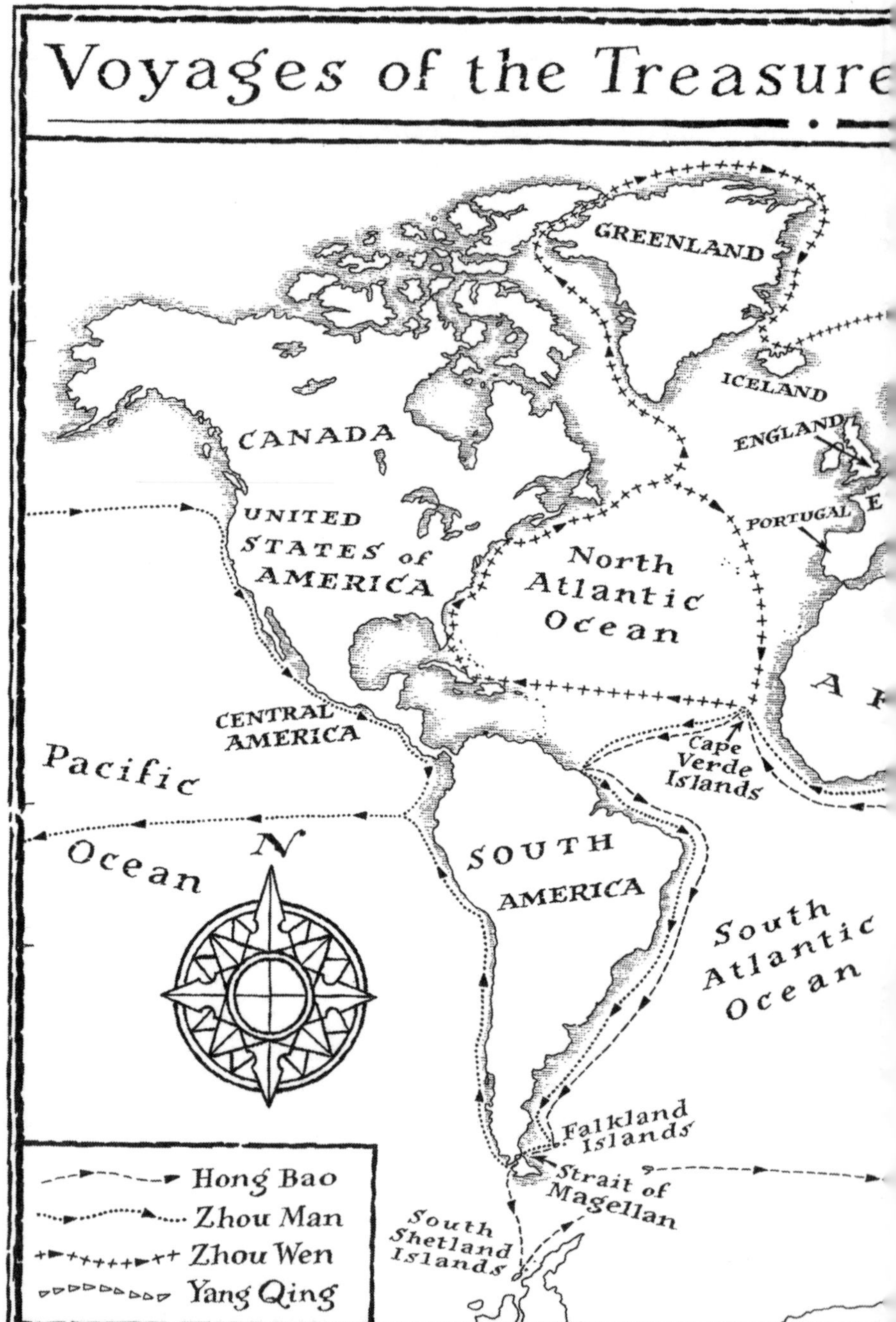

Itinéraires des vaisseaux-trésors, 1421-1423.

Fleets, 1421~3
Gower
Arctic Ocean
RUSSIA
Beijing
CHINA
JAPAN
INDIA
Spice Islands
AUSTRALIA
NEW ZEALAND
Indian Ocean
Good Hope
Kerguelen
Heard Island
Campbell Island
ANTARCTICA

Les contrées au-delà de l'horizon et aux confins de la terre
sont toutes devenues sujettes,
jusqu'au plus oriental et au plus septentrional de tous les royaumes,
aussi lointains qu'ils soient.

Extrait d'une inscription gravée sur une stèle commémorative
érigée par l'amiral Zheng He à Chang Lo,
sur les rives de l'estuaire du Yang-tseu-kiang en 1431.

INTRODUCTION

Il y a de cela plus de dix ans, je fis par hasard une découverte des plus incroyables, celle d'un indice dissimulé dans une vieille carte. S'il ne menait à aucun trésor caché, il suggérait néanmoins que l'histoire du monde telle que nous la connaissons et telle qu'elle s'est transmise depuis des siècles devait être radicalement révisée.

Je tentais alors d'approfondir une question qui était devenue pour moi une passion dévorante : l'histoire médiévale et, en particulier, les cartes marines et les portulans des premiers explorateurs. J'aimais examiner ces anciennes cartes, suivre les contours des terres, les côtes, les lignes changeantes des bancs de sable et des bas-fonds, repérer la menace des écueils et des récifs. Je suivais le flux et le reflux des marées, la force des courants invisibles, le cours des principaux vents, décortiquant les couches successives de sens accumulées dans ces cartes anciennes.

C'est dans les plaines venteuses du Minnesota que commencèrent mes recherches. Ce n'est sans doute pas le premier endroit où l'on penserait découvrir un document susceptible de révolutionner l'histoire. Mais la bibliothèque James Ford Bell, à l'université du Minnesota, possède une remarquable collection de portulans et de cartes anciennes, et l'une d'entre elles, en particulier, retint mon attention. Elle faisait partie du fonds Sir Thomas Philips, riche collectionneur britannique né vers la fin du XVIIIe siècle, mais elle était restée dans l'oubli le plus total jusqu'à la redécouverte de cette collection il y a une cinquantaine d'années.

La carte portait l'indication de l'année 1424, et la signature du cartographe vénitien Zuane Pizzigano. L'Europe et certaines parties de l'Afrique y figuraient et, en la comparant avec une carte moderne, je me rendis compte que ce cartographe avait dessiné les côtes européennes avec une grande précision. Pour l'époque, c'était même une réussite exceptionnelle, mais elle n'avait rien de prodigieux pour autant. Cependant, mon œil fut alors attiré par un détail des plus curieux : le cartographe avait aussi représenté un groupe d'îles dans l'océan Atlantique, loin vers l'ouest. Les noms qu'il leur avait donnés, Satanazes, Antilia, Saya et Ymana, ne correspondaient à aucun nom moderne et, dans le secteur où il les avait placées, il n'existait aucune grande île. Il pouvait s'agir d'une simple erreur dans le calcul d'une longitude, car les Européens ne maîtrisèrent pas cette technique ardue avant le XVIIIe siècle. Mais ma première idée fut qu'il s'agissait là d'îles imaginaires, qui n'existaient que dans l'esprit de celui qui les avait représentées.

J'y regardai à deux fois. Les deux îles principales étaient colorées de teintes vives, Antilia de bleu foncé, et Satanazes d'un rouge éclatant. Le reste de la carte n'était pas colorié et il semblait certain que Pizzigano voulait mettre en évidence l'importance de ces îles, récemment découvertes. Tous les noms figurant sur la carte étaient portugais. Antilia, soit *anti*, « de l'autre côté de », et *ilha*, « île », pouvait signifier « l'île face au Portugal, de l'autre côté de l'Atlantique ». Je ne voyais pas d'autre explication ni, dans ce nom, aucun autre indice pouvant m'aider à identifier cette île. Satanazes, soit « l'île de Satan », était un nom assez frappant. Sur la plus grande île, Antilia, figuraient un grand nombre de villes, indiquant qu'elle était mieux connue. Satanazes ne comportait que cinq noms de localités, ainsi que les inscriptions énigmatiques *con* et *imana*.

Mon intérêt allait croissant. Qu'étaient donc ces îles ? Existaient-elles vraiment ? La datation de la carte, sa provenance, son authenticité ne faisaient aucun doute. Pourtant, si elle était authentique, elle montrait des terres à des endroits où, selon toute l'historiographie traditionnelle, les Européens ne devaient s'aventurer que sept décennies plus tard. Après plusieurs mois de recherches dans les bibliothèques et les archives, à examiner cartes et documents, je fus persuadé qu'Antilia et Satanazes étaient en fait les îles de Porto Rico et de la Guadeloupe, dans les Caraïbes. Elles présentaient beaucoup trop de points communs pour qu'il puisse s'agir d'une coïncidence. Mais cela voulait dire que quelqu'un avait observé ces îles avec précision quelque soixante-dix ans avant Christophe Colomb. Cette révélation semblait incroyable. Certes, Colomb n'avait pas vraiment découvert le Nouveau Monde, mais son voyage était considéré comme fondateur d'une nouvelle ère. Il marquait le moment où les Européens, menés par les Portugais, s'étaient lancés dans leurs grandes expéditions d'exploration, le début d'une insatiable expansion qui devait s'étendre sur toute la surface du globe et marquer les cinq siècles suivants.

Il me fallait d'autres preuves pour étayer ma découverte. Aussi demandai-je l'aide d'un spécialiste de portugais médiéval, le Pr João Camilo dos Santos, alors en poste à l'ambassade portugaise de Londres. Il examina la carte Pizzigano et corrigea ma traduction de *con / imana*, qui signifiait « ici, un volcan est en éruption ».

Ces mots figuraient au sud de Satanazes, précisément à l'endroit où l'on trouve aujourd'hui trois volcans à la Guadeloupe. Étaient-ils entrés en éruption avant 1424 ? Gagné par l'exaltation, j'appelai le Smithsonian, l'institut de géologie de Washington : il y avait eu deux éruptions volcaniques à la Guadeloupe entre 1400 et 1440, mais aucune activité volcanique pendant le siècle précédent, ni pendant les deux cent cinquante ans qui suivirent. De plus, il n'y avait pas eu d'autre éruption dans les Caraïbes au même moment. Je me sentis sûr de moi, solidement ancré dans une réalité historique. J'étais certain d'avoir trouvé la preuve tangible que quelqu'un avait atteint les Caraïbes et y avait peut-être même établi une colonie soixante-huit ans avant l'arrivée de Christophe Colomb.

Muni d'une lettre du Pr dos Santos adressée au conservateur des Archives nationales de Torre do Tombo à Lisbonne, j'obtins l'autorisation d'y commencer des recherches par un bel après-midi d'automne, espérant pouvoir trouver de quoi corroborer mon intuition : l'idée que des Portugais avaient débarqué dans les Caraïbes avant Colomb. À mon grand étonnement, je devais tomber sur quelque chose d'entièrement différent. Ce n'étaient pas les Portugais qui avaient découvert ces îles des Caraïbes, loin de là. Elles leur étaient même entièrement inconnues à l'époque où Pizzigano avait réalisé sa carte. Elles étaient pourtant représentées sur une autre carte, légèrement postérieure, œuvre d'un anonyme, et dont les Portugais n'avaient pas disposé avant 1428. Je trouvai, de plus, un ordre du roi Henri le Navigateur, daté de 1431, qui enjoignait aux capitaines de sa flotte d'aller trouver les îles figurant sur cette carte de 1428. Si c'étaient les Portugais qui les avaient découvertes, l'ordre du roi Henri n'avait pas lieu d'être. Mais si ce n'étaient pas les Portugais qui avaient découvert et observé Antilia et Satanazes, qui cela pouvait-il bien être ? Qui avait fourni ces informations à Pizzigano et aux autres cartographes ?

Je commençai des recherches complémentaires. Je me renseignai sur l'expansion et le déclin d'autres civilisations médiévales, depuis longtemps disparues. Tour à tour, je dus éliminer toutes les flottes qui auraient pu se lancer dans un voyage d'exploration aussi ambitieux dans les premières décennies du XVe siècle. Venise, la puissance navale la plus ancienne et la plus importante d'Europe se trouvait alors presque en déconfiture. Le doge était malade, son pouvoir déclinait, son successeur attendait son heure, déterminé à abandonner la tradition maritime de sa cité pour en faire une puissance terrestre. Les pays d'Europe du Nord, qui disposaient à peine de flottes suffisantes pour traverser la Manche, n'auraient pu les envoyer à la recherche de nouveaux mondes. Les dirigeants égyptiens se débattaient, pris au piège des guerres civiles (il n'y eut pas moins de cinq sultans, rien qu'en 1421). Le monde musulman se désintégrait : ses bastions d'Afrique du Nord étaient tombés aux mains des Portugais, et l'empire mongol de Tamerlan, autrefois florissant, se décomposait.

Qui d'autre avait bien pu explorer les Caraïbes ? Je décidai de chercher s'il existait d'autres cartes montrant de nouveaux continents et datant d'avant les voyages d'exploration européens. Plus je creusais, plus je découvrais de bombes. Je fus stupéfait de voir que la Patagonie et les Andes avaient été cartographiées un siècle avant que les Européens n'y parviennent, et l'Antarctique quatre siècles avant sa découverte officielle. Une autre carte représentait la côte orientale de l'Afrique avec des longitudes parfaitement exactes, alors que les Européens ne devaient apprendre à les calculer que trois cents ans plus tard. Sur une autre encore figurait l'Australie, trois siècles avant Cook. D'autres montraient les Caraïbes, le Groenland, l'Arctique, les côtes atlantiques et pacifiques de l'Amérique, du Nord et du Sud, bien avant l'arrivée des Européens.

Pour qu'il fût possible de dessiner des cartes aussi précises du monde entier, des explorateurs, quels qu'ils fussent, avaient dû en faire le tour. Ils devaient maîtriser parfaitement la navigation astronomique et ils avaient dû trouver une méthode de calcul des longitudes assez exacte pour réaliser des cartes ne comportant que des erreurs négligeables. Pour couvrir les distances énormes dont il était question, ils devaient disposer de vaisseaux capables de naviguer pendant des mois sans escale, ce qui voulait dire qu'ils savaient aussi dessaler l'eau de mer. Comme je le découvris plus tard, ils prospectaient également, et ils creusèrent même des mines de métaux. Experts en horticulture, ils transplantèrent des espèces végétales, et même des espèces animales dans le monde entier. En résumé, ils changèrent la face du monde médiéval. Il me semblait que j'examinais les voyages les plus incroyables de l'histoire de l'humanité, mais des voyages complètement effacés de toute mémoire humaine : récits détruits dans leur grande majorité, réussites ignorées et finalement oubliées.

Ces révélations me paraissaient à la fois stupéfiantes et terrifiantes. Si je poursuivais mes recherches dans cette direction, j'allais contester des thèses historiques fondamentales sur l'exploration du globe. Tous les écoliers connaissent les noms des grands explorateurs, des grands navigateurs européens dont les exploits résonnent encore à travers les siècles. Bartolomeu Dias (1450-1500), parti du Portugal en 1487, fut le premier à passer le cap de Bonne-Espérance, à la pointe sud de l'Afrique. Poussé vers le sud par une tempête, il perdit la terre de vue, puis repartit vers le nord, contournant ainsi l'extrémité du continent, pour jeter l'ancre sur la côte orientale de l'Afrique. Vasco de Gama (1469-1525) suivit cet itinéraire dix ans plus tard. Il longea la côte est de l'Afrique et traversa l'océan Indien, ouvrant la première voie maritime de la route des Épices. Le 12 octobre 1492, Christophe Colomb (1451-1506) aperçut la terre dans ce que nous appelons aujourd'hui les Bahamas. L'histoire a retenu son nom comme celui du premier Européen qui ait jamais posé les yeux sur le Nouveau Monde, bien qu'il n'en ait jamais eu la moindre idée lui-même, persuadé qu'il était d'avoir atteint l'Asie. Il fit trois autres voyages, au cours desquels il découvrit de nombreuses îles des Caraïbes et même le continent, en Amérique centrale. Ferdinand Magellan (1480-1521) suivit Christophe Colomb, et il est considéré comme l'inventeur du détroit qui sépare l'Atlantique du Pacifique et qui porte aujourd'hui son nom. Il continua sa route vers l'ouest et son expédition fut la première à accomplir un tour du monde, bien que Magellan lui-même n'eût pas survécu pour voir son retour triomphal au Portugal : il fut tué aux Philippines le 27 avril 1521.

Tous ces hommes doivent beaucoup à la figure imposante du prince Henri le Navigateur (1394-1460) dont la base de Sagres, dans le sud-ouest du Portugal, devint une école d'explorateurs, de cartographes, d'armateurs et d'artisans spécialisés dans les instruments de navigation. C'est là que la conception des bateaux européens fut radicalement transformée, que l'on développa et que l'on améliora les instruments et les techniques de navigation ; c'est de là que s'élancèrent les grandes expéditions d'exploration puis de colonisation.

À la fin de mes recherches à Torre do Tombo, je sombrai dans la confusion la plus profonde. Je passai une soirée brumeuse, assis dans un bar sur le port de Lisbonne, à contempler la statue d'Henri le Navigateur. Je comprenais désormais son sourire énigmatique. Il n'avait fait que suivre vers le Nouveau Monde des prédécesseurs inconnus. Plus je ruminais, plus j'étais intrigué. Qui étaient donc ces navigateurs avertis qui avaient découvert et cartographié ces nouvelles terres, ces nouveaux océans, sans laisser d'autres traces de leur passage que d'énigmatiques cartes marines ?

C'est de bien étrange façon que je devais le découvrir. Les côtes de Patagonie, celles des Andes, du continent Antarctique et les îles Shetland-du-Sud étaient représentées avec une précision remarquable sur l'une de ces cartes. Les distances à couvrir pour y parvenir, entre l'équateur au nord et la péninsule Antarctique au sud, étaient énormes. Il leur avait fallu une flotte immense pour les parcourir. Un seul pays disposait à cette époque des ressources matérielles, des connaissances scientifiques, des vaisseaux et de l'expérience de la navigation requis pour une telle expédition. C'était la Chine. Mais l'idée de rechercher des preuves incontestables qu'une flotte chinoise avait exploré le monde bien avant les Européens m'emplissait d'effroi. Tenter de découvrir des événements qui avaient eu lieu six siècles auparavant était, en soi, une perspective assez intimidante. Mais il fallait y ajouter un obstacle majeur et presque insurmontable. Vers le milieu du XVe siècle, pratiquement toutes les cartes et tous les documents datant de cette période avaient été détruits par les autorités de la cour impériale chinoise elles-mêmes, à la suite d'un revirement subit de leur politique extérieure. Après ces immenses découvertes, loin de se tourner vers le monde extérieur, la Chine se replia sur elle-même. Tout ce qui pouvait rappeler son expansionnisme passé fut effacé de son histoire.

Si je voulais reconstituer la formidable histoire des expéditions d'exploration chinoises, j'allais devoir chercher ailleurs les preuves de leur existence, et j'avais presque peur de m'atteler à cette tâche. Qu'un capitaine de sous-marin à la retraite puisse prétendre révéler une histoire que tant de grands esprits avaient manqué de découvrir me semblait d'une suffisance et d'une arrogance confinant à la démesure. Mais bien que je ne fusse qu'un amateur, comparé aux éminents universitaires spécialistes en ce domaine, je jouissais d'un avantage crucial. En 1953, à l'âge de 15 ans, j'avais rejoint la marine britannique. À cette époque, l'Angleterre était encore une grande puissance navale, disposant de flottes énormes et de bases maritimes destinées à les soutenir partout dans le monde. Durant les dix-sept années que je passai dans la marine, je parcourus le globe dans le sillage des grands explorateurs. Entre 1968 et 1970, par exemple, en tant que capitaine du *Rorqual*, je menai ce vaisseau de Sa Majesté de Chine en Océanie, et du Pacifique aux Amériques.

Les côtes, les falaises, les montagnes que les premiers explorateurs avaient observées de leur gaillard d'arrière, je les avais vues par le périscope de mon sous-marin, à peu près sous le même angle. J'appris rapidement que ce qui est visible depuis le niveau de la mer ne correspond pas nécessairement à la réalité géographique. Autrefois, la navigation par satellite n'existait pas et il fallait trouver sa route grâce aux étoiles. Ces étoiles, je les voyais telles que les premiers explorateurs européens les avaient contemplées, et je calculais ma position en mesurant la hauteur et la direction du Soleil, tout comme ils l'avaient fait. Dans l'hémisphère sud, ce sont Canopus et la Croix du Sud qui guident les marins, des étoiles qui jouèrent un rôle prépondérant dans l'histoire extraordinaire que j'étais sur le point de découvrir. Sans l'expérience de la navigation astronomique que j'avais acquise dans la marine, il m'aurait été impossible d'écrire ce livre, et les découvertes que j'ai faites seraient passées inaperçues pendant bien des années encore.

Lorsqu'un profane en la matière, quelque éminentes que soient par ailleurs ses qualifications, regarde une carte, marine ou autre, il n'y voit que des contours qui peuvent être ou n'être pas la représentation maladroite de terres familières. En examinant la même carte, un marin expérimenté peut en déduire bien plus : où se rendait le cartographe qui fut le premier à les observer et à les dessiner, dans quelle direction il faisait voile, à quelle vitesse, à quelle distance de la côte il se trouvait, ce qu'il savait du calcul des latitudes et des longitudes, et même s'il faisait jour ou bien nuit. Muni d'une connaissance suffisante des terres et des océans figurant sur une carte, un navigateur est même en mesure d'expliquer pourquoi ce que la carte représente comme des îles peut très bien être une série de sommets montagneux, pourquoi ce qui apparaît comme une masse de terre peut n'être qu'un banc de sable, des récifs ou des îles et, par conséquent, pourquoi certaines terres ont pu être dépeintes avec des formes curieusement allongées.

J'avais vu des cartes datant du XVe siècle ou du début du XVIe siècle, où apparaissaient des régions du monde alors inconnues des explorateurs européens. Elles présentent des inexactitudes (les contours de certaines terres y sont méconnaissables, d'autres sont placées à des endroits où il n'y a que l'océan), et parce que la représentation du monde qu'elles offrent contredit l'histoire communément admise de l'exploration du globe, on les a longtemps rejetées, en les considérant comme des inventions, des faux ou, dans le meilleur des cas, comme d'étranges anomalies. Mais je revins encore et encore à ces cartes anciennes et à force de les étudier, de les évaluer, je vis apparaître une image nouvelle du monde médiéval.

Mes recherches confirmèrent que plusieurs flottes chinoises avaient bien effectué des voyages d'exploration dans les premières années du XVe siècle. La dernière expédition, la plus importante (quatre flottes réunies en une immense armada), fit voile au début de l'année 1421. Les derniers vaisseaux rescapés rentrèrent à l'été puis à l'automne 1423. Il ne nous est parvenu aucun récit de leurs voyages pendant ces deux années, mais les cartes montrent qu'ils ont non seulement contourné le cap de Bonne-Espérance et traversé l'Atlantique jusqu'aux îles figurant sur la carte Pizzigano de 1424, mais qu'ils ont aussi poursuivi leur route pour explorer l'Antarctique et l'Arctique, l'Amérique du Nord comme du Sud, et qu'ils avaient traversé le Pacifique jusqu'en Australie. Ces navigateurs avaient résolu le problème du calcul des latitudes et des longitudes, et ils avaient cartographié la terre comme les cieux, avec une égale précision.

C'est une *amah* chinoise qui s'occupa de mon éducation pendant les cinq premières années de ma vie. Aujourd'hui encore, je me rappelle le chagrin que je ressentis lors de notre séparation. Tout au long de ma vie, je m'étais souvent rendu en Chine. Mais malgré tout l'intérêt que je portais à ce vaste pays, je n'aurais pu prétendre en bien connaître l'histoire. Avant de pouvoir retracer le cours de ces incroyables voyages d'exploration, je devais m'immerger dans l'histoire médiévale chinoise. Ce fut pour moi une grande découverte et nombreux sont les Occidentaux qui partagent sans doute mon ignorance de ce peuple remarquable. Plus j'en apprenais, plus j'étais stupéfait par le rayonnement de cette civilisation antique, incroyablement érudite et sophistiquée. Sa science, sa technologie, sa connaissance du monde qui l'entourait dépassaient de loin celles que nous possédions à cette époque : il fallut aux Européens trois, parfois quatre, voire cinq siècles de plus pour égaler le savoir-faire des Chinois du Moyen Âge.

Après avoir beaucoup appris sur cette grande civilisation, je passai plusieurs années à parcourir le globe sur les traces des expéditions d'exploration chinoises, à poursuivre mes recherches dans les archives, les musées, les bibliothèques, à visiter des monuments, des châteaux, des palais et surtout les ports de mer les plus importants du haut Moyen Âge, à explorer des promontoires rocheux, des récifs de corail, des plages isolées et des îles lointaines. Partout, je découvris des preuves toujours plus nombreuses pour étayer ma thèse. Il s'avéra qu'une toute petite poignée de documents et d'ordres de navigation chinois avaient échappé aux destructions systématiques, et qu'il y avait parmi eux plusieurs récits à la première personne : ceux de deux historiens chinois, ceux de certains Européens, dont un marchand et, bien sûr, les premiers explorateurs qui suivirent le sillage des Chinois, découvrant sur place les traces du passage de leurs prédécesseurs.

Il y avait aussi une abondance de preuves matérielles : de la porcelaine chinoise, de la soie, des offrandes votives, des objets, des stèles gravées érigées par les amiraux chinois pour commémorer leurs exploits. On a retrouvé des épaves de jonques chinoises au large des côtes africaines, américaines, australiennes, néo-zélandaises. Les premiers Européens ont trouvé dans le Nouveau Monde une flore et une faune prospères, transplantées de Chine. Tout ce que je trouvais confirmait l'exactitude des cartes qui avaient d'abord emballé mon imagination. Les informations extraordinaires qu'elles recelaient avaient toujours été là, et n'importe qui pouvait les voir. Si elles ont échappé à nombre d'éminents historiens, spécialistes de la Chine médiévale, ce n'est ni par manque de travail ni de ténacité, mais par manque de connaissances sur la navigation astronomique et les océans du monde. Si j'ai pu trouver des éléments qui leur avaient échappé, c'est uniquement parce que j'étais capable d'interpréter en marin les remarquables cartes qui révélaient le cours et l'étendue des voyages effectués par les grandes flottes d'exploration chinoises entre 1421 et 1423.

Christophe Colomb, Vasco de Gama, Magellan et Cook devaient plus tard faire les mêmes « découvertes », mais tous savaient qu'ils ne faisaient que suivre le sillage laissé par d'autres, car ils avaient emporté des copies de ces cartes chinoises en partant pour leurs grands voyages vers « l'inconnu ». Pour détourner une citation célèbre, s'ils pouvaient voir plus loin que d'autres, c'était parce qu'ils se tenaient sur des épaules de géants.

PREMIÈRE PARTIE
LA CHINE IMPÉRIALE

CHAPITRE I

Le grand dessein de l'empereur

Le 2 février 1421, la Chine dominait toutes les nations de la terre. En ce nouvel an chinois, des rois et des ambassadeurs venus de toute l'Asie, d'Arabie, d'Afrique et de l'océan Indien se rassemblèrent au milieu des splendeurs de Pékin pour rendre hommage au Fils du Ciel, l'empereur Zhu Di. Une flotte de formidables vaisseaux parcourant les océans avec une précision diabolique avait amené ces monarques et leurs ambassadeurs à Pékin afin qu'ils puissent payer leur tribut à l'empereur et assister à l'inauguration de son imposante et mystérieuse capitale, la Cité interdite, à l'abri de ses remparts.

On ne comptait pas moins de vingt-huit chefs d'État parmi eux, mais pas celui du Saint Empire romain germanique, ni l'empereur de Byzance, ni le doge de Venise, ni le roi de France, ni celui de Castille ou du Portugal. Ils n'avaient pas été invités car des populations aussi attardées, ne disposant d'aucun produit à échanger, ni de connaissances scientifiques dignes de ce nom, ne figuraient guère parmi les nations prioritaires aux yeux de l'empereur.

Zhu Di était le quatrième fils de Zhu Yuanzhang, qui était parvenu à devenir le premier empereur de la dynastie Ming en dépit de sa basse extraction : son père n'était qu'un journalier originaire des contrées les plus pauvres de Chine[1]. En 1352, huit ans avant la naissance de Zhu Di, une terrible inondation ravagea des régions entières du pays. Les digues

1. La province d'Anlui, sur la rive nord du Yang-tseu, dans l'est de la Chine centrale.

du fleuve Jaune cédèrent, de vastes zones cultivables furent submergées et des villages entiers emportés par les eaux, qui ne laissaient dans leur sillage que la dévastation et la maladie. Le pays souffrait encore d'une terrible épidémie. Les Mongols dirigeaient la Chine depuis que Kublai Khan, petit-fils du plus glorieux des plus grands guerriers, Gengis Khan, l'avait conquise en 1279. Mais en 1352, tourmentés par la famine et la maladie, plongés dans la plus terrible pauvreté car exploités par leurs suzerains mongols, les paysans de la région de Canton, sur le delta de la rivière des Perles, se soulevèrent. Zhu Yuanzhang se joignit aux rebelles. Il sortit rapidement du rang, s'affirmant comme leur chef, ralliant à leur cause soldats et fermiers. Pendant les trois années qui suivirent, la révolte s'étendit à l'ensemble du territoire chinois. En quelques décennies de paix, les féroces guerriers mongols, jadis fléaux de l'Asie, étaient devenus oisifs et suffisants. Déchirés par les dissensions internes, ils s'avérèrent bien inférieurs à l'armée qu'avait levée le père de Zhu Di : en 1356, ses forces prirent Nankin et coupèrent l'approvisionnement de la capitale du nord, Ta-tu (Pékin).

Zhu Di avait huit ans lorsque l'armée de son père entra dans Ta-tu, en 1368. Le dernier empereur mongol, Toghon Temur, avait quitté le pays : il battait en retraite vers le nord, vers la steppe, au cœur des terres mongoles. Zhu Yuanzhang annonça l'avènement d'une nouvelle dynastie, les Ming, et s'en proclama premier empereur, sous le titre dynastique de Hong Wu[1]. Zhu Di, qui rejoignit ensuite les rangs de la cavalerie, fit ses preuves en tant qu'officier, se montrant courageux et habile. À l'âge de 21 ans, il prit part à la campagne contre les Mongols qui occupaient encore la province montagneuse du Yunnan, au sud-ouest du pays, vers les frontières actuelles du Tibet et du Laos. En 1382, il reçut l'ordre de détruire Kunming, dernier bastion mongol de la région, au sud de la montagne des Nuages. Lorsque la cité fut prise, les Chinois massacrèrent les soldats qui l'avaient défendue et firent castrer les prisonniers qui n'avaient pas encore atteint la puberté. Des milliers de jeunes Mongols eurent le pénis et les testicules tranchés. Beaucoup moururent du choc et des infections. Les survivants furent enrôlés dans les armées impériales ou devinrent esclaves.

Les eunuques occupèrent les fonctions de « serviteurs dans les palais, de gardiens dans les harems, et d'espions[2] » dans tout le monde antique,

1. Les empereurs chinois n'étaient pas connus sous leur vrai nom, mais sous un titre choisi et, après leur mort, sous un « nom de temple », « Empereur sincère » par exemple, censé refléter le cours de leur vie.

2. Mary M. Anderson, *Hidden Power : The Palace Eunuchs of Imperial China*, Prometheus, Buffalo, New York, 1990, p. 15-18 et 307-311.

à Rome, en Grèce, en Afrique du Nord et dans une grande partie de l'Asie, et ils jouèrent un rôle prépondérant dans toute l'histoire de la Chine[1]. De façon surprenante, ils témoignaient d'une fidélité absolue envers les empereurs qui avaient cautionné leur mutilation. Il y en avait à la cour depuis le VIIIe siècle av. J.-C. et l'on en comptait plus de 70 000, qui travaillaient dans la capitale et ses environs. Seuls les hommes castrés avaient l'autorisation de devenir serviteurs personnels de l'empereur et de garder les appartements des femmes de sa famille, ainsi que ceux des concubines dans le « Monde intérieur », au cœur de la Cité interdite. Les empereurs entretenaient des milliers de concubines qui devaient à la fois symboliser leur pouvoir et leur assurer un héritier en ces temps de mortalité infantile élevée. Les rites chinois visaient principalement à garantir la continuité de la dynastie et du culte des ancêtres, qui revêtaient une importance capitale. Les hommes non castrés, même les proches parents de l'empereur, se voyaient interdire le voisinage des appartements des femmes, sous peine de mort. On s'assurait ainsi que tout enfant né d'une concubine avait bien été engendré par l'empereur et par nul autre que lui.

Les eunuques étaient aussi chargés d'entretenir le secret et le mystère qui régnaient autour du trône impérial. Les dieux accordaient à chaque dynastie le « mandat céleste », qui légitimait le règne de l'empereur, mais si ce dernier s'avérait sujet aux faiblesses humaines, coupable de mauvais jugements ou de mauvaise conduite, ils pouvaient le reprendre. Il était interdit de poser les yeux sur la personne de l'empereur : même les hauts dignitaires devaient baisser le regard en sa présence et lorsqu'il se déplaçait dans les rues, on tendait des écrans pour le protéger du regard public. Seuls les eunuques, ces êtres « vils et efféminés », tenus dans un esclavage absolu et dont la vie même dépendait de l'empereur, pouvaient avoir assez peur pour être autorisés à le voir en privé, à devenir les témoins silencieux de ses petites faiblesses et de ses petites manies[2].

Ma He, l'un des nombreux enfants castrés à Kunming, fut attribué à la maison de Zhu Di, où on lui donna le nom de Zheng He. Nombre de Mongols chassés par Zhu Di et son père s'étaient convertis à l'islam. Zheng He était un fervent musulman, mais aussi un terrible soldat, et il devint bientôt le conseiller le plus proche de Zhu Di. Figure imposante, il dominait physiquement son maître. On dit qu'il mesurait plus de deux

1. R. H. Van Gulik, *La Vie sexuelle dans la Chine ancienne*, Louis Evrard (trad.), Gallimard, 1971.
2. Anderson, *op. cit.*

mètres, pesait plus de cent kilos et qu'il avait la « démarche d'un tigre »[1]. Quand Zhu Di fut élevé au rang de prince du Yen (la région de Pékin), et qu'il se vit attribuer les nouvelles responsabilités, plus importantes, de défendre les marches septentrionales de l'empire, Zheng He l'accompagna. Zhu Di installa sa base dans l'ancienne capitale Ta-tu et la rebaptisa Beijing[2]. En 1387, après trente années de combats, les derniers vestiges du règne des Mongols avaient été éliminés. Le père de Zhu Di, Hong Wu, empereur désormais vieillissant, aux tendances paranoïaques croissantes, purgea systématiquement son état-major, éliminant toute personne susceptible de représenter la moindre menace pour son autorité. Bien des responsables militaires préférèrent se suicider plutôt que de causer le déshonneur et la disgrâce de leur famille et de leurs ancêtres en se faisant démettre de leurs fonctions. Des dizaines de milliers de responsables civils et militaires n'en furent pas moins passés au fil de l'épée.

Après la mort de son fils aîné, Hong Wu avait choisi son petit-fils, Zhu Yunwen, neveu de Zhu Di, pour lui succéder. Persuadé à tort que Zhu Di était mongol, il ne lui faisait pas confiance. Lorsqu'il avait épousé la mère de ce dernier, on avait en effet omis de lui préciser qu'elle était déjà enceinte, et l'on ignorait qui était vraiment le père de Zhu Di. Six ans plus tard, à la mort du vieil empereur, Zhu Yunwen reprit cette politique d'élimination des rivaux potentiels. L'année suivante, durant l'été, deux tueurs furent envoyés dans le nord pour assassiner Zhu Di. Pour échapper à l'exécution, ce dernier abandonna sa belle demeure et se fit vagabond dans les rues de Pékin pendant plusieurs mois, dormant dans les caniveaux la nuit, errant par les rues le jour. Il simula la folie : sale et hirsute, il n'avait plus du tout l'apparence d'un prince de la maison impériale, si bien que le peloton d'exécution passa sans se rendre compte de rien devant ce vagabond apparemment inoffensif. Zhu Di se retourna alors contre ses poursuivants. Avec l'aide de la garde personnelle d'eunuques menée par Zheng He, qui lui était restée fidèle, Zhu Di rassembla ses forces en secret pour frapper ceux qui voulaient l'assassiner. Après avoir lâché quantité d'oies criardes dans un parc de Pékin pour dissimuler par leur vacarme le cliquetis des armes, il y rassembla huit cents hommes. Surpris, les assassins furent massacrés et Zhu Di, victorieux, commença sur-le-champ à réunir et entraîner une véritable armée.

1. Dorothy et Thomas Hoobler, *Images Across the Ages : Chinese Portraits*, Raintree, Austin, Texas, 1993.
2. L'actuelle Pékin. Pour la transcription des toponymes chinois, nous avons gardé les noms usuels (Pékin, Canton, Nankin) pour les villes les plus connues, ainsi que lorsque le contexte historique l'exige. Ailleurs, c'est la prononciation chinoise que nous avons suivie. (NdT)

Lorsqu'il apprit la nouvelle de cet échec, Zhu Yunwen envoya immédiatement une armée d'un demi-million d'hommes vers le nord pour écraser Zhu Di, mais les saisons changeaient et les soldats partis en uniforme d'été et en sandales de paille gelèrent littéralement à l'arrivée de l'impitoyable hiver. L'armée de Zhu Di manœuvrait à l'extérieur de Pékin lorsque les troupes démoralisées de Zhu Yunwen s'avancèrent vers la ville. Ces dernières furent piégées dans une bataille à laquelle même les femmes de Pékin prirent part en jetant pots et cruches sur la tête des assaillants depuis les remparts de la ville.

En 1402, Zhu Di fit route vers le sud, vers Nankin, à la tête d'une immense armée. La cité impériale était divisée. Les mandarins, élite intellectuelle de la capitale, et les eunuques se haïssaient : inimitié profonde et presque aussi vieille que la Chine impériale elle-même. L'empereur prêtait facilement l'oreille à ses serviteurs personnels et, tels les courtisans européens, les eunuques pouvaient amasser des fortunes considérables grâce à leurs relations avec l'empereur. Ils tenaient sous leur domination le « Monde intérieur », mais seuls les mandarins pouvaient être titulaires de charges officielles dans le « Monde extérieur », au-delà des murs.

On ne devenait mandarin, dignitaire de haut rang, qu'après plusieurs années d'études intensives et plusieurs examens reposant uniquement sur les enseignements de Confucius (551-479 av. J.-C.), le grand sage qui avait lui-même exprimé sa désapprobation à l'égard des eunuques exerçant des fonctions d'autorité. Ces derniers ne recevaient aucune formation confucéenne et leur avancement ne dépendait que de l'empereur. Les mandarins, au contraire, étaient imbus de morale confucéenne, pétris d'un système de valeurs destiné à maintenir l'ordre et la hiérarchie sociale en empêchant tout individu de perturber le *tao* (interaction des forces naturelles), et visant à déterminer la place exacte de chacun dans la vie et dans les rites, son rang et sa position sur l'échelle sociale. Selon Confucius, le bon gouvernement requérait par définition « que le prince soit prince, que le sujet soit sujet, le père, père, le fils, fils[1] ! »

Au cœur du confucianisme et du gouvernement des mandarins, on trouvait le maintien d'une continuité dans l'ordre et le calme, et pour les mandarins, c'étaient les fermiers, non les marchands et les étrangers, qui devaient constituer l'ossature de la société chinoise.

Les mandarins qui entouraient Zhu Yunwen avaient réussi à marginaliser les eunuques, à les dépouiller de la plus grande partie de leur pou-

1. Confucius cité par Fernand Braudel dans *Grammaire des civilisations*, Flammarion, Paris, 1993, p. 217.

voir et de leur influence passés. Aussi, lorsque l'armée de Zhu Di s'avança sous les murs de Nankin, les eunuques lui ouvrirent les portes de la ville. Zhu Di monta sur le trône du Dragon[1] et se proclama empereur, prenant le titre dynastique de Yong Le. On ne retrouva jamais Zhu Yunwen. On pense qu'il réussit à s'échapper, déguisé en moine. Zheng He resta aux côtés de l'empereur, dans un cercle très restreint d'eunuques qui réunissait les plus proches collaborateurs du souverain. Instruits des affaires de l'État et accroissant leur influence personnelle, ils voyaient souvent l'empereur, se familiarisant avec ses humeurs et ses inclinations. Comme ils avaient également l'autorisation de se rendre dans les appartements des concubines, ils étaient parfaitement au courant des intrigues qui se nouaient parmi les milliers de femmes qui y étaient retenues.

Les eunuques constituaient de nouveau une force politique. Le plus puissant d'entre eux, Zheng He, devait sa position aux services qu'il avait rendus à l'empereur et à la reconnaissance de ce dernier. En référence aux « trois trésors », trois principes bouddhistes fondamentaux (Bouddha, la doctrine et la méditation), il s'était attiré le surnom de San Bao. Zheng He avait fait don de son pénis tranché à un temple. Le coffret qui contenait son *pao* (« trésor de virilité ») devait l'accompagner dans l'autre monde, où il redeviendrait un homme complet. Mais dans cette vie terrestre, il avait juré de servir son maître et souverain, le troisième empereur Ming, Zhu Di, et d'obéir à ses ordres.

En l'espace de douze mois, bien qu'il n'eût jamais pris la mer, Zheng He fut nommé amiral de la plus grande flotte jamais construite. L'une des premières mesures de Zhu Di fut en effet de doubler la taille des chantiers navals de Longjiang, près de Nankin. Il s'agissait déjà des principaux chantiers navals de Chine et, désormais largement étendus, ils couvraient plusieurs kilomètres carrés sur les rives du Yang-tseu, à l'extérieur des portes orientales de la ville. On y construisit sept cales sèches reliées à la rivière par toute une série d'écluses. Chacune d'entre elles pouvait être subdivisée pour permettre la construction simultanée de trois bateaux. On peut encore les voir aujourd'hui[2]. Le but que visait Zhu Di, Kublai Khan

1. L'on attribuait au dragon des pouvoirs miraculeux et il représentait, par métaphore, les personnes de grande vertu ou de grand talent. Presque tous les accessoires et les meubles dont l'empereur se servait quotidiennement (de ses robes à son lit, en passant par le trône) se voyaient accoler le préfixe « dragon » ou « phénix », autre créature mystique aux pouvoirs surnaturels.

2. En 2002, le gouvernement chinois a annoncé un ambitieux plan de restauration des cales sèches et de construction à l'identique d'une jonque de Zheng He.

lui-même n'avait pas réussi à l'atteindre : il s'agissait de constituer un empire maritime englobant plusieurs océans.

Avant le IXᵉ siècle, les bateaux qui s'aventuraient loin au large des côtes chinoises appartenaient presque toujours à des marchands étrangers, mais à partir de cette époque, la Chine développa sa propre marine. Dynasties mongoles, les Song et les Yuan avaient entretenu de vastes flottes et renforcé le commerce extérieur du pays, enlevant peu à peu aux Arabes le contrôle du commerce des épices. Zhu Di se lança alors dans une incroyable entreprise d'expansion navale. Ayant hérité de vaisseaux de guerre et de commerce, il voulut y adjoindre 1 681 nouveaux bateaux, dont il commanda la construction, et parmi lesquels se trouvaient de nombreux vaisseaux-trésors, gigantesques neuf-mâts ainsi nommés d'après la valeur inestimable des chargements qu'ils pouvaient transporter dans leurs énormes cales. Des dizaines de milliers de charpentiers, d'ouvriers voiliers et de charpentiers de marine venus de toute la province furent employés pour les construire. Outre ces 250 vaisseaux-trésors, la flotte comprenait plus de 3 500 autres bateaux : 1 350 patrouilleurs et autant de navires de combat basés dans les stations navales de la côte ou des îles, 400 vaisseaux de guerre plus importants et 400 navires de charge, cargos destinés au transport du grain, de l'eau et des chevaux pour la flotte. Ces vaisseaux devaient sillonner les océans pour les cartographier et pour soumettre le monde entier au système chinois du « tribut » : les souverains étrangers payaient tribut à l'empereur en échange de privilèges et d'une protection contre leurs ennemis, mais la Chine vendait toujours à ses partenaires commerciaux des marchandises (soieries et porcelaines) dont la valeur excédait celle de ses propres achats, quitte à leur consentir de légers crédits... qui les maintenaient dans une dette perpétuelle.

À cette immense flotte incombait également la tâche de traquer Zhu Yunwen, le fugitif : « Certains prétendent qu'il se trouve à l'étranger. L'empereur a ordonné à Zheng He de rechercher toute trace de sa présence[1]. » Le monde devait apprendre qui était le légitime occupant du trône du Dragon, le Fils du Ciel, Zhu Di.

Dès qu'il avait revendiqué le trône, Zhu Di avait décidé de déplacer sa capitale pour l'installer dans son ancienne place forte de Pékin. Or Tamerlan, dernier des grands chefs nomades, vieillissant, avait, lui, décidé de s'emparer de son ultime trophée, la Chine. Zhu Di résolut d'affronter

---

1. Ming Tong Jian, *Comprehensive Mirror of Ming History*, 1873, chap. 14, cité par Louise Levathes, *When China Ruled the Seas*, Simon & Schuster, 1994, p. 73-74.

immédiatement l'ennemi. C'était la blessure infligée par une flèche lors d'une bataille qui lui avait valu ce surnom de Tamerlan, forme occidentalisée du nom persan Timur-i-Lang, « Timur le Boiteux », et il s'était montré digne successeur de ses ancêtres Gengis Khan et Kublai Khan. « Il aimait les soldats audacieux et vaillants ; avec leur aide, il ouvrait les vannes de la terreur et, tel un lion, mettait ses ennemis en pièces, et renversait des montagnes[1]. » Depuis sa capitale Samarcande, sur la route de la Soie, route commerciale essentielle de toute l'Asie centrale, Tamerlan lançait des campagnes incessantes à travers tout le continent. Il avait conquis le nord de l'Inde, la Perse, la Syrie et battu les Ottomans à Ankara en 1402. Il tournait désormais ses regards vers l'est, envisageant de défaire les armées chinoises, de renverser Zhu Di et de ramener la Chine sous la domination des Mongols.

Pour faire face à cette impérieuse menace, le nouvel empereur emmena sa cour à Pékin, protégé par une armée d'un million d'hommes. Mais ses projets pour la nouvelle capitale ne se limitaient pas à en faire une place forte susceptible de contrecarrer les intentions de Tamerlan. Pour édifier Ta-tu, Kublai Khan avait suivi un plan traditionnel chinois, détournant même des fleuves pour encercler la ville. Zhu Di conserva l'essentiel de cette organisation, mais fit démolir l'enceinte réservée à la cour et la fit remplacer par un complexe impérial classique, la Cité interdite, dont les proportions étaient bien plus agréables. Elle devait se trouver au centre d'une capitale entourée de remparts, censée atteindre des dimensions énormes : 1 500 fois la superficie de Londres *intra muros* à cette même époque, 50 fois sa population.

Mais la construction de la plus grande ville du monde, destinée à éblouir ses sujets et à intimider ses ennemis, ne représentait qu'une partie du grand dessein de l'empereur. Il voulait également faire restaurer la Grande Muraille, édifiée par le premier empereur chinois, Qin Shi Huangdi (221-206 av. J.-C.). Fondateur de la dynastie des Qin, il avait été le premier à unifier ces provinces qui s'affrontaient entre elles, le premier à régner sur tout le pays. La Grande Muraille, dont l'édification s'avéra ruineuse, devait protéger les frontières nord de la Chine, mais au cours des 1 600 années qui suivirent, elle avait été si mal entretenue qu'elle menaçait désormais de s'effondrer. Zhu Di entreprit un programme de reconstruction et de renforcement de la Grande Muraille, il fit ajouter des tours de garde et de guet tout au long des 5 000 kilomètres existants, et fit pro-

1. Ahmad ibn Arabshah, *Miracles of Destiny in Timur's History*, 1636.

longer les fortifications sur 1 400 kilomètres. Elle s'étendait du Pacifique aux montagnes Célestes, en Asie centrale.

Mais les ambitions de Zhu Di allaient plus loin encore. Il envoya des expéditions chez ses voisins orientaux, par la route de la Soie, afin de reconstituer l'empire commercial que la Chine avait dominé à l'âge d'or de la dynastie Tang, plus de cinq siècles auparavant. À tout cela s'ajoutait son programme d'expansion de la flotte.

Zhu Di avait l'intention d'atteindre tous ces buts prodigieux en deux décennies. Le fil rouge de ses projets, c'était que les Chinois devaient retrouver foi en eux-mêmes et en leur glorieux passé. Les Mongols avaient été chassés, la Chine était à nouveau chinoise. Inquiet de n'être pas l'héritier désigné de son père, Zhu Di cherchait constamment à montrer qu'il bénéficiait d'une légitimité divine, que les dieux approuvaient son ascension sur le trône du Dragon. Les premiers bâtiments qu'il fit construire furent donc ceux du grand complexe cérémonial, le temple du Ciel, au centre de la nouvelle ville. Ils ne devaient pas seulement constituer le décor des cérémonies annuelles que le Fils du Ciel était censé accomplir, mais le cœur même de l'empire. Un nouvel observatoire devait aussi s'élever au centre de la cité. Zhu Di s'intéressait personnellement à l'astronomie et à la façon dont il pourrait faire fructifier le merveilleux héritage qu'il avait reçu dans ce domaine. Les astronomes chinois étaient en effet dépositaires de plus de deux millénaires d'expérience et d'archives concernant l'observation du ciel nocturne. Ils avaient repéré l'apparition d'une nouvelle étoile en 1 300 av. J.-C., noté tous les retours de la comète de Halley depuis 240 av. J.-C. et, en 1 054, ils avaient décrit les signes de l'explosion d'une supernova, soit l'actuelle nébuleuse du Crabe, avec le pulsar, ou étoile à neutron, qui se trouvait en rotation rapide à son centre.

Pendant quatre-vingt-neuf ans, les empereurs mongols avaient gravement négligé cet héritage inestimable. Aussi, dès la première année de son règne, Zhu Di réinstaura l'observation et le décompte des étoiles. Ses astronomes cartographièrent la trajectoire de plus de 1 400 d'entre elles dans le ciel nocturne et ils étaient capables de prédire les éclipses, lunaires aussi bien que solaires, avec une précision considérable. Zhu Di institua aussi un comité d'éminents astronomes ayant pour mission de « comparer et corriger les dessins des étoiles guides[1] ». Par la suite, il persuada même le shogun japonais, le roi de Corée et le prince Ulugh Beg, petit-fils de Tamerlan, de faire de même. L'intérêt que l'empereur portait à l'astro-

1. *Shun Feng Hsiang Seng* (« Bons vents pour l'escorte »), anonyme, vers 1430, Oxford, Bodleian Library.

nomie était d'ordre pratique et non théorique. Il était bien décidé à ce que ses astronomes perfectionnent de nouvelles méthodes d'utilisation des étoiles guides, pour permettre à ses amiraux de diriger la flotte avec précision et de déterminer la position exacte des terres qu'elle allait découvrir au cours de ses expéditions. Il voulait s'assurer que Pékin deviendrait le point de repère à partir duquel le monde entier pourrait être exploré et cartographié et à partir duquel on pourrait situer toutes les découvertes géographiques, en bref, le centre de l'univers connu.

Le transfert de la capitale de Nankin à Pékin dépassait en ampleur et en complexité toutes les entreprises entamées sous la dynastie des Ming. Il commença en 1404, avec le déplacement forcé de dix mille familles vers le nord, afin d'accroître la population de la nouvelle capitale. Une armée de centaines de milliers de travailleurs fut également déplacée à marche forcée et 335 divisions de l'armée furent redéployées pour les garder, bien que la menace des hordes mongoles de Tamerlan se fût rapidement évanouie. Le grand chef militaire avait quitté Samarcande à la tête d'une immense armée en janvier 1405, afin de marcher vers l'est, de traverser les montagnes et de mettre le camp près de la frontière chinoise pour pénétrer loin vers l'intérieur du territoire dès les premiers signes du printemps, en prenant au dépourvu les forces de l'empereur. Vieux et malade, Tamerlan était trop faible pour marcher et il se faisait transporter en litière. Les privations d'un voyage au beau milieu de l'hiver à travers des régions aussi inhospitalières lui furent néanmoins fatales. Il mourut le 18 février, avant même d'avoir vu la frontière chinoise. Son armée se divisa en factions rivales et se dispersa.

La nouvelle de sa mort ne changea en rien les projets de Zhu Di concernant Pékin, mais il s'avéra bientôt difficile de nourrir les ouvriers. La belle saison était courte, dans le nord, où l'on pouvait cultiver du millet, mais pas de riz alors que les rendements d'orge et de blé restaient faibles. La région ne produisait pas assez pour nourrir les travailleurs qui arrivaient par vagues successives. Zhu Di délégua le commandement militaire de Pékin à son troisième fils, Zhu Gaozhi, et des réductions d'impôt furent accordées à tous ceux qui se lançaient dans les cultures céréalières aux alentours de la ville. Lorsque cette mesure échoua, la production n'ayant pas assez augmenté pour nourrir la masse croissante des ouvriers, l'empereur décida qu'il fallait remettre en état le Grand Canal et l'élargir pour permettre l'acheminement vers le nord de cargaisons de céréales plus importantes.

On pouvait considérer ce canal, construit en 486 av. J.-C., sous la dynastie des Wu, comme l'une des merveilles du monde antique. À partir de 584 av. J.-C., il fut prolongé et plusieurs sections furent reliées pour former un système de 1 800 kilomètres, qui reste aujourd'hui encore le canal artificiel le plus long du monde et ce, au prix d'atroces souffrances humaines : on estime que la moitié de la main-d'œuvre, soit trois millions d'ouvriers, périt à la tâche. Le coût financier de ce projet et les crises intérieures qu'il engendra causèrent aussi l'effondrement rapide de l'éphémère dynastie Sui (589-618 av. J.-C.).

Le Grand Canal constituait la principale artère commerciale entre le nord et le sud de la Chine, mais ses capacités ne lui permettaient plus de satisfaire les besoins du pays. Les travaux d'élargissement se déroulèrent en deux phases. En 1411 commencèrent le dragage et la reconstruction de la section nord, longue de 210 kilomètres, ainsi que l'édification de 36 nouvelles écluses, car Pékin se trouvait à quelque trente mètres au-dessus du niveau du fleuve. Trois cent mille ouvriers y travaillèrent. La section sud, qui s'étendait du fleuve Jaune au Yang-tseu fut ouverte en 1415. Une fois achevé, le canal allait de Pékin, au nord, à Hangzhou, sur la côte, au sud de Shanghai. Près de dix mille barges à fond plat furent utilisées pour transporter les céréales et les livraisons passèrent de 2,8 millions de *piculs* en 1416 à 5 millions l'année suivante, c'est-à-dire de 170 000 à 300 000 tonnes.

La demande toujours croissante de céréales pour nourrir la main d'œuvre de Pékin provoqua des disettes, voire des famines, dans le reste de la Chine et la quantité de bois requise pour mener à bien les projets de l'empereur décima les forêts de feuillus dans tout le pays : outre les bâtiments de la Cité interdite, la construction d'un seul vaisseau-trésor de l'immense flotte chinoise demandait l'équivalent de 1 200 m^2 de forêt de teck de premier choix.

La marine impériale était soutenue par une nouvelle flotte de ravitaillement et l'on construisit des navires marchands, plus petits, par centaines, afin d'assurer les échanges commerciaux entre la Chine, l'Inde et les ports africains. Pour construire les milliers de barges qui transportaient les céréales sur le grand canal, il fallait encore du bois. On abattit des centaines de milliers, voire des millions de kilomètres carrés de forêt. L'Annam et le Viêt-Nam furent également dépouillés de leurs arbres, ce qui provoqua le début d'une longue série de révoltes contre la domination chinoise.

Zhu Di se trouvait aussi confronté à des problèmes intérieurs. L'ampleur et le coût de ses grandioses desseins suscitèrent une opposition de plus en plus radicale de la part des mandarins et l'empereur lui-même ne pouvait se permettre de réaliser sans leur appui des projets aussi importants que la construction de la Cité interdite. C'était aux mandarins qu'il incombait d'augmenter l'impôt afin de financer les grands desseins de Zhu Di et comme les autorités de toutes les cours, dans tous les royaumes l'ont toujours fait, ils trouvaient mille et une façons de retarder ou d'entraver les projets auxquels ils n'étaient pas favorables. Zhu Di, lui, continuait de poursuivre ses rêves avec le mélange de ruse et d'inflexibilité qui le caractérisait. Il alla même jusqu'à exploiter l'arrivée d'un *qilin* pour circonvenir ses opposants et déjouer leurs manœuvres.

Le *qilin* était un animal important dans la mythologie chinoise, censé avoir un corps de cerf musqué, une queue de bœuf, une tête de loup, des sabots de cheval et une corne charnue comme la licorne. La légende voulait qu'un *qilin* soit apparu à une jeune femme, Yen Tchen-tsai, au VIe siècle av. J.-C. Il avait déposé dans sa main un morceau de jade où était gravé un message l'informant que le fils qu'elle mettrait au monde serait « un roi sans trône[1] ». Ce fut Confucius, père d'une philosophie de l'ordre, système qui devait régner sur la pensée chinoise pendant plus de deux millénaires.

Zheng He offrit son *qilin* à Zhu Di le 16 novembre 1416. En l'occurrence, il s'agissait d'une girafe commune, rapportée par l'amiral de l'une de ces expéditions épiques, qui commencèrent en 1405, et au cours de laquelle il explora l'Afrique de l'Est. Proclamant qu'il s'agissait d'un signe d'approbation divine, l'empereur convoqua immédiatement un conseil afin de confirmer une fois pour toutes les avantages du transfert de la capitale à Pékin. Le poète de la cour écrivit un éloge du souverain et, abasourdis par l'apparition d'un tel animal céleste, les mandarins acceptèrent de se plier à ses désirs.

La Chine entière était désormais mobilisée pour mener à bien le dessein de l'empereur. On envoya d'autres équipes abattre encore plus d'arbres à teck dans les forêts du Jiangxi, du Shanxi, du Sichuan, de l'Annam et du Viêt-Nam. On construisit des fours à céramique pour fabriquer d'énormes quantités de briques. Artisans, soldats et manœuvres furent recrutés en nombre à travers tout l'empire. Au total, un million d'hommes travaillèrent directement à la construction de la Cité interdite et

1. Miles Menander Dawson, *The Wisdom of Confucius*, Boston, 1932, p. 57-58.

trois millions cinq cent mille indirectement. Il fallait y ajouter un million d'hommes pour les protéger.

Lorsque les barges purent ravitailler cette multitude d'ouvriers en passant par le Grand Canal, les travaux de construction s'accélérèrent. On améliora les douves, les remparts et les ponts de l'ancienne Ta-tu et l'on entama l'édification de la résidence impériale, le palais de l'Ouest, à l'intérieur de la Cité interdite. En 1420, les portions des remparts sud qui s'étaient délabrées sous le règne des Mongols furent restaurées et, un peu plus tard dans l'année, le temple du Ciel fut achevé. On avait construit suffisamment de bâtiments pour permettre à la cour de s'installer de façon durable et le jour du nouvel an chinois, le 2 février 1421, la magnifique capitale fut officiellement inaugurée. Pour marquer l'importance de cette occasion, les ambassadeurs de tous les chefs d'État devaient se prosterner, s'agenouiller en appuyant le front contre le sol aux pieds de Zhu Di. La suprématie absolue de la Chine fut rendue plus évidente encore par l'humiliation imposée à deux des hommes les plus puissants du monde, le fils et le petit-fils de Tamerlan. Leur première tentative de prosternation devant l'empereur ne fut pas jugée acceptable et l'un des eunuques de Zhu Di, Haji Maulana, la leur fit répéter. Ce second *kétou* ne convint pas non plus. Il leur fallut une troisième génuflexion pour que l'empereur se déclare satisfait.

Cette procession de chefs d'État se prosternant devant l'empereur marqua le point culminant d'une politique étrangère assidûment poursuivie depuis quinze ans. La diplomatie chinoise différait grandement de celle des Européens qui devaient suivre leurs traces dans l'océan Indien bien des années plus tard. Les Chinois préféraient atteindre leurs objectifs par le commerce, la ruse et la corruption plutôt que par le conflit ouvert et la colonisation directe. La stratégie de Zhu Di consistait à envoyer d'immenses armadas à travers le monde, à quelques années d'intervalle, pour apporter présents et marchandises. Les énormes vaisseaux-trésors chargés de canons, avec leur armée en déplacement, rappelaient aussi fortement le pouvoir impérial au bon souvenir de ses alliés : seule la Chine avait une puissance de feu assez importante pour protéger les pays amis des invasions et pour écraser toute insurrection contre leurs souverains. Ces vaisseaux-trésors rentraient en Chine pleins de toutes sortes d'articles exotiques : « salive de dragon [ambre gris], encens et ambre doré », « lions, léopards tachetés d'or et oiseaux-chameaux [autruches], hauts de plus de deux mètres » en provenance d'Afrique, drap d'or parsemé de perles et de pierres précieuses venu de Calicut, éléphants, perroquets, bois de santal, paons, bois précieux, encens, étain et cardamome importés du Siam (l'actuelle Thaïlande).

L'empereur récompensait les chefs d'État qui acceptaient de devenir ses vassaux en leur conférant des titres, en leur assurant sa protection et en leur confiant des missions commerciales. En Asie du Sud-Est, il récompensa Malacca de sa loyauté en lui donnant le statut de port de commerce aux dépens de Java et de Sumatra. L'empereur en personne composa même un poème pour le sultan et l'on peut dire que c'est lui qui fonda la Malaisie. Le Siam, royaume soumis, vit s'étendre ses privilèges commerciaux au détriment des Cambodgiens, plus agressifs. La Corée revêtait une importance particulière aux yeux des Chinois : Zhu Di dépêcha sans attendre un ambassadeur au roi Yi Pang-Won pour lui attribuer un titre honorifique chinois. Les Coréens avaient besoin de remèdes chinois, de livres et d'instruments astronomiques. En échange, ils acceptèrent de fonder un observatoire et de coopérer aux projets cartographiques de Zhu Di. Ils lui vendaient des léopards, des phoques, de l'or et de l'argent et surtout des chevaux : un millier en 1403, dix mille l'année suivante. Malgré quelques réticences, ils trouvèrent opportun de satisfaire les demandes des Chinois et de leur fournir des jeunes vierges en quantité pour le harem de Zhu Di. De nombreux bateaux coréens devaient se joindre aux flottes chinoises lorsqu'elles prirent la mer pour explorer le monde.

Dès qu'il avait chassé les derniers Mongols de Chine en 1382, Zhu Di avait envoyé son eunuque Isiha en Mandchourie, région perpétuellement instable, dans l'extrême nord-ouest du pays. En 1413, les Jurchen de Mandchourie répondirent en envoyant à leur tour une prestigieuse délégation à Pékin, où ses membres furent comblés de titres, de cadeaux et de droits commerciaux. En outre, la Chine recherchait avec assiduité les faveurs du Japon. Le troisième shogun Ashikaga, Yoshimitsu, était très sinophile et il ne se fit pas prier pour venir se prosterner devant l'empereur en se présentant comme « votre sujet, le roi du Japon[1] ». Il en fut récompensé par l'ouverture de toute une série de ports, à Ningbo, Quanzhou et Canton, spécialement destinés à promouvoir le commerce avec le Japon. Comme les Coréens, les Japonais acceptèrent d'établir un observatoire pour apporter leur aide à Zhu Di dans ses recherches astronomiques. Des navires japonais accompagnèrent également les flottes d'exploration chinoises.

1. Cité par Edmund L. Dreyer dans *Early Ming China : A Political History 1355-1435*, Stanford University Press, Californie, p. 204.

Après avoir pacifié la Mandchourie, intégré le Japon et la Corée dans le système du tribut, Zhu Di consacra toute son attention au Tibet. Un autre eunuque de sa cour, Hau-Xian, fut chargé d'aller solliciter les faveurs du Karmapa, célèbre lama et chef spirituel de l'une des quatre sectes bouddhistes tibétaines, puis de le ramener en Chine. À son arrivée à Pékin, une procession de moines vint à sa rencontre à l'extérieur de la ville et Zhu Di lui conféra le titre de « Divin fils de l'Inde sous le ciel et sur la terre, inventeur de l'alphabet, incarnation du Bouddha, soutien de la prospérité du royaume, source de la rhétorique ». Il lui offrit ensuite un couvre-chef noir et carré, portant un emblème incrusté de diamants, que tous ses successeurs, réincarnations du Karmapa, ont porté depuis.

Rejoindre le système chinois du tribut offrait aussi aux souverains et à leurs ambassadeurs l'occasion de visiter la capitale de la civilisation la plus ancienne et la plus sophistiquée au monde. Nankin avait toujours reçu des dignitaires venus du monde entier, qui étaient désormais accueillis à Pékin. Bien que l'objectif premier de l'empereur fût de les impressionner pour qu'ils se résolvent à faire adhérer leur pays au système du tribut, il essayait aussi d'en apprendre le plus possible sur leur histoire, la géographie de leur État, sur leurs us et coutumes. Pékin n'était pas seulement la plus grande ville du monde, c'était sa capitale intellectuelle, avec ses encyclopédies et ses bibliothèques dont les fonds couvraient la totalité des sujets de connaissance de l'époque. En décembre 1404, Zhu Di avait nommé deux conseillers sur le long terme, Yao Guang Xiao et Lui Ch'ih, assistés de 2 180 lettrés, pour mettre en œuvre un vaste projet visant à consigner toute la littérature et tous les savoirs du monde connu, le Yongle-Dadian. Cette entreprise, la plus ambitieuse jamais lancée dans ce domaine, aboutit à la rédaction d'une massive encyclopédie de quatre mille volumes et cinquante millions de caractères, qui fut achevée juste avant l'inauguration de la Cité interdite.

Parallèlement, Zhu Di ordonna de collecter les écrits et opinions de cent vingt philosophes et sages de la dynastie des Song, afin de les conserver dans la Cité interdite, avec les commentaires des penseurs du XIe au XIIIe siècle. À cette profusion de connaissances universitaires s'ajoutaient les centaines de romans que l'on pouvait acheter sur le marché de Pékin. Il n'existait alors rien de comparable, nulle part au monde. Gutenberg ne devait terminer sa Bible que trois décennies plus tard : l'Europe ne connaissait pas encore l'imprimerie et, bien qu'elle fût à la veille de la Renaissance, qui devait profondément transformer sa culture et ses connaissances scientifiques, elle se trouvait loin derrière la Chine. La bibliothèque d'Henri V d'Angleterre (1387-1422) comprenait six volumes manuscrits, dont trois lui étaient prêtés par un couvent, et le marchand européen le plus riche de son époque, le Florentin Francesco Datini possédait douze ouvrages, dont huit traitaient de sujets religieux.

Mais le paradis intellectuel de Pékin offrait aussi aux dignitaires et ambassadeurs étrangers bien des plaisirs terrestres. Transportés dans le luxe et le confort à bord des immenses vaisseaux chinois, ils goûtaient les mets et les vins les plus fins, et disposaient à leur gré de concubines n'ayant d'autre occupation que de satisfaire leurs désirs. L'inauguration officielle de la Cité interdite fut suivie d'un somptueux banquet, dont l'ampleur et l'opulence mirent en évidence la position de la Chine à la tête du monde civilisé. En comparaison, l'Europe était grossière, arriérée, barbare, comme le montre le mariage d'Henri V et de Catherine de Valois, qui eut lieu trois semaines à peine après l'inauguration de la Cité interdite. À Pékin, quelque vingt-six mille invités participèrent à un banquet dont le menu comportait dix plats, servis dans des assiettes de la plus belle porcelaine. Seuls six cents convives assistèrent au mariage du roi Henri. On leur servit de la morue salée sur des tranchoirs de pain rassis, qui faisaient office d'assiettes. Catherine de Valois ne portait ni dessous ni bas lors de son mariage alors que la favorite de Zhu Di était vêtue des soies les plus fines et que ses bijoux comprenaient des cornalines de Perse, des rubis de Ceylan, des diamants indiens et du jade du Kotan (au Turkestan chinois). Dans la composition de son parfum entraient de l'ambre gris du Pacifique, de la myrrhe d'Arabie et du santal venu des îles aux Épices. Quant à l'armée chinoise, elle comprenait un million d'hommes disposant d'armes à feu tandis qu'Henri V pouvait aligner cinq mille combattants, armés d'arcs, d'épées et de piques. Lorsqu'il entra en guerre contre la France en juin de cette même année, il fit passer la Manche à son armée sur quatre bateaux de pêche, qui transportaient une centaine d'hommes chacun par traversée, et qui ne pouvaient prendre la mer que de jour.

Pendant tout le mois qui suivit l'inauguration de la Cité interdite, les chefs d'État et les ambassadeurs se virent offrir la luxueuse hospitalité de Pékin : les meilleurs plats et les meilleurs vins, les divertissements les plus spectaculaires et les concubines les plus belles et les plus expertes dans les arts de l'amour. Finalement, le 3 mars 1421, une grande cérémonie eut lieu pour célébrer leur départ vers leurs terres natales. Une garde d'honneur innombrable fut rassemblée : « D'abord, les officiers qui commandaient dix mille soldats, ensuite ceux qui en commandaient mille, soit cent mille officiers au total... Derrière eux venaient les troupes en rangs serrés, fortes de deux cent mille hommes... Ce corps d'armée entier... se tint silencieux, au point qu'il semblait n'y avoir pas âme qui vive[1]. » À midi pile, les cymbales retentirent, les éléphants abaissèrent leur trompe et des nuages parfumés s'élevèrent des encensoirs en forme de grues et de tortues. L'empereur apparut, traversant à grands pas ce nuage d'encens pour remettre aux ambassadeurs leurs cadeaux d'adieu : caisses de porcelaine bleue et blanche, rouleaux de soie, ballots de cotonnades et coffres de bambou pleins de jade. Ses immenses flottes s'apprêtaient à prendre la mer pour ramener ses hôtes vers Ormuz, Aden, La'Sa et Doraf en Arabie, Mogadiscio, Brava, Malindi et Mombassa en Afrique, Ceylan, Calicut, Cochin et Cambay en Inde, vers le Japon, le Viêt-Nam, Java, Sumatra, Malacca et Bornéo en Asie du Sud-Est, entre autres.

L'amiral Zheng He, en grand uniforme (longue robe rouge et haut chapeau noir) présenta ses hommages à l'empereur et lui annonça qu'une armada comprenant quatre de ses grandes flottes se tenait prête à prendre la mer, la cinquième ayant déjà fait voile le mois précédent sous le commandement du Grand Eunuque Yang Qing. Ramener chez eux les ambassadeurs ne constituait que la première partie de la mission dévolue à cette armada. Elle devait ensuite « continuer son chemin jusqu'aux limites de la terre pour collecter le tribut des barbares au-delà des mers... et les attirer tous autant qu'ils [étaient] sous le ciel pour les civiliser dans l'harmonie confucéenne[2]. » L'empereur avait déjà récompensé Zheng He de sa loyauté de toujours en lui confiant le commandement des cinq expéditions précédentes[3], destinées à promouvoir le commerce et l'influence chinoise en Asie, en Inde, en Afrique et au Moyen-Orient. Désormais, il allait commander la plus grande armada que le monde ait jamais connue. Zhu Di avait aussi récompensé d'autres eunuques du rôle qu'ils avaient joué dans la libération de la Chine. Une bonne partie des officiers supérieurs qui avaient servi pendant la guerre contre les Mongols étaient devenus amiraux de ses flottes de vaisseaux-trésors. Zheng He était devenu chef d'ambassade. À partir du quatrième voyage, les flottes furent dissociées et, au sixième, les eunuques les plus fidèles commandaient des flottes sépa-

---

1. Hafiz Abru, *A Persian Embassy in China, 1421*, K. M. Maitra (trad.), Lahore, 1934, p. 55.
2. Instructions de Zhu Di à Zheng He, paraphrase du texte gravé sur deux stèles de 1431.
3. Le nombre de voyages effectués par ces flottes de vaisseaux-trésors reste et restera sujet à controverse. Les inscriptions figurant sur les stèles commémoratives érigées par Zheng He avant sa dernière expédition en dénombrent déjà sept. Parmi eux, il est d'usage de regrouper le quatrième et le cinquième et de considérer qu'ils n'en font qu'un. C'est la classification que j'ai adoptée. L'expédition de 1421 est donc la sixième.

rées. Zheng He les menait jusqu'à l'océan Indien, puis rentrait confiant, sachant qu'ils dirigeraient leurs navires comme il le leur avait appris.

Les cadeaux des ambassadeurs furent chargés sur les chariots, l'empereur fit un bref discours puis, après une dernière séance de génuflexions, les délégations embarquèrent et la procession s'éloigna. Les serviteurs devaient courir derrière les chariots qui roulèrent avec fracas jusqu'au Grand Canal, à plus d'un kilomètre à l'est de la ville. Là, attendaient des barges protégées par des auvents de soie. Sur les berges, des équipages de dix à quinze chevaux sous le harnais étaient rattachés à chaque embarcation par des perches de bambou. Lorsque les ambassadeurs furent à bord, les fouets claquèrent et ces robustes animaux commencèrent à haler les barges, dans leur lent voyage vers la côte.

Deux jours plus tard, après avoir franchi trente-six écluses, ils parvinrent à Tanggu (l'actuel Tianjin) sur la mer Jaune. Ces ambassadeurs durent se souvenir très longtemps du spectacle qui les attendait à leur arrivée. Plus d'une centaine de jonques à l'ancre, plus hautes encore que les tours de guet du port, se dressaient de manière imposante bien au-dessus des toits de chaume qui bordaient la baie. Une flotte de navires marchands, plus petits, les entourait. Chaque vaisseau maître mesurait près de 150 mètres de long (444 *chi*, l'unité de longueur en cours dans tout l'empire, soit 32 centimètres) et 50 mètres de large, il était assez grand pour avaler cinquante bateaux de pêche. À la proue, de grands yeux de serpents lançaient des regards furieux, destinés à effrayer les esprits malins. Un torrent de fanions flottait parmi cette forêt d'un millier de mâts, au-dessus des immenses voiles de soie rouge, légères mais infiniment résistantes, pliées sur les neuf mâts de chaque navire. « Quand leurs voiles sont déployées, on dirait de grands nuages dans le ciel[1]. »

La composition de cette armada ressemblait beaucoup à celle des convois de la Seconde Guerre mondiale. Au centre, le vaisseau-amiral géant, entouré d'une foule de navires marchands, pour la plupart des jonques de 30 mètres de long et 10 de large, autour desquels patrouillaient des escadrilles de navires de guerre rapides et faciles à manœuvrer. Tout au long du voyage, des navires marchands d'autres nationalités, en particuliers japonais, coréens, birmans, vietnamiens et indiens se joignirent au convoi, profitant de la protection que leur fournissaient les vaisseaux de guerre et des occasions offertes par cette majestueuse armada sillonnant les océans : à elle seule, elle constituait presque une plaque tournante

1. Hoobler, *op. cit.*

commerciale. À son arrivée à Calicut, elle comprenait plus de huit cents navires, dont la population totale dépassait celle des plus grandes villes situées entre l'Inde et la Chine. Chaque vaisseau-trésor était muni de seize compartiments étanches, dont deux pouvaient être inondés sans que le navire risque de couler. On pouvait aussi inonder partiellement certains compartiments internes pour servir de bassin aux otaries utilisées pour la pêche ou pour permettre à des plongeurs de sortir du bateau. Les otaries, retenues par de longues laisses, rabattaient le poisson vers les filets, méthode encore employée de nos jours dans certaines régions de Chine, de Malaisie et du Bengale. La cabine de l'amiral se situait à la poupe de son vaisseau. Aux étages inférieurs, on trouvait soixante cabines officielles pour les ambassadeurs, les émissaires et leur suite. Les concubines étaient logées tout près, dans des cabines souvent munies de balcons donnant sur les flots. Les ambassadeurs chinois qui se rendaient dans les pays où l'on faisait escale disposaient d'appartements aussi vastes, quoique moins luxueux. Chacun d'entre eux se voyait adjoindre dix assistants, en tant que chefs de protocole, et cinquante-deux eunuques, en tant que secrétaires. Les quartiers de l'équipage se trouvaient sur les ponts inférieurs.

En 1407, Zheng He avait fondé une école de langues à Nankin, le Ssu-i-Quan (ou Si Yi Guan) pour former des interprètes et seize de ses meilleurs éléments voyageaient avec les flottes chinoises, permettant aux amiraux de communiquer avec les autorités locales, de l'Inde à l'Afrique, en arabe, en persan, ou bien encore en swahili, en hindi, en tamoul, et d'autres langues encore. Zhu Di et Zheng He recherchaient aussi activement le contact avec des navigateurs et des cartographes étrangers. Le journal de l'un d'entre eux, un Indonésien du nom de Maître Bentum, nous est parvenu. La tolérance religieuse comptant parmi les grandes vertus de Zhu Di, des érudits musulmans, hindouistes et bouddhistes faisaient également partie des passagers, afin de fournir informations et conseils. Le bouddhisme, qui se caractérise par ses enseignements de compassion universelle et de tolérance, était la principale religion des Chinois depuis des siècles. Il n'entrait nullement en contradiction avec le confucianisme qui constituait, plutôt qu'une religion, un système de valeurs civiques. Lors du sixième et dernier grand voyage des flottes chinoises, qui devait se poursuivre jusqu'en 1423, le moine bouddhiste Sheng Hui et les chefs religieux Ha San et Pu He Ri se trouvaient à bord[1]. Après

1. L. Carrington Goodrich (éd.), *The Dictionary of Ming Biography*, Columbia University Press, New York, 1976, p. 1365.

l'inauguration de la Cité interdite et la remise officielle de l'énorme encyclopédie, le Yongle-Dadian, des milliers de lettrés se retrouvèrent sans fonction précise. Il semble naturel que Zhu Di les ait envoyés outre-mer avec les grandes expéditions d'exploration. Grâce à ces interprètes, mathématiciens, astronomes, marins, ingénieurs et architectes chinois se trouvaient en mesure de dialoguer avec leurs confrères dans tout l'océan Indien. Une fois les ambassadeurs à bon port, les vastes navires et leurs labyrinthes d'appartements et de cabines convenaient bien à l'installation de laboratoires où effectuer des expériences scientifiques. Les métallurgistes prospectaient dans les pays où la flotte faisait escale, les médecins pouvaient recueillir des plantes, des remèdes et des traitements contre les maladies et les épidémies, les botanistes pouvaient essayer d'acclimater des plantes utiles ou des cultures alimentaires. Les agronomes et les fermiers chinois bénéficiaient de millénaires d'expérience dans le développement et la culture des hybrides.

La flore indigène chinoise est peut-être la plus riche au monde : « L'abondance de ses espèces endémiques et l'importance potentielle de chaque genre et de chaque espèce parmi les plantes qui y sont cultivées mettent la Chine au premier plan parmi les principales régions d'origine des formes végétales[1]. » En Europe, une longue période de déclin économique et agricole suivit la chute de l'Empire romain. Les espèces végétales répertoriées dans le monde occidental depuis Théophraste jusqu'aux fondateurs allemands de la botanique montrent que le niveau des connaissances avait dramatiquement baissé. L'histoire scientifique des Chinois ne connut jamais de tels « âges obscurs ». Leurs connaissances en matière de botanique et le nombre d'espèces végétales répertoriées s'accrut régulièrement chez eux au cours des siècles. Il est impossible de surestimer les différences entre leurs expéditions d'exploration et celles des Européens. Les Espagnols et les Portugais ne se préoccupaient que de trouver des moyens de subsistance, de l'or et des épices, tout en repoussant les attaques des populations indigènes. Les Chinois entreprenaient pour leur part des expéditions scientifiques telles qu'il fallut attendre le départ du capitaine Cook, trois siècles et demi plus tard, pour voir les expéditions européennes commencer de rivaliser avec elles en ambition et en envergure.

---

1. N. I. Vavilov, « *The Origin, Variation, Immunity and Breeding of Cultivated Plants* », K. S. Chester (trad.), in *Chronica Botanica*, vol. 13, Waltham, Massachusetts, 1949-1950 ; et J. Needham, *Science and Civilization in China*, vol. 6 part. 2, sect. 41, p. 428.

Lorsque les amiraux et les ambassadeurs embarquèrent, l'armada se préparait à faire voile et, autour des vaisseaux géants, les flots étaient encore noirs de bateaux plus petits, qui faisaient l'aller-retour avec la rive. Depuis des jours et des jours, le port était en pleine effervescence et l'on hissait à bord chariot sur chariot de légumes et de poisson séché, sans oublier des tonnes d'eau, pour assurer le ravitaillement des trente mille hommes de l'armada pendant leur voyage. Jusqu'au dernier moment, des barges apportaient encore les dernières réserves d'eau et de riz. Les vaisseaux géants pouvaient rester en mer pendant plus de trois mois et couvrir plus de 7 200 kilomètres sans mouiller pour refaire leurs réserves d'eau ni de nourriture car des bateaux de ravitaillement en eau et en céréales les accompagnaient. Ces derniers transportaient également un échantillonnage de semences que les Chinois comptaient bien cultiver à l'étranger, soit pour s'assurer davantage de bénéfices à travers le système du tribut, soit pour nourrir les futures colonies qu'ils allaient créer sur des terres nouvelles. Ils emmenaient également des chiens, comme animaux de compagnie, mais aussi de boucherie, ou pour chasser les rats, ainsi que des coqs asiatiques en cage, considérés comme des présents de grande valeur pour les dignitaires. Dans le navire le plus grand, on trouvait même des auges pour les porcs chinois. Quant aux montures pour la cavalerie, elles étaient transportées à bord de bateaux spéciaux.

C'est en les comparant avec les autres marines de l'époque que l'on comprend vraiment à quel point la taille de ces vaisseaux et celle de l'armada étaient stupéfiantes. En 1421, c'était Venise qui possédait la seconde flotte la plus puissante au monde. Elle comprenait quelque trois cents galères, navires à la fragile coque de bois tendre, rapides et légers. Propulsées par des rameurs, elles convenaient uniquement aux petites étapes d'une île à l'autre dans les eaux calmes de l'été méditerranéen. La plus grande d'entre elles mesurait environ 50 mètres de long sur 6 de large et pouvait embarquer, au mieux, 50 tonnes de cargaison. En comparaison, les vaisseaux de Zhu Di étaient des monstres de teck, conçus pour affronter les océans. Leur gouvernail mesurait plus de trente-six mètres, soit presque la longueur totale de *La Niña*, le navire amiral qui devait emmener Christophe Colomb vers le Nouveau Monde. Chaque vaisseau-trésor pouvait emporter plus de deux mille tonnes de cargaison pour atteindre Malacca en cinq semaines et Ormuz, dans le golfe Persique, en douze. Ils étaient capables de naviguer sur les océans les plus déchaînés et d'effectuer des voyages de plusieurs années. Que les Chinois aient perdu tant de navires dans leurs voyages d'exploration ne témoigne d'aucun défaut de construction, mais bien plutôt des dangers que leur réservaient les mers inconnues où ils s'aventurèrent, des ouragans et des raz-de-marée auxquels ils durent faire face, le long de côtes rocheuses et de récifs coralliens tranchants comme des lames, jusqu'aux océans parsemés d'icebergs du grand nord et de l'extrême sud. Des archers protégeaient les galères vénitiennes alors que les vaisseaux chinois étaient garnis d'armes à feu, de canons de cuivre et de fer, de mortiers, de flèches inflammables et d'obus qui explosaient en aspergeant l'adversaire d'excréments. Construction, capacité de chargement, minimisation des dégâts, armement, portée, communication, capacité à naviguer sur des océans inconnus, à réparer et à entretenir leurs navires en mer pendant des mois sans faire escale : à tous égards, les Chinois avaient plusieurs siècles d'avance sur les Européens. L'amiral Zheng He n'aurait fait qu'une bouchée de toute flotte rencontrée sur son chemin. Une bataille entre l'armada chinoise et toutes les autres marines du monde réunies aurait sans doute ressemblé au combat d'une bande de requins et d'un banc de sardines.

À la fin du deuxième tour de garde, vers quatre heures du matin, une fois les dernières provisions arrimées, l'armada leva l'ancre. On dit une prière à Ma Tsu, déesse taoïste de la Mer, puis on hissa les voiles, qui se gonflèrent doucement, et les navires, semblables à de grands édifices, prirent de la vitesse sous le vent de mousson du nord-est. Alors qu'ils traversaient la mer Jaune, les dernières lumières de Tanggu vacillèrent et se fondirent dans l'obscurité tandis que les marins se pressaient sur le bastingage en s'efforçant d'apercevoir encore une fois leur patrie. Durant les longs mois qu'ils allaient passer à sillonner les océans, les seuls liens qui les rattacheraient encore à leur terre seraient leur mémoire, les petits souvenirs qu'ils emportaient et les rosiers parfumés que beaucoup faisaient pousser en pots, allant jusqu'à partager avec eux leur ration d'eau. La plupart des hommes qui se pressaient sur ce bastingage ne devaient jamais plus revoir la Chine. Beaucoup devaient mourir, faire naufrage, être débarqués sur des terres étrangères pour y fonder des colonies. Ceux qui, après deux ans et demi de voyage, eurent la chance de rentrer chez eux devaient trouver leur pays méconnaissable et dévasté.

CHAPITRE 2

Coup de tonnerre

Pendant la nuit du 9 mai 1421, deux mois après le départ de l'armada de Zheng He, un violent orage éclata au-dessus de la Cité interdite :

> Cette nuit-là, par hasard, un cataclysme se déclencha [...]. La foudre tomba sur le sommet du palais que l'Empereur avait récemment fait construire. L'incendie, qui enveloppa tout le bâtiment, fut si violent qu'il semblait qu'on y avait allumé 100 000 torches avec de l'huile et des mèches [...] tant et si bien qu'on eût dit toute la ville embrasée par la lueur éclatante du désastre et l'incendie en train de se répandre [...]. Il consuma les appartements des Femmes, derrière la salle des Audiences [...]. Quelque 250 appartements furent réduits en cendres et il y eut un grand nombre de victimes. Le brasier continua de faire rage jusqu'au lever du jour et, malgré tous les efforts, le feu ne put être maîtrisé avant la prière de l'après-midi, le lendemain[1].

La foudre semblait avoir suivi la Voie de l'Empereur, en tombant le long de l'axe même de la Cité impériale, détruisant ce que nous appelons aujourd'hui la salle d'Harmonie suprême, la salle d'Harmonie centrale et la salle d'Harmonie préservée, ces magnifiques palais où Zhu Di avait logé tous les chefs d'État du monde quelque trois mois auparavant. Le trône de l'empereur fut réduit en cendres.

> Dans sa détresse, il se rendit au temple, où il adressa des prières fort importunes, en disant : « Le Dieu du Ciel, furieux contre moi, a brûlé mon palais ; bien

1. Hafiz Abru, *A Persian Embassy to China, 1421*, K. M. Maitra (trad.), Lahore, 1934, p. 113-115.

que je n'aie commis aucun acte répréhensible. Je n'ai offensé ni mon père ni ma mère, et je ne me suis pas non plus comporté en tyran[1]. »

Le choc ayant causé la mort de sa favorite, Zhu Di, égaré, fut incapable de prendre les dispositions nécessaires pour la faire ensevelir dans le mausolée impérial.

En plein désarroi, il tomba malade, raison pour laquelle on ne put savoir exactement comment cette personne de qualité, qui venait de mourir, devait être enterrée [...] les chevaux qui appartenaient à la défunte furent lâchés et on les laissa paître en liberté [...] sur la colline où se trouvait son sépulcre. On y laissa également un bon nombre d'eunuques et de jeunes servantes [...] en leur fournissant des provisions pour cinq ans, si bien qu'une fois ces provisions épuisées, ils pouvaient aussi bien se laisser mourir là[2].

Les empereurs chinois pensaient qu'ils gouvernaient avec le mandat du Ciel. La façon dont la foudre avait frappé et la violence de l'incendie qu'elle avait causé auraient difficilement pu être plus inquiétantes pour Zhu Di. Un événement aussi terrible et d'aussi mauvais augure ne pouvait constituer qu'un message clair de la part des dieux, qui demandaient un changement d'empereur. Zhu Di délégua temporairement le pouvoir à son fils Zhu Gaozhi. « La santé de l'empereur s'étant encore dégradée, c'était son fils qui venait siéger dans la salle d'Audiences[3]. » Tentant désespérément de comprendre le sens du désastre qui le frappait, l'empereur adressa au peuple cet édit :

Mon cœur est plein d'inquiétude, je ne sais comment faire face. Il semble qu'il y a eu quelque négligence dans les rituels destinés à servir et honorer les esprits. Peut-être quelque transgression d'une loi ancestrale, quelque perversion dans la conduite du gouvernement et des affaires. Peut-être des hommes de peu tiennent-ils un rang immérité alors que des hommes de bien fuient et se cachent, alors que le bien et le mal ne se distinguent plus. Peut-être des punitions ou des peines de prison ont-elles été excessives, infligées à des innocents, peut-être l'homme droit n'a-t-il pas été distingué du tricheur... Est-ce ce qui causa cet incendie ? Une dureté envers les inférieurs ou les supérieurs, qui allait à l'encontre des volontés du Ciel. Dans ma confusion, je ne puis trouver de motif [...] si nous avons commis des actes inappropriés, il vous faut les exposer

1. Hafiz Abru, *op. cit.*, p. 115.
2. *Ibid.*, p. 115-117.
3. *Ibidem*, p. 115.

un à un, sans rien cacher, afin que nous puissions tenter de nous réformer et de recouvrer la faveur du Ciel[1].

De façon assez prévisible, cet édit déchaîna les critiques des mandarins. La plupart concernaient les projets grandioses de Zhu Di, en particulier la Cité interdite, que les dieux avaient détruite. On avait déboisé des régions entières pour construire les immenses bâtiments impériaux, des dizaines de milliers d'artisans avaient travaillé pendant des années pour édifier ces merveilles, on avait investi des sommes colossales dans l'achat de marbre et de jade, employé des milliers d'ouvriers à reconstruire le Grand Canal pour acheminer du grain et l'on avait anéanti les ressources du trésor impérial au point que les paysans en avaient été réduits à manger de l'herbe. Tout ce labeur, toutes ces souffrances, tous ces sacrifices pour un tapis de cendres et de braises. Or les incendies coïncidèrent avec le pic d'une épidémie inconnue, qui dévastait le sud du pays depuis deux ans, faisant plus de 174 000 victimes rien que dans la province du Fujian. Les cadavres s'amoncelaient car il n'y avait plus personne pour les enterrer. Cette épidémie semblait un signe supplémentaire de la colère divine.

Courageusement, le ministre des Douanes, un mandarin du nom de Xia Yuanji qui avait réussi à dégager les fonds pour la construction de la Cité interdite, accepta volontairement d'endosser toute la responsabilité de la catastrophe, mais rien n'y fit. On déploya des efforts surhumains pour calmer le peuple. Vingt-six mandarins de haut rang, représentants officiels de la cour, furent envoyés en mission « d'apaisement et de pacification[2] » et, dans une dernière tentative pour sauver son trône, Zhu Di édicta toute une série de décrets mal conçus. Il décida l'arrêt des expéditions maritimes et interdit les voyages à l'étranger.

Zhu Di subissait par ailleurs quantité de malheurs et d'outrages. Pendant les quatre années précédentes, il avait été victime de plusieurs attaques, contre lesquelles il suivait un traitement à base d'arsenic et de mercure, qui était probablement en train de l'empoisonner lentement. Un peu avant l'incendie, son cheval de bataille l'avait désarçonné. Cet étalon avait appartenu à Tamerlan et c'était l'un de ses fils, le roi de Perse Shah Rukh, qui l'avait offert à Zhu Di. L'empereur en fut si furieux qu'il voulut faire exécuter l'ambassadeur persan.

1. Shang Chuan, *Yongle Huang Di*, Pékin, 1989, p. 214-215, citation de la tablette « Taizong Shi Lu » du Cochin, chap. 236.
2. S. W. Mote et Denis Twitchett (éd.), *The Cambridge History of China*, vol. 7, *The Ming Dynasty*, Cambridge University Press, Cambridge, 1988, p. 292.

Ensuite, le *qazi* s'avança et dit aux ambassadeurs : « Mettez pied à terre et prosternez-vous quand l'empereur arrivera ! », ce qu'ils firent.

Quand l'empereur s'approcha, il leur demanda de se remettre en selle. Les ambassadeurs obéirent et ils commencèrent à chevaucher de compagnie. L'empereur commença alors à se plaindre, déclarant à Shadi Khwaja : « J'ai monté pour la chasse l'un des chevaux que tu m'as apportés et comme il était vieux et faible, il est tombé en me jetant à bas. Depuis ce jour, ma main me fait souffrir, elle est devenue noire et bleue. Ce n'est qu'en y appliquant beaucoup d'or que l'on parvient à soulager un peu la douleur[1]. »

Un mandarin répondit en faveur des Persans :

Les ambassadeurs ne sont en rien à blâmer : que leur souverain ait envoyé de bons ou de mauvais chevaux, ils n'avaient aucun choix en cette matière [...]. En outre, si votre Majesté les faisait tailler en pièces, leur souverain n'en aurait cure. En revanche [...], le monde entier dirait que l'empereur de Chine a agi contre toutes les conventions en faisant emprisonner les ambassadeurs[2].

Mais les calomnies concernant la virilité de Zhu Di étaient sans doute plus humiliantes encore. Il n'avait engendré aucun enfant depuis 1404 et il était probablement impuissant depuis la mort de l'impératrice Xiu, en 1407. Or on avait surpris deux concubines impériales qui tentaient d'assouvir leurs désirs frustrés en essayant d'avoir des rapports sexuels avec les eunuques qui les gardaient. Dans la chasse aux sorcières qui s'ensuivit, 2 800 concubines et eunuques furent accusés d'avoir participé à des activités relevant de la trahison ; Zhu Di en exécuta un bon nombre de ses propres mains, mais avant de mourir, certaines concubines coréennes l'insultèrent, raillant son impuissance : « Tu as perdu ton pouvoir yang, voilà pourquoi tes concubines ont eu recours à des relations avec de jeunes eunuques[3]. »

Abandonné par le Ciel, humilié, malade, en plein désarroi, le vieil empereur devait aussi faire face à des problèmes politiques de plus en plus importants. La construction de la Cité interdite, du Grand Canal, des vaisseaux-trésors, et la restauration de la Grande Muraille sur des milliers de kilomètres avaient soumis l'économie chinoise à une terrible pression.

---

1. Hafiz Abru, *op. cit.*, p. 108.
2. Cité par Louise Levathes dans *When China Ruled the Seas*, Oxford University Press, Oxford 1994, p. 157.
3. Ellen F. Soullière, *Palace Women in the Ming Dynasty*, thèse de doctorat de l'université de Princeton, citée par L. Levathes, *op. cit.*, p. 226.

La déforestation de l'Annam et du Viêt-Nam provoqua des révoltes locales. La première fut menée par Le Qui Ly, ancien ministre de la cour vietnamienne qui avait usurpé le trône. Il introduisit des réformes qui lui valurent un large soutien : simplification de l'impôt et ouverture des ports aux étrangers firent prospérer le commerce. Il restreignit le droit des riches à acquérir des terres aux dépens des pauvres, mit en place un système de secours aux malades et réorganisa l'armée et l'administration, déterminé à récompenser les compétences. Son but ultime consistait en fait à mettre un terme à la domination chinoise. Le Viêt-Nam devait cesser d'être une colonie pour devenir une nation souveraine. Zhu Di envoya une armée écraser la rébellion, déposer Le Qui Ly et commencer l'anéantissement systématique de l'identité nationale vietnamienne. La littérature nationale fut brûlée et les œuvres d'art détruites. La lecture des classiques chinois devint obligatoire dans les écoles et les femmes furent contraintes d'adopter la coiffure et le vêtement chinois. Les rites religieux locaux furent interdits, les fortunes privées confisquées et le pillage des forêts put continuer.

Un autre soulèvement se déclara en 1418, mené cette fois par un aristocrate et propriétaire terrien du nom de Lê Loi. Il allait fonder la dynastie qui devait régner sur le Viêt-Nam pendant les trois cent soixante ans qui suivirent. Vaincu par deux fois, il réussit toujours à échapper à l'armée chinoise et à se réfugier dans la jungle pour continuer le combat. Malgré un envoi massif de troupes, les Chinois ne parvinrent jamais ni à le retrouver ni à étouffer la guérilla.

L'insurrection se répandit à travers l'Annam et le Viêt-Nam. Toute la région du delta du fleuve Rouge (près de l'actuel Hanoï) entra en rébellion. Un nombre énorme de soldats étaient ainsi retenus dans la jungle, ce qui coûtait cher au trésor, mais aussi à la fierté des Chinois. Cette rébellion posait un grave problème politique et militaire, qu'un jeune empereur Zhu Di en bonne santé aurait su résoudre avec une efficacité sans merci. Mais, accablé par les problèmes intérieurs, Zhu Di ne réussit pas à mater la révolte et Lê Loi infligea aux armées chinoises la première grave défaite qu'ait jamais connue la dynastie Ming. Il porta ainsi un coup fatal au moral de l'armée et à celui de l'empereur. Certes, Lê Loi ne parvint à obtenir l'indépendance officielle de son pays qu'en 1428, mais dès le mois de juillet 1421, Zhu Di avait abandonné le Viêt-Nam.

Le vieil empereur démoralisé avait aussi perdu le contrôle de son gouvernement et de son pays même. Il y avait toujours eu une contradiction au cœur du gouvernement de l'empereur, qui regroupait en réalité deux administrations séparées : un cabinet de mandarins, chargé des finances, de l'économie, des affaires intérieures, des lois et du maintien de l'ordre, et les eunuques, qui menaient les forces armées et appliquaient les décisions de Zhu Di en matière de politique extérieure. Au faîte de sa puissance Zhu Di avait toléré les critiques des mandarins, les laissant même gagner de l'influence sur son fils préféré, son successeur, Zhu Gaozhi. Les mandarins haïssaient profondément les grands desseins coûteux de Zhu Di, sa politique extérieure et sa nouvelle capitale, située dans une région du nord qu'ils jugeaient sinistre. Ils saisirent l'occasion que leur offraient la maladie de l'empereur et le déclin de ses pouvoirs pour envisager de faire couronner le prince, Zhu Gaozhi, qui devait mener une politique contraire à celle de son père.

Une crise diplomatique accéléra la désintégration du gouvernement. Sentant la faiblesse de l'empereur après l'incendie de la Cité interdite, le chef mongol Arughtai refusa de payer le tribut exigé par la Chine. Zhu Di y vit une occasion inespérée de rétablir son autorité : il décida de conduire lui-même une armée contre ce dernier pour le mettre à genoux. Dans sa jeunesse, Zhu Di s'était appuyé sur la rapidité de sa cavalerie pour prendre de vitesse les troupes mongoles. Or, avec ses généraux eunuques, il rassembla une lourde armée de presque un million d'hommes, avec 340 000 chevaux et mules, et se mit pesamment en chemin vers le nord. Il fallait 177 500 chariots rien que pour transporter le grain destiné au ravitaillement de cette énorme force. Le mandarin ministre du Budget, Xia Yuanji, ce génie financier qui avait réussi à rassembler les fonds pour construire la Cité interdite, élargir le Grand Canal et armer la flotte de Zheng He, eut l'audace de déclarer qu'il lui serait impossible de trouver les capitaux pour payer cette dernière aventure impériale. Le ministre de la Justice, Wu Zhong, formula également des objections. Zhu Di les fit arrêter tous les deux, à la suite de quoi le ministre de la Guerre, Fang Bin, se suicida. À la fin de cette année terrible, Zhu Di avait perdu ses collaborateurs les plus anciens et les plus fidèles, et son gouvernement s'était désintégré.

Comme les ministres l'avaient craint, l'expédition militaire contre les Mongols fut un fiasco. Arughtai se contenta de disparaître dans les vastes espaces de la steppe. Zhu Di, brisé, était encore à sa poursuite lorsqu'il mourut, le 12 octobre 1424, à l'âge de 64 ans. On dut fondre des batteries de cuisine de l'armée pour lui fabriquer un cercueil et transporter son corps jusqu'aux ruines calcinées de la Cité interdite, où il fut exposé en grande pompe pendant cent jours.

Les funérailles de Zhu Di furent à l'image de la vie qu'il avait menée, épiques. C'était la vieille garde d'honneur de l'empereur qui ouvrait la marche. Dix mille soldats et dignitaires suivirent pendant deux jours la lente procession qui rejoignait en zigzaguant le magnifique mausolée impérial de Chang Ling, au pied des collines, au nord-ouest de Pékin. Dans la brume ensoleillée d'un matin d'automne, ils descendirent l'allée bordée d'animaux de pierre pour déposer la dépouille de l'empereur dans son splendide tombeau. Après les sacrifices aux dieux ancestraux, on posa à ses côtés le manteau impérial jaune et ses décorations militaires. Seize concubines furent enterrées vivantes avec lui. Alors qu'on scellait le tombeau, les gémissements des femmes condamnées marquèrent la fin de la vie terrestre de Zhu Di, l'un des plus grands, des plus intrépides visionnaires que le monde ait connus.

Le 7 septembre 1424, son fils, Zhu Gaozhi, monta sur le trône. Le jour même, il fit publier cet édit :

> Il doit être mis un terme à tous les voyages des vaisseaux-trésors. Il est ordonné à tous les navires à l'ancre à Taicang [port du Yang-tseu] de revenir à Nankin et tous les biens qui se trouvent à bord doivent être remis au ministère de l'Intérieur, pour être entreposés. On fournira une petite escorte aux ambassadeurs étrangers qui souhaitent rentrer dans leur pays. Il est commandé à tous les fonctionnaires se trouvant actuellement pour affaires à l'étranger de rentrer immédiatement dans la capitale [...] ; tous ceux qui ont été convoqués en vue d'un futur voyage à l'étranger doivent rentrer dans leurs foyers.
>
> La construction et le radoub de tous les vaisseaux-trésors doivent être immédiatement interrompus. Le prélèvement du *tieli mu* [le bois utilisé pour la construction navale] doit se poursuivre comme sous le règne de l'empereur Hong Wu [le père de Zhu Di]. Tout prélèvement supplémentaire doit prendre fin immédiatement. Toutes les fournitures officielles destinées aux voyages à l'étranger (à l'exception des articles déjà stockés dans les entrepôts d'État), la fabrication des pièces de cuivre, l'achat de musc, de cuivre brut et de soie grège doivent être immédiatement interrompus [...] ; tous les fonctionnaires chargés de ces achats doivent rentrer sur-le-champ dans la capitale.

Zhu Gaozhi ordonna également la remise en liberté immédiate de tous les dignitaires que son père avait fait emprisonner, y compris l'ancien ministre des Finances, le mandarin Xia Yuanji. Ce dernier prit des mesures d'urgence pour juguler l'inflation et interdit l'extraction d'or et d'argent afin de stabiliser la masse monétaire métallique en circulation (les Chinois avaient inventé les billets en l'an 806, plusieurs siècles avant les Européens). La valeur du poivre était telle qu'il faisait office de monnaie, tout le poivre contenu dans les entrepôts impériaux fut donc distribué. L'achat de biens de luxe fut interdit, le déficit budgétaire radicalement réduit et tous les investissements concernant les vaisseaux-trésors stoppés net. Le territoire chinois produisait de tout en abondance, pourquoi donc aller acheter des babioles inutiles à l'étranger[1] ?

Le jeune empereur, ventripotent, studieux et très pieux, n'avait jamais montré beaucoup d'intérêt pour les affaires militaires et n'avait presque jamais accompagné son père dans ses expéditions, préférant rester au palais, entouré des mandarins, ses conseillers. Il établit des priorités en parfait accord avec leurs valeurs confucéennes : « Soulager la pauvreté devrait être considéré comme sauver quelqu'un de la noyade ou d'un incendie : il n'y a pas à hésiter[2]. » À ses yeux, il n'y avait pas lieu d'écouter les eunuques qui, en soutenant et en favorisant les desseins expansionnistes de son père, avaient mené la Chine au bord du gouffre.

En octobre 1423, deux des flottes de Zheng He, mal en point, parvinrent à regagner tant bien que mal leur pays. Loin de se douter des événements catastrophiques qui avaient affecté la Chine, ses hommes devaient penser qu'ils seraient accueillis en héros : leurs expéditions avaient connu des succès remarquables. Ils avaient exploré d'innombrables terres inconnues, effectué des progrès inouïs dans la connaissance de la navigation. En lieu et place de félicitations et d'applaudissements, les amiraux se virent méprisés et rejetés par ceux qui gouvernaient désormais la Chine. Seul Zheng He ne fit l'objet d'aucune humiliation : peut-être son prestige était-il trop grand pour qu'on puisse envisager de le dégrader. Limogé, le vieil amiral reçut néanmoins le poste de gouverneur militaire du port de Nankin, où il fut autorisé à garder son somptueux palais et à poursuivre la construction d'une mosquée.

Zhu Gaozhi mourut en 1425, après une seule année de règne, et son fils, Zhu Zhanji, lui succéda, intensifiant les orientations politiques de son père. La paix sociale revint, mais la Chine était de nouveau gouvernée par l'aristocratie rurale. Tant que les systèmes d'irrigation étaient bien entretenus, que les paysans mangeaient à leur faim et que l'on évitait la disette, il n'y avait nul besoin de changer l'ordre politique ou économique, ni de

---

1. P. B. Ebrey, *The Cambridge Illustrated History of China*, Cambridge U. P., Cambridge, 1996, p. 278.
2. Cité par L. Carrington Goodrich (éd.), *The Dictionary of Ming Biography*, Columbia U. P., New York, 1976, p. 338.

solliciter le génie créatif de la nation. Les institutions du pays demeurèrent, comme préservées, dans l'ambre du temps. Les marchands ne détenaient que peu de pouvoir politique, banquiers et soldats n'en exerçaient aucun. Le commerce extérieur s'effondra pour ne plus représenter qu'un pour cent des revenus de l'État. Zhu Zhanji concéda un dernier voyage à Zheng He, son chant du cygne, le pèlerinage à La Mecque. Mais à la mort de cet empereur, en 1435, la xénophobie s'installa pour de bon. Les flottes cessèrent tout déplacement et le premier d'une longue série d'édits impériaux interdisant strictement exportations, importations et tout voyage hors des frontières fut promulgué. Les marchands qui tentaient d'entamer des transactions avec l'étranger furent systématiquement jugés pour piraterie et exécutés. Il y eut même un moment où l'apprentissage d'une langue étrangère fut interdit, tout comme l'enseignement du chinois à des étrangers.

Cet embargo sur le commerce extérieur fut rigoureusement appliqué pendant tout le siècle suivant et les Qing, qui succédèrent aux Ming en 1644, allèrent même plus loin encore. Pour empêcher tout échange commercial et tout contact avec l'extérieur, une bande de terre de près de 1 130 kilomètres de long sur 50 de large fut entièrement brûlée et dévastée le long de la côte sud, et sa population déplacée de force vers l'intérieur du pays. Non seulement les chantiers navals furent mis hors service, mais les plans de fabrication des vaisseaux-trésors et les récits de voyages de Zheng He furent aussi détruits. Le mandarin Lu Daxia, haut dignitaire du ministère de la Guerre, procéda à la saisie des archives. Il déclara que « les expéditions de San Bao [Zheng He] dans les océans de l'ouest avaient englouti des quantités astronomiques d'argent et de grain, mais que les morts qu'elles avaient causées se comptaient également par myriades ». Tous les biens qu'elles avaient rapportés, « bétel, bambous, raisins, grenades, œufs d'autruche, et autres choses de cette sorte », étaient inutiles. Les récits de ces expéditions, « exagérations trompeuses de choses étranges, fort éloignées du témoignage des yeux et des oreilles de tout un chacun », devaient par conséquent être brûlés. Liu rapporta alors platement au ministre de la Guerre que les journaux de bord et les récits de Zheng He avaient été « perdus[1] ». L'héritage inestimable des plus grandes expéditions maritimes de tous les temps était effectivement perdu, pour toujours, et l'on

1. Voir J. Needham, *Science and Civilization in China*, vol. 4, part. 3, Cambridge U. P., Cambridge, 1954, p. 525, mais aussi J. J. L. Duyvendak, *China's Discovery of Africa*, Probsthain, 1949, p. 27, et « *The True Dates of Chinese Maritime Expeditions in the Early Fifteenth Century* », *T'oung Pao*, chap. 34, p. 395-398.

voulut bannir les terres étrangères de l'esprit même des Chinois. Le trafic et la piraterie devinrent les seuls liens entre la Chine, ce colosse abattu, et le monde extérieur. Les colonies établies en Afrique, en Australie, en Nouvelle-Zélande et dans les Amériques du Nord et du Sud, furent livrées à elles-mêmes, abandonnées à leur destin.

À la fin de l'année 1421, plusieurs siècles d'histoire chinoise étaient d'ores et déjà écrits. L'héritage de Zhu Di, de Zheng He et de leurs immenses flottes devait être quasiment anéanti. Les océans qu'ils avaient parcourus, les terres qu'ils avaient explorées, les découvertes qu'ils avaient faites, les colonies qu'ils avaient fondées, rien de tout cela n'intéressait plus les hiérarques chinois. On laissa pourrir les vaisseaux qui les avaient portés dans ces voyages inouïs, sans jamais les remplacer. Leurs journaux de bord et leurs récits furent détruits et leur souvenir si bien effacé de toute mémoire au cours des décennies qu'ils auraient pu n'avoir jamais existé. Lorsque la Chine tourna le dos à son glorieux héritage maritime et scientifique, et se retira volontairement dans un long isolement, coupant ses liens avec le reste du monde, d'autres nations reprirent le flambeau. Mais leurs explorateurs, les auteurs de leurs découvertes, les fondateurs de leurs colonies devaient tous faire voile dans l'ombre gigantesque des vaisseaux de Zhu Di.

CHAPITRE 3

Le départ des flottes chinoises

La Grande Armada voguait majestueusement vers le sud, à travers la mer Jaune. Marins et amiraux étaient bien loin de se douter des bouleversements qui allaient transformer la Chine lorsqu'ils entreprirent ce voyage qui les mènerait aux confins de la terre. Tôt dans cette première matinée du 5 mars 1421, les timoniers gardaient attentivement Polaris, l'étoile du Nord, à leur poupe, tandis que les pilotes mesuraient son altitude à l'aide de leurs sextants. Après ces premières mesures, ils maintinrent le cap au sud pendant vingt-quatre heures encore, puis recommencèrent leurs calculs. En faisant voile plein sud, au terme de cette première journée en mer, ils étaient non seulement capables de déterminer leur changement de latitude (la distance qui les séparait du pôle Nord), mais aussi d'ajuster leurs boussoles à la variation magnétique, de mesurer leur vitesse et la distance qu'ils avaient parcourue, et d'étalonner leur ligne de loch.

L'un des rares documents de cette époque à nous être parvenus, le *Wu Pei Chi,* indique les méthodes de navigation employées par les amiraux de Zhu Di[1]. On ne sait comment, cet ensemble de consignes, véritable manuel d'introduction à l'art de la navigation et à la stratégie navale, échappa aux purges des mandarins[2]. Sur de longues bandes de papier fin

1. Les originaux se trouvent à Pékin, mais la British Library en détient des copies.
2. J. Needham, *Science and Civilization in China*, vol. 3, sect. 20, Cambridge U. P., Cambridge, 1954, p. 230.

figurent des instructions concernant chacun des voyages effectués, qui donnent des indications détaillées sur la position des étoiles et les latitudes, des repères et des descriptions physiques d'îles, de caps, de baies et de criques clairement visibles sur le chemin. En les étudiant attentivement, il est possible d'en déduire non seulement la direction dans laquelle les Chinois ont fait route, mais aussi la précision avec laquelle ils se dirigeaient et l'étendue de leurs connaissances en astronavigation. C'est un document inestimable.

L'étoile du Nord revêtait pour eux une grande importance symbolique et pratique. Elle constituait la base de toute l'astronomie chinoise, car ils considéraient le pôle céleste comme l'équivalent de la position de l'empereur sur terre. Mandarins, courtisans et serviteurs tournaient autour de la personne de l'empereur comme les étoiles tournaient autour de Polaris. Les vêtements des serviteurs et leur proximité avec l'empereur signifiaient leur importance, tout comme l'éclat, la couleur et la position des astres « attachés » à l'étoile Polaire. « L'autorité confucéenne est formelle. Le maître dit : "Celui qui exerce le gouvernement selon sa vertu est comparé à l'étoile Polaire qui garde sa place tandis que tous les autres astres tournent autour d'elle[1]." »

L'astronomie occidentale appliquait les principes énoncés par Aristote et Ptolémée, qui calculaient les latitudes à partir de l'équateur. L'astronomie chinoise les déterminait en fonction de la distance au pôle Nord, elle-même calculée en fonction de l'altitude de l'étoile Polaire. Brillante et facilement identifiable, Polaris se trouve juste au-dessus du pôle, à des milliards de kilomètres de la Terre. Lorsqu'on l'observe du pôle Nord, soit à 90° de latitude, elle se trouve exactement au zénith, à une altitude de 90°. À l'équateur, soit à 0° de latitude, elle se trouve au ras de l'horizon, à une altitude de 0°. En mesurant l'angle qu'elle forme avec l'horizon, selon qu'elle se situe plus ou moins haut, le navigateur peut déterminer la latitude à laquelle il se trouve. En outre, comme Polaris est plein nord, elle permet de prendre en compte les variations magnétiques (c'est-à-dire la différence entre le pôle géographique et le pôle magnétique des boussoles) et d'ajuster les calculs.

En 1421, les Chinois disposaient d'une expérience multiséculaire de la navigation astronomique. Ils fondaient leurs calculs à la fois sur la position de l'étoile du Nord et sur celle des étoiles circumpolaires les plus hautes, celles qui ne se lèvent et ne se couchent jamais. En fait, une fois qu'ils

1. J. Needham, *op. cit.*, vol. 4, part. 3, p. 565 *sqq.*

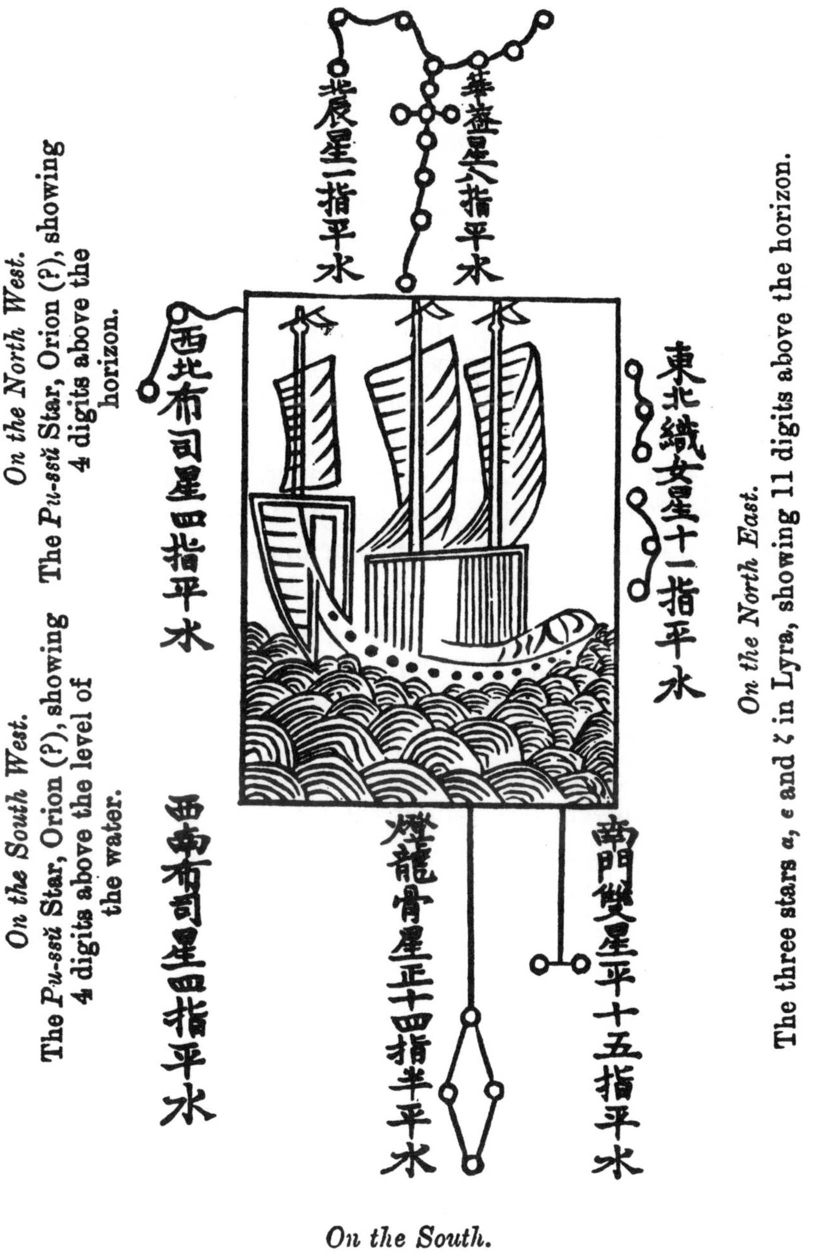

Carte de navigation astrale utilisée par Zheng He entre le Sri-Lanka et Sumatra, reproduite sur le *Wu Pei Chi*, 1628.

eurent déterminé la position de Polaris, ils y « attachèrent » toutes les étoiles de l'hémisphère nord. En apercevant rien qu'une étoile ou une constellation, ils pouvaient savoir où se trouvaient toutes les autres par rapport à elle, avant même qu'elles ne deviennent visibles dans le ciel nocturne. Ils pouvaient donc connaître la position exacte d'une étoile, même lorsqu'elle était invisible sous l'horizon, en observant le passage au méridien (le point culminant de la trajectoire d'une étoile dans le ciel, quel que soit l'endroit où l'on se trouve) des étoiles circumpolaires auxquelles elle était « attachée ». Cependant, ils ne savaient pas encore se servir du soleil dans le calcul des latitudes, ce que les Portugais furent les premiers à réussir, en 1474, et qui leur permit des calculs exacts dans l'hémisphère sud aussi bien que dans l'hémisphère nord. En effet, au sud de l'équateur, là où Polaris était invisible, les Chinois n'étaient pas en mesure de déterminer la latitude. Cela posait un problème, qu'il fallait résoudre. Avant de pouvoir réaliser le rêve de Zhu Di et de cartographier le monde entier, il fallait identifier la ou les étoiles de l'hémisphère sud qui pourraient remplir la fonction dévolue à Polaris dans l'hémisphère nord.

Dès le VIIe siècle, les Chinois savaient définir précisément leur route car ils avaient découvert la boussole. Ils savaient transférer les propriétés de la magnétite au fer, par induction, et ils laissaient flotter librement dans l'huile le fer aimanté, dont une extrémité indiquait toujours le sud. En 1421, ils pouvaient garder un cap avec une précision de plus ou moins deux degrés en utilisant des boussoles fiables. Ils pouvaient aussi mesurer la distance parcourue en se servant de sabliers. Chaque jour se divisait en dix parties égales, chaque sablier représentant 2,4 heures, durée d'un tour de garde pour le marin de service.

Le calcul des longitudes, en revanche, restait un problème, qu'ils n'avaient pas entièrement résolu au début de ce sixième voyage. La longitude dépend de quatre facteurs : la route que suit le navire, sa vitesse, le temps qui s'écoule et la distance par rapport à l'équateur. En tenant compte du temps, qu'ils mesuraient précisément, de la vitesse en mer, et de la direction donnée par leurs boussoles, les navigateurs pouvaient estimer leur longitude. Mais cette méthode chinoise présentait un inconvénient majeur : si la masse d'eau où se trouvait le bateau était elle aussi en mouvement, en cas de courant favorable ou contraire, par exemple, les marins n'étaient plus capables de mesurer la longitude. On ne pouvait y parvenir qu'en tenant compte du temps absolu, ce que les Européens ne réussirent que trois siècles et demi plus tard, lorsque John Harrison finit par mettre au point une pendule qui restait précise en mer. Au début de ce sixième voyage, ce défaut conduisit les Chinois à commettre d'énormes erreurs dans leur calcul des longitudes. Naviguer en se guidant sur Polaris leur permettait de connaître leur latitude et d'accoster avec une extraordinaire précision dans l'hémisphère nord, mais ce n'est qu'à la fin de leurs voyages d'exploration qu'ils furent en mesure de calculer leur longitude avec une exactitude à peu près comparable.

Une expérience séculaire de la construction navale avait mené les ingénieurs chinois à concevoir de robustes structures adaptées à la navigation en haute mer. Elles se divisaient en plusieurs sections et chacune d'entre elles était délimitée par deux cloisons étanches semblables aux cloisons internes d'une tige de bambou. Elles étaient assemblées par des goupilles de cuivre jaune pesant plusieurs kilos. Trois couches de bois dur étaient clouées sur un cadre de teck. On calfatait alors les planches avec de la fibre de noix de coco pour les rendre étanches, avant de les badigeonner avec un mélange de chaux et d'huile de toung bouillie. Cette laque était utilisée pour assurer l'étanchéité des bateaux depuis le VIIe siècle, mais la construction des vaisseaux-trésors de Zheng He en demandait de telles quantités qu'il fallut réquisitionner des ares et des ares de terrain sur les berges du Yang-tseu pour créer des plantations d'arbres toung (des aleurites).

Les ingénieurs des chantiers navals de Longjiang conçurent des navires capables de résister aux plus violentes tempêtes. Leurs proues renforcées leur permettaient de fendre les vagues et elles comportaient, de chaque côté, des conduits menant aux compartiments internes. Quand la mer était grosse et que ces proues plates et trapues tanguaient de l'avant, l'eau s'engouffrait dans ces conduits, et lorsqu'elles remontaient au-dessus des vagues, l'eau était évacuée, atténuant le tangage. Une quille de teck, tenue par des cercles de métal, courait sur toute la longueur des navires, lestés par des pierres rectangulaires spécialement taillées à cet effet (ou par un mélange de pierres et de boue), réparties de chaque côté.

Des quilles supplémentaires, qui pouvaient être relevées ou abaissées, étaient installées d'un côté ou de l'autre pour augmenter la stabilité. En cas de tempête, on pouvait aussi jeter par-dessus bord des ancres semi-submersibles pour diminuer le roulis. Ces ingénieuses trouvailles permettaient de réduire efficacement tangage et roulis, même dans des conditions de navigation extrêmes.

Ces vaisseaux géants pouvaient résister aux typhons et leur construction par sections réduisait le risque de naufrage par collision avec un iceberg ou un écueil. Ils étaient conçus pour se maintenir à flot même si deux de leurs compartiments, percés par la glace ou par les coraux, étaient inondés. Pour parvenir à une telle capacité de stockage, la largeur de leurs coques devait être étendue au maximum, relativement à leur longueur, et elles devaient posséder un fond plat. Leurs voiles à bourcet typiquement chinoises, quadrangulaires et rendues rigides par une série de lattes de bambou, étaient tendues sur des vergues obliques, dispositif extrêmement efficace pour profiter d'un vent arrière. Il permettait aussi de prendre un ris ou de ramener complètement les voiles avec une grande rapidité en cas d'urgence.

Les jonques chinoises étaient les vaisseaux les plus fiables et, de loin, les plus grands en ce début de XVe siècle. Ibn Battuta, écrivain et voyageur marocain qui parcourut l'Asie au XIVe siècle, mentionne que les navires chinois prenaient en charge le commerce maritime de toute la région allant de la côte de Malabar, à l'ouest de l'Inde, jusqu'en Chine. Quelques siècles plus tard, en 1848, un groupe d'officiers britanniques emmena la réplique d'une jonque de cette époque à New York depuis la Chine, par la mer. Ils bénéficièrent d'un vent d'arrière pendant tout le trajet et le navire se comporta magnifiquement bien. Mais quelles que fussent les qualités de ces jonques, et elles étaient grandes, elles n'en avaient pas moins été conçues pour faire l'aller-retour de Chine en Afrique, en profitant des vents de mousson (qui changeaient de direction deux fois par an), ce qu'elles avaient fait pendant des siècles. Avec un vent contraire, un gréement de jonque peut permettre de bien avancer, mais sur ces monstres chinois, il s'avérait d'une efficacité douteuse car, combiné à la forme de leur coque, il les forçait à avancer en crabe, sans grand succès. Ils devaient aller au portant plutôt que louvoyer et, en pratique, ils étaient contraints de garder un vent d'arrière, ce qui constituait un sérieux handicap dès qu'ils sortaient de la ceinture de la mousson située entre l'océan Indien et la mer de Chine. Ce détail devait me fournir un indice crucial pour restituer l'itinéraire des grandes expéditions de 1421 à 1423.

Les eunuques, capitaines et amiraux de ces vaisseaux-trésors, étaient des hommes aux compétences extraordinaires. Mais comme les Européens qui devaient leur succéder, ils recrutaient souvent leurs équipages dans les bas-fonds de la société. La plupart des marins étaient des criminels dont la peine d'exil ou d'emprisonnement avait été commuée en condamnation à prendre le large. On leur fournissait un uniforme (une robe blanche qui leur descendait jusqu'aux genoux), de la nourriture et du vin et ils étaient plutôt bien traités en mer. Le personnel de l'amiral comprenait 180 médecins militaires : chaque bateau et chaque compagnie de soldats disposait d'un médecin pour 150 hommes. À bord, le régime alimentaire était abondant et varié, mais les dangers des voyages en mers inconnues contribuaient à faire baisser l'espérance de vie : seul un dixième des équipages revint des grandes expéditions. Jusque-là, cependant, ceux qui avaient survécu aux premiers voyages des vaisseaux-trésors avaient été largement récompensés. Souvent libérés, ils avaient même parfois reçu un petit capital ou une pension.

Comme tous les marins, les Chinois étaient superstitieux. Sur chaque navire de la flotte, une cabine était dédiée à Ma Tsu, leur déesse, et ils lui adressaient leurs prières chaque jour, avant le repas du soir. Lorsqu'ils débarquaient en terre inconnue, pour éloigner les esprits malins, ils emportaient des miroirs de bronze. À leur revers figurait la roue taoïste à huit rayons.

Les pilotes et « hommes des boussoles », spécialistes de la navigation, composaient l'élite des équipages. Ils travaillaient sur un petit pont fermé, vivaient et prenaient leurs repas à l'écart du reste des marins. Les jonques transportaient aussi des ouvriers et des artisans de tous métiers, capables d'exécuter n'importe quelle tâche : calfater, fabriquer des voiles, réparer les ancres ou les pompes, monter des échafaudages. Charpentiers et peintres, chargés d'entretenir la laque protectrice d'huile de toung, contribuaient également à maintenir les vaisseaux en parfait état pendant leurs longs voyages à travers les océans lointains. Une fois leur travail terminé sur le chantier de la Cité interdite, tailleurs de pierre et maçons furent eux aussi embarqués pour laisser à travers le monde des traces durables du passage des grandes flottes chinoises. Il y avait même parmi ces hommes un historien, Ma Huan, qui devait coucher par écrit le récit de leur voyage. Son journal, *Merveilles des océans*, fut publié en 1433, après le dernier voyage de Zheng He.

C'étaient des cargos qui transportaient les aliments de base, soja, blé, millet et riz, ce qui permettait à la flotte entière de rester en mer pendant de longs mois sans avoir besoin de faire escale. Mais si les cargos venaient à couler, la situation était désespérée. Les graines de soja, que l'on cultivait toute l'année en bassins, étaient utilisées de diverses façons. Trempées dans l'eau, elles germaient, ce qui faisait augmenter leur teneur en acide ascorbique, en riboflavine et en acide nicotinique, base de la vitamine C, contribuant ainsi à protéger l'équipage du scorbut. Les Chinois connaissaient bien cette maladie, ses dangers et ses remèdes. On embarquait donc assez d'agrumes (citrons verts, citrons, oranges, pomélos) et de noix de coco pour protéger tous les hommes de cette maladie pendant trois mois. Le pomélo, sorte d'énorme pamplemousse, était estimé depuis l'époque des Royaumes combattants, du Ve au IIe siècle av. J.-C. : « Le prince sincère et ingénieux devrait savoir que les orangeraies et les vergers de pomélos contribueront nécessairement à la prospérité du royaume de Chu [1]. »

La cargaison de riz était en partie constituée de riz brun non décortiqué, dont la balle contenait de la vitamine B1, ce qui expliquait la rareté du béribéri, maladie causant des troubles nerveux. Choux, navets et pousses de bambou fournissaient la plus grande partie des légumes frais. Lorsque ces réserves étaient épuisées, les graines de soja s'avéraient particulièrement bénéfiques. On en tirait aussi du lait qui, porté à ébullition, donnait une crème, le tofu, riche en vitamine D, tandis que fermenté, il donnait de la sauce soja. On assaisonnait le tofu et les légumes avec une sauce qui mélangeait poisson fermenté, soja, herbes aromatiques et épices. On obtenait aussi du glutamate en mâchant du blé, avant de le recracher pour le laisser fermenter, méthode encore utilisée de nos jours en Amérique du Sud. Avec la farine de blé, on confectionnait aussi des nouilles, des pâtes et des boulettes. On emportait du sucre de canne pour adoucir le goût des fruits séchés, mais l'équipage le consommait également tel quel.

Les Chinois savaient conserver fruits et légumes de bien ingénieuses façons. Les fruits étaient séchés ou caramélisés, tandis que poires, pousses de bambou et raisins étaient ensevelis dans le sable. On salait ou l'on faisait mariner les légumes dans un vinaigre sucré[2]. La ration de viande restait limitée, constituée le plus souvent de porc chinois, de chien de boucherie et de grenouilles élevées en bassins. Poules et poulets, destinés à la divination, n'étaient jamais consommés à bord, mais on disposait de poisson frais, salé, séché ou fermenté en grandes quantités. Des otaries dressées, travaillant par deux, le rabattaient dans les filets, et l'on pêchait aussi à la ligne. Les hommes buvaient du thé rouge et du thé semi fermenté transporté en feuilles ou sous forme de pains. L'alcool de riz ou « vin de riz », le *jiu*, était aussi très apprécié. « Pendant le sixième mois [en août], nous cueillons des prunes sauvages et des baies, pendant le septième, on fait bouillir la moelle et les haricots. Nous mettons les dattes à sécher pendant le neuvième. Avec le dixième mois, vient le moment de recueillir le riz pour faire le vin de printemps, qui nous conférera longue vie[3]. »

De cet alcool, on tirait des liqueurs, une sorte de cognac et du vinaigre. Hommes et chevaux demandaient d'énormes quantités d'eau et l'on rem-

1. Needham, *op. cit.*, vol. 6, part. 1, p. 365 *sqq.*
2. Needham, *op. cit.*, vol. 6, part. 5, p. 19 *sqq.*
3. *Ibidem.*

plissait les réservoirs des jonques à la moindre occasion, mais on savait aussi dessaler l'eau de mer par distillation en utilisant de la paraffine ou du gras de phoque comme fluide de chauffage. La possibilité de dessaler l'eau et de transporter des légumes frais permettait de traverser les océans les plus vastes. Dans l'ensemble, ce régime était infiniment plus varié et plus nutritif que celui dont disposerait Magellan pratiquement un siècle plus tard : « Le biscuit que nous mangions n'était plus du pain mais une poussière mêlée de vers qui en avaient dévoré toute la substance, et qui de plus était d'une puanteur insupportable, étant imprégné d'urine de souris[1]. » À bord des jonques, de petits chiens chassaient les rats et l'on utilisait de l'arsenic pour tuer la vermine et les insectes, mais aussi comme engrais.

Des concubines étaient aussi recrutées dans les bordels flottants de Canton pour accompagner la flotte[2]. Elles appartenaient à un groupe ethnique que l'on appelait les Tankas, descendants de populations venues de régions lointaines de l'intérieur du pays pour devenir pêcheurs de perles sur la côte. Elles parlaient un dialecte particulier et, contrairement aux femmes chinoises, refusaient de se faire bander les pieds. Il leur était interdit de se rendre à terre dans les grands ports et d'épouser des Chinois. À bord des vaisseaux-trésors, elles assistaient aux grands banquets, où elles montraient leur capacité à tenir l'alcool, dont elles absorbaient d'énormes quantités. Elles étaient bien éduquées et, en plus de satisfaire les désirs des ambassadeurs et des consuls, on leur demandait de savoir jouer aux cartes et aux échecs, de prendre part à des pièces de théâtre, de chanter et de danser. La plupart d'entre elles s'étaient converties au bouddhisme, religion qu'elles avaient adoptée pour son enseignement d'amour universel, de compassion et d'égalité entre tous les êtres humains, hommes ou femmes, empereurs ou prostituées.

Elles ne faisaient l'objet d'aucun mépris à cause de leur profession. On les considérait au contraire comme un groupe social ancien et nécessaire. Les rapports sexuels étaient par ailleurs conçus comme des actes sacrés. « Parmi les dix mille choses créées par le Ciel, l'homme est la plus précieuse. De toutes les choses qui apportent la prospérité aux hommes, rien ne se peut comparer aux rapports sexuels : ils sont à l'image du

1. Gavin Menzies cite toujours le journal de Pigafetta dans la traduction anglaise de R. S. Kelton, Antonio Pigafetta, *Magellan's Voyage*, Yale U. P., New Haven, Connecticut, 1969. Nous avons utilisé la traduction française de Hendrick Jansen, *Premier voyage autour du monde par le Chevr. Pigafetta sur l'escadre de Magellan pendant les années 1519, 1920, 1921 et 1922*, Paris, an IX, 14-15, disponible sur le site Gallica de la Bibliothèque nationale (gallica.bnf.fr). Page 50 du document original pour ce passage. (N.d.T.)

2. R. H. Van Gulik, *La Vie sexuelle dans la Chine ancienne*, Louis Evrard (trad.), Gallimard, 1971, p. 381.

Ciel[1]. » Tout homme était libre d'entretenir une concubine, sachant que « classe et fortune ne signifient rien dans ce choix, et le seul critère de préférence est celui de la beauté physique[2] ». Les Chinois invitaient toujours souverains et ambassadeurs à revenir à Pékin. Comme ils ne quittaient guère le septième ciel depuis leur départ jusqu'à leur retour chez eux, souvent plus d'un an après, on s'étonne moins qu'ils aient fait preuve d'un tel empressement à répondre aux invitations.

Aphrodisiaques et accessoires sexuels étaient tenus à disposition des concubines et de leurs hôtes. Un bocal de vin où avaient macéré pendant un an deux lézards attrapés en plein accouplement constituait l'aphrodisiaque le plus prisé sur le marché. Il fallait aussi compter avec « les organes sexuels d'un animal lubrique, le castor, et le remède ainsi obtenu pour oindre le pénis », ainsi que la « potion du poulet chauve ». Très appréciée, elle tirait son nom de l'histoire du préfet de Chou qui but cet élixir alors qu'il était âgé de 70 ans. Sa virilité retrouvée laissa sa femme tellement épuisée qu'elle ne pouvait plus ni s'asseoir ni s'allonger, et qu'elle insista pour qu'il se débarrasse de la potion. Un coq but le contenu de la fiole qu'il avait jetée et sauta immédiatement sur une poule, avec laquelle il « continua de copuler pendant plusieurs jours sans interruption, en lui donnant des coups de bec sur la tête, si bien qu'à la fin, elle devint complètement chauve[3] ».

Le lit « traditionnel » des concubines était orné de fruits symboliques : branches de pruniers en fleurs sur les couvre-lits, car la prune représentait le plaisir sexuel et la satisfaction des désirs, tandis que la pêche figurait les organes sexuels féminins, et la grenade, la vulve. Lorsqu'ils arrivaient à bord des vaisseaux-trésors, les ambassadeurs apportaient fréquemment des grenades en guise de présents. Si, dans la journée, les concubines arboraient de larges pantalons, elles exerçaient leur art vêtues de bas de soie et de soutiens-gorge rouges nommés *mo xiong*. Tout comme leurs clients, elles étaient censées se laver les parties intimes avant et après tout rapport. Il existait un contraceptif masculin, une sorte de préservatif appelé *yin jia* et l'on utilisait une gelée d'agar-agar comme lubrifiant et comme léger désinfectant. À l'époque des vaisseaux-trésors, les maladies vénériennes étaient relativement rares en Chine. Elles allaient proliférer, en revanche, vers la fin de la dynastie Ming.

1. Van Gulick, *op.cit.*, p. 125.
2. *Ibid.*, p. 265.
3. *Ibid.*

Le voyage pouvait offrir aux courtisanes l'occasion rêvée d'atteindre leur but ultime : être libre de suivre un homme amoureux. Un ambassadeur pouvait en effet demander à emmener une courtisane qui lui plaisait particulièrement. Elle débarquait alors avec lui dans son port d'origine et restait à terre lorsque la flotte repartait. À bord, elles étaient protégées et respectées et si elles échouaient dans cette entreprise, si elles devenaient trop vieilles pour séduire encore les hommes, on leur confiait alors la tâche d'instruire les plus jeunes, de leur apprendre la danse et le chant. Lorsque les ambassadeurs quittèrent les vaisseaux-trésors, certaines de ces femmes devaient déjà être enceintes. Le sort réservé à leurs enfants va constituer une partie intéressante de notre récit, d'autant que des analyses d'ADN de plus en plus nombreuses continuent de nous parvenir. Ces concubines assuraient aussi d'autres fonctions : elles faisaient la cuisine, tissaient et cousaient la soie, fabriquaient des cordages de chanvre, elles s'occupaient des bassins de graines de soja et des volailles en cages. Il est clair que les eunuques ne devaient guère leur manifester d'intérêt, quant au simple marin qui aurait tenté ne fût-ce que d'approcher leurs quartiers, il était sans doute exécuté sur-le-champ.

L'armada continuait sa route vers le sud. En cette première étape de son voyage, ses immenses navires étaient poussés par les vents prodigieusement puissants de la mousson, qui avaient toujours dicté les trajets maritimes à travers l'océan Indien, de la Chine vers l'Inde, de l'Inde vers l'Afrique. Des ports, comme celui de Malacca, s'étaient développés là où l'on pouvait entreposer les marchandises entre la mousson de sud-ouest, en juillet, et celle de nord-est, en janvier ; ce qui permettait aux vaisseaux-trésors de se rendre en Inde en janvier, puis de rentrer en Chine en juillet, toujours avec un vent d'arrière. La mousson de sud-est atteint l'Inde en juillet, plusieurs semaines avant d'arriver sur les côtes chinoises. Les navires venant d'Inde, qui profitaient des vents de nord-est, arrivaient à Malacca avant même que les jonques chinoises n'aient pris la mer, ils débarquaient leur cargaison et ils étaient déjà rentrés au moment où elles parvenaient à Malacca.

Selon Ma Huan, la flotte de Zheng He y arriva six semaines après son départ de Pékin. Fondé par les Chinois pour servir d'escale et d'entrepôt sur la route des Épices en provenance des Moluques (îles actuellement indonésiennes), le port de Malacca prospéra, il devint rapidement le centre de distribution des porcelaines chinoises et des textiles indiens, et même l'une des principales plaques tournantes commerciales de l'océan Indien. À mi-chemin entre l'Inde et la Chine, à environ 200 kilomètres de l'actuel

Singapour sur la côte occidentale malaise, Malacca contrôle un détroit qui fait de son port, abrité par un chapelet d'îles, un passage obligé des navires. Il y avait aux alentours de riches mines d'étain et une rivière coupait la ville ; l'abondance d'eau douce et de bois de teck dans les forêts environnantes faisait de Malacca un port idéal. Le commerce des épices revêtait encore une importance capitale, il offrait aux marchands et aux négociants l'occasion d'amasser de vastes fortunes. La volonté de contrôler et d'exploiter ce secteur extrêmement lucratif devait motiver, par la suite, les expéditions d'explorations européennes.

Les Chinois installèrent toute une série de ports tels que Malacca ou Calicut à travers toute l'Asie du Sud-Est et tout autour de l'océan Indien. Ils constituaient les bases avancées des flottes de Zheng He, fournissant des provisions fraîches, de l'eau et du bois à tous les navires, depuis la Chine jusqu'à l'Afrique orientale. Ils jouaient un rôle essentiel dans les grandioses plans de Zhu Di visant à rendre le monde entier tributaire de la Chine. En 1421, le commerce dans l'océan Indien était dominé par les Chinois et les Arabes d'Égypte et des États du Golfe, qui entretenaient des relations cordiales. Comme le reste du monde, les Arabes désiraient ardemment se procurer des porcelaines et des soieries chinoises, aussi les jonques étaient-elles presque toujours bien accueillies dans leurs ports.

> Un rapport arriva de La Mecque, sainte ville, disant qu'un bon nombre de jonques étaient arrivées de Chine dans les ports de l'Inde et que deux d'entre elles mouillaient à Aden, mais leurs marchandises, porcelaines, soies, musc et d'autres encore, n'y furent pas vendues à cause des désordres affectant l'État du Yémen [...]. Le Sultan fit envoyer une missive pour demander de les laisser venir à Djeddah et de leur faire honneur[1].

Chinois et Arabes cohabitaient en nombre égal dans le grand port indien de Calicut. Les Chinois fréquentaient beaucoup les ports arabes d'Ormuz, dans le golfe Persique, de Malindi, de Kilwa et de Zanzibar, en Afrique orientale. Mais Malacca était pratiquement une colonie chinoise, base avancée de la flotte par excellence.

> Autrefois, cette contrée n'était pas désignée comme un « pays » [...]. Elle n'avait pas de roi et seul un chef la dirigeait. Elle dépendait de la juridiction de Hsien Lo [Thaïlande], et payait un tribut annuel de quarante liangs d'or [environ 48 onces, soit 1,5 kg]. Si elle ne payait pas, Hsien Lo envoyait des hommes l'attaquer.

1. Ibn Tahgri-Birdi, *A History of Egypt, 1382-1469 A D*, Berkeley, Californie, 1954.

> Dans la septième année du règne de Yong Le [1409], l'empereur ordonna à son principal représentant, le grand eunuque Cheng Ho [Zheng He] d'en prendre possession, d'y promulguer l'édit impérial et de remettre solennellement au chef, chapeau, ceinture et robe, ainsi que deux sceaux officiels [...]. Par la suite, Hsien Lo n'osa plus l'envahir (Ma Huan, 1424)[1].

De fait, ainsi naquit la Malaisie.

Le journal de Ma Huan donne aussi une description vivante de l'Asie du Sud-Est, des crocodiles vivant dans ses mangroves, de la récolte du caoutchouc, des mines d'étain et des plantations :

> Les ressources procurées par les cocotiers sont au nombre de dix. Le jeune arbre produit un sirop sucré et bon à boire, dont on peut tirer un vin par fermentation. De la chair des noix à maturité, on peut extraire une huile, faire du sucre et encore un aliment. Avec la fibre qui les enveloppe à l'extérieur, on peut faire des cordages pour la construction navale. Sa coquille procure des bols et des tasses ; brûlée, elle fournit une cendre utile dans la délicate opération du damasquinage à l'or ou à l'argent. Le bois de ces arbres est bon pour construire les maisons et les feuilles pour les couvrir[2].

Ma Huan décrit également la procédure suivie par les flottes chinoises au mouillage :

> Quand des navires marchands de Chine arrivent à Malacca, [les habitants] dressent des barrières [pour collecter les droits de douane]. Il y a quatre portes dans les remparts de la ville, pourvus chacun d'une tour de guet et d'alarme. La nuit, des hommes patrouillent sur les remparts avec des cloches d'alarme. À l'intérieur des murs, une enceinte plus petite, délimitée par une palissade de bois, entoure les entrepôts servant au stockage des espèces monétaires et du ravitaillement. Les navires du gouvernement [les vaisseaux de Zheng He] en route vers la Chine s'arrêtaient dans ce port pour radouber et embarquer des produits locaux. Là, ils attendaient un vent de sud favorable et, vers le milieu du cinquième mois [juin], ils reprenaient la mer pour rentrer chez eux[3].

Mais les Chinois ne s'intéressaient pas seulement au commerce : ils étaient aussi grandement intrigués par les femmes thaïes et malaises, qu'ils trouvaient très séduisantes. « Les capacités mentales des femmes

---

1. Ma Huan, *Merveilles des océans*, Pékin, 1433, J. V. G. Mills, Cambridge U. P. (pour la Hakluyt Society), 1970, p. 108.
2. Ma Huan, *op. cit.*, p. 143.
3. Ma Huan, *op. cit.*, dans Paul Whitley (trad.), *The Golden Khersonese*, University of Malaya Press, Kuala Lumpur, 1961, p. 143.

excèdent de beaucoup celles de leurs maris. S'il arrive qu'une femme entretienne des relations d'intimité avec l'un de nos compatriotes, et l'autorise à banqueter et faire la noce avec elle, son mari les regarde calmement, sans s'emporter, et se dit seulement : "Ma femme est belle et le Chinois en est enchanté"[1] ». De fait, les hommes de Malacca pouvaient aller assez loin pour procurer du plaisir à leurs femmes. Ils utilisaient notamment des perles creuses d'or ou d'étain, coutume qui persiste encore de nos jours dans certaines régions d'Asie du Sud-Est :

> Lorsqu'un homme atteint sa vingtième année, ils incisent la peau qui entoure son pénis avec une fine lame en forme d'oignon pour y insérer une douzaine de perles d'étain [...] [ces perles] ressemblent à une grappe de raisins. Le roi, les grands chefs et les gens riches utilisent des perles d'or creuses dans lesquelles on place un grain de sable et, quand ils marchent, elles produisent un petit tintement qui est considéré comme agréable. Les hommes qui ne se font pas implanter de telles perles comptent parmi les plus pauvres[2].

Toutes sortes de gens passaient à Malacca : Thaïs, Bengalais, Gujaratis, Parsis, Arabes et bien d'autres encore y conversaient en quelque quatre-vingts langues, avant de s'en retourner chez eux avec des marchandises chinoises. Les bateaux qui apportaient les épices de Ternate et Tidore, dans les Moluques, repartaient avec des porcelaines. Les boutres arabes chargés de soieries, mais aussi de batiks et d'étain provenant de Malacca et de Java, rejoignaient l'Inde, le golfe Persique, l'Égypte et Venise. Quant aux jonques chinoises, après avoir débarqué leurs soieries et leurs porcelaines, elles chargeaient leurs cales d'épices, de pierres précieuses indiennes et de verre vénitien.

> [Les Chinois] parcourent les pays, balance en main, pour acheter tout le poivre qu'ils peuvent trouver et, après en avoir pesé une petite quantité pour estimer le poids total, ils en offrent une somme globale, dépendant des besoins des vendeurs. De cette façon, ils peuvent remplir leurs bateaux quand ils arrivent de Chine, et revendre 50 000 *caixas* [une monnaie commerciale portugaise] ce qui ne leur en a coûté que 12 000[3].

Malacca se trouvait au cœur du commerce de tout l'archipel, et de l'Asie du Sud-Est tout entière, commerce dominé par la Chine. Ce pays

---

1. Ma Huan, *op. cit.*, dans J. V. G. Mills (trad.), p. 104.
2. Ma Huan, *ibidem*. Richard Hall cite une traduction légèrement différente dans *Empires of the Monsoon*, Harper Collins, 1996, p. 89.
3. Fernand Braudel, *The Wheels of Commerce*, Siân Reynolds (trad.), Fontana, 1985, p. 130.

consommait cent fois plus d'épices que la lointaine Europe et ses marchands contrôlaient non seulement le marché des biens et des monnaies, mais aussi leur prix, et même les activités de loisir et de jeu. Pendant dix mois complets, il s'y tenait une foire où les commerçants pariaient également. « Quand leurs marchandises sont écoulées, ils occupent moins de place et louent moins de maisons. Quand les ventes ralentissent, les paris augmentent[1]. »

À chaque voyage de la flotte chinoise, Malacca fit office de base avancée. Le temple que Zheng He y édifia montre l'importance qu'il accordait à ce port. On peut toujours le voir, sur la route qui porte le nom de l'amiral, sur la rive est du fleuve. La légende veut qu'il ait réussi à rallier Malacca grâce au système des compartiments étanches et de la triple épaisseur de planches, alors que la coque de son vaisseau avait été perforée par un écueil.

Les expéditions de Zheng He se firent de plus en plus aventureuses. La première, qui eut lieu entre 1405 et 1407, comprenait soixante-deux vaisseaux-trésors armés de 27 800 hommes. Sur la route de Malacca, elle s'arrêta au Cambodge et à Java, puis repartit avec la mousson de sud-ouest, vers Ceylan et Calicut, sur les côtes occidentales de l'Inde. Lors de ce voyage, un incident persuada les marins que la flotte jouissait d'une protection divine. Au milieu d'une tempête d'une violence telle que les hommes priaient tous Ma Tsu de les épargner, une « lueur divine » (probablement le feu Saint-Elme, décharge électrique lumineuse qui se produit parfois en mer dans les tempêtes) apparut au sommet des mâts du vaisseau-amiral. « Aussitôt qu'apparut cette lueur miraculeuse, le danger s'apaisa[2]. »

Pour sa troisième expédition, de 1409 à 1411, Zheng He avait établi un programme précis. La flotte devait utiliser Malacca comme base avancée et, de là, se diviser en quatre escadrilles pour rejoindre des destinations différentes. L'expédition suivante quitta la Chine en 1413. Une escadrille partit de Malacca vers le Bengale, les Maldives puis l'Afrique ; une autre se dirigea vers la mer d'Arabie pour remonter ensuite le golfe Persique jusqu'à Ormuz. De 1417 à 1419, une autre expédition s'arrêta dans tous les grands ports d'Afrique, d'Arabie, d'Inde et d'Asie puis ramena les ambassadeurs de nombreux pays à Pékin, pour l'inauguration de la Cité interdite. Ils devaient jouir de l'hospitalité impériale pendant près de deux ans

1. *Ibidem*, p. 131.
2. Zheng He, cité par Dorothy et Thomas Hobbler, *Images across the Ages, Chinese Portraits*, Raintree, Austin, Texas, 1993.

en attendant l'inauguration de la nouvelle capitale. Enfin, une flotte commandée par l'amiral Yang Qing précéda la principale armada. Après avoir ramené chez eux les ambassadeurs venus du golfe Persique, sa difficile mission consistait à résoudre le problème du calcul des longitudes.

Le reste de l'armada de Zheng He prit la mer pour le plus grand de tous les voyages. Après s'être ravitaillée à Malacca, la flotte fit route plein nord pendant cinq jours, avant d'accoster à Semudera (l'actuel Sumatra), aux portes de l'océan Indien. L'amiral divisa alors ses navires en quatre flottes transportant chacune leurs forces militaires disposant d'armes à feu. Trois d'entre elles furent respectivement placées sous le commandement du grand eunuque Hong Bao, de l'eunuque Zhou Man et de l'amiral Zhou Wen[1]. La quatrième flotte, beaucoup plus petite, restait sous le commandement direct de Zheng He. Proche collaborateur de l'empereur, il ne pouvait se permettre un voyage aussi long : il devait ramener les ambassadeurs en Asie du Sud-Est et rentrer en novembre 1421.

Selon le poète et grand voyageur portugais Camoens (1524-1580), on disait que tant de navires marchands avaient rejoint l'armada chinoise que, lorsqu'elle atteignit Calicut, elle comprenait 800 bateaux. Si l'on pense que Zheng He n'avait dû garder qu'un petit nombre de navires pour son propre voyage, relativement sûr et rapide, on peut estimer à environ deux cents navires chacune des trois autres flottes. C'était la plus grande armada que le monde ait jamais connue. Zheng He déléguait pouvoir de vie ou de mort à chacun de ses amiraux qui, à leur tour, déléguaient leur autorité à deux généraux de brigade, commandant eux-mêmes 93 capitaines, responsables des régiments, et sous lesquels se trouvaient encore 104 lieutenants et 103 sous-lieutenants. La première mission de ces flottes consistait à ramener à bon port les souverains, ambassadeurs et consuls d'Inde, d'Arabie et d'Afrique orientale. Elles devaient alors se rejoindre au large de la côte sud de l'Afrique et faire voile vers les mers inconnues pour réaliser les desseins de Zhu Di. Ces hommes savaient très bien ce qu'on attendait d'eux : aller jusqu'aux confins de la terre afin de soumettre les barbares au tribut ou bien mourir en chemin.

1. L'identité de l'amiral qui commandait cette troisième flotte reste sujette à caution, mais ma correspondance avec le Pr Rederich Ptak de l'université de Munich me conduit à penser que c'est Zhou Wen qui était le plus susceptible d'en prendre la tête.

DEUXIÈME PARTIE
GUIDÉS PAR LES ÉTOILES

CHAPITRE 4

Passer le cap

Pour relater cette histoire jusqu'ici, il m'avait fallu apprendre l'histoire de la Chine médiévale en partant de rien ou presque : mes connaissances en ce domaine étaient, au mieux, modestes. En revanche, lorsque je commençai à retracer l'itinéraire suivi par les flottes de vaisseaux-trésors pendant ces années « énigmatiques », de 1421 à 1423, je pénétrai en terrain familier. Je pus dès lors utiliser les connaissances et les compétences que j'avais acquises en tant que marin puis en tant qu'officier de commandement pendant mes longues années en mer. Lors de leur sixième voyage, les flottes de Hong Bao, Zhou Man, Zhou Wen et Yang Qing avaient parcouru les océans pendant pratiquement cinq ans, mais Lu Daxia, ministre de la Guerre, avait ensuite ordonné la destruction de toutes les archives et il ne subsistait pratiquement plus aucune preuve tangible susceptible d'indiquer où ils étaient allés ni ce qu'ils avaient découvert. Si, jusque-là, j'avais dû me contenter de suivre maladroitement les traces d'universitaires et d'historiens bien plus érudits et plus doués que moi, je pouvais désormais compter sur mes compétences personnelles pour déchiffrer les vestiges de ces preuves qu'offraient encore les anciennes cartes marines, ainsi que les rares documents et objets qui nous sont parvenus.

Deux stèles gravées figurent parmi eux. Le vieil amiral Zheng He, craignant peut-être de ne jamais revenir, les fit ériger dans des temples de l'Épouse céleste, une déesse taoïste, avant de larguer les amarres pour la dernière fois, vers la fin de l'année 1431. L'une se trouve à Chiang-Su, dans la province du Fujian et l'autre à Liu-Chia-Chiang. Ces stèles, qui ne furent redécouvertes qu'en 1930, rappellent ses plus grandes réussites, les grands voyages des armadas de vaisseaux-trésors, et portent des inscriptions qui fournissent la clé du sixième voyage :

> Inscription de Chiang-Su :
>
> Depuis le temps où, au début du règne Yong Lo [règne de Yong Le ou Zhu Di, qui commença en 1403], nous, Cheng Ho [Zheng He] et ses compagnons, avons reçu le mandat de l'empereur en tant qu'ambassadeur auprès des barbares, jusqu'à aujourd'hui, sept voyages ont eu lieu. Pendant chacun d'entre eux, nous avons commandé plusieurs dizaines de milliers de soldats et plus de cent vaisseaux. Partis de T'ai T'sang, nous avons pris la mer et rejoint les pays de Chan-Ch'eng [Champa], Hsien-Lo [le Siam], Kua-Wa [Java], K'o Chih [le Cochin] et Ku-Li [Calicut], atteint Hu-Lo-Mo-Ssu [Ormuz] et d'autres pays des contrées occidentales, plus de trois mille en tout[1].
>
> Inscription de Liu-Chia-Chiang :
>
> Nous avons traversé l'étendue de mers immenses de plus de 100 000 *li* et nous avons vu des vagues énormes s'élever sur l'océan aussi hautes que les montagnes [tsunamis], et nous avons posé les yeux sur de lointaines contrées barbares, cachées dans la transparence bleue des brumes légères, alors que nos voiles, majestueusement déployées comme des nuages, jour et nuit continuaient leur course, aussi rapide que les étoiles, à travers ces vagues déchaînées[2].

La première traduction anglaise de l'inscription de Chiang-Su fut l'œuvre d'un éminent spécialiste de la Chine médiévale, J. J. L. Duyvendak, dans les années 1930. Dans son article sur « les vraies dates des expéditions maritimes chinoises au début du XVe siècle », il traduisait ainsi l'une des phrases-clés de la stèle : « trois mille pays ». Tout comme les chercheurs qui lui succédèrent, il trouvait cette affirmation totalement invraisemblable et il pensait qu'il devait s'agir d'une erreur commise par le graveur. Pour cette raison, il corrigea sa traduction, qui mentionnait : « trente pays », et que reprirent tous les historiens et les chercheurs. Ce n'est qu'en consultant l'article de Duyvendak que je découvris la traduction d'origine et que je me rendis compte qu'elle pouvait être correcte. Il

1. Stèle gravée du palais de l'Épouse Céleste à Chiang-Su datant de 1431, traduction anglaise de J. J. L. Duyvendak dans « *The True Dates of the Chinese Maritime Expeditions in the Early Fifteenth Century* », *T'oung Pao*, chap. 34, p. 347.
2. Stèle gravée du palais de l'Épouse Céleste à Liu-Chia-Chiang, datant de 1431, traduction anglaise de J. J. L. Duyvendak dans *China's Discovery of Africa*, Probsthain, 1949, p. 29.

n'y avait pas de raison que le graveur commette une aussi lourde erreur. Mais une affirmation aussi extraordinaire pouvait-elle être exacte ? La flotte de Zheng He avait-elle reconnu « trois mille pays » ? Si cela s'avérait, il allait falloir réécrire toute l'histoire de l'exploration du globe.

Pour tenter de retracer les voyages que les flottes avaient effectués, je devais d'abord me mettre à la place des amiraux chinois et il n'y avait pas de méthode plus efficace que de naviguer dans leur sillage, comme je l'avais fait en tant que jeune officier sur le *Newfoundland*, sous les ordres de Sir Arthur Hezlet, sous-marinier remarquable et courageux, aujourd'hui vice-amiral et chevalier de l'ordre de l'Empire britannique. Le *Newfounland* quitta Singapour en février 1959, passa le détroit de Malacca pour atteindre l'océan Indien avant de virer vers l'est pour rejoindre l'Afrique. Après un passage aux Seychelles, dans l'océan Indien, nous continuâmes vers l'est pour accoster à Mombassa, sur la côte orientale africaine. De là, nous rejoignîmes Zanzibar, Dar-es-Salaam, puis Lourenço Marques. Nous longeâmes alors la côte jusqu'à East London et Port Elizabeth, en Afrique du Sud, puis nous fîmes escale au Cap, avant de reprendre notre route pour remonter la côte ouest du continent vers le Sierra Leone puis revenir vers l'Angleterre en passant par les îles du Cap-Vert.

Ce voyage me permit d'acquérir une connaissance inestimable des vents, des courants et des problèmes de navigation que les amiraux chinois rencontrèrent. Sans cette expérience, je n'aurais jamais pu suivre la piste imperceptible que constituaient les traces éparses de leur passage à travers le monde, ces indices qui révélaient les voyages incroyables des vaisseaux-trésors. Si j'ai pu affirmer avec certitude quel itinéraire les flottes chinoises avaient suivi, c'est parce que les cartes marines qui nous sont parvenues, jointes à ma propre expérience des vents, des courants et des conditions de navigation qu'elles avaient rencontrées, me permettaient de connaître leur route aussi sûrement que s'il en était resté une trace écrite.

Après avoir quitté Zheng He, les trois flottes chinoises firent voile vers Calicut, capitale du Kerala, en Inde du Sud et, de loin, le port le plus important de l'océan Indien. Les Chinois entretenaient des relations commerciales avec Calicut depuis la dynastie Tang (618-907). Pour eux, c'était non seulement une place avancée, mais aussi un immense port de commerce, où se négociaient d'énormes stocks de coton et de textiles indiens (de calicot, notamment), et surtout du poivre. Ses rois hindous, les Zamorins, avaient développé un important réseau de relations commerciales à travers tout l'océan Indien, avec l'Afrique orientale et l'Asie du Sud-Est. Presque tous les explorateurs connus du Moyen Âge et de la Renaissance, comme Marco Polo (1254-1324), Ibn Battuta (1304-1368) et Abdul Razak (actif de 1349 à 1387) se rendirent à Calicut. Pendant le règne de Zhu Di, les Chinois reconnurent officiellement Calicut, qu'ils appelaient Ku-Li, comme la principale plaque tournante commerciale de l'océan Indien, le décrivant comme « le port le plus important des océans de l'ouest » et « le port de rencontre de tous les marchands étrangers[1] ». Les guides chinois de navigation dans l'océan Indien spécifiaient la distance qui séparait la Chine de Calicut et la route à suivre entre Calicut, Malacca, l'Inde du Nord, le golfe Persique et l'Afrique. Quant aux rois de Calicut, ils vénéraient la Chine : entre 1405 et 1419, leurs missions diplomatiques se succédèrent à Pékin. Une de leurs délégations assista même à l'inauguration de la Cité interdite et offrit à Zhu Di de magnifiques chevaux.

L'historien officiel Ma Huan décrit avec force détails le voyage de Chine à Calicut en passant par Malacca et il consacre plus de neuf pages à cette ville. Il nous offre ainsi une évocation passionnante de la vie quotidienne dans une ville médiévale indienne, vue par un Chinois. Il remarque les pratiques religieuses des rois Zamorins, qui contrastent avec celles de leurs sujets musulmans, et donne une description vivante des coutumes du peuple, des fêtes, de la musique, des danses, du vêtement et de la nourriture : « Le roi de ce pays et le peuple s'abstiennent tous de manger la viande du bœuf. Les grands chefs sont musulmans et ils s'abstiennent de consommer la chair du porc[2]. » Ma Huan décrit ensuite crimes et châtiments locaux, en particulier la façon dont on utilisait l'ordalie pour déterminer l'innocence ou la culpabilité d'un accusé : on lui plongeait la main dans du beurre clarifié bouillant, avant de l'envelopper dans du coton. Il raconte aussi comment on vendait les marchandises apportées par les vaisseaux-trésors et quel type de contrat on passait :

> Si un vaisseau-trésor s'y rend, il revient à deux hommes seulement de superviser la vente et l'achat des marchandises : le roi envoie un chef et un *chei-ti* [responsable des douanes] examiner les livres de comptes dans le bureau officiel ; un marchand les rejoint alors [et] un officier de commandement du navire vient convenir d'une date pour fixer les prix. Le jour dit, ils examinent d'abord les soieries brodées et ajourées [...]. Lorsque leur prix est fixé, ils rédigent un accord [...].

1. Richard Hall, *Empires of the Monsoon*, Harper Collins, 1996, p. 550, avec de magnifiques illustrations.
2. Ma Huan, *Merveilles des océans*, Pékin, 1433, J. V. G. Mills, Cambridge U. P., 1970, p. 138. On peut voir que les musulmans occupent des postes élevés.

> Le chef et le *chei-ti* joignent les mains avec son excellence l'Eunuque et le marchand déclare : « Pendant telle lune, tel jour, nous avons tous joint les mains et scellé notre accord avec une poignée de main. Que le prix soit bas ou élevé, nous ne le changerons ni ne le répudierons jamais[1]. »

Par une extraordinaire coïncidence, au moment même où les vaisseaux-trésors se trouvaient à Calicut en 1421, un jeune voyageur vénitien du nom de Niccolò de' Conti (1395-1469) y arriva lui aussi. Marchand aux relations nombreuses, de' Conti avait quitté Venise pour Alexandrie en 1414. Les dirigeants égyptiens, les sultans mamelouks originaires des steppes asiatiques, n'autorisaient pas les voyageurs chrétiens à dépasser Le Caire, car ils souhaitaient garder le monopole du commerce dans l'océan Indien. Mais une fois en Égypte, de' Conti apprit l'arabe, se convertit à l'islam et épousa une musulmane. Au titre de marchand égyptien, il put voyager jusqu'au delta de l'Euphrate et, de là, rejoindre l'Inde, où il arriva vers la fin de l'année 1420. Il se rendit à Calicut car la ville abritait une communauté chrétienne, les nestoriens, adeptes de la « sainte Église catholique apostolique assyrienne d'Orient » qui avait jadis prospéré en Syrie au VIe siècle et qui existe encore de nos jours en Extrême-Orient. Tolérants, les Zamorins les autorisaient à pratiquer librement leur culte.

Bien des années plus tard, le pape Eugène IV exigea que de' Conti, en guise de pénitence pour avoir abjuré sa foi, fasse le récit détaillé de ses voyages à son secrétaire particulier Poggio Bracciolini, le Pogge, qui les fit publier[2]. De' Conti décrivit Calicut comme une ville « de 8 000 pas de circonférence. En ces lieux abonde la marchandise de l'Inde entière, de sorte qu'on y trouve quantité de poivre, de laque, de gingembre, de myrobolans et de curcuma[3] ».

Il ne fait aucun doute que de' Conti était présent à Calicut lors du passage des flottes chinoises, et qu'il est monté à bord d'une jonque, car il les décrit ainsi dans une conversation avec son ami le castillan Pero Tafur : « Il dit que les navires sont comme de très grosses maisons, qu'ils ont dix ou vingt voiles et qu'à l'intérieur, ils contiennent de grandes citernes d'eau[4]. » Cette description ne peut s'appliquer qu'à l'un des vaisseaux de

---

1. Ma Huan, *op. cit.*, p. 140-141.
2. Poggio Bracciolini, *The Travels of Niccolò dei' Conti*, 1434, partiellement traduit dans R. H. Major (éd.), *India in the Fifteenth Century*, Haklyut Society, 1857. [NdT : nous avons utilisé la traduction de Diane Ménard in Geneviève Bouchon et Anne-Laure Amilhat-Szary (dir.), *Le Voyage aux Indes de Nicolò de' Conti (1414-1439)*, Paris, Chandeigne, 2004.]
3. *Ibidem*, p. 106.
4. *Ibid.*, « La Relation de Pero Tafur », p. 139.

guerre de Zheng He, car les navires marchands chinois n'étaient pas construits de cette façon et ils n'avaient pas non plus autant de voiles. Je suis également sûr que de' Conti a rencontré Ma Huan à Calicut : tous deux décrivent des scènes presque identiques, comme je m'en rendis compte en comparant leurs récits respectifs. On a bien affaire à deux témoins racontant les mêmes tableaux : alentours de la ville, procès et ordalie, chapons et perdrix élevés en cages, prix et qualité du poivre et du gingembre. Ce n'est qu'au sujet de la sexualité que leurs points de vue diffèrent : de' Conti explique que les perles que les hommes de Calicut se font implanter sous la peau du pénis sont destinées à augmenter l'intensité des orgasmes féminins, tandis que Ma Huan, plus pointilleux et plus délicat, ne parle que du léger tintement produit par ces perles.

Mon expérience et plusieurs décennies de voyages en Asie me permettent de me porter garant de l'exactitude des faits rapportés par de' Conti, depuis sa description du durian, étrange et délicieux fruit de Malaisie qui dégage une odeur de fromage, jusqu'au doux parfum dont usent les femmes de Goa, en passant par le musc des civettes sur la côte de Malabar. Il décrit aussi des autruches et des hippopotames venus d'Afrique, ainsi que des rubis de Ceylan, il raconte la *satî* (l'immolation par le feu des veuves sur le bûcher funèbre de leurs maris), il évoque les brahmanes végétariens, et l'odeur poudreuse de la cannelle. Le récit de ses voyages à bord des jonques chinoises devait s'avérer décisif dans la

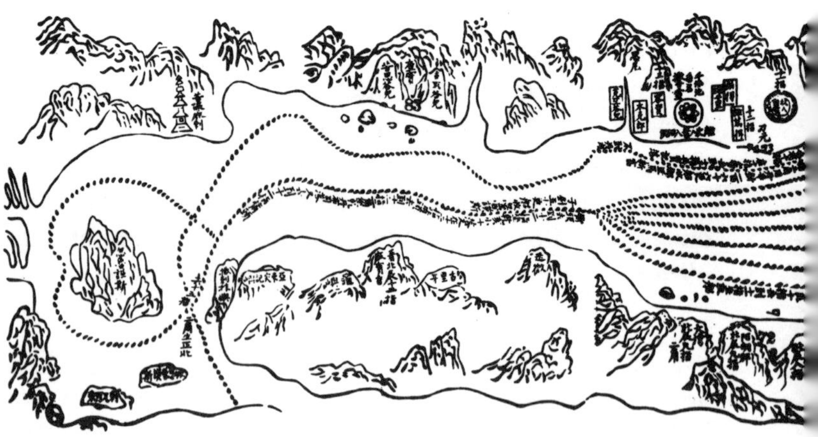

Mer d'Arabie sur la carte Mao Kun, intégrée au *Wu Pei Chi*. En haut se trouve la côte occidentale de l'Inde et en bas la côte de l'Arabie.

solution d'une question restée énigmatique : où étaient passés les vaisseaux-trésors de Zheng He pendant les mystérieuses années où l'on perdait leur trace ? En effet, comme Ma Huan l'indique expressément, ses fonctions de chroniqueur officiel prenaient fin à Calicut et c'est là qu'il quitta les vaisseaux-trésors. Son départ me privait, dès lors, d'une source capitale d'informations, et il me fallait en trouver d'autres pour la remplacer. L'importance du récit de de' Conti dans l'histoire des voyages des expéditions chinoises m'apparut avec clarté. Il fallait bien que quelqu'un ait rapporté en Europe des copies des cartes montrant leurs découvertes. Sinon, comment ces renseignements auraient-ils pu parvenir jusque-là et se voir intégrés aux cartes qui devaient ensuite guider les explorateurs portugais ? S'il s'avérait que de' Conti avait aussi été en contact avec les Chinois à leur retour, nous tenions notre homme. Comme je m'efforçais parallèlement de retracer l'itinéraire des flottes chinoises, ces cartes prenaient pour moi une importance croissante.

La première mission des amiraux chinois qui quittèrent Calicut consistait à ramener à bon port les ambassadeurs venant des côtes d'Afrique orientale. La route qu'ils suivirent est consignée sur la carte Mao Kun, compilée après le sixième voyage et intégrée au *Wu Pei Chi*. Nul ne connaît ses dimensions originelles, mais il nous en est parvenu une bande d'environ six mètres de long, couverte de centaines de noms de ports, elle mentionne aussi les principales caractéristiques des côtes et les routes à suivre

pour les rejoindre, avec des indications de distances. « On pense qu'elle a été réalisée vers 1422, à partir de la masse de renseignements que la flotte de Zheng He avait rapportés et recueillis pour son usage[1]. » À ce jour, ils n'ont bénéficié que d'une traduction partielle et, au moment où j'écris, les chercheurs y travaillent encore. Je suis certain que la traduction de la carte Mao Kun, du *Wu Pei Chi* et d'autres documents de cette période, produira d'autres preuves de l'existence des grandes expéditions chinoises. La recherche de nouvelles traces et de nouveaux témoignages fut inaugurée de façon officielle pendant la conférence de Nanjing, le 18 octobre 2002[2].

Les vaisseaux-trésors partirent de Calicut, profitant des derniers vents de nord-est de la mousson dans l'océan Indien, puis virant vers le sud-ouest pour accoster en Afrique afin d'y ramener les ambassadeurs, route que je devais suivre un demi-millénaire plus tard, à bord du *Newfoundland*. Il n'aurait pas été très rentable d'envoyer toutes les flottes en même temps dans chaque royaume africain : elles se sont probablement séparées, l'une partant vers Mogadiscio, l'autre vers Zanzibar, au milieu de la côte est du continent et la troisième vers Kilwa, plus au sud, en actuelle Tanzanie. La Mao Kun indique qu'elles se sont ensuite rejointes au large de Sofala, près de Maputo, aujourd'hui au Mozambique.

Ce rendez-vous au large devait poser des problèmes majeurs car, pendant ce voyage d'Inde en Afrique méridionale, Polaris, l'étoile guide des navigateurs chinois, se rapprochait dangereusement de l'horizon, pour devenir invisible à 34° de latitude nord, soit au nord de Mogadiscio. Jusqu'à ce qu'ils trouvent une étoile susceptible de remplir dans l'hémisphère sud la même fonction que Polaris, les Chinois faisaient voile vers l'inconnu. Ils pouvaient se référer à la Croix du Sud pour connaître leur direction, car ils savaient que ses principales étoiles Acrux et Gacrux indiquaient le pôle Sud, mais ils ne disposaient pas d'étoile permettant de déterminer leur latitude. Pour en trouver une, ce qui constituait l'un des principaux objectifs de leur expédition, ils devaient s'aventurer jusqu'aux glaces polaires.

En admettant qu'elles aient pu parcourir une centaine de milles nautiques, soit environ 180 kilomètres par jour dans l'océan Indien (c'est la vitesse moyenne indiquée par les journaux de bord qui nous sont parvenus) et qu'elles soient restées une semaine au plus dans chacun des ports

1. J. H. Parry, *The Discovery of the Sea*, Elek, 1979, p. 45.
2. Pour de plus amples informations, et pour des renseignements sur une autre conférence, qui eut lieu à Kunmin, voir la postface.

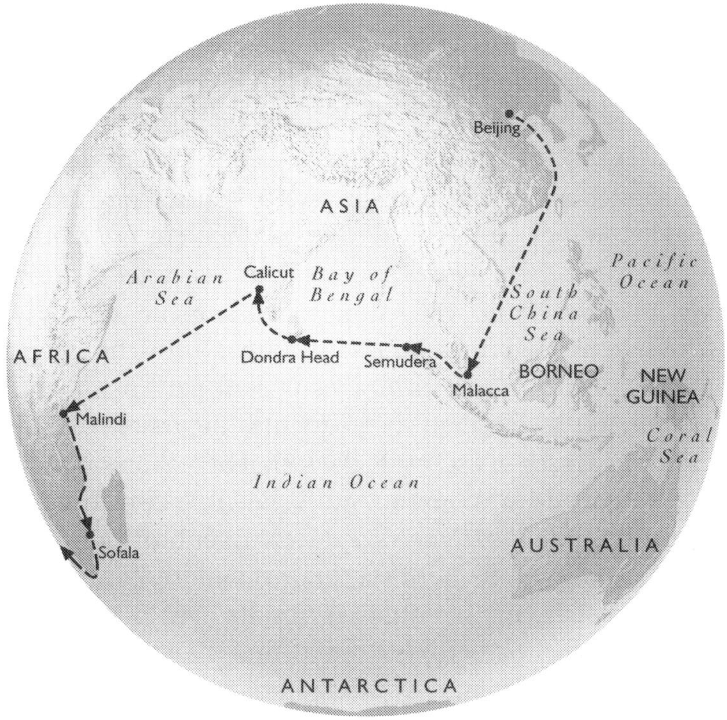

Voyage vers Sofala.

où elles firent escale (le ravitaillement prenait en moyenne deux à quatre jours), les trois flottes ont probablement rempli leur première mission vers juillet 1421. Lorsqu'elles arrivèrent au point de rendez-vous de Sofala, elles avaient déjà parcouru quelque 1 700 kilomètres depuis leur départ de Chine quatre mois plus tôt. Certaines ne devaient pas rentrer avant cinq ans, mais là où elles accostèrent, elles laissèrent les marques de leur passage. À juste titre, les amiraux étaient fiers de leurs exploits et lorsqu'ils accostaient quelque part, ils faisaient habituellement ériger une stèle gravée commémorant leur arrivée, semblable à celles que Zheng He avait fait élever en Chine. On en trouve de comparables en Inde, près de Cochin et de Calicut, ainsi qu'à Ceylan, près de Galle. Il est probable que des maçons et des tailleurs de pierre, qui avaient travaillé à la construction de la Cité interdite, aient été embarqués précisément à cet effet. Parmi les preuves que je m'efforçais de recueillir, la découverte de semblables stèles devait s'avérer cruciale. D'après l'inscription figurant sur celle que Zheng He avait fait ériger au palais de l'Épouse céleste de Liu-Chia-Chiang, je savais que les flottes avaient parcouru quarante mille milles nautiques lors de leur sixième voyage, soit près de deux fois la circonférence du globe[1]. Or le *Wu Pei Chi* et la carte Mao Kun ne mentionnaient que les routes à suivre dans les océans du sud et l'océan Indien. Sans aucun document, comment pouvais-je savoir jusqu'où elles étaient allées, quelles nouvelles mers elles avaient traversées, quelles terres elles avaient découvertes ?

En premier recours, je me tournai vers les autres grands navigateurs du xve siècle, les Arabes, et je suivis mon instinct, qui me dictait toujours de commencer par rechercher des indices dans les cartes marines. La British Library dispose d'une collection exceptionnelle de cartes arabes anciennes, réunie par le prince Youssouf Kamal, un riche Égyptien. Elles montraient avec certitude que les Arabes étaient parvenus jusqu'à la côte sud de l'Afrique, où ils faisaient de fréquentes incursions depuis le golfe Persique, à la recherche d'esclaves. Ils restaient néanmoins dépendants des vents dominants de la mousson, qui balaient l'océan Indien, mais ne descendent pas jusqu'à l'extrême sud du continent africain. Ils partaient du golfe avec la mousson de nord-est, pour rejoindre Zanzibar, et parfois même Kilwa ou Sofala, mais rentraient ensuite avec la mousson de sud-ouest, emportant leurs pathétiques cargaisons d'esclaves. Je ne trouvais pas de carte arabe représentant avec exactitude la côte africaine au sud de Sofala.

J'avais entendu parler, sans l'avoir jamais vu, d'un planisphère montrant l'océan Indien et le sud de l'Afrique, réalisé en 1459 par Fra Mauro, cartographe vénitien résidant dans la lagune, sur l'île de San Michele, mais travaillant pour le compte de Pierre de Portugal, frère d'Henri le Navigateur, et autre commanditaire de la première vague d'expéditions européennes. Je me demandai si la carte de Fra Mauro, pourrait jeter quelque lumière sur l'itinéraire des flottes chinoises.

Je me rendis donc à la Biblioteca Marciana de Venise, où se trouve actuellement le planisphère. Piero Falchetta, le conservateur, m'accueillit dans son bureau, où il me montra fièrement la carte de Fra Mauro, vaste entreprise et réalisation grandiose, première carte du monde depuis la chute de l'Empire romain. C'est elle qui me révéla le premier indice crucial de mes recherches sur la route suivie par les jonques chinoises. M. Falchetta me fit remarquer la forme triangulaire, aisément reconnaissable, du cap de Bonne-Espérance, que Fra Mauro avait parfaitement représenté (et qu'il nommait cap de Diab) quelque trente ans avant que

1. 100 000 *li* représentent 40 000 milles nautiques, la circonférence terrestre étant de 21 600 milles nautiques.

Bartolomeu Dias ne parvienne à le passer. Mauro insistait lui-même sur l'exactitude de ce point, dans une note affirmant qu'un navire ou une jonque l'avait contourné :

> Vers l'an 1420, un navire ou une jonque [venant] d'Inde qui traversait sans escale l'océan Indien fut déportée par une tempête alors qu'elle était au large de « l'île aux Hommes et de l'île aux Femmes », et elle doubla le cap de Diab [le cap de Bonne-Espérance], dépassa les îles Vertes et les îles sombres [les ténèbres] et vogua dans la direction ouest-sud-ouest pendant quarante jours sans rien trouver que la mer et le ciel. L'équipage estima qu'il avait parcouru 2 000 milles. Ils mirent soixante-dix jours à rallier à nouveau le cap Diab[1].

À côté de cette note, Fra Mauro avait dessiné une jonque chinoise. Elle possédait bien cette proue inhabituellement large et carrée, semblable à celle des engins de débarquement modernes, et typique des jonques de Zheng He. Elle était aussi beaucoup plus grande que la caravelle également représentée par Mauro sur le même document. Une autre inscription, au milieu de l'océan Indien, précise : « Les navires ou les jonques, qui voguent sur ces mers, ont quatre mâts au moins, dont certains peuvent être abaissés ou remontés, et ils possèdent quarante à soixante cabines pour les marchands[2] » ; tandis qu'une autre note décrit les énormes œufs que trouva l'équipage lorsqu'il fit escale au cap de Diab pour se ravitailler et la taille des oiseaux géants qui les avaient pondus, descriptions qui ne peuvent correspondre qu'aux autruches.

Le planisphère réalisé par Mauro en 1459 comportait donc une représentation exacte du cap de Bonne-Espérance, la description exacte d'une jonque chinoise et celle d'un oiseau qui ne vivait que dans le sud de l'Afrique, plusieurs décennies avant l'arrivée sur place des premiers Européens, Dias et de Gama. La première question qui venait donc à l'esprit, c'était de savoir où Fra Mauro avait pu se procurer de telles informations. Comment connaissait-il la forme des jonques ? Comment savait-il que le cap de Bonne-Espérance était ainsi triangulaire ? Je trouvai des éléments de réponse dans un autre document du XVe siècle relatant la conquête de la Guinée par les Portugais. « Fra Mauro s'est entretenu avec une "personne de confiance", qui dit avoir fait voile d'Inde vers Sofala et Garbin, qui se

1. Traduction anglaise de John Needham, dans *Science and Civilisation in China*, vol. 4, part. 3, Cambridge U. P., 1954, p. 572.
2. *Ibidem*.

trouve au milieu de la côte africaine[1]. » Un autre indice me permettait de localiser Garbin, nom qui ne correspond à aucun site actuel. Il s'agit d'une altération de l'arabe Al-Gharb, signifiant « lieu de l'ouest ». Identifier cette « personne de confiance » devenait capital pour établir la provenance et la crédibilité des informations dont disposait Fra Mauro.

J'étais persuadé qu'il ne pouvait s'agir que de Niccolò de' Conti. Il se trouvait à Calicut lorsque les jonques y accostèrent pour déposer passagers et cargaisons, et se ravitailler avant de reprendre la mer pour traverser l'océan Indien. Les notes de Mauro faisaient allusion au voyage des jonques et mentionnaient « l'île des Hommes et des Femmes », nom étrange également utilisé par de' Conti dans son récit au Pogge. Fra Mauro (1385-1459) et de' Conti (1395-1469) étaient contemporains, tous deux vénitiens et tous deux s'occupaient d'explorer le monde ou de consigner ces explorations. Si Fra Mauro travaillait pour les Portugais, le Pogge, le secrétaire du pape qui couchait par écrit le récit de de' Conti, était également chargé des relations entre le Vatican et les autorités portugaises. À notre connaissance, aucun autre marchand vénitien ne se trouvait en Inde à cette époque, et encore moins à Calicut, où passèrent les Chinois. Il serait bien extraordinaire que la « personne de confiance » avec qui s'entretint Mauro ne fût pas de' Conti[2].

Il établissait un lien vital entre les travaux réalisés par les cartographes chinois pendant les grands voyages d'exploration et les découvertes ultérieures des Portugais, fondées sur ces mystérieuses cartes, qu'ils allaient bientôt se procurer. Connaissances et cartes chinoises passèrent de de' Conti à Fra Mauro, puis à Pierre de Portugal et au prince Henri le Navigateur. Le Pogge joua, comme nous allons le voir, un rôle décisif d'intermédiaire.

Si c'était bien de' Conti qui avait eu l'obligeance de renseigner Mauro, alors les informations que possédait ce dernier provenaient d'un témoin direct, qui avait voyagé à bord des jonques chinoises. Dans ces conditions, il devenait raisonnable d'examiner l'idée que les Chinois aient pu contourner le cap de Bonne-Espérance et remonter vers l'océan Atlantique. Si cela s'avérait exact, il s'agissait d'une réussite sans précédent, que Pedro Álvarez Cabral (1467-1520) et Bartolomeu Dias (1450-1500), premiers Européens à s'aventurer dans l'océan Indien, ne devaient pas égaler

1. Cité par Eannes de Zuzara, *The Chronicles of the Discovery and Conquest of Guinea*, C. R. Beazley (trad.), Haklyut Society, 1896-1899.
2. Hall, *op. cit.*, p. 124-126. Pour des précisions plus récentes sur le rôle de de' Conti, voir la postface.

avant 1488. Pour dessiner le cap de façon aussi précise, Mauro avait dû disposer d'une carte chinoise, montrant sa position et sa forme, une carte que de' Conti aurait pu lui fournir. Il aurait pu l'obtenir pendant ses voyages avec la flotte chinoise.

Comme je puis en témoigner, passer le cap de Bonne-Espérance reste aujourd'hui encore une expérience pleine d'émotion pour tous les marins : les montagnes du cap et leurs étranges sommets plats, les nuages qui s'en écartent, et puis cet autre monde qui vous attend, exotique, l'Orient. Les Chinois qui, en 1421, l'abordèrent dans la direction opposée, devaient avoir l'impression d'arriver au bord de l'inconnu : même les grands amiraux de la dynastie Tang n'étaient pas allés aussi loin. En voyant les vagues qui s'allongeaient, les creux de plus en plus profonds, ils durent prier pour que leurs navires puissent relever le défi colossal que l'Atlantique, immense et tempétueux, ne manquerait pas de leur lancer.

Je devais désormais découvrir quelle route avaient suivi les mystérieux vaisseaux dépeints pas Fra Mauro après avoir passé le Cap, et trouver d'autres preuves pour montrer qu'ils s'agissait bien des jonques de Zheng He. Je partis de la dernière position connue des flottes chinoises, qui apparaît sur la carte Mao Kun de 1422, au large de Sofala. Elles faisaient voile vers le sud, à la vitesse notable de 6,25 nœuds, qui s'explique par le courant des Aiguilles, qui balaie la côte est de l'Afrique du nord au sud. À cette vitesse, il leur fallait approximativement trois semaines pour contourner le cap de Bonne-Espérance, ce qui nous amène en août 1421.

Depuis un bon millénaire, vents et courants de l'Atlantique sud forment une énorme boucle circulant dans le sens inverse des aiguilles d'une montre, de la pointe sud de l'Afrique vers la masse du continent, au nord. Au Cap, le marin rencontre donc le courant de Benguela, qui le porte vers le nord en longeant la côte africaine. Trois mille milles plus loin, le courant vire vers le nord-ouest, puis vers l'ouest, vers les côtes américaines et continue sa boucle, en descendant de la côte brésilienne jusqu'en Patagonie, puis au cap Horn, avant de repartir vers l'est pour revenir vers le sud de l'Afrique. Si un vaisseau portant assez de ravitaillement et assez robuste pour passer les quarantièmes rugissants (ces vents puissants qui font le tour du globe sur une bande de plusieurs centaines de milles au nord et au sud de la latitude qui leur donne leur nom) devait mettre les voiles au large du cap de Bonne-Espérance et faire route avec un vent d'arrière, en quelques mois, il reviendrait à son point de départ. Ce qu'illustre le voyage épique de Sir Ian McIntosh, le capitaine remarquable et courageux, aujourd'hui vice-amiral, sous les ordres de qui j'eus l'hon-

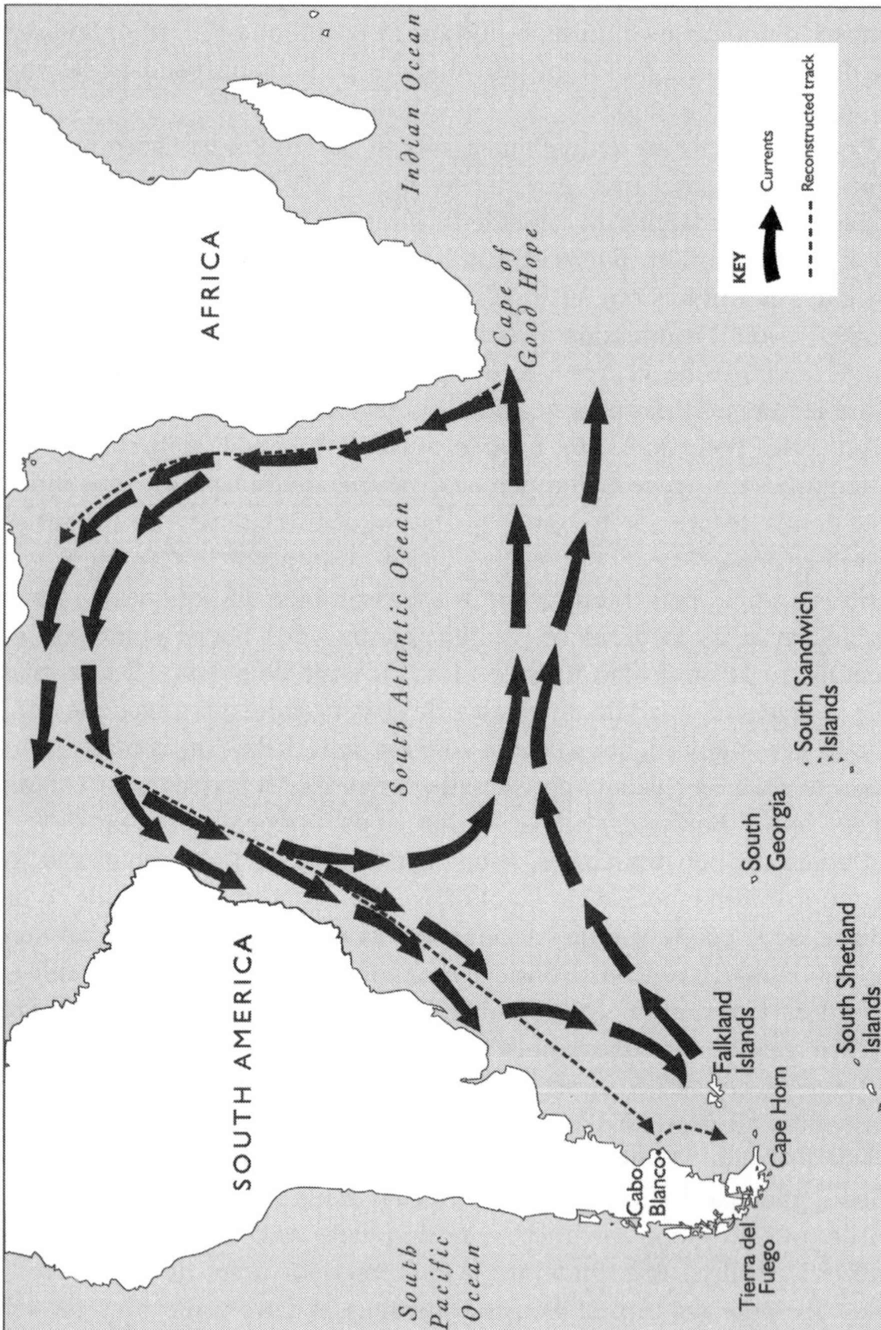

Circulation des vents et courants de l'Atlantique Sud.

neur de servir autrefois, quand il commandait une escadrille sous-marine. Il m'écrivit :

> En mars 1941, j'étais sous-lieutenant sur un navire marchand faisant route vers Alexandrie. Les tirs d'un raider commercial l'envoya par le fond, 500 à 600 milles à l'ouest de Freetown, à environ 8° Nord et 30° Ouest. Le canot de sauvetage pour « 56 personnes au maximum » finit par en embarquer 82.
>
> Une fois réparés les trous laissés par les éclats d'obus dans la coque, il devint raisonnablement étanche, mais je ne pus jamais le diriger à plus de quatre ou cinq rhumbs contre le vent, un vif alizé de nord-est. Cela n'aurait jamais pu nous permettre de rejoindre la côte africaine et il semblait préférable de se laisser porter par un vent d'arrière vers le Brésil, à plus de 1 600 milles.
>
> L'idée était de mettre le cap plein ouest jusqu'à une longitude de 33° Ouest, puis de virer vers le sud-ouest. Cela nous permettait de profiter pleinement des alizés de nord-est et ne nous laissait que quelques jours de vents changeants (et de pluie bienvenue) dans la zone de convergence équatoriale, avant de retrouver des alizés de sud-est. Le 22e jour, nous atteignîmes la côte américaine, que nous longeâmes pendant une journée pour trouver un endroit où débarquer, ce que nous fîmes au soir du 23e jour.
>
> J'avais estimé la traversée à 28 jours au maximum, en comptant avec le rationnement, et en sachant bien que les courants équatoriaux nous aidaient, mais je n'avais aucune idée de leur vitesse, à notre latitude et en cette saison (je n'aurais pas pu dire si elle était d'un quart de nœud ou de plus d'un nœud), aussi ne la mentionnai-je pas dans mon estimation de notre position, à midi[1].

Il était donc tout à fait plausible que les vaisseaux-trésors aient atteint le cap de Bonne-Espérance et qu'ensuite, poussés par les vents et les courants, il aient atteint le « Garbin » dont parlait Mauro. Il me fallait rapidement des preuves indépendantes que cela s'était passé ainsi. Au bout de plusieurs mois de réflexion, je bénéficiai d'un véritable coup de chance. John E. Wills, professeur d'histoire à l'université de Californie du Sud, et Joseph McDermott, professeur de chinois à l'université de Cambridge, me suggérèrent que, bien que les cartes chinoises et les journaux de bord des vaisseaux-trésors aient été détruits en Chine, il s'en trouvait peut-être des copies au Japon, car les érudits japonais s'intéressaient beaucoup au début de la période Ming.

Des recherches plus poussées révélèrent que l'université de Ryukoku, à Kyoto, détenait une copie de la carte sino-coréenne familièrement appelée Kangnido, magnifique planisphère que l'ambassadeur de Corée avait

1. Vice-amiral McIntosh, lettre à l'auteur, 2001.

offert à Zhu Di lors de son avènement, en 1403. L'original, cependant, avait été perdu et la version de Kyoto avait subi d'abondantes modifications après 1420. Pratiquement carrée, étonnamment grande, elle mesure 1,70 sur 1,60 mètres. Peinte sur soie, elle reste parfaitement conservée et seules ses couleurs se sont un peu ternies au fil des siècles. « Elle est bien organisée et tout à fait digne d'admiration. On peut effectivement connaître le monde sans passer sa porte[1]. »

Le Kangnido fournit un magnifique panorama du monde tel qu'on le voyait au XVe siècle et il fait intervenir une variété de sources. L'Asie centrale provient des Mongols, la Chine et l'Asie du Sud-Est, de vieilles cartes chinoises. L'Europe est couverte de noms de lieux en persan, qui remontent vers le nord jusqu'en Allemagne (nommée Alumangia). On y voit aussi l'Espagne et le détroit de Gibraltar, menant vers la Méditerranée, de même que la côte d'Afrique du Nord, avec les montagnes de l'Atlas. L'Europe, l'Afrique, l'Asie, la Corée et la Chine occupaient des positions exactes les unes par rapport aux autres ; même si la Corée, sans doute pour des raisons ayant trait à sa fierté nationale et à sa rivalité avec le Japon, apparaissait beaucoup plus grande qu'elle n'aurait dû l'être, tandis que le Japon était beaucoup plus petit. Ce n'en était pas moins une œuvre cartographique remarquable.

Pour le moment, la partie du Kangnido qui m'intéressait le plus, c'était l'Afrique. Ses côtes est, sud et ouest y sont dépeintes avec tant d'exactitude qu'il ne resta pas l'ombre d'un doute : cette carte n'avait pu être réalisée que par quelqu'un qui avait contourné le cap de Bonne-Espérance. Les Européens devaient mettre encore soixante ans à parvenir dans le sud du continent, les navigateurs arabes ne s'aventuraient pas au sud d'Agadir, à plus de 8 000 kilomètres de là, et les Mongols n'avaient jamais atteint l'Afrique. L'exactitude du Kangnido plaidait en faveur de l'hypothèse Mauro/de' Conti. Un navigateur chinois avait très bien pu atteindre « Garbin » et dessiner ensuite le Kangnido. Je n'avais encore aucune indication sur la localisation de « Garbin », sinon que, d'après la forme de la côte africaine, il semblait se trouver près de la baie du Biafra, au large du Nigeria. Il me faudrait résoudre ce problème plus tard. Pour le moment, je me sentais néanmoins fondé à affirmer que la « jonque » mentionnée par Fra Mauro et dessinée sur son planisphère faisait bien partie de la flotte de Zheng He, car les navires marchands chinois ne dépassaient jamais Kilwa, en Afrique orientale.

La bosse du continent, en revanche, au nord de la baie du Biafra, était représentée de façon beaucoup moins exacte. Je me préoccupai donc de

1. Chuan Chin, l'un des Coréens qui veillèrent à la publication du Kangnido.

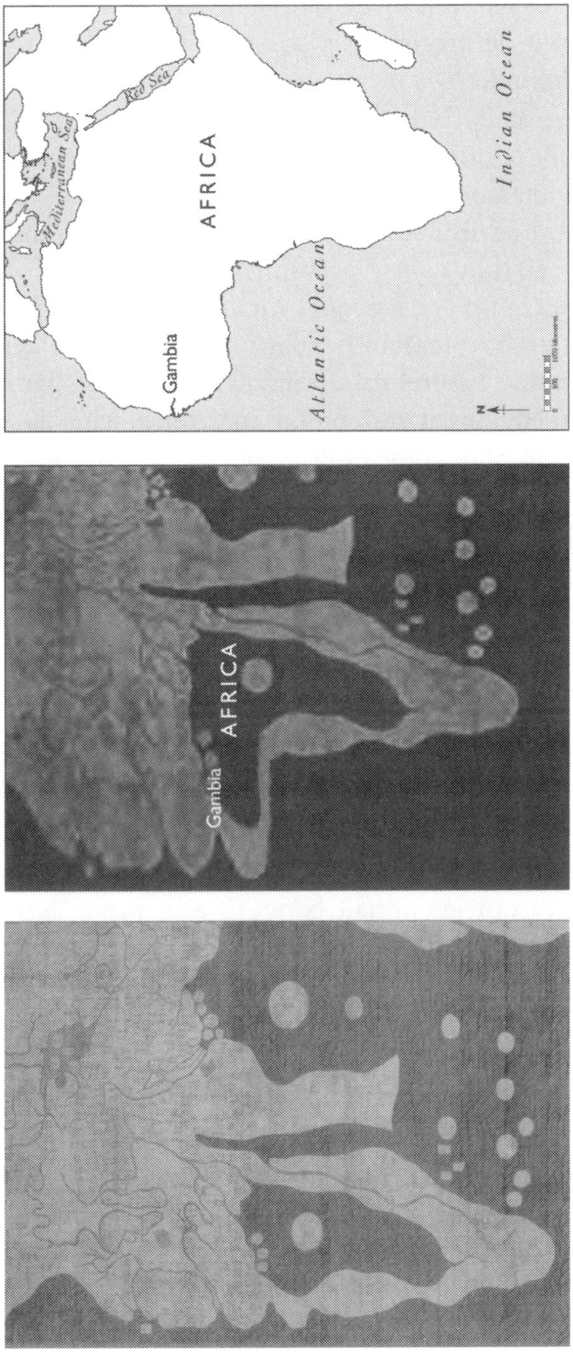

De bas en haut : 1) La carte Kangnido. 2) La carte Kangnido, avec des longitudes corrigées. 3) Carte moderne de l'Afrique.

cette partie du voyage. Pourquoi, alors que la côte sud de l'Afrique y était dépeinte avec tant de précision, la bosse du continent ne figurait-elle pas sur la carte Kangnido ?

À leur arrivée dans la baie de Biafra, les flottes chinoises avaient dû parcourir plus de 3 000 milles depuis le Cap. On peut estimer qu'elles l'avaient passé en août. À leur vitesse moyenne de 4,8 nœuds, elles avaient dû mettre environ vingt jours pour parcourir la distance qui séparait le cap de « Garbin », et y parvenir vers la fin août ou le début septembre 1421, vers la fin de l'été, qui était aussi celle de la saison des pluies. Comme j'ai pu en être témoin pendant mes années de service, il se produit un phénomène naturel extraordinaire dans cette partie de l'Afrique. Le courant sud-équatorial qui prend naissance dans la baie de Biafra rejoint les îles de Sao Tomé-et-Principe (là où commence la bosse du continent), puis vire vers l'ouest et continue plein ouest le long de la côte, au large du Nigeria, du Ghana et de la Côte-d'Ivoire, avant de se perdre dans l'Atlantique, quelques milliers de milles plus loin, vers 21° Ouest. Cette masse d'eau impressionnante se dirige toute l'année vers l'est, à une vitesse considérable. Un petit changement l'affecte cependant pendant l'été, où le courant se prolonge vers le nord pour atteindre la latitude de Monrovia, actuelle capitale du Liberia, soit environ 5° Nord.

Pour les Chinois, ce courant a dû entraîner plusieurs types de conséquences : il a dû les porter plein ouest sur une distance d'environ 1 800 milles, mais sans qu'ils s'en rendent compte. À cette étape de leur voyage, ils estimaient encore leur longitude en mesurant leur vitesse, mais si la masse d'eau qui les portait bougeait elle aussi, ils n'avaient aucun moyen de le savoir. Ils ne pouvaient donc pas déterminer leur position avec plus d'exactitude qu'un homme qui grimperait un escalier roulant et prétendrait connaître la distance qu'il a parcourue en comptant le nombre de marches qu'il a montées. Avec une exaltation croissante, je compris qu'il fallait en tenir compte pour corriger les cartes qu'ils avaient réalisées après être entrés dans les courants sud-équatoriaux, et que les terres qu'elles représentaient étaient déplacées de quelque 1 800 milles vers l'est. Je retournai à ma copie du Kangnido et je rectifiai le tracé des côtes au nord de la baie de Biafra en tenant compte de cette erreur de calcul des longitudes. Le résultat fut saisissant : les contours familiers de l'Afrique devinrent immédiatement reconnaissables. Les Chinois, portés par le courant vers la « bosse » du continent africain, avaient bien atteint ces côtes quarante ans avant que les Européens ne l'aperçoivent pour la première fois.

Ce courant sud-équatorial les poussa vers l'ouest avant de se perdre dans l'Atlantique. Ils se trouvaient alors dans les alizés de sud-est, qui les entraînaient vers la côte du Sénégal. Pendant la saison des pluies, d'avril à octobre, le courant du Sénégal, au large de cette côte occidentale de l'Afrique, s'inverse et part vers le nord en longeant la côte à une vitesse de 0,6 à 1 nœud. Une fois encore, les jonques furent poussées par ce courant, vers le nord, sur une distance d'environ 500 milles, avant qu'il ne meure au large de Dakar, actuelle capitale du Sénégal. Les jonques se retrouvaient alors dans la ceinture des alizés de nord-ouest, qui les poussèrent vers les îles du Cap-Vert. Ces îles lointaines et solitaires, alors inconnues des Européens, devaient jouer un rôle capital dans la solution de l'énigme des explorations chinoises.

Je vérifiai mes calculs. Je les vérifiai encore. Fin septembre 1421, les jonques avaient passé le cap de Bonne-Espérance ; en août, elles approchaient les îles du Cap-Vert, par le nord-ouest. La conception des bateaux et les vents dominants excluaient que ces géants à fond plat et à large structure aient pu voguer vers le sud à aucun moment. Clairement, le récit de Fra Mauro devenait plausible et les îles du Cap-Vert pouvaient très bien être l'île Verte, *isole Verde*, que cette jonque avait ralliée quarante jours après avoir passé le cap de Bonne-Espérance : leurs noms même étaient similaires. À la vitesse de 4,8 nœuds, vitesse moyenne des vaisseaux-trésors sur leurs six grands voyages, ce trajet aurait pris exactement quarante jours. Dans les dernières années du siècle, Vasco de Gama mit trente-trois jours à le parcourir.

Pour hériter du nom d'« île verte », les îles que Niccolò de' Conti décrivit à Fra Mauro devaient être d'une apparence frappante. Je connais bien les îles du Cap-Vert pour avoir parcouru l'archipel à bord du *Newfounland*. Elles se répartissent en deux groupes : au nord, les îles au vent sont considérablement plus humides que les îles sous le vent, au sud. Des premières, la plus vaste, la plus haute et la plus verte est sans conteste Santo Antão. Cette île aux paysages grandioses et sauvages retient l'attention de qui l'aperçoit depuis le large, et surtout celle du marin en quête d'eau douce. C'est elle que, venant du nord-ouest, les amiraux chinois ont dû voir d'abord. Sur la côte nord de l'île apparaît clairement un volcan spectaculaire, dont plusieurs torrents dévalent les pentes vers de luxuriantes vallées, autour de ce qui est aujourd'hui la petite localité de Janela. Cette bande de terre offrait un mouillage évident pour les jonques chinoises, qui pouvaient s'y ravitailler en eau. S'ils avaient bien mis l'ancre à cet endroit, j'étais convaincu qu'ils y avaient laissé une trace de leur passage.

Les îles du Cap-Vert étaient désertes lorsque le premier Européen, Cà da Mosto (1432-1488), explorateur vénitien au service d'Henri le Navigateur, les rallia en 1456. Je ne pouvais donc espérer y trouver les marchandises que les Chinois échangeaient habituellement contre du ravitaillement, comme les porcelaines bleues et blanches avec lesquelles ils commerçaient sur la côte orientale de l'Afrique. Sur les îles du Cap-Vert, ils avaient pu se procurer eau douce et nourriture en abondance, et gratuitement. Les eaux regorgeaient d'espadons, de soles, de requins, de poulpes, de langoustes et de petites moules, et l'île de fruits et d'oiseaux si peu farouches qu'on pouvait les attraper à la main car ils n'avaient jamais vu d'homme, comme le constatèrent avec joie Cà da Mosto et son équipage lorsqu'ils y abordèrent trente-cinq ans plus tard. Il devait bien rester d'autres traces, cependant. Une stèle gravée semblable à celle que Zheng He fit ériger sur l'estuaire du Yang-tseu se dresse à Galle, près du cap Dondra, dans le sud de Ceylan. Une inscription en chinois, en tamoul et en persan y loue les vertus de l'hindouisme (religion locale), du bouddhisme (religion de l'empereur Zhu Di) et de l'islam (religion de la plupart

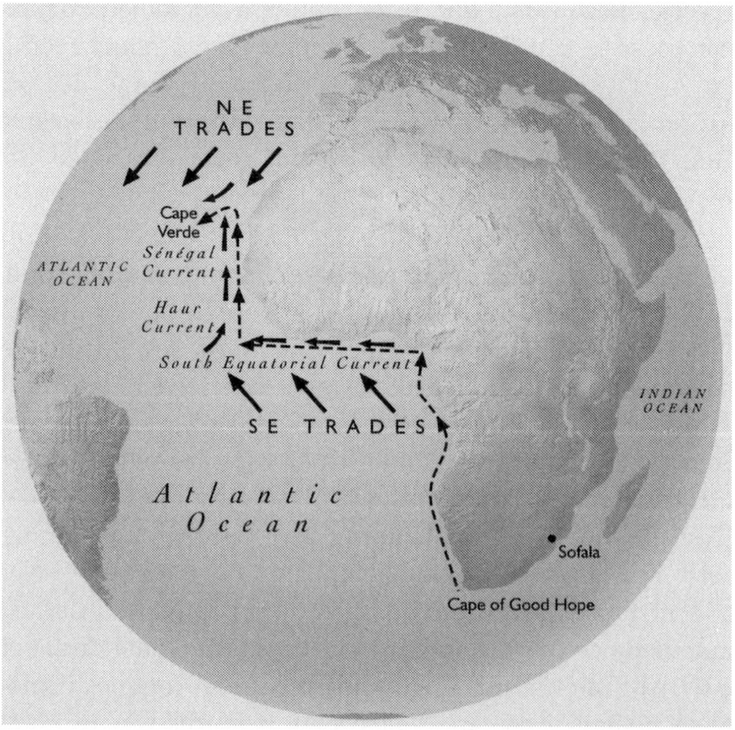

Itinéraire suivi entre le cap de Bonne espérance et les îles du Cap-Vert.

des dirigeants indiens au début du XVe siècle). On en trouve de similaires près de Cochin et de Calicut. Je me demandai si les Chinois avaient pu en faire ériger une aux îles du Cap-Vert.

Ils étaient toujours soucieux de respecter les susceptibilités locales, et Zhu Di avait institué l'école de langues de Nankin, le Ssu-i-Quan, dans le but précis de former des interprètes. Lors de son sixième voyage, la flotte transportait des interprètes parlant couramment dix-sept langues d'Inde et d'Afrique. Il était très probable qu'ils aient laissé aux îles du Cap-Vert une stèle avec des inscriptions dans les langues qu'ils pensaient les plus susceptibles d'être comprises par les habitants des contrées avoisinantes. Ces stèles étaient toujours placées de façon à être bien visibles : quel aurait été l'intérêt pour eux de dresser une stèle commémorant leurs réussites à un endroit où personne ne l'aurait découverte ? S'il existait un tel monument au Cap-Vert, les Européens avaient dû le voir trente-cinq ans plus tard.

Je me référai donc aux récits décrivant les premiers voyages d'Antonio da Noli, de Cà da Mosto et de Diego Alfonso et je découvris qu'ils avaient en effet trouvé une grande pierre dressée, près de la côte, non loin de Janela. Cette pierre y est encore de nos jours, dans un décor spectaculaire encadré par les montagnes, près du Ribeira de Penedo. Il y a un siècle, un clair torrent dévalait encore les flancs du volcan, mais il est aujourd'hui asséché et la stèle de grès rouge, que les habitants nomment Pedra do Letreiro (pierre des lettres), se dresse au milieu des agaves. Mesurant plus de trois mètres de haut, elle est entièrement couverte d'inscriptions. Les dernières, en portugais médiéval, commémorent la mort d'un marin, Antonio de Fez, mais mousses et lichens m'ont malheureusement empêché de déchiffrer les autres. La pierre était si érodée par les intempéries et abîmée par les graffitis récents qu'il était très difficile de voir le reste des inscriptions. Toute une série d'experts avaient essayé de les déchiffrer : un Français, tout d'abord, M. Chevalier, en 1934, puis plusieurs historiens portugais et capverdiens s'étaient succédé pendant les vingt dernières années. Ils pouvaient m'indiquer ce dont il ne s'agissait pas : ni arabe, ni hébreu, ni berbère, ni tifinagh, ni araméen, ni phénicien, ni latin, ni aucune autre langue européenne. Les autorités capverdiennes donnèrent leur accord pour faire enlever une partie des mousses, ce qui révéla deux inscriptions calligraphiées. Grâce à l'ordinateur et aux agrandissements, je pensais être en mesure de déterminer, à tout le moins, de quelle langue il pouvait s'agir. Mais l'écriture était tout à fait extraordinaire et je n'avais jamais rien vu de tel au cours de tous mes voyages à travers le monde. Elle se caractérisait en particulier par des volutes ressemblant à des cornes de béliers entrelacées et par un motif récurrent de cercles concentriques.

Ma première idée fut qu'il s'agissait peut-être de chinois médiéval, soit de graphie *zhu qi shan* soit de « style d'herbe ». J'en envoyai des photos aux spécialistes de la Forêt des stèles de Xian, ancien temple de Confucius converti en musée et en bibliothèque, qui, possédant une énorme collection de stèles et de tablettes gravées, constitue un immense musée de l'écriture chinoise. Ce n'était ni l'un ni l'autre. Cela pouvait-il alors être du tamoul, comme sur la stèle de Galle, à Ceylan ? Cela y ressemblait vaguement, mais ce n'était guère convaincant. Cela ne pouvait pas non plus être du swahili, langue véhiculaire de toute la côte orientale africaine. Je me demandai alors s'il ne s'agissait pas d'une autre langue indienne. Peut-être même était-ce l'une des treize qui apparaissent aujourd'hui sur les billets de banque indiens ? La banque nationale indienne pouvait-elle m'aider ? Je leur faxai un petit extrait de mon inscription.

— On dirait du malayalam, me répondirent-ils.

Je n'avais jamais entendu parler de cette langue. Je renvoyai un fax.

— Où parlait-on cette langue ?

— C'est la langue du Kerala.

— La parlait-on au XVe siècle ?

— Oui, c'est la langue courante depuis le IXe siècle.

Je ne me sentais plus de joie. En 1421, la capitale du Kerala, c'était Calicut, ce grand port indien dont les jonques de Zheng He étaient parties. Une fois encore, Fra Mauro ou Niccolò de' Conti semblaient bien avoir raison : un vaisseau venu des Indes avait bien atteint le Cap-Vert avant que les Portugais n'y parviennent.

J'épluchai les articles des historiens[1] pour voir s'ils n'avaient pas trouvé de stèle similaire pendant qu'ils tentaient de déchiffrer celle de Janela. Ils en avaient bien trouvé une autre, mais pas au Cap-Vert : elle se situait au Congo, près des rapides de Matadi. Ma première impression fut l'incompréhension : qu'allaient-ils donc faire près de chutes et de rapides, en Afrique ? Mais à bien y réfléchir, les rapides de Matadi marquent la limite de la zone de navigabilité du Congo depuis son embouchure. Un bateau pouvait y faire escale pour y récupérer de l'eau douce et pure. Les navires s'y étaient d'ailleurs succédé pendant des siècles, depuis l'arrivée des Portugais en 1485. Les rapides laissent place à des chutes, au pied desquelles se dresse la stèle, sentinelle séculaire, au bord d'un sombre bassin. Autrefois, les marins se tenaient assis

1. M. Chevalier et ses collègues.

là, immobiles, tandis que les prostituées faisaient les cent pas en attendant l'arrivée des équipages étrangers, dont les bateaux remontaient l'embouchure du fleuve pour se ravitailler en nourriture et en eau.

Pour y aller voir de plus près, il me fallait retourner sur mes pas et revenir vers l'Afrique. Sur la stèle de Matadi, des inscriptions en Portugais commémoraient aussi la mort d'un compagnon de voyage, Alvares, et, encore une fois, elles en masquaient d'autres, plus anciennes mais moins nombreuses qu'à Janela. Les spécialistes confirment néanmoins qu'il s'agit bien de la même graphie, ressemblant à du malayalam, même si, là encore, les cercles concentriques ne laissent pas de les intriguer. Il était tout à fait plausible que les Chinois aient fait escale à Matadi, c'est un endroit idéal pour trouver de l'eau douce, « au milieu de la côte africaine », et qui correspond bien à la description que donne Fra Mauro de « Garbin ». C'est aujourd'hui un port animé.

Là encore, les assertions de Fra Mauro et de' Conti se confirmaient : il semblait qu'un navire venu d'Inde avait effectivement rallié « Garbin ». Il n'est pas certain, bien sûr, que ce navire ait été une jonque chinoise et non un bateau indien, mais des vaisseaux indiens faisaient route avec la flotte chinoise et il était fort probable que les Chinois soient arrivés là. Il semblait aussi simple et évident que ces stèles et leurs inscriptions étaient l'œuvre des graveurs et des maçons chinois, qui avaient également réalisé les stèles, gravées en langues étrangères, du cap de Dondra, de Calicut et de Cochin.

Malgré la destruction massive dont les archives avaient fait l'objet au XVe siècle, je disposais désormais d'un faisceau de preuves m'indiquant la route qu'avaient suivie les flottes chinoises depuis leur départ de Tanggu jusqu'à leur arrivée aux îles du Cap-Vert en septembre 1421. Ma Huan décrivait leur voyage de Chine à Calicut en passant par Malacca et la carte Mao Kun de 1422 donnait la position de la flotte au large de Sofala, au sud-ouest de l'Afrique. Quant à la carte Kangnido, au Japon, elle montrait qu'elle avait contourné le cap de Bonne-Espérance et remonté la côte occidentale de l'Afrique en direction du nord, ce que confirmaient les descriptions de De' Conti et Fra Mauro. Leurs descriptions permettaient par ailleurs d'établir que « Garbin », situé au milieu de cette côte africaine, correspondait à Matadi et l'« île Verte » (*isole Verde*) à San Antão, dans l'archipel du Cap-Vert. C'était justement la route qu'un navire à voile venu d'Inde aurait dû suivre. Sur tout le trajet, les Chinois avaient eu un vent d'arrière et, à leur vitesse moyenne de 4,8 nœuds, cette dernière partie du voyage leur aurait pris quarante jours, soit précisément la durée que mentionnait Mauro.

L'armada chinoise avait déjà accompli un immense périple à travers des océans lointains et inconnus. Mais il me fallait encore déterminer où elle s'était rendue ensuite. Le récit de Mauro / de' Conti parlait d'un voyage de soixante-dix jours, après le départ du Cap-Vert, voyage à travers *le oscuridade*, ce que l'on peut traduire par « les îles obscures » ou bien « les ténèbres », et je devais déterminer de quoi il s'agissait. Là encore, mon premier mouvement fut de rechercher dans les cartes des indices concernant la seconde partie de ce voyage. À cette époque, c'était Venise qui constituait le grand centre cartographique européen. S'il existait une telle carte, elle devait s'y trouver.

Pendant mes recherches dans la cité des Doges, on m'avait parlé d'un planisphère décrit par l'historien Antonio Galvano (mort en 1557), carte que Pierre de Portugal, frère d'Henri le Navigateur, avait rapportée de Venise :

> En l'an de grâce 1428, il est écrit que Dom Pierre, fils aîné du roi du Portugal, fut un grand voyageur. Il visita l'Angleterre, la France, l'Allemagne et, de là, se rendit en Terre Sainte et en d'autres contrées ; puis s'en revint en passant par l'Italie, par Rome et Venise, d'où il rapporta une carte du monde *qui décrivait toutes les parties de la terre et du monde : le détroit de Magellan, qui y était nommé « queue du dragon », le cap de Bonne-Espérance et le front de l'Afrique* et d'autres régions encore : par cette carte, Dom Henri, troisième fils du roi, fut fort aidé dans ses découvertes[1].

Il déclarait donc sans ambiguïté qu'en 1428, le cap de Bonne-Espérance et le détroit de Magellan (qui sépare l'Argentine de la Terre de Feu) étaient représentés sur une carte. C'était une affirmation étonnante. Comment le détroit de Magellan pouvait-il figurer sur une carte en 1428, pratiquement un siècle avant que Magellan ne l'ait découvert ? Pour bien insister et montrer qu'il ne commettait pas d'erreur, Galvano ajoutait :

> Francis de Sousa Tavares m'a confié qu'en 1528, Dom Fernando, le fils et héritier du roi, lui montra une carte trouvée dans l'étude de l'Alcobaça [célèbre monastère cistercien servant traditionnellement de bibliothèque aux rois du Portugal], dessinée cent vingt ans auparavant, laquelle indiquait la route des Indes orientales, avec le cap de Bonne-Espérance tel que nos cartes le dépeignirent par la suite ; par où il apparaît que dans les temps anciens, on en avait découvert autant, voire plus que l'on en connaît aujourd'hui[2].

1. Antonio Galvano, *Tratado Dos Diversos e Desayados Caminhos*, Lisbonne, 1563. L'auteur utilise la traduction de Richard Hakluyt, 1601, p. 23-24. Passage cité par F. M. Rogers dans *The Travels of the Infante Dom Pedro*, Harvard U. P., Cambridge, Massachusetts, 1961, p. 48.
2. *Ibidem*.

Cette carte, que nous appellerons « carte de 1428 » pour plus de simplicité, revêtait une importance capitale pour les autorités portugaises car en décembre 1421, les Ottomans avaient assiégé Byzance et bloqué la route continentale des Épices, la route de la Soie qui menait des îles aux Épices à l'Europe en passant par l'Asie centrale et le Moyen-Orient. En ce même mois de crise, le sultan mamelouk Barsbey, prit le pouvoir en Égypte et fit du commerce des épices un monopole d'État. La coïncidence de ces deux événements ruina les marchands d'épices, ferma les frontières égyptiennes au commerce international et coupa l'accès à la route de la Soie par le Bosphore. En outre, le canal qui, depuis le Xe siècle, joignait la mer Rouge au Nil, en très mauvais état, devenait inutilisable. Toutes les routes terrestres et maritimes de l'Orient se fermaient aux chrétiens. Il leur fallait en trouver de nouvelles.

D'après la description d'Antonio Galvano, la carte de 1428 indiquait les « Indes orientales » (ce que nous appelons aujourd'hui l'Indonésie) et les routes menant aux îles aux Épices (Ternate et Tidore) en passant par l'Asie et la Chine, mais aussi par le cap de Bonne-Espérance et le détroit de Magellan. D'un point de vue commercial, elle donnait des renseignements inestimables, qui restèrent sous clé dans le trésor des rois portugais pendant plusieurs décennies. Le secret finit cependant par s'éventer et certains décidèrent de mettre à tout prix la main sur cette carte, quand bien même son voleur encourrait la peine capitale[1]. Il ne fait aucun doute que Christophe Colomb en possédait une copie en 1492 (*cf.* chapitre 18).

Voilà bien longtemps que ce planisphère de 1428 est perdu. Mais certaines des informations qui y figuraient nous sont parvenues. Les plus importantes concernent l'Amérique du Sud. Un marin espagnol qui avait accompagné Colomb gardait cette partie de la carte, avec des commentaires du grand homme. Il les avait encore en sa possession en 1501, lorsque les Ottomans capturèrent le navire sur lequel il servait. Ni ce marin ni aucun autre compagnon de Christophe Colomb n'aurait pu dessiner cette carte, car ils ne dépassèrent jamais l'équateur au cours de leurs voyages. Il ne pouvait s'agir que d'un fragment de la carte de 1428.

Comprenant la valeur inestimable de ce document, en 1513, l'amiral ottoman Piri Reis la fit incorporer dans une carte à laquelle nous attribuons aujourd'hui son nom. On peut encore voir la magnifique « carte de Piri Reis » au musée de Topkapi, qui domine le Bosphore à Istanbul. Elle se fonde sur diverses cartes compilées par l'amiral et elle est en partie inexacte, mais la portion sud-ouest, dessinée à partir du document retrouvé sur le

1. H. Harisse, *The Discovery of North America*, 1892, p. 272.

marin, est remarquablement juste et précise. La piste que j'avais commencé à suivre à Lisbonne, aux archives de Torre del Tombo, le jour où j'avais lu la description que donnait Antonio Galvano d'une mystérieuse carte détenue par les Portugais depuis 1428, me menait donc à une autre carte, qui allait devenir l'une des clés de l'énigme des flottes chinoises.

Pour retracer leur route, je me raccrochai à une certitude : à cause de la forme de leur coque, les jonques devaient impérativement naviguer avec un vent d'arrière. La route qu'elles suivirent après leur escale au Cap-Vert n'était pas difficile à comprendre car dans cette zone, comme l'amiral McIntosh le constata des siècles plus tard, un vent d'est inexorable souffle vers l'Amérique du Sud. En outre, aux îles du Cap-Vert, « le courant nord-équatorial et le courant sud-équatorial convergent, formant un large courant qui se dirige vers l'ouest. Sa vitesse moyenne atteint deux nœuds.[1] » Ces courants divergent à nouveau près des Caraïbes. L'un part vers le nord et traverse les Caraïbes jusqu'en Nouvelle-Angleterre, où il devient le Gulf Stream. L'autre se dirige vers le sud-ouest et l'Amérique du Sud.

Mes recherches sur les cartes anciennes, combinées à la découverte d'épaves et d'objets sur tout le pourtour de l'Amérique du Sud et dans les Caraïbes, ce dont nous reparlerons plus en détail, me conduisirent à formuler l'hypothèse que les flottes chinoises furent séparées par ces courants. L'amiral Zhou Wen fit route vers le nord-ouest à travers les Caraïbes, vers l'Amérique du Nord tandis que les amiraux Hong Bao et Zhou Man suivirent le courant sud-équatorial vers le sud-ouest. Cette séparation fut sans doute un moment plein d'émotion : ces grands vaisseaux commençant à s'éloigner insensiblement au gré des courants, puis de plus en plus vite, alors que le vent gonflait leurs voiles. Ces amiraux et leurs hommes, qui s'éloignaient vers des mers dangereuses et inconnues, devaient être conscients qu'ils risquaient de ne jamais revoir leurs compagnons de voyage.

La carte de Piri Reis, ainsi que la direction des vents et des courants semblaient apporter des preuves décisives : c'étaient bien là les routes que les flottes chinoises avaient dû suivre après leur escale aux îles du Cap-Vert. Peut-être pouvais-je trouver, quelque part au large de l'Amérique, une réponse au mystère des « îles obscures ». Je reviendrais plus tard sur le voyage vers le nord de l'amiral Zhou Wen. Pour le moment, il me fallait suivre la trace des amiraux Zhou Man et Hong Bao vers le sud et vers le « Nouveau Monde ».

1. Publication de l'Amirauté britannique, troisième édition : British Admiralty, *Ocean Passages of the World*, 3rd edition, 1973.

CHAPITRE 5

Le Nouveau Monde

Les flottes de Hong Bao et Zhou Man ont dû arriver en vue des côtes du Brésil environ trois semaines après avoir quitté les îles du Cap-Vert. Ce fut sans doute un étrange moment pour eux que celui où ces terres inconnues s'étendirent, emplissant l'horizon sous leurs yeux, où l'air, portant des senteurs étrangères, se mit à résonner de chants d'oiseaux qu'ils n'avaient encore jamais entendus. Ils durent se demander s'ils n'avaient pas atteint la terre de Fusang, décrite par leurs ancêtres presque un millénaire auparavant.

Pendant les dynasties du Nord et du Sud, en 499, première année du règne de l'empereur « de l'origine éternelle », un prêtre bouddhiste du nom de Hoei-Shin, (« Compassion universelle ») revint d'une terre distante de 20 000 *li* à l'est de la Chine (soit 8 000 milles nautiques). Il avait baptisé ce continent Fusang, d'après les arbres qui y poussaient. L'arbre fusang donnait des fruits en forme de poires, ses pousses étaient comestibles et les indigènes utilisaient son écorce pour confectionner des vêtements et du papier. Avec l'affirmation qu'il n'y avait pas de fer sur cette terre, ces éléments de description suggèrent que l'arbre de Fusang pourrait bien être l'agave qui ne pousse qu'en Amérique centrale et du Sud. Il donne un fruit rouge et il est utilisé comme l'indique le récit de Hoei-Shin. De plus, l'Amérique centrale est pratiquement la seule région du monde où l'on ne trouve pas de fer. Que le moine Hoei-Shin ait ou non atteint l'Amérique, il est certain que les Chinois accordaient crédit à son histoire car elle figure à plusieurs reprises dans les journaux et les annales officielles de l'empire. Elle est également évoquée par les historiens, mais aussi par les poètes et les écrivains et, au cours de siècles, les exploits et les aventures du moine sur la terre de Fusang inspirèrent bien des auteurs :

> Fusang se trouve à près de 20 000 lieues chinoises [8 000 milles nautiques] dans la direction de l'est depuis Tahan, à l'est de l'Empire du Milieu. De nombreux arbres fusang y poussent, dont les feuilles ressemblent au *Dryanda cordifolia* ; ses pousses, au contraire, ressemblent à celles du bambou et les habitants de cette terre les consomment. Son fruit ressemble à une poire, mais rouge. Avec l'écorce, ils préparent une sorte de tissu qu'ils utilisent pour se vêtir [...]. Leurs maisons sont de bois et ils ignorent les constructions fortifiées et les remparts [...]. Ils connaissent l'écriture [que connaissaient les Olmèques] et fabriquent du papier avec l'écorce du fusang [ce que faisaient les Olmèques avec l'écorce de l'agave, qui donne bien des fruits rouges en forme de poires][1].

Zheng He et ses amiraux connaissaient certainement cette histoire, tout comme leurs équipages qui se pressaient contre le bastingage pour apercevoir le Nouveau Monde. Y avait-il du fer dans ce pays ? Les fameux arbres fusang poussaient-ils là ? Ils étaient sans doute anxieux, ces marins, peut-être même effrayés, mais ils devaient aussi ressentir une intense curiosité. Si l'on en juge d'après la grande précision avec laquelle cette portion de côte est représentée sur la carte Piri Reis, ils ont dû aborder vers le delta de l'Orénoque. Je pouvais commencer à chercher sérieusement les « îles obscures » mentionnées par Fra Mauro/de' Conti, et que les jonques auraient atteintes soixante-dix jours après leur départ des îles du Cap-Vert.

Juste avant la sortie de ce livre, on m'informa que l'on avait effectué des recherches sur l'ADN des populations indiennes de l'Amazone et de l'Orénoque et sur les maladies qui les affectaient, maladies que l'on ne trouvait nulle part ailleurs qu'en Chine et en Asie du Sud-Est. Pour résumer, il s'agit d'une maladie de peau qui frappe les Indiens du Mato Grosso et de vers parasitaires, un ankylostome présent au Pérou et au Mexique, où il existe sous la forme *Ankylostoma duodenale* et enfin, de gènes typiquement chinois chez les populations indiennes de l'Amazone, du Brésil et du Venezuela. Voilà donc une preuve décisive du fait que les Chinois sont arrivés en Amérique bien avant Christophe Colomb.

---

1. Bibliographie de J. Needham, *Science and Civilisation in China*, vol. 4, part. 3, sect. 29, Cambridge U. P., 1954, p. 542.

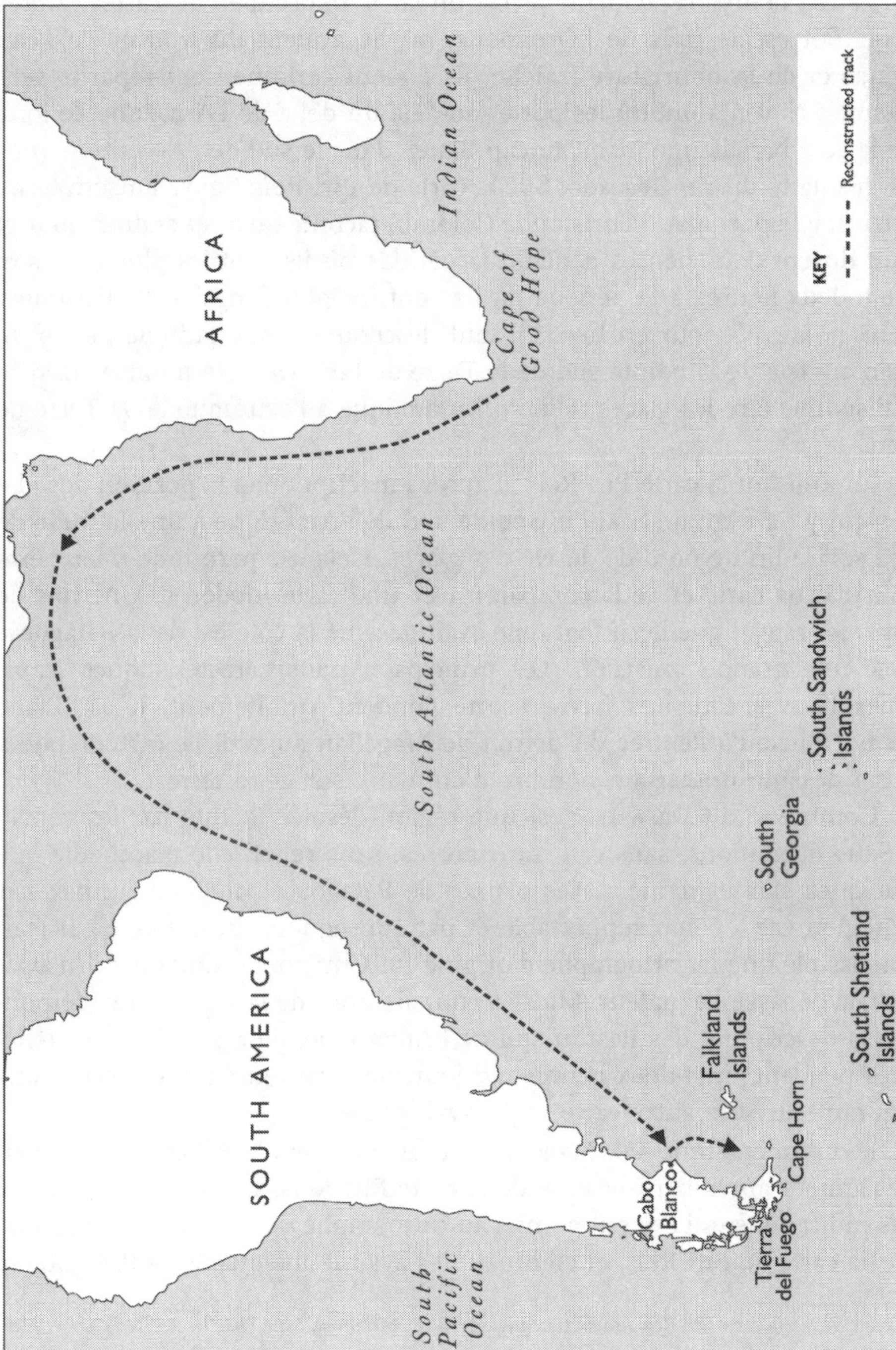

Trajet des flottes chinoises vers la Terre de Feu.

Pour l'heure, cependant, je continuai à m'occuper de cartes. Après avoir fait escale près de l'Orénoque, où ils avaient dû trouver de l'eau douce et de la nourriture fraîche, ils étaient certainement repartis vers le sud. Les vents ont dû les porter au-delà du delta de l'Amazone, le long de la côte brésilienne jusqu'au cap Blanc, dans le sud de l'Argentine, près de l'estuaire du río Deseado. Sur la carte de Piri Reis figure l'inscription : « L'infidèle portugais [Christophe Colomb] raconte qu'à cet endroit, jour et nuit durent deux heures pendant la période où ils sont les plus courts et vingt-deux heures à la période où ils sont les plus longs[1] ». Pour trouver deux heures de jour en hiver, il faut descendre à une latitude de 60° S, bien au-delà de la pointe sud de la Terre de Feu. La carte montre aussi ce qui semble être les glaces reliant l'Antarctique à l'extrémité de la Terre de Feu.

En utilisant la carte Piri Reis, d'après l'inscription et la position des glaces qui y figurent, je fixai l'extrémité sud de l'Amérique à une latitude de 55°, soit la limite nord de dérive des glaces. Cela me permit de mieux examiner cette carte et de la comparer avec une carte moderne. Une fois de plus, je trouvai que le cartographe avait dessiné la côte est de la Patagonie avec une grande précision. Les principaux traits caractéristiques (caps, baies, fleuves, estuaires, havres) correspondent parfaitement, du cap Blanc au nord jusqu'à l'entrée du détroit de Magellan au sud. Le cartographe a aussi dessiné un certain nombre d'animaux sur cette terre.

Comme le dit Darwin, c'est une région désolée, battue par les vents : « Sans habitations, sans eau, sans arbres, sans relief, elle n'accueille que quelques plantes naines... Les plaines de Patagonie sont sans limites, car la région est à peine supportable et par conséquent, inconnue[2]. » Il était impossible que le cartographe d'origine fût Christophe Colomb : il n'avait jamais dépassé l'équateur. Mais sa connaissance de la région, que démontre sa description des îles du sud de l'Atlantique, plongées dans les ténèbres pendant vingt-deux heures par jour, ne peut venir que d'inscriptions figurant sur une autre carte, qu'il avait copiée.

Le premier Européen, Magellan, ne fit voile vers la Patagonie que bien des années après la réalisation de la carte Piri Reis. Qui donc avait fourni ces indications qui avaient permis au cartographe de dessiner la Patagonie sur la carte de Piri Reis, et comment les avait-il obtenues ? La Patagonie a

1. Note VII de la carte Piri Reis, traduction anglaise G. C. McIntosh dans *The Piri Reis Map of 1513*, University of Georgia Press, Athens, Georgia 2000, p. 46.

2. Charles R. Darwin, *Journal of Researches into the Geology and Natural History of the Various Countries Visited by H. M. S. Beagle*, 1832-1836, Henry Colburn, 1839, p. 54 et 124.

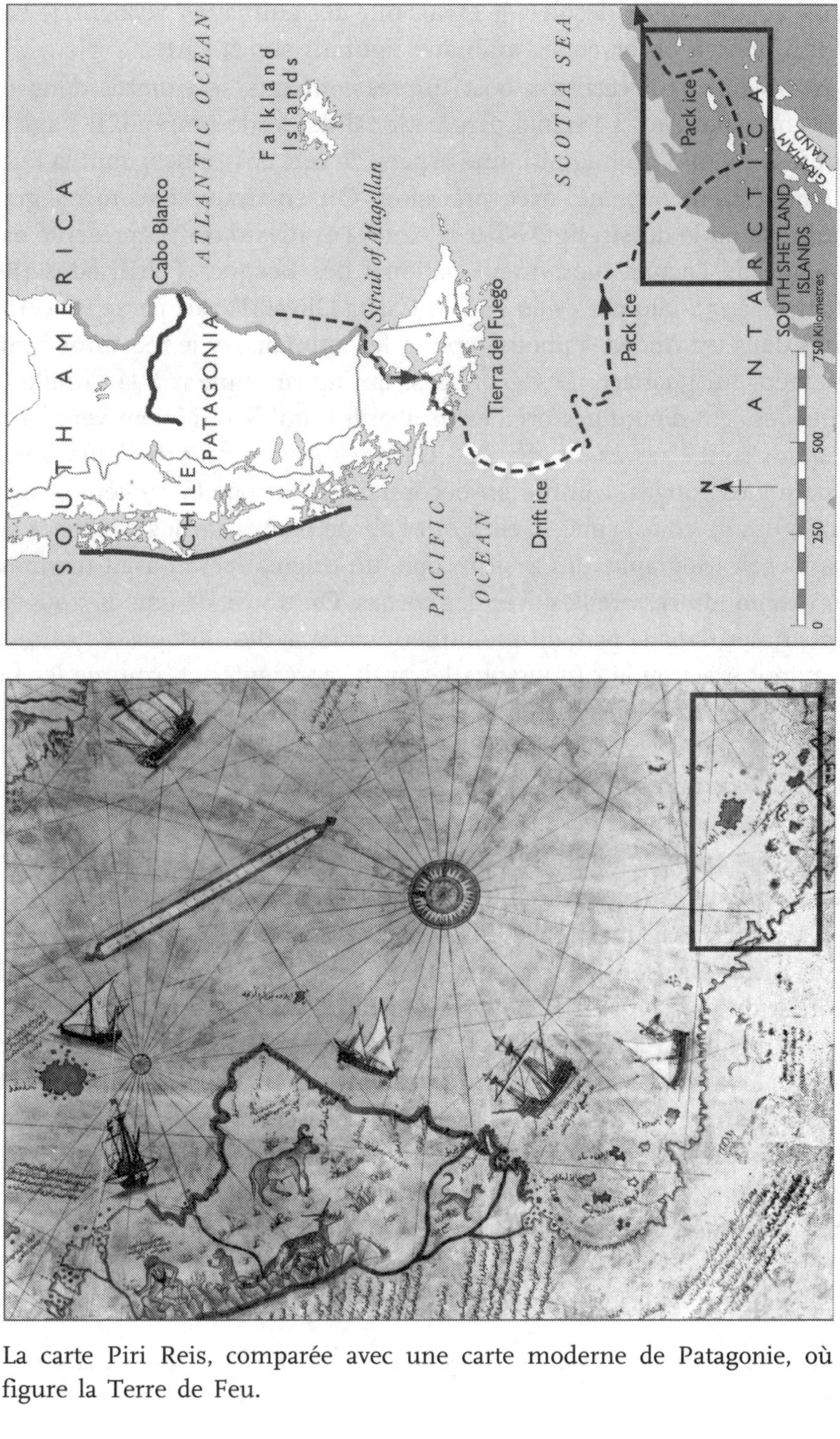

La carte Piri Reis, comparée avec une carte moderne de Patagonie, où figure la Terre de Feu.

beau être une région désolée, je savais que des animaux y vivaient, je commençai donc à observer les animaux figurant sur la carte.

Le premier, un cerf aux bois impressionnants se trouvait dans une zone correspondant à l'actuel parc national de Perito Moreno. Il s'agissait manifestement d'un huemul, une espèce de cerf des Andes, dont la tête et les bois étaient dépeints avec précision. On en trouve encore en grand nombre là où le dessin figure sur la carte. Le suivant était représenté dans la région de l'actuel monument national des Bosques Petrificados (Bois pétrifiés), à 150 kilomètres au sud de Caleta Olivia. J'avais passé un certain temps dans les Andes, à photographier les animaux, et je reconnus immédiatement un guanaco. Les guanacos, qui appartiennent à la famille des camélidés, ont d'étranges oreilles tombantes, qu'ils ramènent vers l'avant lorsqu'ils sont énervés ou effrayés. Dans les Andes, on orne leurs oreilles de pompons rouges, comme on décorerait en Europe la crinière des chevaux. Vues de côté, repliées, elles ont l'air de petites cornes penchées vers l'avant. Le cartographe qui avait recopié un original perdu avait manifestement confondu ces oreilles avec des cornes. On trouve de grands troupeaux de guanacos dans le parc du monument national des Bosques Petrificados, à l'endroit exact où le cartographe les avait représentés et, comme les huemuls, ces animaux ne vivent qu'en Amérique du Sud. Le troisième animal, un puma, était dessiné dans la zone correspondant au parc national Monte León qui, comme son nom l'indique, abrite encore à ce jour de nombreux pumas ou « lions des montagnes ». Ces trois animaux étaient placés exactement aux endroits où je les avais vus en Patagonie, et ils avaient été dessinés sur cette carte bien avant l'arrivée des Européens dans la région.

Il y avait aussi une figure d'homme nu et barbu. À première vue, on aurait dit que sa tête se trouvait au beau milieu de son corps. Mais à y regarder de plus près, il se pouvait aussi qu'il fût représenté accroupi, de façon à ce que sa longue barbe lui cache le sexe. Le cartographe turc qui avait copié la carte prise au marin portugais devait être musulman. Il était possible d'imaginer qu'il n'ait pas voulu, pour des raisons morales et religieuses, représenter un homme nu. Lorsque Magellan arriva en Patagonie, bien après que la carte originelle avait été dessinée, il fut surpris de constater que, malgré le froid, les indigènes vivaient effectivement nus et se réchauffaient autour de feux, même lorsqu'ils se déplaçaient en bateau. C'est pour cette raison qu'il nomma la région « Terre de Feu[1] ».

1. Antonio Pigafetta, *Magellan's Voyage*, R. A. Skelton (trad.), Yale U. P., New Haven, Connecticut, 1934, p. 54.

Il me restait une dernière créature à identifier, un monstre qui semblait tout droit sorti d'un conte : un homme à tête de chien. Deux notes le décrivaient : « À cet endroit, il y a des bêtes sauvages de cet aspect[1] » et « ces bêtes sauvages atteignent une longueur de plusieurs empans [la distance entre l'extrémité du pouce et celle du petit doigt lorsque la main est ouverte] [...] entre leurs yeux, il n'y a qu'un empan. Pourtant, on les dit inoffensifs[2] ». La carte Piri Reis décrivait exactement des animaux existants et les plaçait avec précision dans les régions où ils vivent encore aujourd'hui. Je pouvais donc penser que ces monstres, à supposer qu'ils aient jamais existé, avaient vécu dans le sud de la province argentine de Santa Cruz ou dans le nord de la province chilienne de Magallanes. Avaient-ils existé ? Le Museum d'Histoire naturelle de Londres ne pouvait pas m'aider à les identifier. Je contactai donc tous les musées d'histoire naturelle dans un rayon d'environ 300 kilomètres autour de l'endroit où le monstre figurait sur la carte.

Mon premier appel, au Museo de Fauna de Rio Verde, au Chili, reçut une réponse négative, d'une ironie à peine masquée. Le quatrième appel, au Museo de Sitio, à Puerto Natales, s'avéra beaucoup plus fructueux.

— Je cherche un monstre qui fait à peu près deux fois la taille d'un être humain. Y a-t-il jamais eu quelque chose du genre dans votre région ?

— Oui.

— Et vous en avez un spécimen au musée ?

— Oui.

— Comment cela s'appelle-t-il ?

— C'est un mylodon.

J'ignorais jusqu'à l'existence du mylodon. Mais, cette fois, le musée d'Histoire naturelle de Londres fut en mesure de me fournir quantité d'informations. Il s'agissait d'un paresseux géant, pesant environ deux cents kilos, et qui n'avait jamais vécu qu'en Amérique du Sud. En 1834, Darwin en trouva une carcasse en Patagonie, sur la plage de Bahía Blanca, juste à côté de l'endroit où figurait la créature sur la carte Piri Reis. De la graisse encore présente dans les restes de chair, il conclut que sa mort devait être « récente ». Il fit envoyer les os au Dr Richard Owen, au collège royal de Chirurgie de Londres, qui reconstitua le squelette. Le mylodon ressemblait bien à un géant à tête de chien : il se dressait sur ses pattes arrière et s'appuyait sur sa queue pour abattre de petits arbres, dont il

1. Note XIII, McIntosh, *op. cit.*, p. 44.
2. Note XXIV, McIntosh, *ibidem*.

mangeait les fruits, avant de s'attaquer à l'arbuste voisin. On dit qu'il pouvait atteindre trois mètres et parfois plus, et qu'il passait le plus clair de son temps à dormir. Les indigènes de Patagonie retenaient ces êtres « inoffensifs[1] » dans les cavernes en hiver et les laissaient sortir pour s'alimenter l'été ; leur viande avait apparemment un goût de mouton, en plus fade.

Plus tard, je trouvai un livre chinois publié en 1430 et intitulé *Récit illustré d'étranges contrées.* Comme l'indique son titre, il recense les animaux étranges que les Chinois trouvèrent au cours de leurs voyages. On y trouve une créature à tête de chien semblable à celle que montre la carte Piri Reis, avec une note (seul extrait du document traduit à ce jour), indiquant qu'elle fut découverte après un voyage de deux années vers l'est, à partir de la Chine.

Les Chinois ont dû éprouver beaucoup d'étonnement devant d'aussi étranges créatures, et ils ont tout de suite dû essayer d'en capturer, car il était d'usage de rapporter un spécimen de tout animal nouveau, afin de l'offrir à l'empereur pour son zoo[2]. Zheng He avait ainsi rapporté toute une série de girafes, les fameux *quilins,* afin d'étonner et de réjouir l'empereur. Il me semble qu'un certain nombre de mylodons furent embarqués sur les jonques et que deux d'entre eux arrivèrent bel et bien jusqu'en Chine. J'imaginais les marins chinois attirant ces énormes créatures hors de leurs cavernes, puis à bord des vaisseaux-trésors, et chargeant des tonnes de feuilles et de fruits pour les nourrir.

La carte Piri Reis décrivait les caractéristiques géographiques et la faune propres à l'Amérique du Sud avec une telle précision qu'elle ne pouvait représenter que la Patagonie. C'est pourquoi je pouvais aussi être certain que les montagnes qui y figuraient, à l'ouest de cette région, étaient les Andes. La Cordillère, qui s'étend le long de la côte Pacifique du continent, n'est pas visible depuis l'Atlantique car elle se trouve à des centaines de kilomètres. Le premier cartographe avait dû remonter la côte Pacifique bien avant que les Européens n'arrivent en Amérique du Sud, sans même parler du Pacifique, et le navire sur lequel il se trouvait ne pouvait être passé que par le détroit de Magellan, en bravant le blizzard, les tempêtes incessantes et les mers démontées du cap Horn.

Comme je connaissais les dimensions de la Patagonie, j'étais en mesure de déterminer l'échelle de la carte Piri Reis et les latitudes des

1. *Ibidem.*

2. Ma Huan, *Merveilles des océans* ou *The Overall Survey of the Ocean Shores,* Pékin, 1433, J. V. G. Mills (trad.), Cambridge U. P. (pour la Hakluyt Society), 1970, p. 155.

terres et des îles qu'elle représentait. Le cap Blanc, Cabo Blanco, se trouve à 47°20 de latitude sud, donc les îles figurant au bas de la carte devaient être à 68°43, soit la latitude exacte des îles Shetland-du-Sud. Je sus alors que ce premier cartographe était à bord d'un bateau qui avait atteint l'Antarctique et les Shetland-du-Sud quatre siècles avant que les premiers Européens n'y parviennent. Comme je devais le découvrir par la suite, ces îles obscures et presque inhabitées revêtaient pour les Chinois une importance capitale.

Il avait dû falloir à ces navigateurs et à ces observateurs experts des milliers de tours de garde pour réussir à cartographier une telle étendue de terre et d'océan, depuis l'Antarctique au sud jusqu'au sud des Andes péruviennes au nord. Pour couvrir de telles distances, il fallait une action coordonnée impliquant plusieurs flottes. Avant que les Européens ne parviennent dans le sud de l'Atlantique, la Chine était la seule nation susceptible de mettre en œuvre de tels moyens. Le seul moment où elle en avait eu l'occasion, c'étaient ces deux années « mystérieuses » où les vaisseaux-trésors avaient « disparu », entre 1421 et 1423. J'en étais absolument convaincu. Mais il me manquait des preuves directes de ce passage des Chinois en Amérique du Sud. Une épave de vaisseau-trésor pleine de porcelaine Ming serait une preuve irréfutable : de telles épaves allaient jouer un rôle décisif et prouver la présence des Chinois en d'autres régions du monde, mais il va sans doute falloir attendre longtemps encore pour en trouver sur les côtes d'Amérique du Sud. Des tempêtes incessantes y déchaînent les flots et les marées puissantes viennent y briser les épaves, emportant au loin débris et cargaisons. Des recherches sont en cours, mais il est peu probable qu'elles aboutissent rapidement.

En attendant, il me fallait une solution temporaire, des preuves indirectes. Les premiers Européens avaient-ils, par exemple, trouvé des animaux ou des plantes propres à la flore ou la faune chinoise en arrivant en Amérique du Sud ? Ou, à l'inverse, existait-il en Chine, lorsque les Européens y parvinrent, des plantes ou des animaux propres à l'Amérique du Sud ? Si oui, ces espèces étaient-elles arrivées à bord des vaisseaux-trésors ? Voilà longtemps, heureusement, que chercheurs et spécialistes se penchent sur ces questions. C'est le chant d'un coq, un matin, au Pérou, qui m'incita à prendre connaissance de leurs travaux. Comme j'avais longtemps vécu en Malaisie, je me rappelais très bien l'appel matinal des coqs asiatiques, une sorte de « kik-kiri-kii », par opposition au « cocorico » de leurs congénères européens. Ce matin-là, dans mon lit, au Pérou, je reconnus un coq asiatique et je commençai à me demander pourquoi et

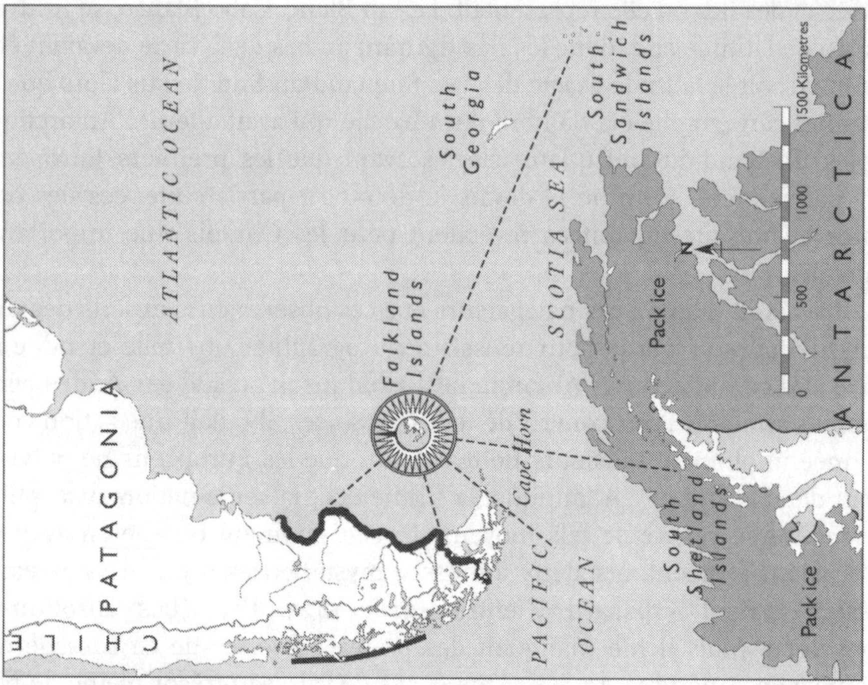

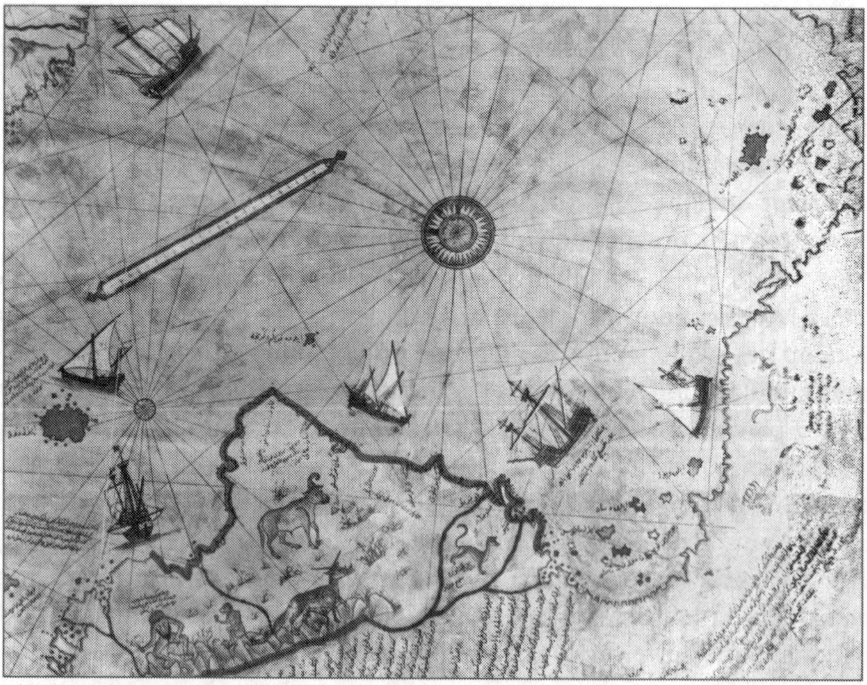

Les îles Malouines sur la carte Piri Reis, et sur une carte actuelle.

comment c'était précisément cette espèce qui était arrivée là, plutôt que l'espèce européenne.

Voilà plusieurs millénaires que furent domestiqués coqs et poules dans les jungles de l'Asie du Sud-Est, dans le sud de la Chine, ainsi qu'en Annam, au Vietnam, au Cambodge et en Malaisie. L'espèce est restée bien distincte de sa cousine européenne. Voici ce que raconte Magellan de son arrivée dans la région de ce que nous appelons aujourd'hui Rio de Janeiro : « Nous fîmes ici une abondante provision de poules [...]. Nous fîmes ici d'excellents marchés : pour un hameçon ou pour un couteau, on nous donnait cinq à six poulets... et encore s'imagina-t-on avoir fait une très bonne affaire[1]. » Mais ces poules et coqs que Magellan et les conquistadors espagnols trouvèrent en Amérique n'avaient pas grand-chose à voir avec nos piètres chanteurs sur tas de fumier. Ils relevaient de quatre espèces complètement différentes. L'espèce malaise produisait des coqs assez grands et élancés pour chaparder sur les tables. Avec leur tête fine, leur gorge nue et leur jabot fendu d'une bande de peau nue, ils ressemblaient plus à des dindes. Les coqs de type chinois, plus lourds et plus trapus, aux ailes courtes et aux pattes entièrement recouvertes de plumes, se caractérisaient par leurs queues courtes et leurs petits ergots, très courts et très acérés. Ils volaient très mal et ils étaient peu agressifs. Aujourd'hui, on trouve encore une espèce mélanotique (dont le plumage soyeux, la peau, la chair et les os sont noirs) à travers toute l'Amérique latine : j'en ai même vu dans des villages reculés d'Amazonie. Quant au quatrième type, il s'agit de la poule frisée d'Asie, dont les plumes se recourbent vers la peau, parfaitement inconnue en Europe au XVe siècle, mais très répandue en Amérique du Sud. La différence la plus frappante réside dans les coquilles légèrement bleutées des œufs de poule asiatiques, que l'on retrouve sur le continent américain, du Chili au Mexique, et qui contrastent avec les coquilles blanchâtres des espèces européennes.

Il me faut ici ajouter deux éléments importants. Si les Européens avaient apporté ces gallinacés, les Indiens d'Amérique du Sud auraient probablement adopté leur nom européen, ce qui n'est pas le cas. Dans le nord du continent, les Arawaks appellent *karaka* la poule mélanotique, que l'on désigne en Inde sous le nom de *karaknath*. « Poule » se dit *tori*

1. Antonio Pigafetta, journal de bord. [N.d.T. : Gavin Menzies se réfère à la traduction de R. A. Skelton, intitulée *Magellan's Voyage*, Yale U. P., New Haven, Connecticut, 1934, p. 54. Nous avons utilisé la traduction française de Hendrick Jansen, *Premier voyage autour du monde par le Chevr. Pigafetta sur l'escadre de Magellan pendant les années 1519, 1920, 1921 et 1922*, Paris, an IX, 14-15, disponible sur le site Gallica de la Bibliothèque nationale.]

dans le nord-est du Mexique et *nihuatori* en japonais, ce qui signifie « oiseau de cour ». Les empereurs incas, qui se lancèrent en 1421 dans une grande politique d'expansion, arboraient souvent des plumes et prenaient le nom de certains oiseaux. En quetchua, « coq » se dit *hualpa* et l'empereur que vainquit le conquistador Pizarro s'appelait Atahualpa. Les Incas disposaient donc d'un mot indigène pour désigner le coq, quarante ans au moins avant l'arrivée des Européens.

On trouve aussi en Amérique du Sud et en Chine des pratiques divinatoires similaires, impliquant l'utilisation d'œufs ou de sang de poulet, dont on verse quelques gouttes sur un papier à base d'écorce d'arbre, avant de le brûler. De même, les poulets mélanotiques y sont censés protéger la maisonnée des esprits malveillants et les Chinois, comme les Amérindiens, les utilisent pour les sacrifices, pour la divination et pour soigner les malades.

Ces espèces asiatiques sont présentes tout au long des côtes américaines, à l'est comme à l'ouest, jusqu'à Rhode Island au nord. Elles ne peuvent pas voler et il a bien fallu qu'on les y apporte par bateau. À part les caravelles, les seuls navires susceptibles de couvrir de telles distances étaient chinois. En outre, la répartition de ces espèces, dont l'arrivée sur le continent américain est antérieure à celle des Européens, recoupe de façon convaincante les côtes figurant sur la carte Piri Reis : deltas de l'Amazone et de l'Orénoque au Venezuela, Brésil, Patagonie, Chili et Pérou. De nos jours encore, dans les régions d'Amérique du Sud où l'influence espagnole (ou toute autre influence européenne) fut moins importante, on trouve des poules qui pondent des œufs bleutés et qui présentent des caractéristiques asiatiques dont les races européennes sont dépourvues[1]. Il est impossible d'échapper à cette conclusion : ce sont les flottes chinoises qui ont introduit ces espèces en Amérique du Sud :

> Comme les espèces asiatiques diffèrent grandement des espèces méditerranéennes, et que la plupart de leurs caractéristiques réapparaissent chez les poules amérindiennes, on peut en conclure de façon très évidente qu'elles ont été introduites depuis l'Asie et non depuis la Méditerranée[2].

1. J. de Acosta, *Historia Natural y Moral de las Indias*, n° 34, Cronic, Venise, 1596. Cet auteur s'appuie sur des bases linguistiques pour démontrer la présence de poules en Amérique à l'époque précolombienne.
2. George F. Carter, « *The Chicken in America* », dans Donald Y. Gilmore et Linda S. Elroy (éds.), *Across Before Columbus ?*, NEARA Publications, Edgecomb, Maine, 1998, p. 154.

> Lorsqu'on considère la totalité des données disponibles sur les gallinacés en Amérique, à moins de les prendre à contre-pied, il est impossible de conclure qu'elles ont été introduites par les Espagnols ou les Portugais. Jusqu'en 1600, les Méditerranéens ne connaissaient pas la myriade d'espèces qu'élevaient les Amérindiens, ils n'en avaient même jamais entendu parler... Si l'on doit tenter une approche scientifique ou érudite de ce sujet, une approche qui privilégie vraiment l'étude des données et non les clichés historiques, alors, il n'y a qu'une seule conclusion possible : les gallinacés furent introduits sur le continent américain par l'océan Pacifique, à partir d'Asie, sans doute de façon répétée et ce, bien avant sa découverte par les Européens[1].

Le maïs nous fournit un deuxième faisceau de preuves indirectes. Cette plante étonnante, venue des Amériques, était inconnue en Chine avant les voyages de Zheng He. Tout comme les gallinacés, qui ne savent pas voler, le maïs ne peut pas se répandre seul. Où qu'on le trouve, on peut être sûr que c'est l'homme qui l'a introduit. Or il existe une quantité considérable de preuves attestant la présence de maïs en Asie bien avant la traversée de Christophe Colomb en 1492[2]. Antonio Pigafetta, par exemple, qui tient le journal de l'expédition de Magellan, note dans sa description de leur escale à Limasawa, aux Philippines, en 1520 : « On trouve pour végétaux comestibles le riz, le millet, le panis, le maïs, les noix de coco, l'orange, le citron, la banane et le gingembre[3]. » Il est impossible que Pigafetta ait commis une erreur : dans son texte manuscrit en italien, il désigne le maïs par le mot *miglio*, et il ajoute en marge le mot caribéen *maìz*. Il savait très bien identifier cette plante : « Elle a des épis comme le blé indien, qu'il faut dégager des feuilles et que l'on appelle *lada* », écrit-il. Non seulement il avait lui-même passé plusieurs mois avec Magellan en Amérique du Sud avant d'atteindre Limasawa, mais plusieurs hommes à bord avaient également servi sous les ordres de Christophe Colomb dans les Caraïbes. Les archives chinoises mentionnent les « épis d'une taille extraordinaire » rapportés par les amiraux de Zheng He. Les Chinois avaient l'habitude du riz, dont les épis sont, du point de vue de leur taille, comparables à ceux de l'orge. Les seuls épis « d'une taille extraordinaire » par rapport au riz ne pouvaient être que ceux du maïs. Le fait que les Portugais aient aussi trouvé du maïs en Indonésie, aux

---

1. *Ibidem*, p. 158.
2. M. D. Jeffreys, « Who Introduced Maize in Southern Africa ? », *South Africa Journal of Science*, vol. 63, Johannesburg, 1963, 23-40 et A. de Candolle, *Origins of Cultivated Plants*, 1967, p. 355. Voir aussi chap. 8, note 20, et chap. 5, note 18.
3. Antonio Pigafetta, *Premier voyage autour du monde par le Chevr. Pigafetta sur l'escadre de Magellan pendant les années 1519, 1920, 1921 et 1922*, Hendrick Jansen (trad.), Paris, an IX, 14-15, disponible sur le site Gallica de la Bibliothèque nationale.

Philippines et en Chine fournit une preuve supplémentaire. On a également trouvé des *metates*, ustensiles à broyer le grain typiques d'Amérique du Sud, dans la cale d'une jonque construite en 1414, récemment découverte dans le sud-ouest des Philippines, à Pandanan, où elle a fait naufrage vers 1423.

Je n'avais pas le moindre doute : en 1421, les Chinois s'étaient rendus en Amérique du Sud, où ils avaient observé les côtes et les terres qui figuraient sur la carte Piri Reis, cent ans avant Magellan. Ils s'étaient lancés dans ce voyage épique afin de soumettre le monde entier au système du tribut. Pourquoi s'étaient-ils donc donné tant de mal pour cartographier cette région glaciale et inhospitalière de Patagonie, battue par les neiges, et dont les habitants sauvages allaient nus, sans rien à échanger, sans autres ressources que baies et poissons ?

La carte Piri Reis pouvait-elle me fournir des indices ? Elle me sembla tout d'abord épaissir le mystère car elle montrait des séries de « rayons » partant de la côte patagonienne pour se rejoindre dans les vastes étendues marines de l'Atlantique Sud, où ils formaient le centre d'une rose des vents. C'est ce que les marins appellent des « lignes de rhumb », ou des points de triangulation, utilisés en navigation. En comparant la carte Piri Reis avec une carte moderne, j'identifiai les points de la côte patagonienne d'où partaient les lignes. Il fallait que les cartographes se trouvent à bord de sept navires, qui faisaient voile respectivement de Puntas Guzman et Mercedes au nord, Cabos Curioso et San Francisco au centre, et Punta Norte, Cabos Buen Tempo et Espírito Santo au sud.

Connaissant l'échelle de la carte Piri Reis, je pouvais déterminer la position du point de triangulation : toutes ces lignes de rhumb se rejoignaient dans la baie du Roi George, à l'ouest des îles Malouines. Au centre exact de cette rose des vents se trouvait le mont Adam (800 mètres), éminence la plus visible de cet archipel. Hong Bao ou Zhou Man avaient-ils une passion méconnue pour l'alpinisme ? Pourquoi les navires devaient-ils se repérer par rapport à ce sommet ? Cette énigme me déconcerta pendant des semaines et des semaines. Puis, soudain, j'aperçus la réponse. Dans l'hémisphère sud, les Chinois devaient localiser une étoile susceptible de remplacer Polaris, et ils en trouvèrent plusieurs : Canopus pour calculer leur latitude et la Croix du Sud pour naviguer[1].

Canopus, supergéante blanchâtre, se trouve à plus de trois cents années-lumière de la Terre, vers le pôle Sud, et brûle mille fois l'énergie du soleil. Ces deux facteurs, énergie et distance, font d'elle la seconde étoile

1. *Wu Pei Shi* et *Shun Feng Hsiang Seng*, Pékin.

la plus brillante de notre ciel après Vénus, tandis que sa couleur la rend aisément identifiable. Comme la Croix du Sud, Canopus se trouve à l'extrême sud, mais pas exactement au-dessus du pôle. Afin d'utiliser Canopus pour déterminer leur latitude, les Chinois devaient définir sa position précise en se dirigeant vers un point où cette étoile se trouvait au zénith. De même, la Croix du Sud indiquait la direction générale du sud, mais elle n'était pas non plus à la verticale exacte du pôle. Pour l'utiliser dans leurs calculs, les Chinois devaient également déterminer sa position dans le ciel, sa hauteur et sa longitude. Une fois encore, il leur fallait se diriger vers le point où elle serait au zénith. Ce qu'ils avaient tenté de faire pendant des siècles :

> Pendant le huitième mois de la douzième année de Khai-Yuan [au VIIIe siècle av. J.-C.] [on envoya une expédition] vers les mers du sud pour observer Lao Jen [Canopus] à de hautes altitudes, et toute les étoiles situées encore plus au sud [la Croix du Sud] qui, bien que grandes, brillantes et nombreuses, n'avaient autrefois jamais été nommées ni précisément repérées. Elles furent toutes observées à environ 20° du pôle Sud [céleste, soit 70°]. C'est la région que les astronomes de jadis considéraient comme toujours invisible et cachée sous l'horizon[1].

Ce n'était qu'une fois Canopus et la Croix du Sud correctement repérées que l'on pourrait cartographier avec précision les nouvelles terres de l'hémisphère sud. Lorsqu'ils atteignirent le mont Adam, aux Malouines, les cartographes chinois se trouvèrent presque au-dessous de Canopus. S'ils se donnaient autant de mal, c'était pour déterminer leur position et calculer leur latitude exacte : 52°40 de latitude sud. En recoupant la position de Canopus et celle de Polaris, ils pouvaient établir l'altitude de Canopus et utiliser cette étoile pour calculer leur latitude n'importe où dans l'hémisphère sud. Étant donné l'importance de ce point pour les Chinois, je m'attendais à ce qu'ils aient érigé une stèle gravée au pied du mont Adam et j'ai demandé au gouverneur des Malouines de m'aider à organiser des recherches.

Une fois la latitude de Canopus déterminée, les flottes de Zhou Man et de Hong Bao étaient en mesure de rentrer séparément en Chine, en partant vers l'ouest à travers le Pacifique, ou bien vers l'est à travers les océans du sud, et en gardant toutes deux la même latitude, sous Canopus. Ainsi, toutes les observations seraient conduites à la même latitude. J'en vins aussi à la conclusion qu'il eût été logique pour eux de parcourir le monde à des latitudes où la position des autres étoiles pouvait être précisément

---

1. Chiu Tang Shu, cité par J. Needham, dans *Science and Civilisation in China*, vol. 4, sect. 20, Cambridge U. P., Cambridge, 1954, p. 274.

déterminée, à 3°40 de latitude nord, par exemple, là où Polaris disparaît sous l'horizon. Il semblait également logique de penser que d'autres latitudes revêtant des significations particulières pour les Chinois, celle de Pékin, par exemple, soit 39° 53 de latitude nord, avaient dû jouer un rôle comparable. Comme nous le verrons, ces intuitions allaient se révéler exactes.

Le mont Adam constitua le premier point d'« ancrage » des Chinois car il se trouvait non seulement à la verticale de Canopus, mais aussi pratiquement à mi-chemin (179°) de Pékin. À ce stade, bien qu'ils ne fussent pas capables de calculer leur longitude, les Chinois savaient que la Terre était ronde. En utilisant Polaris, ils étaient aussi en mesure d'en calculer la demi-circonférence (180° x 60 milles nautiques) et de savoir qu'ils se trouvaient aux antipodes de Pékin (en multipliant le nombre de jours de mer par la vitesse moyenne).

Si, de ce point d'ancrage dans les Malouines, une flotte partait vers l'ouest et trouvait une île au sud de l'Australie, à 52°40 de latitude, les cartographes seraient capables, par triangulation, de dessiner précisément ce continent, comme ils avaient dessiné la Patagonie. De même, avec une flotte partant vers l'est et repérant une île à une latitude de 52° 40 au sud de l'Afrique, ils pourraient cartographier l'océan Indien.

Je me demandai comment déterminer les mouvements des flottes chinoises à partir de ce point d'ancrage des Malouines. Je savais déjà quand les flottes de Zhou Man et Hong Bao avaient rallié la Chine et combien d'ambassadeurs elles avaient amenés. Je m'aperçus bientôt qu'en utilisant les cartes et en repérant les endroits d'où venaient ces ambassadeurs, je pouvais en déduire logiquement la route suivie par chacune des flottes dans l'intervalle. C'était un maillon supplémentaire, important, dans l'enchaînement de preuves qui me guidaient sur les traces des flottes chinoises.

Alors que la flotte de l'amiral Yan Qing était restée dans l'océan Indien pendant toute la durée de son voyage, et qu'elle était rentrée en Chine en septembre 1422 avec dix-sept ambassadeurs venus d'Inde et d'Afrique orientale, Zhou Man et Hong Bao ne rentrèrent pas avant l'automne 1423. Le premier ne ramena aucun ambassadeur et le second, un seul, venu de Calicut. J'en déduisis que la flotte de l'amiral Zhou Man avait fait voile vers l'ouest pour cartographier le Pacifique et qu'elle était rentrée en passant par les îles aux Épices. Quant à la flotte de l'amiral Hong Bao, elle avait dû se diriger vers le sud, vers l'Antarctique, pour repérer la Croix du Sud, avant de passer par les océans du sud, puis par Malacca et Calicut. Je me lançai sur leurs traces, essayant tout d'abord de repérer celles que l'amiral Hong Bao avait bien pu laisser derrière lui, à travers les océans du sud.

TROISIÈME PARTIE
LE VOYAGE DE HONG BAO

CHAPITRE 6

Voyage en Antarctique et en Australie

La mission de l'amiral Hong Bao consistait à cartographier la partie orientale du monde, à partir du point d'ancrage des îles Malouines, à une latitude sud de 52°40. Mais ses réserves de riz devaient avoir beaucoup baissé et l'on avait dû consommer une grande partie du soja cultivé à bord. Avant de faire voile à travers les océans inconnus du sud, il devait refaire son ravitaillement.

Aux Malouines, on pouvait trouver du chou et du céleri sauvages, des oies et du poisson, mais peu d'autres viandes et pas du tout de fruits. Le seul mammifère jamais découvert dans cet archipel était une sorte de renard local, le warrah ou loup des Falklands, ainsi décrit par Darwin : « Il n'y a pas d'autre exemple au monde d'île aussi petite et aussi distante d'un continent possédant un quadrupède indigène aussi grand et qu'il soit impossible de trouver ailleurs... Selon toute probabilité, dans les quelques années qui suivront l'installation de colonies permanentes sur ces îles, ce renard fera partie, comme le dodo, des espèces qui ont disparu de la surface de la terre[1]. »

Comme il l'avait prévu, cette créature disparut des îles Malouines dans les années 1870. Mais, comme d'autres naturalistes, il remarquait aussi que cette espèce présentait une caractéristique étrange : son étonnante docilité. Selon la biologiste britannique Juliet Clutton-Brock, qui analysa

1. Charles R. Darwin, *Journal of Researches into the Geology and Natural History of the Various Countries Visited by H. M. S Beagle*, 1832-1836, 1839.

les spécimens du musée d'Histoire naturelle de Londres, le warrah, comme le dingo, fut autrefois domestiqué. Il s'agit d'un croisement entre un renard sud-américain et un chien sauvage, arrivé par la mer bien avant le passage des Européens. L'explication la plus plausible serait que les Chinois ont dû laisser sur place un certain nombre de chiens (parmi ceux qu'ils avaient emportés pour la boucherie), qui se sont ensuite accouplés avec les renards locaux. Nous avons adressé une demande au musée d'Histoire naturelle de Londres pour obtenir des échantillons de l'ADN du warrah, espèce aujourd'hui disparue, afin de les comparer avec celui des chiens de boucherie chinois. Nous mettrons les résultats de ces analyses en ligne, sur notre site.

Si les Malouines n'offraient que des possibilités de ravitaillement limitées, la Patagonie, 300 milles nautiques à l'ouest, faisait figure d'immense garde-manger, comme le constatèrent, pour leur plus grande joie, les explorateurs qui y succédèrent aux Chinois. En une seule matinée, on pouvait prendre assez de poisson pour nourrir tous les hommes de la flotte et des moules énormes, de la taille de crabes, tapissaient les bas-fonds marins. Les guanacos, les huemuls et les lièvres locaux, grands comme des chiens, s'avéraient presque domestiques. Seuls les pumas pouvaient s'interposer entre les marins et ces immenses réserves de viande. On trouvait aussi en abondance des baies et des pommes sauvages, riches en vitamine C. Peut-être l'amiral Hong Bao put-il profiter de l'une de ces périodes de calme qu'offre parfois l'Antarctique en été, afin de revenir se ravitailler en Patagonie. En gardant la latitude de 52°40, il aurait pu aborder dans un port naturel sûr, une vaste baie située au sud du cap Vírgenes. Il ignorait qu'elle se situait à l'entrée d'un détroit menant vers le Pacifique. Lorsqu'il y entra, sa flotte dut être emportée vers le sud-ouest par un courant puissant qui pouvait atteindre jusqu'à six nœuds et l'entraîna tel un bouchon dans un siphon.

Le lendemain matin, la flotte avait parcouru la moitié du détroit et, lorsqu'elle sortit enfin du courant, les Chinois se retrouvèrent au niveau de la péninsule de Brunswick, à l'ultime extrémité du continent sud-américain, dont la côte est parfaitement identifiable sur la carte Piri Reis. À ce moment, ils se trouvaient au sud de Canopus, et ils ont dû vouloir remonter vers le nord pour retrouver leur latitude-repère, à partir de laquelle ils étaient censés cartographier le reste du monde. Or ce détroit rétrécit de plus en plus, avant de devenir ce que l'on appelle le « canal Geronimo », de moins d'un mille de large, où leurs énormes jonques ne pouvaient plus manœuvrer. La flotte dut alors rebrousser chemin, c'est la raison pour laquelle les cartographes dessinèrent le canal tel qu'il dut leur apparaître, comme un fleuve.

Revenue à la péninsule de Brunswick, la flotte prit alors le canal Magdalena vers le sud-ouest pour rejoindre le Pacifique près de l'île d'Aguirre, l'une des centaines de petites îles désertes parsemées le long de la côte et, de nos jours encore, l'une des rares à porter un nom. C'est au hasard le plus complet que les Chinois doivent leur découverte et leur cartographie du « détroit de Magellan », ce hasard qui en avait placé l'entrée à la latitude de Canopus, leur étoile guide de l'hémisphère sud. Mais cela ne diminue en rien leur mérite, leur extraordinaire réussite, ni leur habileté à manœuvrer leurs immenses jonques à voiles carrées dans un détroit si réduit, dans les violents coups de vent et les subites tempêtes de neige, courants dans cette région. Magellan n'aurait jamais su que ce détroit existait si les Chinois ne l'avaient pas repéré avant lui. Les Européens ont donc une grande dette envers ceux qui ont reconnu ces mers et découvert le passage entre l'Atlantique et le Pacifique, ouvrant ainsi une nouvelle route, maritime, vers les îles aux Épices.

Ce n'est pas sans raison que les premiers explorateurs européens nommèrent les rives inhospitalières du détroit les « régions ultimes de la terre ». En dépit des tempêtes de neige que le vent pousse à travers les îles, la Terre de Feu offre le spectacle captivant de ses paysages grandioses. J'ai vu des glaciers s'effondrer à pic dans l'océan, des pics enneigés briller comme des diamants sur fond de ciel pâle. Les navigateurs d'aujourd'hui, comme ceux des siècles passés, redoutent ses courants violents et imprévisibles, qui semblent naître et mourir sans raison, ses rafales de vent d'ouest qui, surgies de nulle part, viennent fouetter les flots et démonter la mer en quelques minutes. Jusqu'au XIXe siècle, le vent qui hurlait en tempête sur ces rivages sinistres découragea toute installation, laissant ces régions désolées à leurs indigènes, les Yaghans, qui vivaient en paix, blottis autour des feux que Magellan avait aperçus, et qui donnèrent son nom à la Terre de Feu. Pour Darwin, les Yaghans représentaient « les créatures les plus misérables et les plus abjectes qu'il [lui] ait été donné de voir. Il y a plus de différence entre les Européens et eux qu'entre des animaux domestiques et des animaux sauvages[1]. »

Les Chinois avaient, les premiers, reconnu cette région, et ce n'est pas sans émotion que je fis cette découverte. Je me demandai si Hong Bao

1. Charles Darwin, *ibidem.*

avait, lui aussi, saisi la portée de ses explorations, leur sens et leur importance historique. Je retournai à la British Library pour y consulter le journal de voyage de Magellan, tenu par Antonio Pigafetta, et voir s'il contenait des allusions à cette extraordinaire expédition, qui avait eu lieu un siècle auparavant.

C'est sous les couleurs de l'Espagne que le Portugais Magellan se lança dans sa grande tentative de circumnavigation, le 20 septembre 1519, à la tête d'une flotte de cinq navires et 265 hommes. Seuls dix-huit d'entre eux devaient revenir en Espagne, sur un seul bateau. Magellan lui-même fut mortellement blessé aux Philippines, le 27 avril 1521, après être intervenu dans une guerre entre deux tribus. Voici ce que raconte Pigafetta de ce moment critique du voyage :

> En continuant notre voyage vers le sud, le 21 du mois d'octobre, étant par le 52° de latitude méridionale, nous trouvâmes un détroit que nous appelâmes le détroit des Onze Mille Vierges, parce que ce jour-là leur était consacré. Ce détroit, comme nous le vîmes par la suite, est long de 40 milles ou 110 lieues marines, qui sont de 4 milles chacune ; il a une demi-lieue de large, tantôt plus, tantôt moins, et va aboutir à une autre mer, que nous appelâmes *mer Pacifique*[1].

Si Magellan faisait route vers ce 52e degré de latitude sud, c'est sans doute parce qu'il savait où trouver ce bras de mer reliant l'Atlantique au Pacifique, qui devait par la suite porter son nom. Il atteignit cette région sombre et hostile vers le 19 octobre. À ce stade, son équipage et lui-même se trouvaient dans une situation critique et misérable. Les rafales de vents violents venaient battre ses navires et la neige leur coupait la vue, cachant dans la tourmente les îles rocheuses qui les entouraient. Il eut du mal à trouver un mouillage. De nombreux marins mouraient du scorbut dans ses équipages et ce n'est qu'en usant d'expédients extrêmes qu'il avait réussi à mater une mutinerie, dont il avait fait pendre et écarteler les chefs. Mais la révolte grondait encore.

> Ce détroit est environné de montagnes *très-élevées* et chargées de neige ; et il est aussi *très-profond*, de sorte que nous ne pouvions jeter l'ancre que fort près de terre par vingt-cinq à trente brasses d'eau... Tout l'équipage *étoit* si persuadé que ce détroit n'*avoit* point d'issue à l'ouest, qu'on ne se *seroit* pas avisé même de la chercher, sans les grandes connaissances du capitaine-général[2].

1. Antonio Pigafetta, *ibid.*, p. 40.
2. *Ibid.*, p. 41.

Magellan eut beaucoup de mal à persuader ses hommes qu'il était possible de continuer vers l'ouest : il dut demander à ceux qui s'y opposaient de mettre par écrit leurs raisons de rentrer en Espagne ou de poursuivre l'expédition. Ensuite, il les lut publiquement et jura solennellement par saint Jacques, dont il portait l'emblème sur son manteau, qu'il y avait un détroit : « Cet homme, aussi habile que courageux, *savoit* qu'il l'*avoit* vu représenté sur une carte faite par Martin de Bohême [Martin Behaim], *très-excellent* cosmographe, que le roi de Portugal *gardoit* dans sa trésorerie », écrit Pigafetta[1].

Magellan disait la vérité, mais pas tout entière. Le roi du Portugal et Magellan lui-même connaissaient l'existence du détroit joignant l'Atlantique au Pacifique bien avant le départ de ce dernier. Il emporta d'ailleurs dans son voyage une carte marine qui représentait ce détroit, et les océans au-delà. En outre, il avait signé avec le roi un contrat qui indiquait le but de son expédition (il s'agissait de voguer vers l'ouest pour atteindre les îles aux Épices) et spécifiait la part des profits potentiels qui devait revenir à chacun d'entre eux. Magellan voulait garder secrète l'existence du détroit afin d'empêcher d'autres navigateurs de faire route dans son sillage pour revendiquer ensuite une part des richesses qui l'attendaient. Ce secret, le roi d'Espagne ne se trouvait pas en mesure de le lui garantir, car c'étaient les Portugais qui possédaient l'original de la carte.

Les discours de Magellan, son commandement à la fois enthousiaste et impitoyable, finirent par avoir raison de la résistance de ses équipages. Ils trouvèrent le détroit qui porte aujourd'hui son nom, et non celui de l'amiral Hang Bao, l'homme qui fut le premier à le reconnaître et à l'emprunter. Car, lorsqu'il décrit les navires espagnols sortant du détroit pour déboucher dans l'océan Pacifique, Antonio Pigafetta nous livre ce commentaire d'une importance capitale :

> Si, en sortant du détroit, nous avions continué à courir vers l'ouest, sur le même parallèle, nous aurions fait le tour du monde ; et, sans rencontrer aucune terre, nous serions revenus par le cap Désiré au cap des Onze Mille Vierges, qui tous les deux sont par le 52° de latitude méridionale[2].

Cette phrase contient des informations que seul aurait pu obtenir un navigateur qui aurait soit parcouru les océans à cette latitude, soit vu une carte où figuraient ces étendues désertes du Pacifique. Magellan fit voile

1. *Ibid.*, p. 41.
2. *Ibid.*, p. 54.

vers le nord et l'équateur en quittant le détroit, il n'a donc pas pu découvrir par lui-même qu'il n'y avait aucune terre à cette latitude. Il devait avoir vu une carte. Magellan savait qu'il n'était pas le premier à passer par le détroit, ni à traverser le Pacifique. De fait, les premiers navires espagnols qui suivirent cette route découvrirent des épaves de jonques sur les côtes du Chili.

Une fois encore, Fra Mauro avait raison : un navire venu d'Inde avait contourné le cap de Bonne-Espérance et il était parvenu aux « îles des ténèbres ». L'énigme de la carte Piri Reis était également résolue. La Patagonie et le « détroit de Magellan » avaient été cartographiés bien avant le départ de l'explorateur portugais, non par les voyageurs d'une civilisation antérieure à l'Égypte des pharaons[1], comme le suggérait un auteur, ni même par des extraterrestres, comme l'affirme un autre commentateur, de formation moins universitaire cependant[2], mais bien par les grandes flottes de vaisseaux-trésors chinois, pendant les années où elles avaient « disparu », entre 1421 et 1423.

Après avoir débouché dans l'océan Pacifique, à l'ouest de la Terre de Feu, l'amiral Hong Bao emmena sa flotte vers le sud. La carte Piri Reis montre clairement la route qu'elle suivit : alors que la Patagonie y est représentée avec précision, les îles orientales de la Terre de Feu n'y figurent même pas. Les Chinois ont donc dû remonter la montagneuse côte occidentale.

En comparant la carte Piri Reis avec une photo satellite moderne, j'identifiai sans peine les baies et les petites îles bordant le passage vers le sud que les Chinois avaient emprunté. La baie de Cook est correctement située, plus loin sur la côte, ce qui suggère que la flotte a dû y faire escale. De ce mouillage, les marins pouvaient voir les magnifiques pics enneigés de la cordillère Darwin, qui formaient à l'est un cirque majestueux. Sur la carte, ils apparaissent sous forme d'îles car, à cette distance, le cartographe ne pouvait voir que leurs sommets. De fait, en agrandissant la carte Piri Reis à l'échelle d'une carte moderne, je constatai que les onze îles qu'elle représente au sud de la Patagonie coïncident exactement avec les positions des sommets montagneux situés sur les îles qui forment la « Terre de Feu occidentale ».

1. C. H. Hapgood, *Maps of the Ancient Sea Kings*, Chilton Books, New York, 1966, p. 193 *sq.*
2. Erich von Daniken, *Chariots of the Gods*, M. Heron (trad.), Souvenir, 1969, p. 20.

Les Chinois avaient déjà repéré Canopus dans le ciel, l'étoile guide la plus brillante et la plus proche de ce qu'était pour eux Polaris dans l'hémisphère nord. Mais pour déterminer sa position par rapport au pôle Sud, il leur fallait situer le pôle lui-même. Ce n'était qu'à cette condition qu'ils seraient en mesure de naviguer et de cartographier les nouvelles terres australes avec autant de précision qu'ils savaient le faire dans l'hémisphère nord. Leur observation du ciel nocturne leur avait déjà confirmé que les deux étoiles les plus importantes de la Croix du Sud, Alpha Crucis et Gamma Crucis, étaient alignées sur le pôle et ils pensaient qu'il ne leur restait plus qu'à faire voile dans leur direction pour y parvenir.

Mais les régions polaires imposent au marin de terribles conditions de navigation : en été, des périodes de calme plat, avec un ciel limpide et une mer bleue tachetée d'icebergs immaculés, mais que la tempête se déchaîne et d'immenses vagues s'abattent sur la proue, le vent hurle dans les voiles et de violentes bourrasques jettent sur les hommes de cinglantes rafales de neige et de glace, qui attaquent la peau comme des milliers d'aiguilles. Au milieu de l'hiver, les ténèbres règnent pendant des semaines et quand le soleil refait son apparition, il n'est qu'un disque éphémère et pâle au bord de l'horizon. Souvent les nuages et le brouillard glaçant brouillent les contours et, dans cette obscurité, les marins doivent s'user les yeux à repérer sur leur chemin les premiers signes des glaces flottantes ou même ceux d'un immense iceberg.

La perspective de s'aventurer dans ces régions glaciales ne devait pourtant pas trop effrayer les Chinois, qui bénéficiaient de huit siècles d'expérience en matière de navigation polaire dans les régions septentrionales, et d'une tradition millénaire de navigation en milieu glacial : Tanggu, le port le plus proche de Pékin, est bloqué par les glaces trois mois par an. C'est dans le récit de voyage d'un jeune gentilhomme de Bologne, Ludovico di Varthema, que je trouvai les premiers éléments semblant indiquer une tentative chinoise d'exploration du pôle[1]. En 1506, Ludovico di Varthema se trouvait à bord d'un navire entre Bornéo et Java, lorsqu'une étrange histoire parvint à son oreille : parmi ses compagnons, deux Chinois chrétiens et un marin originaire de la côte ouest de l'Inde lui racontèrent que, de l'autre côté de l'île, dans la partie chinoise de Java, il se trouvait des hommes qui étaient parvenus, en se guidant sur la Croix du Sud, dans des régions où il faisait très froid et où le soleil n'apparaissait que

1. Ludovico di Varthema, *Le Voyage de Ludovico di Varthema en Arabie et aux Indes orientales*, Paul Teyssier (trad.), Chandeigne, fondation Callouste Gulbenkian, Paris, 2004.

quatre heures chaque jour. Ils n'auraient pas pu disposer de ces informations sans s'être effectivement rendus sur place.

La carte Piri Reis fournit aussi la preuve qu'ils avaient bien fait voile vers le sud : elle montre des glaces reliant l'Antarctique à la Terre de Feu. Pour en dessiner les contours, les Chinois ont dû les longer et descendre plein sud, en se fiant à leurs deux étoiles guides, qui leur indiquaient la direction à prendre[1]. À quelque 200 milles au sud de la Terre de Feu[2], ils rencontrèrent les premières glaces flottantes, et s'orientèrent légèrement vers l'est, dessinant un arc de cercle, tel qu'il apparaît sur la carte Piri Reis. Ils tentèrent de contourner les glaces pour continuer vers le sud, mais ils n'y parvinrent pas et durent changer leur route, en prenant d'abord vers l'est puis vers le sud-est, essayant toujours de poursuivre leur chemin vers le pôle. Après avoir parcouru encore 200 milles vers le sud[3], ils rencontrèrent la banquise qui recouvre entièrement la péninsule antarctique. La carte Piri Reis correspond aux limites d'extension maximales des glaces flottantes et de la banquise au milieu de l'été[4].

L'amiral Hang Bao s'approchait désormais du cercle polaire. À cette latitude, il se produit d'étranges phénomènes. Au pôle Sud, la notion même de longitude est dépourvue de sens et celle-ci se réduit à un point. Il n'existe plus d'autre direction que le nord. Au milieu de l'été (en décembre), le soleil y apparaît toujours au nord et il reste visible toute la journée, alors qu'en hiver, la région est constamment plongée dans la nuit. Les anomalies que provoque la proximité du pôle magnétique, très distant du pôle géographique, exacerbent les difficultés de navigation et elles devaient affoler les boussoles des Chinois. Pour eux, les seuls points de repère disponibles devaient être les étoiles guides de la Croix du Sud et Canopus, étoiles circumpolaires qui ne se couchaient plus et restaient visibles en permanence sous 68° de latitude sud. Vu son éclat intense et la pureté de l'air dans l'Antarctique, ils devaient apercevoir Canopus même en plein jour.

La carte Piri Reis montre la terre de Graham, extrémité septentrionale de la péninsule Antarctique, largement dégagée des glaces, ce qui confirme que l'expédition a dû y parvenir en janvier 1422. L'arc de

1. Longitude de 70°O.
2. À une latitude de 60° S.
3. Ils se trouvaient alors à une latitude de 64° S.
4. Je tiens à remercier l'institut de recherches polaires Scott, de Cambridge, qui a bien voulu me fournir des cartes des glaces antarctiques.

cercle décrit par les glaces flottantes entre l'Antarctique et le cap Horn indique que la flotte a dû rencontrer un courant d'est. Plus au sud, là où ce courant disparaît plus ou moins, la carte montre la banquise qui s'étend d'est en ouest, avant de s'incurver vers le sud-ouest, au moment où la flotte a rencontré un autre courant, plus faible. La forme harmonieuse de ces courbes sur la carte indique que les Chinois ont sans doute profité d'un temps calme et pris le courant circumpolaire avec une faible brise d'arrière, qui ne leur permettait pas de fendre les glaces. J'estimai leur vitesse moyenne à trois nœuds, ce qui portait à quatorze jours la durée du voyage depuis le cap Horn jusqu'à la péninsule Antarctique.

Un archipel figure sur la carte Piri Reis, à un endroit où ne se trouve en fait aucune île. Sa forme me rappelait celle des îles Shetland-du-Sud et je me demandai s'il ne s'agissait pas d'elles. Si les Chinois pouvaient déterminer précisément leur latitude grâce à Canopus, il n'en allait pas de même pour la longitude. Une fois encore, je devais tenir compte des courants, et du mouvement des mers où se déplaçait la flotte pour tenter de rétablir les longitudes correctes de la carte Piri Reis, comme pour les contours du continent africain représentés sur la carte Kangnido. En estimant la vitesse moyenne des divers courants de sud qu'avaient rencontrés les Chinois à deux tiers de nœud, on devait placer les îles en question 400 milles plus loin vers l'ouest, soit à la position exacte des îles Shetland.

La carte Piri Reis m'indiquait qu'ils avaient dû approcher l'Antarctique depuis le nord-ouest, longer les glaces et aborder sur les rives sud-ouest des îles Shetland. Trois d'entre elles sont précisément cartographiées, l'île Snow, à l'ouest, l'île de la Déception au sud, avec sa forme caractéristique de fer à cheval, et l'île Livingston avec ses quatre sommets, au nord. À côté de l'île de la Déception, une note précise : « Ici, il fait chaud. » À première vue, il est assez étrange de trouver une telle note concernant une île de l'Antarctique, couverte de neige, mais plusieurs volcans y sont en activité. De nos jours, les paquebots de croisière mettent l'ancre dans son lagon pour permettre aux touristes de se baigner dans les eaux chaudes de l'anse Benjamin.

En dehors de l'île de la Déception, l'archipel reste sauvage et désert : glaciers et champs de glace, roches brisées par le froid, et pas le moindre brin d'herbe. Comme j'en fis l'expérience pendant ma carrière de marin, le froid peut être si extrême dans ces régions polaires que les objets métalliques vous collent à la peau et que pour les retirer sans l'arracher, il faut d'abord se réchauffer les mains. Dans les cas désespérés, la seule façon d'y

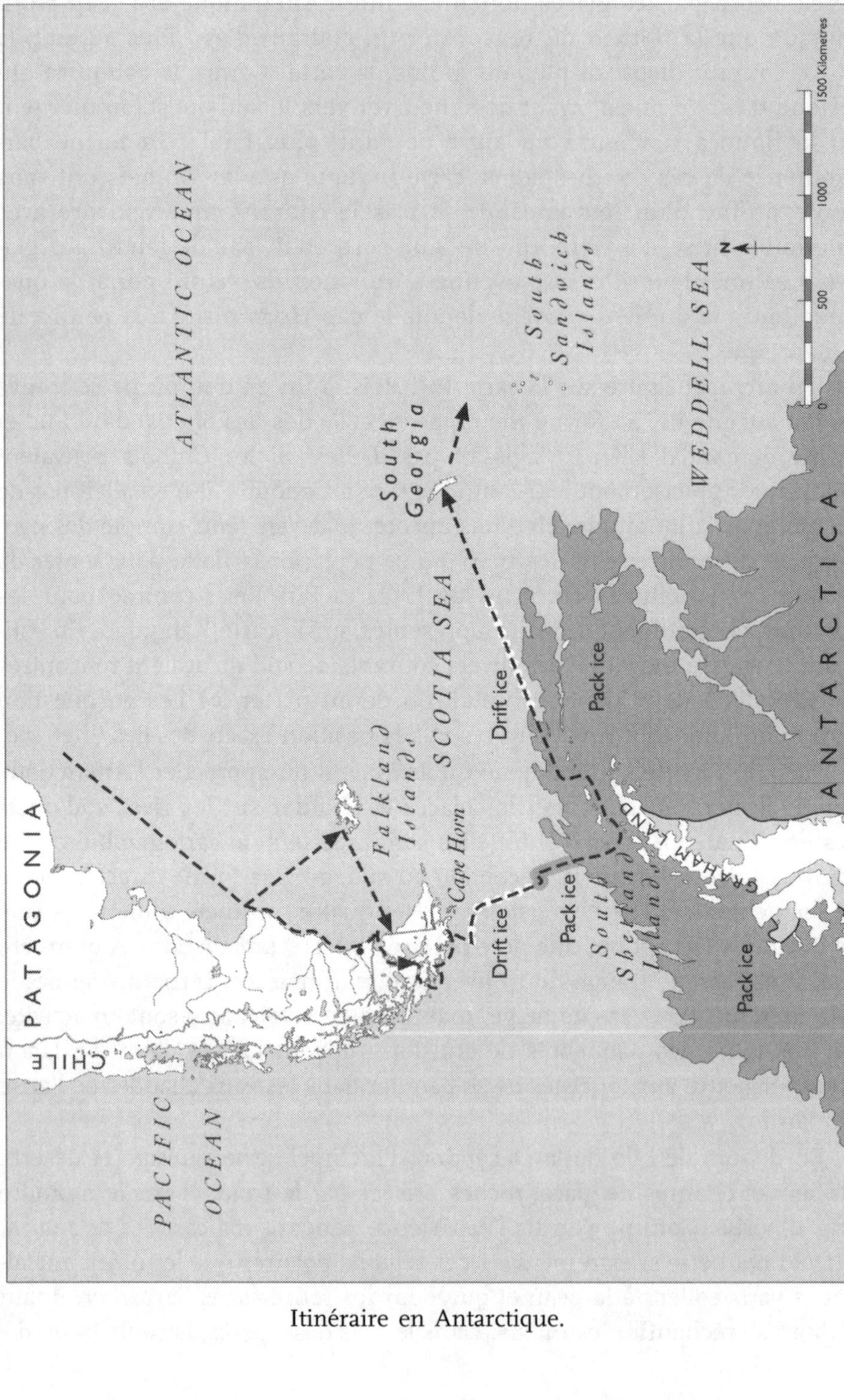

Itinéraire en Antarctique.

parvenir est d'uriner dessus, mais qui tente cette expérience par temps de blizzard s'expose à de douloureuses engelures. Les Chinois devaient se blottir à l'intérieur avec les chevaux, les porcs et les chiens, et ne remonter sur le pont que le minimum de temps nécessaire. Il leur fallait aussi veiller à couvrir et isoler leurs réserves de riz pour empêcher le froid de causer des dommages irréparables. Ils avaient aussi dû vider les sections inondées des cales où ils gardaient leurs otaries dressées à la pêche et leurs viviers de poissons, pour empêcher que l'eau ne se dilate en gelant et disjoigne les planches de la coque. En outre, dans des conditions aussi extrêmes, ils avaient manifestement passé un temps considérable à cartographier avec précision cette partie de l'archipel. Pourquoi donc s'étaient-ils attelés à cette tâche ? Je commençai à me demander s'ils y étaient vraiment allés. Alors m'apparut l'évidence. J'aurais dû trouver immédiatement la réponse à cette question : ils s'étaient dirigés vers l'Antarctique pour parvenir à la verticale d'Alpha Crucis, l'une de leurs étoiles guides de la Croix du Sud.

Je ne pouvais que m'émerveiller de l'habileté et du degré de sophistication qu'avaient atteints ces navigateurs il y a tant de siècles. Le moment où les astronomes chinois déterminèrent les positions respectives de Canopus et des principales étoiles de la Croix du Sud dans le ciel fut un tournant décisif dans l'histoire de l'humanité et de sa connaissance du globe. Sachant quelle était la circonférence terrestre, ils pouvaient désormais calculer la position réelle du pôle Sud. En observant la différence entre le repère exact fourni par la Croix du Sud et la direction qu'indiquaient leurs boussoles, ils étaient en mesure de placer le pôle magnétique et d'apporter les corrections nécessaires. Entre 1421 et 1423, Canopus et la constellation de la Croix du Sud étaient visibles jusqu'à une latitude de 28° N, correspondant aux îles Canaries, de même que Polaris[1]. Ils pouvaient dès lors croiser les observations et vérifier leurs calculs en comparant les latitudes obtenues à partir de l'étoile Polaire et celles obtenues à partir de Canopus. Le *Wu Pei Chi* confirme que les navigateurs chinois utilisaient bien cette méthode, alors que les Portugais ne devaient l'adopter que cinquante ans plus tard.

Ils étaient alors capables de définir leur route avec autant de précision dans l'hémisphère sud que dans l'hémisphère nord, et de calculer leur latitude exacte. Seul le problème des longitudes se posait encore. Une fois qu'ils purent déterminer les latitudes avec précision, leurs cartes prirent

1. Comme permet de le vérifier le logiciel *Starry Night*.

une forme géométrique facilement identifiable, contrairement aux tables antérieures ou aux longues bandes d'indications de navigation, comme celles qui constituaient encore le *Wu Pei Chi*. Une note de la carte Piri Reis confirme ce changement : « [Cette carte] fut établie [...] à partir d'une vingtaine de cartes et de mappemondes [...] qui montrent les royaumes de Sint, Hint et Cin [la Chine] sous forme de dessins géométriques [...] c'est en réduisant toutes ces cartes à la même échelle que l'on obtint cette forme définitive[1]. »

Ce dut être un moment particulièrement exaltant que celui où les Chinois parvinrent à établir un planisphère de forme simple et reconnaissable, une véritable victoire pour ces astronomes, ces navigateurs et ces cartographes, tout comme pour les Européens, lorsqu'ils y réussirent eux aussi, en 1473. Les flottes chinoises pouvaient dès lors continuer leurs explorations en utilisant la latitude de Canopus comme point de repère. Ces hommes venaient de remplir l'une des missions les plus importantes que leur avait confiées l'empereur. Ils pouvaient se permettre un bain chaud dans les eaux volcaniques de l'île de la Déception, attraper quelques pingouins pour se nourrir et se couper des blocs de glace pour refaire leurs réserves d'eau douce. Ils durent sans doute percer un fût de vin de riz et tuer quelques porcs pour fêter cet événement avant de refaire voile vers le sud afin de poursuivre leur exploration de l'Antarctique.

Comme les jonques franchissaient le détroit qui sépare les îles Shetland-du-Sud de la péninsule Antarctique, ils pouvaient encore voir l'archipel à 35 milles au nord-ouest et le continent à 20 milles au sud. À cette distance, ils ne voyaient plus que les montagnes, mais ils les localisèrent, avec une erreur minime. Leur cartographie du continent Antarctique est tout aussi précise. Sur la carte Piri Reis, je pus en identifier soixante-trois points caractéristiques. Un seul détail semblait clocher : une sorte d'étrange serpent reposant sur les glaces de l'île Éléphant. Mais le léopard de mer se déplace en rampant sur la glace et ses crocs ressemblent aux crochets des serpents. À l'est de cette île, la mer de Weddell apparaît prise dans les glaces, comme elle l'est effectivement toute l'année. Leur cartographie de cette région est d'une précision remarquable.

Je n'avais plus le moindre doute : nul besoin de recourir aux Égyptiens de l'Antiquité ou aux extraterrestres pour expliquer comment la carte Piri

1. Carte Piri Reis, note VI, traduite par G. C. McIntosh dans *The Piri Reis Map of 1513*, University of Georgia Press, Athens, Georgia, 2000, p.16-17.

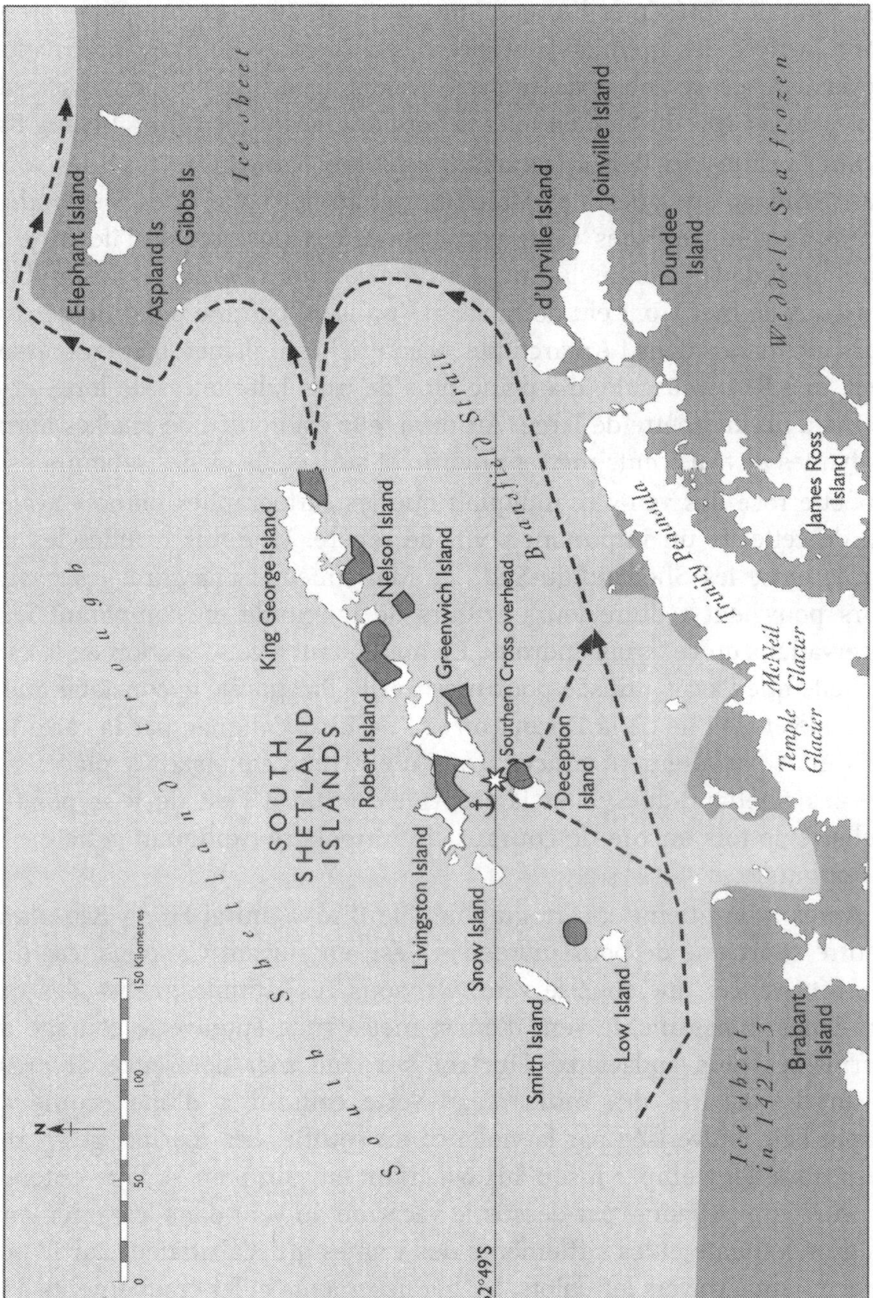

Repérage de la Croix du Sud. Les parties plus sombres figurent sur la carte Piri Reis, et les parties plus claires, sur les cartes modernes de l'Amirauté britannique.

Reis pouvait représenter l'Antarctique de façon aussi exacte quatre siècles avant l'arrivée des premiers Européens sur ce continent. Les informations provenaient de ces observateurs qui avaient repéré la position exacte des étoiles de la Croix du Sud, en 1422, à bord des navires de l'amiral Hang Bao.

Sur la carte Piri Reis apparaissait également une autre rose des vents, plus petite, au sud-ouest des Malouines et au nord-ouest des Shetland. Le centre de cette rose des vents correspond à la position de l'île Bird, au nord-ouest de la Géorgie-du-Sud. Comme son nom l'indique, des millions d'oiseaux de mer y ont élu domicile et l'utilisent comme point de départ à leurs incursions dans l'Antarctique, océan riche en plancton et en poisson. C'est une île minuscule, d'à peine plus de trois kilomètres de long, et de moins d'un kilomètre de large. Au nord, elle est bordée de falaises abruptes hautes de trois cents mètres environ et au sud, de plages sablonneuses.

Cette rose des vents m'indiquait que les cartographes chinois avaient fait de cette île un important point de repère. Une fois établies les distances entre les Shetland-du-Sud, les Malouines et l'île Bird, les navigateurs pouvaient réduire leurs erreurs de longitude en comparant leurs observations en ces trois endroits. En appliquant à cette section de la carte l'échelle que j'avais utilisée pour mesurer la Patagonie, je constatai que la distance entre l'île de la Déception et l'île Bird indiquée par la carte Piri Reis était parfaitement exacte. La seule erreur consistait à placer à la fois les Shetland-du-Sud et la Géorgie-du-Sud à l'est de leur position réelle. Une fois encore, le courant circumpolaire expliquait cette erreur de longitude.

Après avoir atteint et cartographié l'île Bird, l'amiral Hong Bao n'avait d'autre choix que de poursuivre vers l'est, en suivant Canopus, car il ne pouvait avancer que sous le vent. Or, sous ces latitudes, celles des quarantièmes rugissants, le vent d'ouest met à rude épreuve le courage des marins les plus audacieux. Hurlant sur une mer démontée, il dresse devant les navires des murs d'eau verte couronnés d'une écume qui emplit l'air, pulvérisée par la violence du souffle. Les marins, gelés, devaient travailler trempés jusqu'aux os, criant en vain pour se faire entendre de leurs compagnons, par-dessus le vacarme du vent dans les gréements, les grondements et les sifflements des vagues qui s'abattaient sur le pont en écumant à travers les dalots, les gémissements et les craquements de la coque, dont les planches se tordaient dans cette houle terrible, qui n'a pas sa pareille sur cette terre. La proue ne se dégageait d'une vague immense que pour passer immédiatement sous la suivante. En bas, les hommes ne devaient trouver que peu de répit, perpétuellement trempés, ballottés dans un tangage et un roulis si violents qu'il leur était presque impossible de trouver le sommeil.

Poussé vers l'est par les vents implacables de l'Antarctique, l'amiral Hong Bao n'avait pas dû prévoir de faire escale avant d'atteindre à nouveau des terres à la latitude de 52° 40', ce qui devait lui permettre de procéder à un nouveau levé cartographique, comparable à celui qui avait été effectué en Amérique du Sud. Mais en poursuivant vers l'est à cette latitude, il ne devait rencontrer aucune terre importante, tout juste quelques îles clairsemées. Enfin, après un voyage de 5 000 milles à travers les océans du sud où il avait toujours gardé la brillante étoile guide de Canopus à sa verticale, un nombre croissant d'oiseaux de mer (albatros, sternes, labbes et pétrels) ont dû lui indiquer qu'il approchait à nouveau des terres. Sa vigie dut alors repérer le pic Mawson, le volcan de l'île Heard, se détachant d'un groupe d'îles plus petites, à une quinzaine de milles au sud. Il pouvait désormais faire procéder à ce relevé afin d'établir un autre « point d'ancrage » pour ses cartographes.

L'île Heard ne dut pas paraître bien accueillante à Hong Bao et ses équipages, loin s'en faut. Elle est couverte de glaciers et ses côtes sont en grande partie formées de falaises de glaces. Elle comporte bien quelques poches de mousses et de lichens, voire d'herbe à tussack, mais les glaces permanentes représentent plus de 80 % de sa superficie. À quelque 300 milles au nord, il existe cependant un archipel un peu moins hostile, auquel donna son nom le comte Yves de Kerguelen-Trémarec, censé être le premier à l'avoir découvert en 1772. Dans cette zone, les vents dominants rendent les Kerguelen facilement abordables pour des navires à voiles venant de l'ouest, c'est-à-dire d'Amérique du Sud, comme la flotte de Hong Bao.

Il existe des preuves du passage des vaisseaux-trésors chinois aux Kerguelen. Comme l'affirment certains auteurs, « des navires atteignirent un endroit nommé Ha-bu-er, et que l'on peut identifier comme les îles Kerguelen dans l'océan Antarctique[1] ». L'île de Ha-bu-er apparaît également sur la carte Mao Kun, intégrée au *Wu Pei Chi*, composé vers 1422[2], avec une note affirmant que « des vents violents ont empêché la flotte d'aller plus au sud ». Hong Bao avait trouvé d'autres terres nouvelles.

Dominée par le mont Ross, qui culmine à 2 000 mètres environ, l'île principale de l'archipel est assez stérile pour que le capitaine Cook ait pu la

1. L. Carrington Goodrich (éd.), *The Dictionary of Ming Biography*, Columbia U. P., New York, 1976, p. 1365.
2. *Ibidem*, p. 199.

décrire comme « l'île de la Désolation ». Battue par la neige, la pluie, la neige fondue trois cents jours par an, la banquise recouvre un tiers de l'île. Mais ses côtes sont riches en pingouins, en éléphants de mer et en choux de Kerguelen, plantes précieuses pour les marins, qui poussent parmi les herbes à tussack et les mousses. Au cours des siècles, baleiniers et marins cueillirent cette espèce locale, cousine de notre chou, et dont la forte teneur en vitamine C permettait de prévenir le scorbut. Après leur périple dans les océans du sud, les équipages de Hong Bao étaient probablement affectés par cette maladie et ils ont dû en cueillir autant que possible, mais on peut douter que les terres acides et stériles des Kerguelen en aient jamais produit assez pour nourrir tous les marins de sa flotte. Pour eux, l'urgence de trouver des denrées fraîches devait commencer à se faire sentir.

Je fus enthousiasmé par ma découverte du passage des Chinois à Habu-er, soit aux Kerguelen, car en quittant l'archipel, la flotte n'avait pu prendre qu'une seule direction. Comme l'indique expressément la carte Mao Kun, les vents des quarantièmes rugissants l'empêchaient de descendre plus au sud. Ils l'empêchaient également de partir vers le nord et de retourner vers l'ouest. Les jonques chinoises n'avaient pu être que propulsées vers l'est, au devant de vagues énormes, dans un corridor marin qui les menait droit vers les côtes australiennes. Il ne faisait aucun doute que Hong Bao avait atteint la côte sud-ouest de l'Australie. Je m'en retournai donc à la British Library, à la recherche d'une carte de ce continent qui fût antérieure à sa découverte par les Européens.

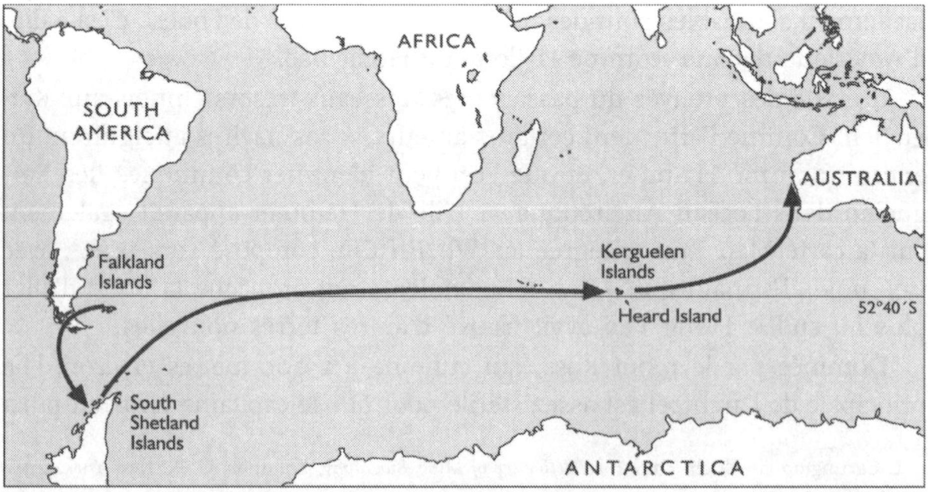

Le voyage de Hong Bao vers l'Australie.

Certes, il n'est pas représenté sur la carte Piri Reis, mais il figure sur une carte presque aussi ancienne, conservée à la British Library et dessinée par Jean Rotz, « hydrographe du roi » Henri VIII d'Angleterre. Elle est même intégrée à un ouvrage, *Boke of Idrography*, dont l'auteur fit présent à son monarque en 1542, soit deux siècles avant que le capitaine Cook ne « découvre » l'Australie. Formé à l'école de cartographie de Dieppe, renommée dans toute l'Europe à cette époque pour l'exactitude et la clarté de ses cartes terrestres et marines, Rotz était le cartographe le plus réputé de son temps, et l'on appréciait la précision avec laquelle il dépeignait les terres nouvelles. Il n'inventait jamais rien et n'esquivait aucun problème : ce qu'il montrait sur ses cartes provenait de cartes antérieures, qu'il avait étudiées.

Il est généralement admis que Rotz, ainsi que les autres cartographes dieppois de son époque, copièrent des cartes portugaises bien plus anciennes[1]. Le style de la carte Piri Reis est comparable à celui de la carte de Rotz, et elles attribuent toutes deux des toponymes portugais aux terres nouvelles. Rotz représente la Malaisie, le Cambodge, le Viêt-Nam et la Chine jusqu'à l'actuel Hong Kong. Les contours de cette côte y sont d'une précision remarquable. On y reconnaît aussi aisément le golfe Persique, l'Inde et l'Asie du Sud-Est. La carte originale ne pouvait avoir été dessinée que par un individu disposant d'une connaissance personnelle du littoral de l'océan Indien, de la Chine et de l'Indochine, ce qui éliminait d'emblée les Portugais. En effet, bien que cette carte fût ultérieure au voyage de Magellan, ni cet explorateur ni aucun de ses successeurs portugais n'avait passé assez longtemps sur la côte chinoise pour en retracer les contours de façon aussi exacte. Ils visaient les îles aux Épices, les Moluques, bien plus au sud. Si ce premier cartographe n'était pas portugais, il devait avoir, lui aussi, recopié un original antérieur.

Outre sa description remarquablement exacte des côtes chinoises, asiatiques, indiennes et africaines, Rotz montrait néanmoins de vastes étendues de terres nouvelles au sud de l'équateur, que bien des historiens échouèrent à identifier. Elles se composaient de deux îles, une « Petite Java » située au sud de Sumatra, et une « Grande Java », vaste continent s'étendant pratiquement de l'équateur au pôle Sud. Cette dernière présente, en son extrémité nord, une saillie dont la forme rappelle celle du cap York, le point le plus septentrional d'Australie. Sa côte nord-est rappelle également la côte australienne, mais les terres représentées sur la carte de Rotz s'étendent bien plus loin vers le sud-est que le continent australien.

1. Zvi-Dor-Ner, *Columbus and the Age of Discovery*, Grafton, 1992, p. 10 et Richard Hall, *Empires of the Monsoon*, Harper Collins, 1996, p. 92.

Au Moyen Âge, on avait redécouvert les théories de Ptolémée, l'astronome, mathématicien et géographe qui vécut à Alexandrie de 87 à 150. Il croyait à une symétrie des astres et des planètes, qui le conduisit à avancer, dans sa *Géographie*, qu'il devait exister une masse considérable de terres dans l'hémisphère sud pour compenser celle des continents européen et asiatique dans l'hémisphère nord. Ma première réaction fut donc de supposer que Rotz avait dessiné sa carte en se fondant sur cette théorie plutôt que sur des observations. Mais c'eût été contraire à sa réputation d'exactitude et de précision. Je laissai cette énigme de côté pour le moment et concentrai toute mon attention sur la côte sud-ouest de la « Grande Java », dont les contours étaient particulièrement détaillés, ce qui concordait avec mon hypothèse d'une escale de la flotte chinoise aux alentours de l'actuel Bunbury, à une centaine de milles au sud de Perth. Les vents et les courants dominants l'auraient ensuite poussée vers le nord, où elle aurait pu mouiller dans l'estuaire du fleuve Swan, qui sépare aujourd'hui Perth de Fremantle, et qui figurait sur la carte de Rotz sous la forme d'une profonde échancrure dans la côte.

Les choux de Kerguelen n'avaient pu fournir qu'un modeste expédient pour freiner le scorbut parmi les hommes d'équipages, mais dans le sud-ouest de l'Australie, les Chinois avaient dû pouvoir refaire leurs stocks de vitamine C grâce aux baies qui poussent en grande quantité dans cette région. Les populations de manchots pygmées (ou petits manchots bleus) et de crabes bleus du Pacifique foisonnaient pour le ravitaillement, de même que les quokkas, genres de petits wallabies lents, craintifs et faciles à attraper. Le jarrah, le marri et le karri, trois espèces d'eucalyptus présentes sur place, étaient susceptibles de leur fournir des bois de qualité pour entretenir leurs navires. Bien que la carte Rotz décrive très fidèlement les côtes nord et est du continent australien, la côte ouest ne descend pas plus au sud et s'arrête brusquement à Bunbury. La raison pour laquelle la reconnaissance de cette côte n'a pu être menée à bien, c'est que la jonque envoyée par l'amiral Hang Bao a sombré au large de Warrnambool, dans l'actuel État de Victoria, dans le sud-ouest australien, où l'on découvrit, il y 166 ans, une épave qui pourrait bien être celle d'un vaisseau-trésor.

En 1836, trois chasseurs de phoques entrèrent dans les eaux boueuses du fleuve Hopkins et continuèrent vers l'ouest, en descendant les petits estuaires et les lagons de la côte. À l'endroit où le fleuve Merri se jette dans la mer, ils découvrirent l'épave d'un très vieux bateau, connu depuis sous le nom de « navire d'acajou » (*mahogany ship*), à cause du bois dont il était fait. Sept ans plus tard, le capitaine de port Mills inspecta cette épave au nom du gouvernement. Il fut étonné par la dureté du bois : lorsqu'il essaya d'en couper un morceau, son couteau s'avéra parfaitement inutile, « ricochant comme sur du métal[1] ». Les navires européens ne pouvaient être construits en acajou, nom qui désignait alors toute variété de bois dur d'un roux tirant sur le brun, car il n'existait aucun arbre de ce type en Europe. Mais les vaisseaux chinois étaient faits de planches de teck, bois dur, d'un brun rougeâtre, venu des forêts de l'Annam. Le capitaine Mills semblait aussi déconcerté par les origines de ce navire : « Il me frappa comme étant d'un modèle qui m'était parfaitement étranger et qui, à certains égards, différait des règles générales de la construction navale telles que nous les connaissons [...]. En ce qui concerne la provenance de cette épave, je ne saurais en juger [...]. Je devrais plutôt dire que l'épave en question me semble n'avoir aucun rapport avec les constructions portugaises ni espagnoles[2]. »

Mrs Manifold, une Australienne, fait partie des vingt-cinq personnes qui nous ont laissé un témoignage écrit des réflexions qu'a suscitées cette épave. Elle l'examina vingt ans plus tard et fut frappée par l'épaisseur des cloisons, « robustes et solides[3] ». Je suis sûr qu'il s'agit de l'un des vaisseaux perdus de la flotte de Hong Bao[4]. Dans la tribu aborigène des Yangery, qui vit non loin de là sur la côte, circule une légende parlant d'« hommes jaunes » qui s'établirent parmi eux il y a bien longtemps[5]. Depuis, de nombreux observateurs ont commenté la couleur de peau et les traits caractéristiques des Aborigènes de cette petite région. En attendant la datation de cette épave au carbone 14, il est au moins possible d'avancer que la jonque envoyée par Hang Bao pour reconnaître la côte méridionale australienne a sombré et qu'un certain nombre d'hommes d'équipage et de concubines ont survécu au naufrage pour s'établir parmi les Aborigènes. Le Pr Wei Chu-Hsien (Wei Chu Xian) va plus loin encore. Il pense que les naufragés de Warrnambool remontèrent à cheval les vallées du fleuve Murray et de ses affluents, les rivières Darling et Murrumbidgee, pour parvenir au niveau de l'actuel Cooktown, en laissant des traces de leur passage tout au long de leur chemin[6]. La carte Toscanelli de 1474, qui montre ces vallées, semble corroborer sa théorie.

---

1. K. G. Mc Intyre, *The Secret Discovery of Australia*, Souvenir, Melbourne, 1977, p. 268.
2. *Ibid.*, p. 269.
3. *Ibid.*, p. 271 *sq.*
4. Pour des informations plus récentes, voir la postface.
5. *Ibid.*, p. 289.
6. Wei Chu-Hsien, *The Chinese Discovery of Australia*, Hong Kong, 1961.

En mars 1423, les flottes chinoises étaient en mer depuis plus de deux ans. Elles avaient atteint les régions ultimes des océans. Les amiraux Hong Bao et Zhou Man avaient accompli la plus grande partie de leur mission : ils avaient repéré Canopus et la Croix du Sud, et ils continuaient de cartographier l'hémisphère austral. Ils rencontraient néanmoins un problème : en quittant l'océan Indien, les amiraux espéraient saluer des potentats étrangers, leur offrir soieries fines et porcelaines et les impressionner pour les convaincre de soumettre leur pays au système du tribut. Or ils n'avaient trouvé sur leur route que des populations ignorant le commerce et qui semblaient n'avoir pas de souverains. Les Bantous en Afrique méridionale, les Aborigènes d'Australie, et les hommes nus de Patagonie n'avaient cure des soieries et des porcelaines. Quant aux îles du Cap-Vert et aux archipels de l'Antarctique, ils étaient inhabités. Dans les terres qu'ils avaient découvertes, le mode de vie des populations était bien plus primitif qu'ils ne l'avaient imaginé et les cales des vaisseaux restants devaient encore être pleines de leurs « trésors » de porcelaines et de soieries. Mais lorsqu'il décida de quitter la côte occidentale de l'Australie, Hong Bao savait qu'il lui restait la possibilité de vendre ces marchandises avant de rentrer car les îles aux Épices et le grand port de Malacca se trouvaient tout proches.

La carte Rotz dépeint avec une grande précision l'ouest de l'Australie, Sumatra, la péninsule malaise, l'Indochine et la côte occidentale de Bornéo, ce qui suggère qu'en partant de Perth vers le nord-ouest, le reste de la flotte contourna Sumatra et mit l'ancre à Malacca, l'un des plus importants ports de commerce de l'océan Indien, avant de traverser la mer de Chine en longeant la côte ouest de Bornéo (dont la côte orientale n'est pas représentée) puis l'ouest des Philippines, pour rejoindre la Chine le 22 octobre 1423.

Les hommes de l'amiral Hong Bao furent les premiers à emprunter le détroit de Magellan et à découvrir le continent antarctique. Ils avaient atteint le sud de l'Australie plus de deux siècles avant Abel Tasman (1603-1659 env.), qui découvrit la Tasmanie et lui donna son nom. À lui seul, le voyage de Hong Bao mériterait d'être aujourd'hui commémoré. Il venait d'accomplir l'un de ces périples incroyables qui marquèrent l'exploration de la planète. Mais les exploits des Chinois ne s'arrêtaient pas là. Au moment où l'amiral Hong Bao s'apprêtait à rentrer triomphalement en Chine, une autre flotte explorait, elle aussi, les latitudes australes, sous le commandement de l'amiral Zhou Man. Partie dans la direction opposée, elle allait également rallier l'Australie, après avoir traversé le Pacifique, un siècle avant Magellan.

QUATRIÈME PARTIE
LE VOYAGE DE ZHOU MAN

CHAPITRE 7

L'Australie

La tâche impartie à Zhou Man consistait à explorer le monde à l'ouest de l'Amérique du Sud. Comme son homologue, l'amiral Hong Bao, qui était parti vers l'est, il allait lui aussi avoir besoin d'un « point d'ancrage » à 52°40 de latitude sud pour parcourir les océans en se guidant sur Canopus. Mais en entrant dans le Pacifique, ses jonques ont dû être emportées vers le nord par le courant de Humbolt, le long de la côte du Chili actuel, comme Magellan, Carteret, Bougainville et les innombrables explorateurs qui devaient leur succéder en firent tous l'expérience. La description des Andes fournie par la carte Piri Reis[1] montre clairement que la flotte de Zhou Man fut entraînée par ce courant, mais j'ignorais alors jusqu'où elle était allée vers le nord : était-elle parvenue au Pérou et les Chinois y avaient-ils rencontré les Incas, cette grande civilisation de l'Amérique précolombienne ?

Pour une fois, des documents utiles avaient échappé aux destructions systématiques menées par les mandarins. Le Dr Wang Tao, de l'École des études orientales et africaines de Londres, me parla d'un roman publié en 1597, qui racontait les voyages de Zheng He, le *Hsi-Yang-Chi* (ou *Xi Yang Ji*). Il avait joui d'une immense popularité à cette époque, mais, aujourd'hui, cette institution de Londres n'en possède plus qu'un seul exemplaire, unique au monde. Bien qu'une grande partie de ce livre ait été

1. Rappelons que ce sont les Ottomans qui trouvèrent la carte d'origine, sur laquelle se fondait cette partie méridionale de la carte Piri Reis, aux mains d'un marin espagnol capturé en 1501.

rédigée deux siècles après les voyages dont il traite et qu'il soit plein d'aventures imaginaires, son auteur a néanmoins rendu un grand service aux chercheurs modernes en dressant une liste des tributs remis aux Chinois par les barbares qu'ils rencontrèrent lors de leurs périples. Cette liste diffère de celle qu'établit Ma Huan, qui ne dépassa jamais les limites de l'océan Indien, ce qui suggère que l'auteur a dû s'inspirer d'une autre source, aujourd'hui perdue. Cependant, les détails qu'il donne et l'étrangeté même de sa liste laissent une impression de véracité convaincante :

> Une paire d'yeux de baleines, communément appelés perles d'yeux brillants.
>
> Deux barbes de brèmes. Elles sont brillantes et peuvent être utilisées comme épingles à cheveux ou comme boucles d'oreilles. Le prix en est très élevé.
>
> Un couple de chameaux qui peuvent parcourir un millier de *li* [soit 650 kilomètres, distance que ces animaux sont censés couvrir sans avoir besoin d'eau].
>
> Quatre boîtes de salive du dragon [l'ambre gris].
>
> Huit boîtes d'encens.
>
> Quatre paires de coupes ornées d'un paysage où, lorsqu'on les emplit d'eau, les montagnes deviennent bleues et les eaux vertes.
>
> Quatre paires de bols de porcelaine où sont représentés des personnages et des choses : en y versant de l'eau, on voit peu à peu les personnages s'incliner pour se saluer.
>
> Quatre paires de bols de porcelaine décorés de fleurs et de plantes, qu'on voit bouger lorsqu'on y verse de l'eau.
>
> Quatre paires de bols de porcelaine décorés de plumes, qui semblent voler lorsqu'on y verse de l'eau[1].

Il est évident que les Chinois, qui se targuaient de fabriquer les plus belles porcelaines du monde, furent très impressionnés par ces bols, qui devaient être encore plus beaux et encore plus fins. Emplis d'eau, ils devenaient translucides, laissant voir les scènes peintes à l'extérieur. Ni les Indiens, ni les Africains, ni les Arabes, ni aucune nation de cette époque ne possédaient la technologie nécessaire à la fabrication de tels chefs-d'œuvre. Quant aux Européens, il fallut attendre le XVIIIe siècle pour qu'ils parviennent à fabriquer de belles porcelaines. À cette époque, des bols aussi fins ne pouvaient provenir que de Cholula (au Mexique actuel). L'empereur aztèque Montezuma II (1480-1520) mangeait dans de la vaisselle de Cholula lors de sa première rencontre avec les Espagnols. Elle était littéralement fine comme de la coquille d'œuf, extrêmement chère et

1. *Hsi-Yang-Chi*, cité par J. J. L. Duyvendak dans « Desultory Notes on the *Hsi-Yang-Chi* », *T'oung Pao*, XLII, 1953, p. 20 *sq.*

recherchée, exportée de Cholula vers la côte Pacifique et l'Amérique du Sud.

À l'époque du périple chinois, Cholula, à son apogée, produisait d'énormes quantités de porcelaine et faisait édifier des pyramides plus colossales encore que celles des Égyptiens. Si l'on suppose que le couple de chameaux pouvaient tout aussi bien être des lamas (appartenant à la famille des camélidés), alors tous les articles de la liste (y compris l'ambre gris tiré des cachalots) sont susceptibles de provenir du Pérou. Lorsque les Espagnols y accostèrent pour la première fois, ils y trouvèrent des espèces asiatiques de volailles, et il est possible que Zhou Man en ait laissé quelques spécimens aux Incas, passionnés par toutes les espèces d'oiseaux, en échangeant avec eux des cadeaux. Je devais ensuite trouver des preuves irréfutables de ces voyages entre la Chine et l'Amérique précolombienne, au Mexique, au Guatemala, en Colombie, en Équateur, et au Pérou, mais nous y reviendrons.

Je repris mon ouvrage, qui consistait à déterminer la route suivie par Zhou Man. En quittant le Pérou, sa flotte avait dû rencontrer le courant équatorial qui l'avait emportée jusqu'en Équateur, là où il s'oriente plein ouest pour entraîner les navigateurs à travers le Pacifique, comme ce fut le cas à plusieurs reprises au cours des siècles. Don Luis Arias, consul espagnol en Amérique du Sud au XVIe siècle, fit parvenir à son roi un rapport sur une légende locale évoquant une traversée du Pacifique antérieure à celle des Européens, par des « hommes à la peau claire [...] qui portaient des vêtements tissés blancs » qui partirent du Chili[1].

Vents et courants avaient dû entraîner les Chinois au cœur de l'archipel des Tuamotu, à 400 milles à l'ouest des côtes sud-américaines. En 1606, Pedro Fernández de Quiròs (1565-1615), explorateur portugais à la solde de la couronne espagnole, accosta sur l'atoll de Hao, dans l'archipel des Tuamotu[2]. Il y rencontra une vieille femme portant une bague d'or sertie d'une émeraude. Il lui offrit diverses marchandises en échange de ce bijou, mais elle rejeta ses propositions avec dédain : sa bague valait bien plus. On ne trouve ni or ni émeraudes dans l'archipel des Tuamotu, mais l'on sait de source sûre que de tels bijoux étaient couramment fabriqués en Chine, au début de la dynastie Ming, et que les ambassadeurs de Zhu Di en offraient aux dignitaires des pays où ils se rendaient. On trouva éga-

---

1. Don Luis Arias, lettre au roi d'Espagne, citée par A. W. Miller dans *The Straits of Magellan*, Portsmouth, 1884, p. 7.
2. F. Fernandez-Armestos (éd.), *Times Atlas of World Exploration*, Times, 1991, p. 167.

lement des pyramides à degrés tout au long de cette route sud-ouest, ainsi qu'en Australie, et les premiers Européens arrivèrent aux Fidji pour s'apercevoir que quelqu'un y était déjà venu prospecter et rechercher du cuivre, pratique qu'ignoraient les populations locales. Bien sûr, les Polynésiens pouvaient transporter des marchandises dans leurs pirogues, mais cela n'explique pas la présence d'espèces chinoises ni d'objets d'art chinois en Amérique du Sud, sans parler du volume même que représentent ces biens rapportés d'Amérique du Sud vers la Polynésie. Selon moi, la seule explication plausible, c'est qu'ils ont été transportés par les vaisseaux-trésors chinois et par les navires marchands qui les accompagnaient.

Lorsque nos voyageurs parvinrent au milieu du Pacifique, ils s'aperçurent que le courant sud-équatorial s'y divise en deux branches, l'une septentrionale, qui continue sa route vers les Carolines, la Nouvelle-Guinée et les Philippines, et l'autre méridionale, qui part vers l'Australie.

L'hypothèse que la flotte de Zhou Man se divisa alors en deux groupes se trouve corroborée par des preuves solides. L'escadre du nord procéda à la construction d'une plate-forme d'observation à Kiribati, dans l'archipel des Carolines et de cinq autres en Nouvelle-Guinée. Il s'agissait de pyramides à degrés, avec un sommet tronqué, comme en Chine. Au siècle dernier, on découvrit dans les îles Carolines des perles roses obtenues en frottant deux coquillages l'un contre l'autre, un spondyle digité et un cauri, exactement semblables quant à leur taille et leur forme à celles que l'on retrouve dans les rivières de Mitla, ancienne ville zapotèque du Mexique actuel. Elles étaient accompagnées d'un fragment d'obsidienne et de pièces de métal qui semblaient former un fer de lance, matériaux qu'il eût été impossible de trouver ou de fabriquer sur place. Les premiers explorateurs européens trouvèrent, nous l'avons vu, des espèces chinoises de poules au Pérou et du maïs, plante indigène des Amériques, aux Philippines. Les cales des jonques dont on découvrit les épaves aux Philippines en 1993 contenaient aussi des *metates*, outils sud-américains destinés à broyer les maïs. On estime qu'elles ont fait naufrage vers 1423. Tous ces éléments confirment l'hypothèse qu'une flotte chinoise aurait remonté vers le nord la côte sud-américaine (qui apparaît sur la carte Piri Reis), avant de traverser le Pacifique.

L'escadre du nord cartographia également l'île Norfolk et, toujours portée par le courant, fit escale sur la côte est de l'Australie, juste au nord de l'actuel Sidney. Cette grande traversée du Pacifique, de plus de 7 000 milles, lui avait pris trois mois. En arrivant près des côtes australiennes, le

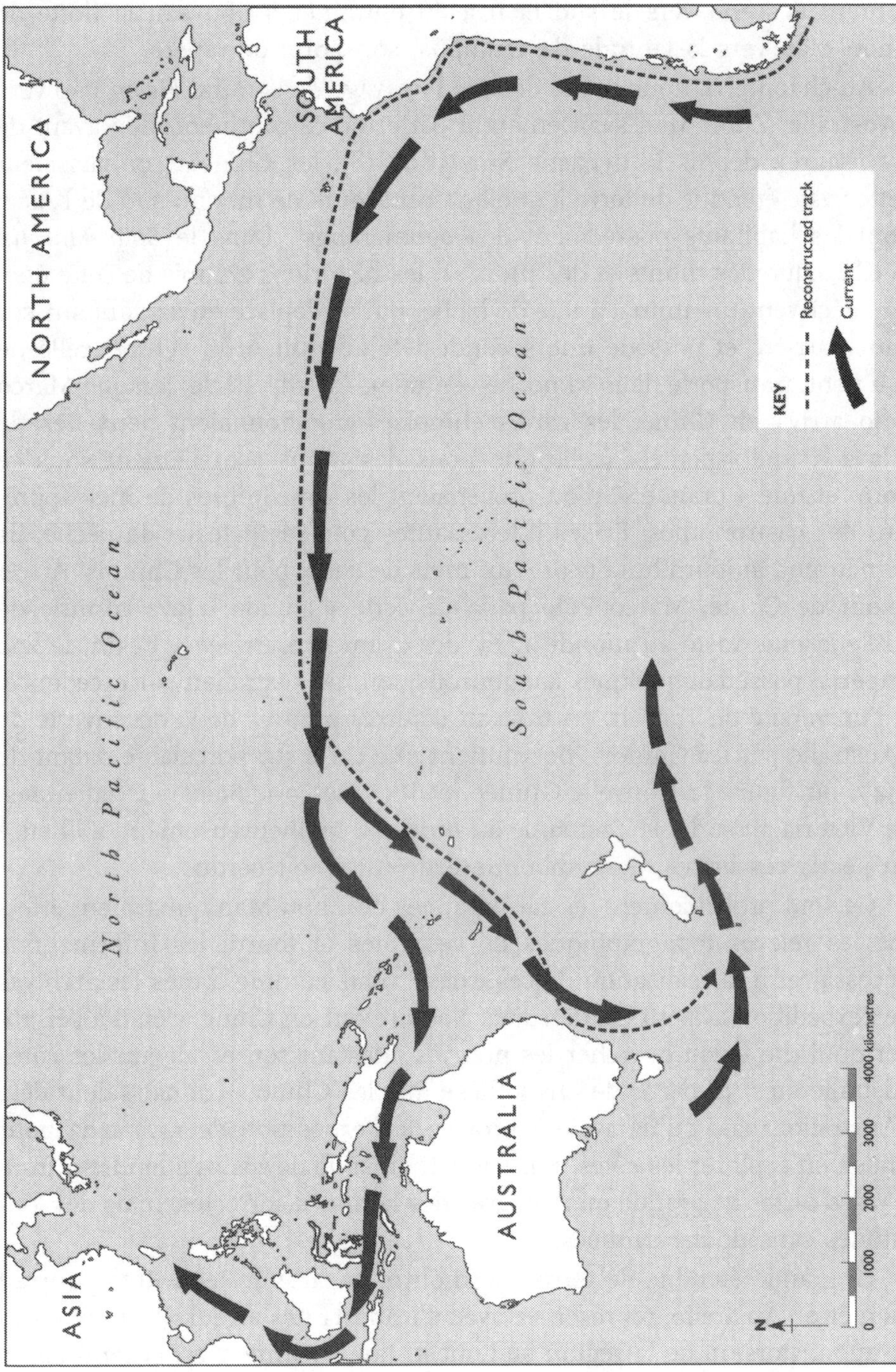

Itinéraire suivi par Zhou Man dans son voyage vers l'Australie.

courant descend vers le sud et il a dû entraîner à nouveau la flotte de Zhou Man vers la latitude de Canopus, son point de repère.

Au chapitre 6, nous avons détaillé le voyage de l'amiral Hong Bao vers l'Australie. Zhou Man avait entendu parler de ce continent bien avant de s'y rendre : depuis la dynastie Sui (589-618), les Chinois connaissaient cette vaste étendue de terre à quelque cent jours de mer au sud de l'Asie, dont les habitants possédaient des boomerangs[1]. Dans le *Shan-Hai Jin* (« Classique des monts et des mers »), les historiens chinois de cette époque décrivent un animal à tête de biche, qui se déplace en sautant sur ses pattes arrière et possède une seconde tête au milieu du ventre (celle de son petit, transporté dans sa poche ventrale). Au XIIIe siècle, lorsque Marco Polo arriva en Chine, les cartes chinoises mentionnaient deux îles de « Java », une « petite », celle que nous désignons actuellement sous ce nom, et une « grande », d'où provenaient les concombres de mer appréciés des gastronomes. Prises intéressantes pour les bateaux de pêche, ils demeurent, aujourd'hui encore, un mets de choix pour les Chinois. À son retour de Chine, Marco Polo parla de cette « grande » Java comme de « l'île la plus vaste au monde ». Et, dès avant son arrivée à Pékin, le zoo impérial possédait quelques kangourous, animal australien par excellence. À l'université de Taiwan, on trouvait d'autres preuves de la découverte de l'Australie par les Chinois, notamment une carte sur porcelaine datant de 1447, où figure la Nouvelle-Guinée, et les côtes orientales australiennes, de Victoria au sud à la Tasmanie au nord-est. Malheureusement, à l'heure où j'écris ces lignes, il semble que cette carte soit perdue.

Ce sont probablement les cartographes de Zhou Man qui avaient effectué les relevés topographiques de ces côtes et fourni les informations nécessaires à la réalisation de ces cartes, mais comme toutes les archives de l'expédition avaient été détruites à son retour en Chine, c'était à l'étranger qu'il me fallait chercher les preuves attestant son escale sur les côtes australiennes. Je partis de l'hypothèse que les Chinois connaissaient déjà l'Australie, mais qu'ils avaient profité de l'expédition de 1421-1423 pour mieux en explorer les côtes. S'il en était ainsi, je devais m'attendre à trouver des cartes de grande qualité, avec des latitudes correctes, mais des longitudes sans doute erronées.

La grande étendue de terre que montre la carte de Jean Rotz pourrait bien être l'Australie, représentée avec d'importantes erreurs de longitudes et une distorsion de la région sud-ouest. Pour commencer, j'examinai en

---

1. Lin Dao, *Sui Shu* (chronique officielle de la dynastie Sui), 636 ap. J.-C., chap. 82.

détail la côte orientale, depuis la baie de Byron, en Nouvelle-Galles-du-Sud, jusqu'à Flinders Island, dans l'archipel Furneaux, au large de la pointe sud-est de l'Australie. En comparant cette portion de la carte Rotz avec une carte moderne, je me rendis compte qu'elle décrivait cette côte avec grande précision de la baie de Nelson[1] à la pointe sud de la Tasmanie[2]. J'identifiai immédiatement Port Stephens, Broken Bay et Botany Bay, tous placés à leur latitude exacte.

Si la flotte de Zhou Man était bien parvenue en Australie après avoir traversé le Pacifique, il devait y avoir des traces de son passage dans la région que la carte Rotz dépeignait avec le plus d'exactitude. Dès le début de mes recherches sur la côte australienne, au sud de Newcastle, je tombai sur une mine de renseignements. Dans les années 1840, Benjamin Boyd, l'un des premiers colons européens, découvrit une forteresse en ruine dans la baie de Bittangabee, près d'Eden, à l'extrémité de la Nouvelle-Galles-du-Sud. Il remarqua que les racines d'un vieil arbre passaient sous les pierres de ces édifices, qui comprenaient une plateforme carrée entourée de gros rochers qui avaient dû former par le passé un solide mur d'enceinte. À l'intérieur de cette enceinte, se trouvait une sorte de casemate dont les fondations et les murs étaient constitués de pierres jointes à l'aide de mortier. Pour apporter ces pierres et construire un tel ensemble défensif, il avait fallu une main-d'œuvre importante. On ne trouve nulle part trace d'aucun édifice de ce type construit par les Aborigènes. La taille de l'arbre et la position de ses racines suggéraient que ces bâtiments avaient été construits bien avant l'arrivée des Européens. De même, au sud de Sydney, on trouve une vingtaine d'autres édifices de pierre antérieurs à la présence européenne. Ils sont regroupés près de la mer et semblent former un petit village, avec des chemins bien tracés conduisant d'un réservoir d'eau à une jetée d'une quinzaine de mètres environ. Il existe également des édifices comparables près de Newcastle.

Au nord de Sydney, sur le fleuve Hawkesbury, mais aussi dans la péninsule d'York, à Gympie et dans la terre d'Arnhem, des bas-reliefs aborigènes représentent des embarcations étrangères, ressemblant à des jonques. Cela ne prouve pas, bien entendu, que ces voyageurs étrangers étaient chinois, ils auraient très bien pu arriver avec un vaisseau portugais sans que nous le sachions. Mais les bas-reliefs de la

1. 32°40' S ; 152°11' E.
2. 43°42' S ; 146°32' E.

vallée du Hawkesbury les montrent aussi vêtus de longues robes, ce qui réduit les possibilités : il s'agirait plutôt d'Asiatiques. En outre, une tradition orale aborigène de la région du Tweed rapporte la venue d'étrangers qui tentèrent de creuser des mines de métaux dans les monts Warning, au sud-ouest de Brisbane, bien avant que les Britanniques ne s'y essaient.

Mais les preuves les plus convaincantes proviennent des épaves, notamment celle qui fut retrouvée près de la baie de Byron, dans le nord de la Nouvelle-Galles-du-Sud. On y a déterré deux chevilles de bois qui dateraient du milieu de XVe siècle, mais il s'agit d'une datation provisoire au carbone 14, avec une marge d'erreur de cinquante ans. Avant que l'exploitation d'une mine de sable ne détruise cette épave, on a pu décrire certaines parties de la coque et les trois mâts qui dépassaient encore du sol. En 1965, les mineurs dégagèrent sur ce site un énorme gouvernail, de plus de 12 mètres de haut selon certains. Si cette description correspond ne serait-ce que vaguement à la réalité, elle élimine d'emblée l'hypothèse d'une expédition portugaise ou hollandaise inconnue, car les caravelles n'étaient pas beaucoup plus grandes que ce gouvernail à lui seul. Il ne pouvait donc provenir que d'un navire énorme, d'une bonne centaine de mètres de long (on sait que les gouvernails des vaisseaux-trésors mesuraient 13 mètres de haut). On a également retrouvé une épave de navire ancien à Wollongong, au sud de Sydney, deux autres dans les marécages aux environs de Perth. Une tête de pierre chinoise représentant une déesse a été découverte à Ulladulla[1], au sud de Wollongong, et une autre sur le fleuve Nepean.

Le « navire d'acajou » de Warrnambool, les points communs que présentent les trois épaves de Perth et de Wollongong, la datation des chevilles et l'énorme gouvernail de la baie de Byron, tous ces éléments semblent indiquer des origines chinoises. Seuls les Chinois construisaient des bateaux susceptibles de posséder des gouvernails de dimensions aussi importantes et ils étaient les seuls à pouvoir perdre autant de navires rien que dans cette région. Si l'on y ajoute les légendes et les bas-reliefs aborigènes concernant des étrangers vêtus de robes arrivés par la mer, les édifices de pierre et les offrandes votives, on obtient une somme de preuves convaincantes. S'il n'est, certes, pas encore parfaitement avéré qu'une vaste flotte chinoise s'est rendue en Australie au XVe siècle, du moins peut-on logiquement le supposer.

1. Rex Gilroy, *Pyramids in the Pacific*, Gympie, Australia, 1999.

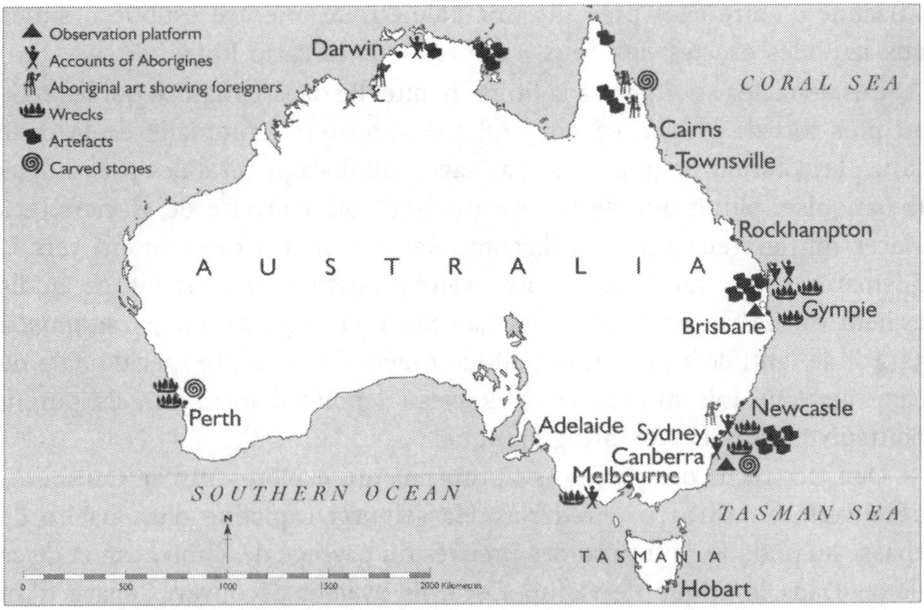

Traces du passage de la flotte chinoise en Australie : observatoires, légendes aborigènes, représentations d'étrangers dans l'art aborigène, épaves, objets, pierres gravées.

Au sud de la baie de Bittangee, la carte Rotz indique la partie sud, incurvée, de la Tasmanie, mais elle montre aussi ce qui semble être une étendue de terre, dont la côte s'étend d'abord vers l'ouest puis vers le sud. Ce détail ne laissa pas d'intriguer les cartographes. Mais en comparant la carte Rotz avec la carte Piri Reis, je compris immédiatement que ce qui semblait être une terre au sud de la Tasmanie était en fait des glaces : sur la carte Piri Reis, ce sont les glaces qui sont représentées de cette façon. L'étonnant tracé qui figure sur la carte Rotz correspond exactement à la limite septentrionale des glaces au sud de la Tasmanie, au milieu de l'hiver austral entre 1421 et 1423, soit au mois de juin.

Cela m'aurait permis de résoudre d'un seul coup l'énigme de ce qui semblait être, à première vue, une étendue de terres au sud et au sud-ouest de l'Australie. Mais il fallait bien admettre que la carte Rotz montrait aussi deux « fleuves », traversant les glaces d'ouest en est, bien au sud de la Nouvelle-Zélande, à un endroit où, bien sûr, on ne trouve rien de tel. Sous ces latitudes, il n'y a que l'océan. Cependant, en examinant une carte d'échelle supérieure, je découvris deux petites îles dont j'ignorais l'existence : les îles Auckland et Campbell, à la latitude de la Terre de Feu.

Chacune d'entre elles présente une baie étroite orientée est-ouest, située aux latitudes exactes des deux « fleuves » de la carte Rotz.

Ces deux îles se situent à la limite habituelle de la banquise qui les relie au plus fort de l'hiver, ce qui explique l'apparente anomalie de la carte Rotz : les Chinois ne pouvaient pas savoir qu'il s'agissait d'îles prises dans la banquise, plutôt que de baies dans une côte couverte de glaciers. Les glaces qui les reliaient sans discontinuer remontaient également vers la Tasmanie : une fois encore, ils avaient dessiné exactement ce qu'ils avaient vu. Ils faisaient voile vers Campbell en se guidant sur Canopus, à 52°40' de latitude sud, soit la latitude exacte de la pointe méridionale de cette île. Une fois munis de ce nouveau « point d'ancrage », ils purent poursuivre leur œuvre cartographique.

Dans les récits des premiers Européens qui explorèrent l'île Campbell, découverte en 1810 par Frederick Hasselburg, capitaine d'un navire de chasse au phoque, je trouvai des preuves du passage de Zhou Man et de sa flotte. Dans la crique de Camp Cove, ils avaient découvert l'épave d'un vieux navire de bois et un arbre, rabougri par les vents, mais néanmoins très reconnaissable. Il s'agissait d'un pin de Norfolk, espèce endémique de l'île mélanésienne de Norfolk, au large de l'Australie. Les Chinois avaient coutume de collecter arbustes, graines et pommes de pin pendant leurs voyages, et de les planter en divers endroits où ils accostaient, en témoignage de leur passage. Ils enfouissaient en général des ex-voto dans leurs racines. Il se pourrait bien que ce pin de Norfolk fût arrivé sur l'île Campbell avec les jonques de Zhou Man.

Les Chinois étaient donc parvenus à reconnaître et cartographier la côte orientale australienne de la baie de Nelson à l'île Campbell, mais ils rencontrèrent de graves problèmes pour reprendre leur route vers l'Australie. Sans qu'ils le sachent, le courant antarctique les poussait vers l'est, vers l'île méridionale de la Nouvelle-Zélande. J'ai moi-même de très bons souvenirs de cette région, où j'emmenai mon sous-marin à la Noël 1969. L'île du Sud offre des paysages d'une grandeur sublime, montagnes spectaculaires, lacs cristallins, ciel pur dégagé par les vents de l'Antarctique. La mer de Tasmanie, en revanche, est un véritable cauchemar pour le marin, avec ses cieux lourds et nuageux et ses courants irréguliers, imprévisibles et susceptibles de s'inverser d'un instant à l'autre. La flotte chinoise dut lutter contre ces courants, perdant au passage deux de ses vaisseaux-trésors. Il y a deux siècles, on retrouva en effet l'épave d'un navire de bois à Dusky Sound, dans le Fiordland, à la pointe sud-ouest de la Nouvelle-Zélande.

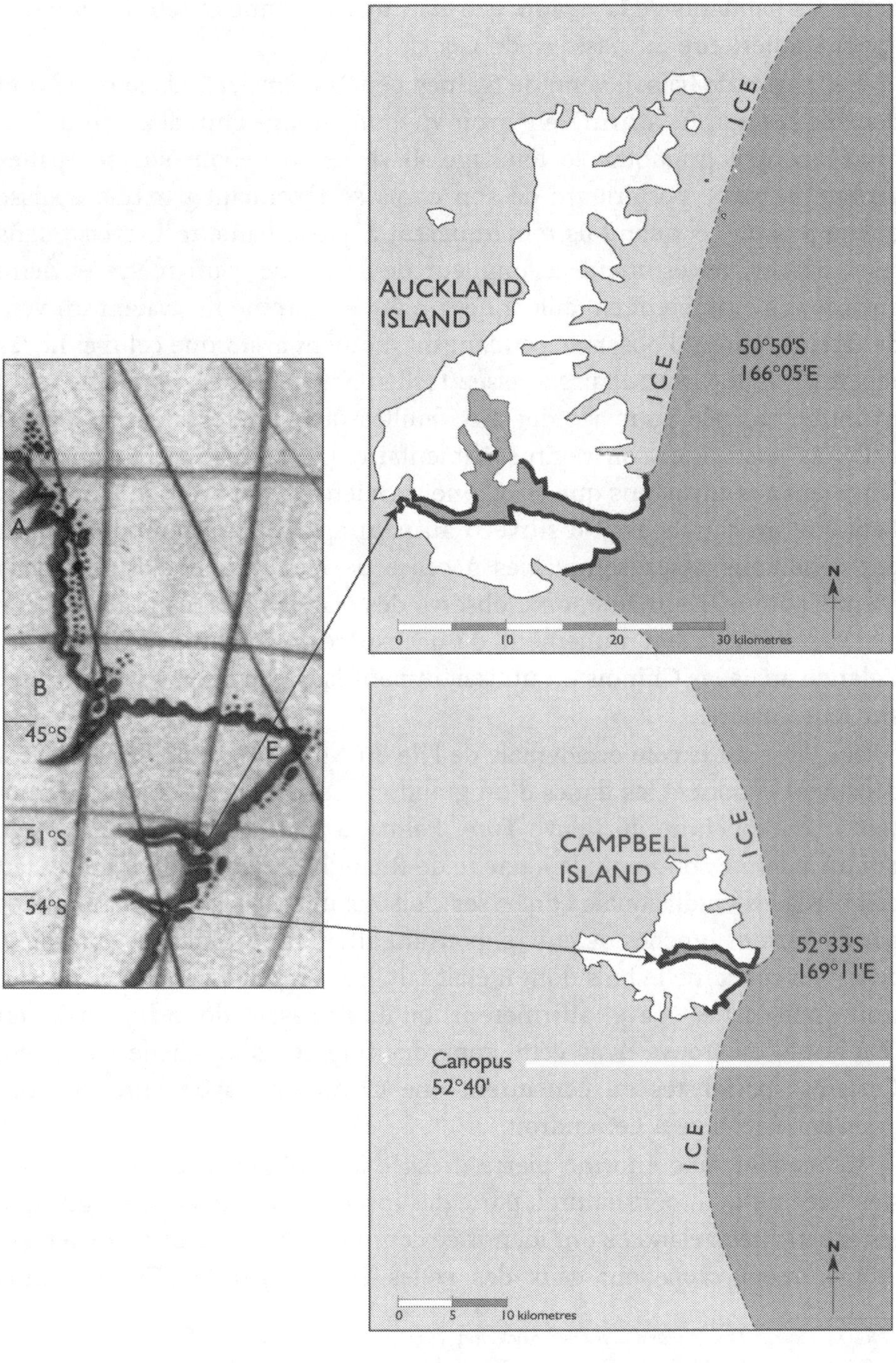

Les îles Campbell et Auckland, telles qu'elles apparaissent sur la carte Rotz.

Selon les habitants de la région, elle était très ancienne et remontait à une époque antérieure au passage de Cook[1].

Un navire de liaison venu de Sydney pénétra dans cette baie en 1831 et deux de ses marins affirmèrent avoir vu « un étrange animal au bord d'un fourré dont il grignotait le feuillage. Il se tenait debout sur ses pattes arrière, la partie postérieure de son corps se terminant par une épaisse queue pointue, et quand ils remarquèrent à quelle hauteur il arrivait dans les buissons, en estimant la longueur de sa queue à un mètre et demi environ, ils évaluèrent sa taille à neuf mètres. Comme ils avaient un vent de face, ils purent l'observer pendant un moment avant que celui-ci ne les repère et ils le virent abaisser assez facilement une grosse branche, qu'il maintint inclinée pour accéder aux feuilles qui l'intéressaient[2]. » Par sa taille, sa posture et son régime alimentaire, cet animal correspond parfaitement aux mylodons que les Chinois avaient pu apporter de Patagonie. Peut-être un couple avait-il survécu au naufrage pour se reproduire dans des conditions assez semblables à celles de leur milieu d'origine, à la même latitude. De même, on a observé des otaries dans les fjords de l'île du Sud. Il ne s'agit nullement d'une espèce endémique de Nouvelle-Zélande, mais les Chinois en utilisaient pour la pêche et en transportaient sur leurs navires.

En 1875, sur la côte occidentale de l'île du Nord, une violente tempête a découvert le pont et les flancs d'un grand vaisseau ancien. L'épave se trouvait à l'embouchure du fleuve Torei Palma, à Whangaroa, sur une plage qui lui a donné son nom : le « navire de Ruapuke ». On dit qu'il présentait des bordages en diagonale et que ses cloisons internes étaient maintenues par d'énormes broches de cuivre, pouvant atteindre 6,3 kilos. Néanmoins, en ce qui concerne le bois dont il était fait, les sources divergent. Ceux qui trouvèrent cette épave affirmèrent qu'il s'agissait de teck, mais en mai 2002, on trouva dans cette zone des fragments de chêne européen. Certains spécialistes en conclurent que c'était un navire européen qui avait fait naufrage à cet endroit.

Cependant, une énorme pierre dressée à l'embouchure du fleuve, où s'est créé un petit port naturel, porte des inscriptions dans une langue que les experts néo-zélandais ont identifiée comme du tamoul. Sa forme et son emplacement rappellent ceux des stèles érigées par les Chinois dans

1. Robyn Gosset, *New Zealand Mysteries*, Auckland, 1996, p. 31.
2. Gilroy, *op. cit.*, Brett J. Green, *The Gympie Pyramid Story*, Gympie, Australia, 2000 ; et Gosset, *op. cit.*, p. 148.

l'estuaire du Yang-tseu, au cap Dondra, à Cochin sur la côte de Malabar, à Janela aux îles du Cap-Vert et près des rapides de Matadi dans le delta du Congo. Non seulement cette inscription est calligraphiée, comme celle de Janela, mais elle comporte aussi les mêmes cercles concentriques étranges. J'avais déjà trouvé nombre de stèles comparables à des endroits où la flotte chinoise était passée. L'étape suivante de mes recherches s'imposa logiquement et grâce à l'internet, je pus en localiser d'autres, tout au long de sa route depuis les îles du Cap-Vert jusqu'en Patagonie, sur les îles de Santa Catarina, Coral Island, Campeche et Arrorado, en Amérique du Sud. Toutes dominent la mer à des endroits où la flotte pouvait refaire ses réserves d'eau douce et toutes comportent les mêmes cercles concentriques que celle de Ruapeke. Certes, il pouvait encore s'agir d'une coïncidence : il n'existe, après tout, aucun lien entre les pyramides d'Égypte et celles d'Amérique centrale. Cette preuve ne valait que si je pouvais trouver d'autres stèles semblables en Chine. Une longue recherche me permit d'en localiser trois autres, à Wong Chuk Ha, Chang Zhou et Po Ti, à Hong Kong, qui présentaient des signes similaires. Aujourd'hui, je pense pouvoir affirmer que ces cercles concentriques représentaient la « signature » de l'armada chinoise, une marque définie avant son départ, qui permettait d'indiquer à quel endroit ses navires avaient fait escale pour se réapprovisionner en eau.

L'indice le plus controversé du passage des Chinois est sans doute la fameuse cloche Colenso, du nom de l'évêque Colenso qui la découvrit en Nouvelle-Zélande près de l'épave de Ruapuke : les Maoris en avaient fait un ustensile de cuisine. On dirait une miniature de la cloche que Zheng He fit réaliser après son sixième voyage et ses rebords sont couverts d'inscriptions en tamoul comparables à celles qui figurent sur la stèle toute proche. On l'appelle aussi « cloche de Mohaideen Baksh », car l'inscription suggère que son propriétaire fut probablement un musulman tamoul appartenant à une grande famille d'armateurs du port de Naga Pattinam, sur la côte orientale du Tamil Nadu, dans le sud-est de l'Inde[1]. Certes, elle tendrait à prouver la présence d'un navire indien, plutôt que chinois. Mais comme le montre l'exemple de l'épave de Pandanan, aux Philippines (nous y reviendrons au chapitre 10), des navires de commerce de toutes origines accompagnaient très souvent les flottes de Zheng He pour profiter de la protection offerte par les bâtiments militaires, mais aussi pour vendre leurs marchandises. Il paraît peu probable qu'un bateau tamoul ait fait seul le trajet d'Inde en Nouvelle-Zélande, en passant par l'Amérique du Sud.

1. B. Hilder, « *The Story of the Tamil Bell* », *The Journal of the Polynesian Society*, vol. 84, 1975.

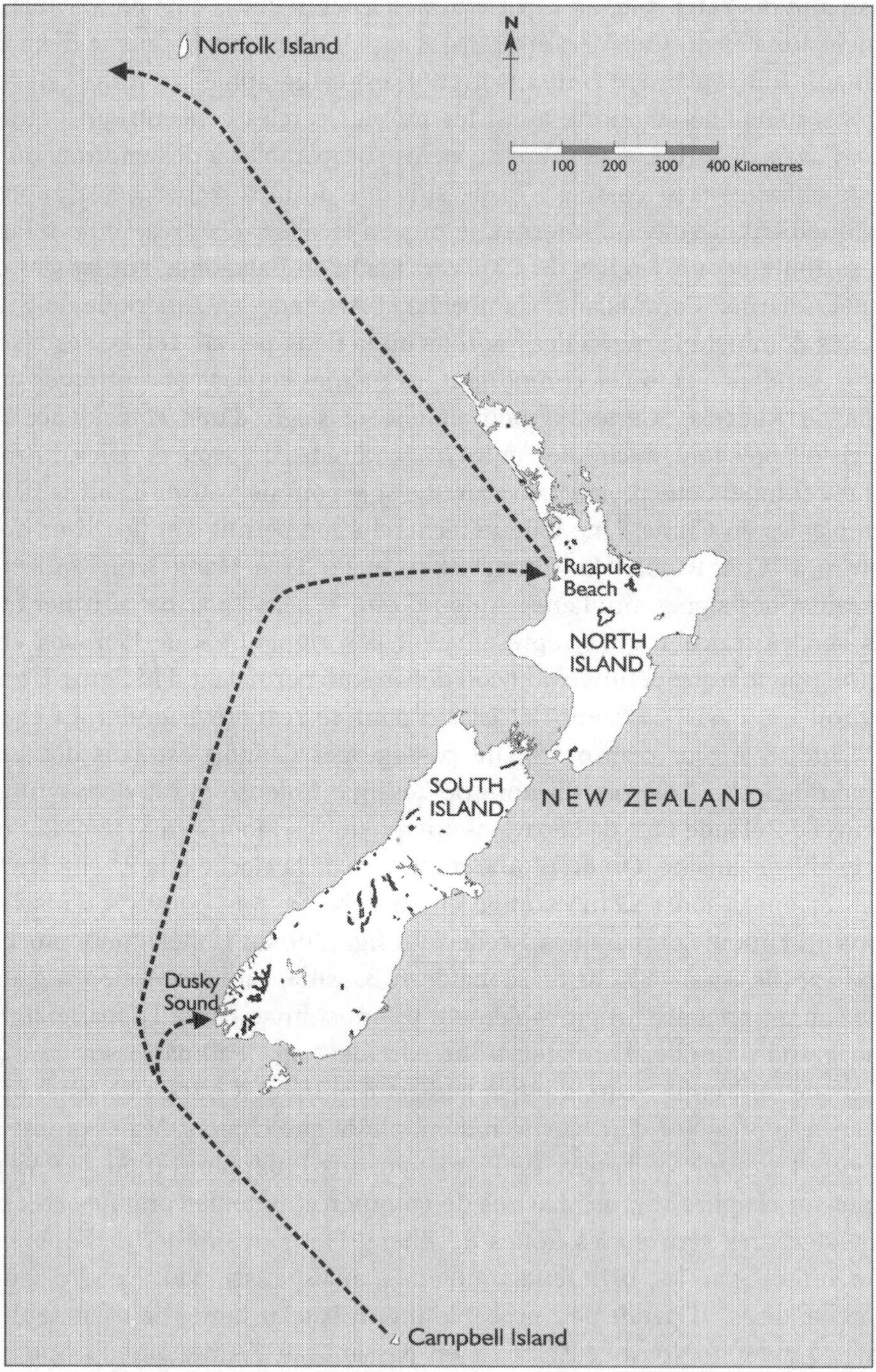

Trajet des navires chinois autour de la Nouvelle-Zélande.

À un peu plus d'un kilomètre de Ruapuke, croissait un grand arbre, qui fut abattu par une tempête. On trouva alors dans ses racines une magnifique figurine d'ophite représentant un canard. Il pourrait bien s'agir d'un ex-voto chinois, comme ceux qui furent découverts dans le Queensland et dans le Territoire du Nord australien, ou comme le lion découvert en Afrique orientale. Ce type d'offrande est propre à la Chine méridionale. Bien qu'il y ait d'autres indices clairs d'une présence chinoise en Australie, j'admets que ces ex-voto, à eux seuls, ne sauraient attester un passage de l'armada : ils auraient pu être apportés par des marchands. Cependant, l'ensemble des éléments que nous venons d'évoquer, l'épave, la cloche, la stèle et la petite sculpture m'ont conduit à penser que le bateau qui a sombré à Ruapeke devait être un navire tamoul accompagnant la flotte chinoise.

À cet ensemble, il faut ajouter un autre objet votif, découvert sur les rives du fleuve Waikato, à quelque cinquante kilomètres au nord de Ruapuke. C'est Elsdon Best, éminent historien et conservateur du Dominion Museum de Hamilton, qui trouva cette petite figurine :

> [Elle fut] découverte dans des circonstances intéressantes et singulières, à Mauku, près d'Aukland. Cette zone était restée inhabitée depuis l'arrivée des Européens jusqu'à l'installation, il y a vingt ans, d'employés de ferme. Le terrain n'avait néanmoins jamais été labouré. En des temps pré-européens, cependant, des indigènes l'occupaient, comme en témoignent des vestiges de campements [...]. Cette figurine est d'un style et d'une fabrication indubitablement orientaux [...] elle présente cet aspect grotesque typique du style oriental, avec un couvre-chef qui évoque un turban et un vêtement ample aux manches larges [...]. Au total, ce personnage de Tartare au nez camus constitue une découverte intéressante si l'on en prend en considération les circonstances[1].

Les flottes chinoises ne cessaient de perdre des navires à chaque escale, ce pourcentage de pertes resta constant pendant tous leurs périples à travers le monde : des 107 vaisseaux-trésors qui avaient quitté la Chine, seule une poignée devait revenir en 1423. Comme s'en plaignirent amèrement les mandarins : « Les morts qu'elles causèrent se comptaient par myriades. » Ces chiffres énormes peuvent corroborer l'hypothèse que ces épaves, comme celle de Ruapuke, sont celles de navires appartenant à l'armada.

Si le « navire de Ruapuke » était bien un vaisseau-trésor chinois, les légendes locales devaient en garder une trace, comme c'était le cas en

1. Elsdon Best, « *Notes on a Curious Steatite Figurine Found at Mauku, Aukland* », dans *NZ Journal of Science and Technology*, vol. 2, 1919, p. 77.

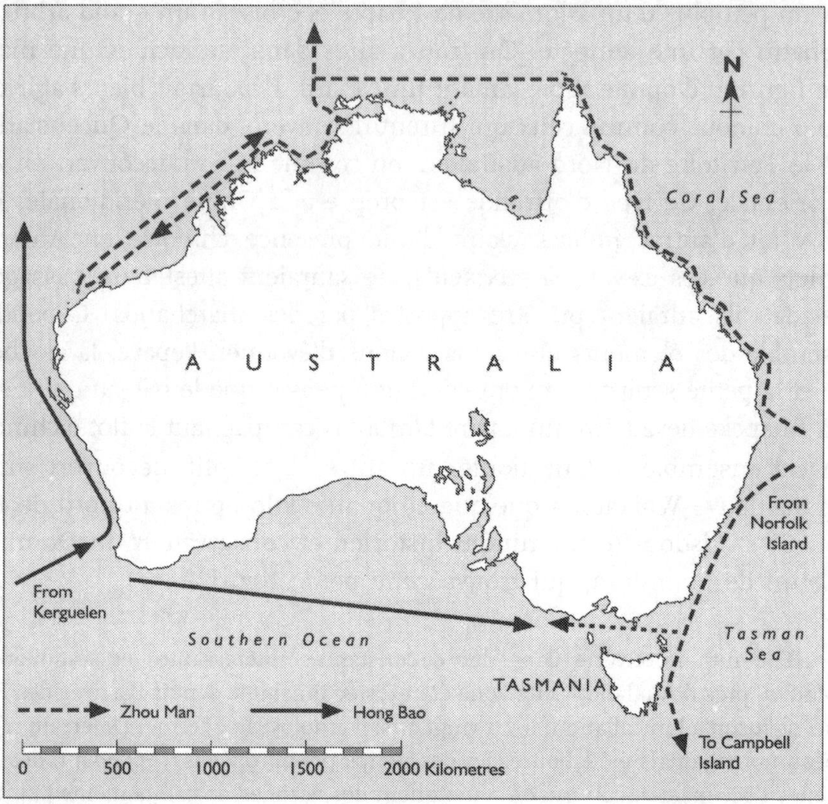

Itinéraire des flottes de Hong Bao et Zhou Man autour de l'Australie.

Amérique centrale et en Australie méridionale. En cherchant, je me rendis compte qu'il existait bien une légende comparable chez les Maoris de la région. Ils nommaient *patupaiarehe* les étrangers qui s'étaient installés parmi eux. Ce vocable désignait des êtres au teint pâle et aux pouvoirs presque surnaturels, et peut aussi s'interpréter comme « esprit ». Ils portaient des vêtements de tissu blanc et différaient des Maoris en ce qu'ils n'avaient pas de tatouages et portaient leurs enfants dans les bras. Certains épousèrent des femmes maories. Je pense que cette légende rend compte de faits réels et que les premiers colons qui s'installèrent en Nouvelle-Zélande ne furent pas européens, mais chinois. Depuis, des résultats d'analyses ADN, dont je fais état dans la postface, sont venus renforcer ma conviction.

CHAPITRE 8

La Grande Barrière de corail et les îles aux Épices

De retour dans la mer de Tasmanie, ce qui restait de la flotte de Zhou Man fut emporté par un courant circulaire qui le propulsa de nouveau vers les côtes australiennes. La forme de la côte sud-est et la position de l'île Campbell sur la carte Rotz, de même que les épaves retrouvées dans le sud-ouest et le nord-ouest de la Nouvelle-Zélande confirment que les jonques ont pu être entraînées par ce courant circulaire, qui tourne dans le sens inverse des aiguilles d'une montre. Le vent, qu'elles devaient garder d'arrière, les poussa à leur seconde escale australienne, juste au nord de Brisbane. En estimant leur vitesse moyenne à 4,8 nœuds, probablement réduite à 3,8 par les courants et les tempêtes, les jonques ont dû mettre au moins dix semaines à descendre jusqu'à l'île de Campbell, avant de rallier à nouveau l'Australie.

C'est avec une précision stupéfiante que la carte Rotz représente la côte australienne aux alentours de Brisbane, et ce n'est pas la seule carte d'Australie qui ait été dessinée par des membres de l'école de Dieppe, plusieurs siècles avant l'arrivée des Européens. La carte Dauphin de 1536, celle de Desliens (1551) et celle de Desceliers (1553) donnent des descriptions pratiquement identiques du continent. Il y a vingt ans eut lieu une exposition des cartes de l'école de Dieppe. Les visiteurs furent ébahis : « Regarde, c'est Brisbane ! Regarde, Stradbroke Island, Moreton Island. Pine River, Heads et juste en face, Fraser Island. Et voilà le lagon de Surfers Paradise[1]. »

1. K. G. McIntyre, *The Secret Discovery of Australia*, Souvenir, 1977 ; et « *Early European Exploration of Australia* », article non publié, p. 11.

Moi-même, je fus stupéfié par l'exactitude de cette représentation. Pour effectuer des relevés aussi précis, les flottes devaient avoir passé longtemps sur la côte orientale de l'Australie, au large du Queensland et de la Nouvelle-Galles-du-Sud actuels. Cela pouvait aisément s'expliquer par la richesse en minéraux de cette région.

Peut-être les ingénieurs des mines qui voyageaient avec les flottes étaient-ils les scientifiques les plus précieux aux yeux des amiraux. À cette époque, la Chine et l'Inde représentaient à elles seules la moitié des richesses mondiales[1] et les ingénieurs indiens étaient très en avance sur leurs rivaux. Ils avaient trouvé des gisements d'or et d'argent en Afrique orientale, qui stimulèrent le commerce des matières premières vers l'ouest, à travers l'océan Indien. Ingénieurs et métallurgistes indiens faisaient partie des grandes flottes d'exploration, mais les Chinois, eux aussi, avaient une expérience séculaire de la géologie, de l'extraction et du travail des minerais. Comme l'affirment des archives chinoises bien plus anciennes[2], les expéditions chinoises comprenaient des prospecteurs qui s'occupaient d'ouvrir des mines et les navires s'en retournaient avec métaux et pierres précieuses dans leurs cales, mais on laissait aussi sur place des colons chargés d'exploiter, sur le long terme, les ressources découvertes lors des voyages.

Dès le premier siècle av. J.-C., les savants chinois avaient établi une classification des métaux en différents groupes[3] : ils savaient distinguer chlorures, sulfures et nitrates, et les exploiter. Ils utilisaient ainsi le sulfure mercurique pour la fabrication des encres et des peintures rouges, la stéatite comme enduit pour les papiers et le salpêtre (ou nitrate de potassium) pour faire sécher les peaux, qui étaient alors traitées au chlorure d'ammonium, puis teintes au sulfure de fer.

Tout aussi doués en matière de prospection géologique, ils savaient détecter minerais et métaux grâce à des relevés magnétiques, ou en mesu-

1. 29 % pour la Chine et 16 % pour l'Inde, selon Angus Maddison, *Class Structure and Economic Growth in India and Pakistan since the Moghuls*, Allen & Unwin, 1971.

2. Il s'agit des archives consultées par Ricci et les premiers jésuites qui arrivèrent en Chine, le *Chui Hiao* (ou « Atlas des pays étrangers »), des rouleaux datant du VIe siècle, qui indiquent d'énormes expéditions à destination de l'Australie, et du *Classique de Shan Hai Jing*. Rex Gilroy, *Pyramids in the Pacific*, Gympie, Australie, 1999.

3. Le premier groupe comprenait salpêtre, cuivre, carbonates, hématites, quartz, alun et cinabre ; le second était composé des sulfures, mercure, feldspath, sulfate de cuivre, magnétite, azurite et réalgar. Le troisième comprenait stalagmites, fer, oxydes de fer, carbonate de plomb, tétroxyde de plomb, étain, agates et terre savonneuse. Voir J. Needham, *Science and Civilization in China*, vol. 3, sec. 25, Cambridge U. P., Cambridge, 1954, p. 643.

rant l'onde de choc provoquée par une détonation, ou encore rien qu'en examinant la configuration du terrain. Ils connaissaient aussi les liens qui unissaient les différents métaux et minerais qu'ils recherchaient : la néphrite, par exemple, voisine souvent avec le cuivre. Il existait même des dictons indiquant ce genre d'associations : « Cinabre au-dessus, or au-dessous ; magnétite au-dessus, or et cuivre au-dessous[1]. » De la même façon, le fer était associé à l'hématite en surface, le sulfure et le sulfure de fer signalaient la présence d'alun. Les chimistes chinois avaient aussi remarqué que certaines plantes prospèrent dans les sols riches en certains minéraux, où elles changent même de goût et de couleur. Certains oignons signalaient la présence d'argent ; les échalotes, celle d'or ; le gingembre, celle de cuivre et d'étain. Il fallut attendre le XVIIIe siècle pour que les scientifiques européens comprennent ce que les Chinois savaient depuis des centaines d'années : certaines plantes peuvent effectivement signaler la présence d'or et d'autres métaux[2].

Le fait que l'Australie figure sur la carte Rotz et les épaves et objets d'art chinois retrouvés en abondance sur ce continent suggèrent que, par hasard ou même à dessein, les grandes flottes chinoises y avaient découvert l'emplacement de veines minérales parmi les plus riches au monde. Et les Chinois les avaient découvertes en emmenant avec eux des chevaux. Ils accordaient une attention toute particulière à la sélection de leurs chevaux. Leurs préférés restaient les célèbres « chevaux sanglants » du Tadjikistan, ainsi nommés car ils étaient censés exhaler une sueur de sang (les marques rouges qui apparaissaient sur leur robe étaient en fait dues à un parasite). Élevés dans les hautes vallées du Tian Shan, dans les Montagnes célestes, ils galopaient en liberté dans les forêts de noyers qui en couvraient les versants. Incroyablement rapides, mais aussi robustes, ils étaient assez résistants pour se frayer un chemin dans la neige et survivre dans les conditions climatiques les plus extrêmes. Zhu Di en fit importer des millions au cours de son règne, faisant peser une telle pression sur les finances impériales qu'il dut instituer un bureau spécial chargé des échanges « thé contre chevaux », pour réduire les paiements en argent.

Les flottes chinoises transportaient des milliers de chevaux pour la cavalerie, dans des navires spéciaux. On les nourrissait de riz broyé et bouilli, régime qui exigeait environ trois litres d'eau par cheval et par jour. Nous avons aujourd'hui des preuves que les Chinois les firent descendre à

1. *Ibidem*, p. 653 *sq*.
2. Warren, Delavault, Hawksworth *et al.*, *ibid.*, p. 678.

terre. Il n'y avait pas de chevaux, à cette époque en Australie, mais on en voit de magnifiques sur la carte de Vallard, autre cartographe de l'école de Dieppe, même s'il n'en apparaît aucun sur la carte Rotz. On pouvait trouver de bonnes prairies aux alentours de Sydney, d'où partait un chemin très praticable, permettant de remonter les vallées du Nepean et du Hawkesbury. Dans un rayon de deux cents kilomètres autour de Sydney, on trouve une énorme variété de minéraux, y compris de l'or, de l'argent, des pierres précieuses, du charbon et du fer. Plus loin sur la côte, aux environ de Newcastle, que l'on identifie également très bien sur la carte Rotz, on trouvait une gamme tout aussi spectaculaire de ressources. À une semaine de cheval de la côte, il y a des gisements de diamants, de saphirs, et d'une grande quantité d'autres minéraux.

Comme leurs homologues modernes, les géologues chinois et indiens de Zhou Man ont dû avoir l'impression d'arriver dans un paradis minéral. Nombre de ces minerais pouvaient directement servir à la flotte : l'alliage du cuivre et du zinc donnait de l'étain et le mélange du salpêtre avec le soufre et le charbon produisait de la poudre à canon. L'arsenic, toxique, utilisé pour repousser les insectes, accélérait aussi la croissance des vers à soie. Une peinture blanche contenant du plomb et du cuivre empêchait la corruption du bois des coques. On trouvait du kaolin pour les céramiques tandis que les oxydes de cobalt, de cuivre et de plomb étaient utilisés pour les peintures et vernis. L'alun, particulièrement utile pour assouplir les peaux, servait aussi à rendre l'eau potable et il était apprécié pour ses propriétés astringentes. Depuis le VIe siècle av. J.-C., on utilisait l'amiante pour ignifuger d'autres matériaux : « Quand l'empereur Mu, de la dynastie Zhou, envoya une expédition vers les peuples de l'ouest [...] on nettoya des tissus ignifugés en les jetant dans le feu. [...] Lorsqu'on les sortit des flammes et qu'on les secoua, ils devinrent blancs comme neige[1]. » Dans ces régions, des légendes aborigènes mentionnent des étrangers venus ouvrir des mines et portant des « vêtements de pierre[2] ».

On trouve d'autres témoignages dans les récits des missionnaires franciscains du XVIe siècle, qui parlent des expéditions chinoises en Australie, consignées sur des rouleaux de cuivre (à partir du VIe siècle) et de cartes du continent australien[3]. Ces archives anciennes, qui ont depuis disparu, mentionnaient de vastes expéditions impliquant d'immenses flottes de

1. *Ibid.*, p. 653 *sq.*
2. Je dois cette information à Brett Green, dont la famille a consigné les chansons et légendes aborigènes de cette côte. Voir Brett J. Green, *The Gympie Pyramid Story*, Gympie, Australie, 1998 ; et Gilroy, *op. cit.*
3. Needham, *op. cit.*

soixante à cent navires, transportant chacun plusieurs centaines d'hommes et visant à rapporter des métaux.

Épaves, bâtiments de pierre sur les côtes, bas-reliefs et peintures aborigènes représentant des étrangers en longues robes, ex-voto sculptés, autant de signes d'une présence chinoise dans les régions minières australiennes de la Nouvelle-Galles-du-Sud. On y a également retrouvé, sur la plage de Milton, en 1983, une magnifique tête sculptée de la déesse Ma Tsu, protectrice des marins. Elle se trouve aujourd'hui au musée d'histoire naturelle Kedumba, à Katoomba. Dans chacun des navires de Zheng He, une cabine lui était dédiée. Néanmoins, c'est de la région minière de Gympie, à deux heures de voiture de Brisbane, que proviennent les preuves directes les plus convaincantes de multiples visites des Chinois en Australie. En 1422, il existait un passage maritime entre Gympie et Tin Can Bay, passage qu'emprunta, selon une légende aborigène, une race de « héros de culture », sur des navires « ressemblant à des oiseaux ». Ils revinrent ensuite à leurs navires en transportant des pierres[1].

Dans la région, ces mystérieux étrangers construisirent des pyramides tronquées, dont l'une fut découverte puis photographiée par un chercheur local, Rex Gilroy, en 1975. Aujourd'hui, elle a malheureusement souffert du vandalisme, mais elle est construite de blocs de granite et atteint une trentaine de mètres de haut. Elle présente la même structure à degrés que d'autres pyramides, que j'avais moi-même vues en Amérique du Sud, de l'autre côté du Pacifique. M. Gilroy raconte que les habitants de la région ont découvert des mines à ciel ouvert de cuivre, d'étain et d'or datant d'avant l'arrivée des Européens et il trouva lui-même un tuyau ancien, ressemblant à ceux qui étaient utilisés pour amalgamer l'or à l'aide de mercure. À environ un kilomètre de la pyramide de Gympie, à proximité d'une vieille mine d'or à ciel ouvert, on a retrouvé des fourneaux contenant des nodules de métal fondu.

Jusqu'en 1920, Gympie demeura le plus grand et le plus riche terrain aurifère du Queensland. On a retrouvé dans la région de nombreux autres objets, notamment deux magnifiques ex-voto hindous particulièrement intéressants : le premier représente le dieu éléphant, Ganesh, en granite beige, et l'autre, Hanuman, le dieu singe, en terre de fer agglomérée. Ces deux divinités sont très importantes dans le sud de l'Inde, d'où partit la flotte et où embarquèrent prêtres, ingénieurs des mines et géologues indiens.

---

1. Gilroy, *op. cit.* ; et Green, *op. cit.*

Le Gold Museum de Gympie expose encore deux autres animaux sculptés, tout aussi fascinants. Le « singe de Gympie », exhumé en 1966, possède une tête bien plus grande que celle d'un homme. Il a perdu son museau, mais une photographie du second animal (aujourd'hui disparu), montre le nez et la gueule d'une bête qui ressemble énormément à un mylodon[1].

Soit au hasard soit de façon plus systématique, les Chinois transportaient d'un continent à l'autre les animaux des régions qu'ils exploraient : girafes, autruches, et rhinocéros d'Afrique en Chine, volailles asiatiques et chiens chinois en Amérique du Sud, sur les îles du Pacifique et jusqu'en Nouvelle-Zélande, kangourous australiens en Chine et otaries chinoises en Nouvelle-Zélande. Il se pourrait bien que les Chinois aient capturé un bon nombre de mylodons en Patagonie et qu'ils les aient emmenés. Un couple a pu s'échapper en Nouvelle-Zélande et un autre est arrivé en Chine. Peut-être les sculpteurs chinois ont-ils souhaité immortaliser ces étranges créatures avant de les oublier. Un siècle plus tard, l'arrivée d'espèces animales du Nouveau Monde dans les cours européennes devait aussi faire sensation.

Les chercheurs australiens se sont beaucoup interrogés sur la fonction de la pyramide de Gympie, mais sa taille, sa forme et sa hauteur sont typiques des observatoires de l'époque Ming et il eût été parfaitement logique pour les Chinois d'en construire un afin de déterminer avec précision la position géographique des ressources minières exceptionnelles qu'ils avaient découvertes et de permettre à d'autres flottes de revenir sur les lieux.

Lorsque Zhou Man reprit son voyage, la flotte fit voile vers le nord, longeant la Grande Barrière de corail, très exactement représentée sur la carte Rotz. La Barrière elle-même, mais aussi les îles qui se trouvent de part et d'autre, y figurent à leur latitude exacte, et l'on peut aisément les identifier sur une distance de plus de mille milles nautiques. Cependant, la carte Rotz montre que les calculs de longitude effectués par les Chinois pendant leur retour de l'île Campbell, où ils avaient localisé Canopus, sont erronés d'une vingtaine de degrés. Pourquoi diable pensaient-ils être à 1 800 milles à l'ouest de l'endroit où ils se trouvaient vraiment ? Bien sûr, le courant antarctique, qui les avait portés pendant dix semaines, fournissait la réponse à cette question. La masse d'eau où ils naviguaient se

1. Green, *op. cit.*

dirigeait elle-même vers l'est et l'amiral Zhou Man ne disposait encore d'aucune méthode fiable pour calculer les longitudes.

Je me rendis alors compte que, sur la carte Rotz, il fallait déplacer la côte australienne où était revenue la flotte chinoise de 1 800 milles vers l'est. Le résultat fut époustouflant : j'avais devant moi une carte exacte de l'Australie. Ce cartographe avait effectué un travail vraiment remarquable, et il n'avait commis qu'une seule erreur : la longitude, qu'il n'avait aucun moyen de calculer. Deux cent quarante-sept ans avant le capitaine Cook, il avait dessiné la côte orientale australienne et la Grande Barrière de corail avec une précision exceptionnelle. Je corrigeai ensuite la côte méridionale de la Nouvelle-Galles-du-Sud et de la Tasmanie en enlevant le relevé des glaces et j'obtins instantanément une carte identifiable au premier coup d'œil.

Cook fut très impressionné par la taille et la forme de la Grande Barrière, genre de structure « à peine connu en Europe. C'est un mur de corail qui se dresse, presque perpendiculaire au fond de l'océan[1]. » Pour tout marin, la perspective de naviguer à proximité d'une barrière de corail aiguisée comme un couteau reste alarmante, surtout de nuit ou par temps de visibilité réduite, quand seul le bruit des vagues se brisant sur les coraux indique leur présence. Lorsqu'un bateau percute une barrière de corail, la coque est transpercée et il est extrêmement difficile de le dégager sans le réduire en morceaux. Je ne connais que trop bien ces dangers, pour avoir moi-même emmené mon sous-marin, le *Rorqual*, à l'intérieur de la Grande Barrière de corail, et je disposais de cartes extrêmement précises. Ce devait être un véritable cauchemar que de voyager sans carte dans ces eaux coralliennes : la nuit, pas une lueur sur la côte, et le jour, rien qu'un ruban ininterrompu de jungle d'un gris verdâtre, comme si aucun homme n'avait jamais pénétré ces régions magnifiques mais inhospitalières. La Grande Barrière de corail s'étend sur plus de 1 500 milles, d'Hickson Bay au sud de Brisbane, au cap York, dans le nord. Il s'en fallut de peu que le navire du capitaine Cook ne sombre après l'avoir percutée et il disposait, comme moi, d'une carte précise. Il serait inimaginable que la flotte de Zhou Man ait pu trouver un passage dans ces mers inexplorées sans subir de sérieux dommages ni même de graves pertes, d'hommes et de navires. C'était un exploit extraordinaire que d'avoir surmonté ces obstacles.

---

1. A. Grenfell Pike (éd.), *The Explorations of Captain James Cook in the Pacific*, Limited Editions Club, New York, 1957, p. 77.

La carte Rotz montre les îles qui se trouvent entre la barrière et la côte et d'autres îles encore, la Grande Barrière de corail, et d'autres îles, encore au-delà. Une fois à l'intérieur de la Grande Barrière, il est souvent impossible de la dépasser. Je me souviens très bien d'avoir éprouvé, dans mon sous-marin, le sentiment d'être cerné, et je me rappelle le soulagement qui fut le mien lorsque nous sortîmes enfin de cet étroit corridor, à la latitude de Brisbane, là où s'arrête la Grande Barrière. L'abondance des détails figurant sur la carte Rotz indique que plusieurs navires ont dû œuvrer à son levé topographique. Ils ont dû remonter la Grande Barrière en parallèle, certains en deçà, d'autres au-delà, dans l'océan. Selon mes estimations, il devait y en avoir au moins six, peut-être même une dizaine ou plus, pour collecter autant d'informations.

La carte Rotz est particulièrement précise au niveau de Cooktown, à l'intérieur comme à l'extérieur de la Grande Barrière, ce qui indique que les Chinois ont dû y passer plus de temps. Le capitaine Cook utilisa, lui aussi, des cartes de l'école de Dieppe pour se rendre à Cooktown, où il mit l'ancre, après que son navire, l'*Endeavour*, eut heurté un récif corallien, récif qui figurait également sur des cartes anciennes. La masse de détails et la précision de cette portion de la carte Rotz pourraient suggérer que les Chinois avaient dû y faire halte, eux aussi, pour les mêmes raisons.

La Grande Barrière s'arrête brutalement, au nord de la péninsule du cap York et, avec elle, prend fin la cauchemar du marin. Les jonques qui avaient survécu à cette épreuve (et l'armada connut sans doute de nombreuses pertes) pouvaient enfin faire voile vers le nord-ouest, vers la Chine. Quel dut être le soulagement des amiraux et des marins quand leurs navires dépassèrent le cap York, à l'extrémité nord de l'Australie, et les îles qui le bordent à l'ouest. Ils entrèrent alors dans le détroit de Torres, qui sépare l'Australie de la Nouvelle-Guinée. Le courant d'est les emporta vers l'ouest à travers le golfe de Carpentarie, qui apparaît également sur la carte Rotz, plus étroit qu'il ne devrait l'être. Là encore, les Chinois sous-estimèrent la distance qu'ils parcouraient car la masse d'eau sur laquelle ils naviguaient se déplaçait elle aussi vers l'ouest[1]. (Après la première édition de mon ouvrage, on me signala que, sur les cartes de Zheng He, figuraient la Grande Barrière de corail et le nord de l'Australie.)

1. D'autres cartographes de l'école de Dieppe dépeignent ce golfe différemment : Desliens le montre aussi plus étroit qu'il n'est, alors que Desceliers lui donne à peu près ses dimensions exactes, ce qui tend à indiquer que les cartographes de Dieppe utilisaient plus d'une carte portugaise (une note de la carte Piri Reis mentionne d'ailleurs quatre mappemondes).

Dans le volume qu'il offrit à Henri VIII d'Angleterre, Jean Rotz inclut une autre carte dépeignant plus en détail cette région d'Australie, sur une plus grande échelle. Il y avait représenté l'île mineure de Java, que les Chinois nommaient « Petite Java », séparée de l'île majeure par un étroit bras de mer, bien que certains de ses contemporains, cartographes de l'école de Dieppe, aient figuré un fleuve à cet endroit. Il s'agissait de déterminer qui avait raison. En comparant la carte Rotz avec une carte moderne, je compris que ce bras de mer correspondait au fleuve Victoria, à l'ouest, et au Roper, à l'est, situés à la même latitude. La « Petite Java » de la carte Rotz est en fait la terre d'Arnhem, qui fait partie du continent australien : on y reconnaît très bien ses contours nord-est.

Sur cette carte plus détaillée de Rotz, figuraient également des commentaires et descriptions en portugais médiéval. On reconnaît aisément les noms qu'ils mentionnent et tous correspondent à des réalités géographiques encore actuelles. *Canal de sonda*, soit « étroit gué marin » en portugais médiéval, signale l'endroit où se trouvent les îles Melville et Bathurst dans le long détroit d'Apsley. La notation *Aguada dillim*, soit « chenal menant à une mer intérieure », correspond au détroit de Dundas, qui mène effectivement au golfe de Van Diemen. *Agarsim*, que l'on pourrait traduire par « il y a bien ici de l'eau », figure à côté du plan d'eau de Yellow Water, situé dans l'actuel parc national de Kakadu, que l'Unesco a classé « milieu humide d'importance internationale ». *Nungrania* signifie « sans terres cultivables » et, en effet, il n'y en a pas à cet endroit. Quant à l'inscription *lingrania*, qui veut dire « limettier », elle signale bien une région où pousse encore cet arbre. La péninsule de Gove, à la pointe est de la terre d'Arnhem, est désignée comme *finjava* ou « pointe de Java ». Une seule inscription restait surprenante : *chumbao*, soit « plomb ».

La côte occidentale de la terre d'Arnhem était dessinée avec grande précision et Rotz montrait les traits caractéristiques de cette côte à leur latitude exacte, jusqu'à 10° de latitude sud, au-delà de la pointe nord de l'Australie. Il figurait aussi une masse de harpons à travers la baie de Trépang, qui tient son nom du concombre de mer, dont elle constitue justement le plus important centre de pêche. Les premières cartes chinoises de l'Australie furent dessinées plusieurs siècles avant les cartes européennes, par des pêcheurs, et aujourd'hui encore, les navires de pêche chinois sillonnent cette partie de la côte, à la recherche des fameux concombres de mer, fort prisés en Asie. Toutes ces informations, d'une remarquable précision, étaient antérieures de plus de deux siècles à l'arrivée des premiers Européens en Australie. La carte Rotz montre aussi certains détails à l'intérieur des terres, comme le fleuve Finniss frayant son chemin vers l'ouest, et des arbres que l'on peut aisément identifier comme des eucalyptus et des pins, communs sur la terre d'Arnhem. Une falaise rocheuse figure également dans une zone correspondant à l'actuel plan d'eau d'Anbanbang, à Nourlangie, dans le parc national de Kakadu. Le premier cartographe avait dû la voir pour la dessiner avec tant de précision.

En étudiant la carte moderne de la terre d'Arnhem, je me rendis compte qu'elle levait le mystère du mot *chumbao* : on extrait encore aujourd'hui de grandes quantités de plomb des mines de Jabiru Ranger. C'est le dérivé naturel de l'uranium 235 dégradé. Bien sûr, cet uranium est hautement radioactif et le toucher ou l'ingérer représente un risque mortel. Or, les mines de Jabiru Ranger contiennent les plus grandes réserves au monde d'uranium 235. Sans comprendre à quel danger ils s'exposaient, les Chinois avaient dû extraire de l'uranium avec le minerai de plomb qu'ils recherchaient. Cela pourrait expliquer les énormes pertes humaines subies par la flotte de Zhou Man, car seul un dixième de ses effectifs, soit 900 hommes, revint en Chine en octobre 1423.

Pour découvrir cette veine de plomb, ils avaient dû pénétrer loin à l'intérieur des terres et, à cette époque, les Aborigènes considéraient déjà la terre d'Arnhem comme leur patrie spirituelle. Artistes habiles, ils réalisaient de magnifiques peintures rupestres, où j'espérais trouver les traces d'une visite chinoise. En 1838, George Grey, qui devait devenir gouverneur d'Australie méridionale, conduisit une expédition en terre d'Arnhem. Quand il pénétra, avec ses compagnons, dans un réseau de grottes situé à une trentaine de kilomètres en amont de l'embouchure du Glenelg, qui se jette dans la baie de Collier, ils découvrirent un ensemble de peintures. Parmi elles, se détachait la « figure d'un homme, haut de trois mètres, vêtu d'un habit rouge qui le couvrait du cou aux poignets et lui descendait jusqu'aux chevilles[1]. » La description du capitaine Grey concorde avec les peintures de Jucutacato (*cf.* chapitre 10), où les tribus mexicaines ont représenté leurs visiteurs chinois vêtus de ces mêmes robes rouges qui leur descendaient jusqu'aux chevilles. Sa découverte concorde également avec les légendes aborigènes qui racontent que, bien avant l'arrivée des Européens, des hommes à la peau dorée s'étaient installés dans le nord-est de la terre d'Arnhem. Ces hommes portaient de longues robes, et leurs femmes, des pantalons. Ils s'aventuraient loin à l'intérieur des terres pour rechercher des coquillages d'eau douce, du santal et

1. Gouverneur Grey, cité par McIntyre dans *Secret Discovery*, p. 79.

des écailles de tortue, cultivaient le riz et vivaient dans des maisons de pierre, à la différence des Aborigènes, dont les habitations étaient de bois. Ces femmes tissaient la soie, qu'elles teignaient avec des herbes locales.

On a découvert des ancres avec des pattes perpendiculaires à la verge, structure typiquement chinoise, sur la côte nord-est de la terre d'Arnhem, ainsi que de grandes quantités de tessons de céramique datant des dynasties Han (202 av. J-C-220) à Ming (1368-1644), à Port Bradshaw, sur la côte est du golfe de Carpentarie et sur le continent, là où courants et récifs rendent probable la présence d'épaves.

Même à cheval, les Chinois avaient dû mettre plusieurs mois à réaliser le levé topographique détaillé de la côte et de l'intérieur des terres que représente la carte Rotz. Ils avaient dû trouver, pour ce faire, un port sûr et abrité avec une source d'eau douce. J'espérais le localiser dans la zone la plus détaillée de la carte.

Le golfe de Beagle, au nord-ouest de la terre d'Arnhem, présente l'avantage d'un havre naturel, à Darwin, en son extrémité sud-ouest, et il était très exactement dessiné sur la carte. Là, sur une ravine désormais couverte portant le nom de Doctor's Gully, un hôtel se dresse aujourd'hui à l'ombre d'un magnifique figuier des Banyans. On ne voit donc plus le torrent qui, à l'époque, descendait la ravine et fournissait de l'eau douce. L'hôtel est un repaire de routards, amateurs de bière, ignorant totalement l'histoire du lieu.

Vers la fin du XIXe siècle, la figurine d'un dieu taoïste, Shu Lao, fut découverte sous le figuier. Elle fait actuellement partie des collections du Technological Museum de Sydney. Bien qu'elle fût très précieuse, il ne fait aucun doute qu'elle avait été enterrée à une grande profondeur, sous les racines de l'arbre. Datant, selon un spécialiste[1], du début de la période Ming (fin du XIVe siècle), elle représente la divinité assise sur une biche et tenant dans sa main droite une pêche, symbole de longévité. Shu Lao fait partie de la triade des divinités de longue vie du panthéon taoïste, religion qui, contrairement au bouddhisme et au confucianisme, est restée propre à la Chine sans jamais se répandre à l'étranger.

1. La période à laquelle remonte cette statuette a récemment fait l'objet d'une dispute d'experts. Le Pr Needham affirme que « cette statuette est de style Ming ou Ching précoce, on peut raisonnablement la considérer comme contemporaine de Cheng Ho », dans *Science and Civilization in China*, vol. 4, part. 3, 537. Il ajoute d'ailleurs « Wei Chu-Hsien (4), p. 99, est d'accord sur ce point », faisant référence à l'auteur de *The Chinese Discovery of Australia*, Hong Kong, 1960. Needham cite encore H. Doré, *Recherches sur les superstitions en Chine*, vol. 11, p. 966, et P. M. Worsley, « *Early Asian Contacts with Australia* » dans *Past and Present*, n° 7, 1955. L'actuel conservateur du Technological Museum de Sydney, où la statuette se trouve aujourd'hui, déclare, lui : « Nous préférons dater cet objet du début du XIXe siècle. »

En outre, le figuier des Banyans n'est pas une espèce endémique australienne. Il a donc dû être introduit de l'extérieur. Or l'arbre dont nous parlons était déjà vieux de plusieurs centaines d'années lorsqu'on a découvert la figurine dans ses racines, il y a un siècle. En Chine du Sud et en Birmanie, on construisait souvent des autels entre les larges racines de grands arbres, comme les figuiers des Banyans, qui sont considérés comme sacrés par le bouddhisme theravada. On peut être quasiment certain que ce sont les Chinois qui construisirent là une châsse il y a plusieurs siècles : sa position, son emplacement topographique rappellent fortement celui de la figurine de Ruapeke, en Nouvelle-Zélande. Il est toujours possible, en théorie, que ces deux petits lieux de culte aient été l'œuvre d'équipages pêcheurs chinois à la recherche de concombres de mer. Mais la probabilité reste très faible : aucun bateau de pêche n'aurait emporté de statuettes d'une telle valeur, représentant pour un marin le salaire de toute une vie de labeur. Il est bien plus probable qu'elles ont appartenu à un Chinois fortuné, riche capitaine ou amiral d'une flotte. L'explication la plus plausible de la présence de cette figurine reste que les navires de Zhou Man aient fait du havre naturel de Darwin leur base australienne et que les Chinois y aient installé un petit lieu de culte pour remercier la divinité de longévité de leur avoir accordé de survivre à tant d'épreuves.

Je suis très tenté de croire le Vénitien Niccolò de' Conti lorsqu'il raconte au Pogge, secrétaire papal, qu'il a débarqué sur la « Grande Java » avec les jonques chinoises, et qu'il y a passé neuf mois avec eux, en compagnie de son épouse. Peut-être faisait-elle partie de ces femmes en pantalon qu'évoquent les légendes aborigènes.

Ce n'est donc pas en se lançant à l'aventure dans le Grand Inconnu du globe terrestre que les Européens parvinrent en Australie. La carte Dauphin, provenant, elle aussi, de l'école de Dieppe, et presque identique à la carte Rotz, tomba aux mains d'Edmund Harley, duc d'Oxford et premier lord de l'amirauté, vers le milieu du XVIIIe siècle. Cette carte à laquelle il donna son nom fut ensuite acquise par Joseph Banks, un jeune scientifique qui devait faire partie de l'expédition Cook. Au moment où ce dernier fit voile, les autorités britanniques disposaient donc des deux cartes, Harley et Rotz, puisque cette dernière appartenait alors à l'amirauté. Celle-ci avait d'ailleurs donné à Cook l'ordre de chercher à une latitude inférieure à 40° sud, latitude que ces deux cartes assignent à l'Australie, et où elle avait « de bonnes raisons[1] » de penser que se trouvait le continent aus-

1. Instructions de l'Amirauté britannique à Cook, voir Cook, *op. cit.*

tral. L'amirauté avait en effet de très bonnes raisons de le penser, c'est le moins que l'on puisse dire : elle disposait déjà de deux cartes où figurait l'Australie.

En quittant l'Australie, les navires de Zhou Man, comme ceux de Hong Bao qui les y avaient précédés, disposaient encore de leur cargaison de porcelaines et de soieries, mais les fameuses îles aux Épices se trouvaient sur le chemin de leur retour au pays et, en Chine, ces épices restaient des marchandises inestimables. Même réduite à quelques vaisseaux, la flotte devait encore transporter plusieurs milliers de tonnes de céramique et, en passant par les îles aux Épices, Zhou Man aurait au moins l'occasion de les échanger contre des marchandises de valeur, comme les noix de muscade, le poivre et les clous de girofle.

Si la carte Rotz était fondée sur une carte antérieure dessinée par les hommes de Zhou Man, alors elle devait montrer les îles aux Épices. C'était bien le cas. Ambon, alors port de commerce des deux îles de Ternate et Tidore (si minuscules que l'on peut en faire le tour en deux jours de marche), y est indiqué en rouge, couleur qui signale son importance. Au Moyen Âge, Ternate et Tidore constituaient le centre du commerce des épices, c'étaient de loin les îles les plus productives. Légendaires, elles attisèrent les convoitises pendant des siècles, car presque toutes les épices pouvaient y être cultivées en grandes quantités. Aujourd'hui encore, on peut les repérer au large, avant même de les voir, à leur odeur bien reconnaissable de clou de girofle.

Plus au nord, à 10° de latitude nord, la carte Rotz montre le détroit qui sépare les îles de Mindanao et de Leyte, dans l'archipel des Philippines, ce qui nous mène à la conclusion logique que le premier cartographe devait se trouver à bord d'un navire qui était passé entre ces deux îles. En adoptant une approche très concrète, je pouvais déterminer sous quel angle avaient été dessinées les îles aux Épices et les autres îles situées entre l'Australie et les Philippines, afin d'en déduire la route qu'avait suivie la flotte de Zhou Man. Tout au long de son chemin, l'amiral, qui voguait désormais dans des eaux calmes et ensoleillées, rencontrait de nombreuses occasions, non seulement d'obtenir des épices, mais aussi d'échanger sa porcelaine contre des batiks, des objets artisanaux, de l'eau douce, des fruits frais et de la viande.

Des quantités énormes de soieries et de porcelaines avaient alors dû servir à acheter épices et ravitaillement, mais en restait-il encore quelque trace ? Comment retrouver de telles preuves six cents ans plus tard ? Je

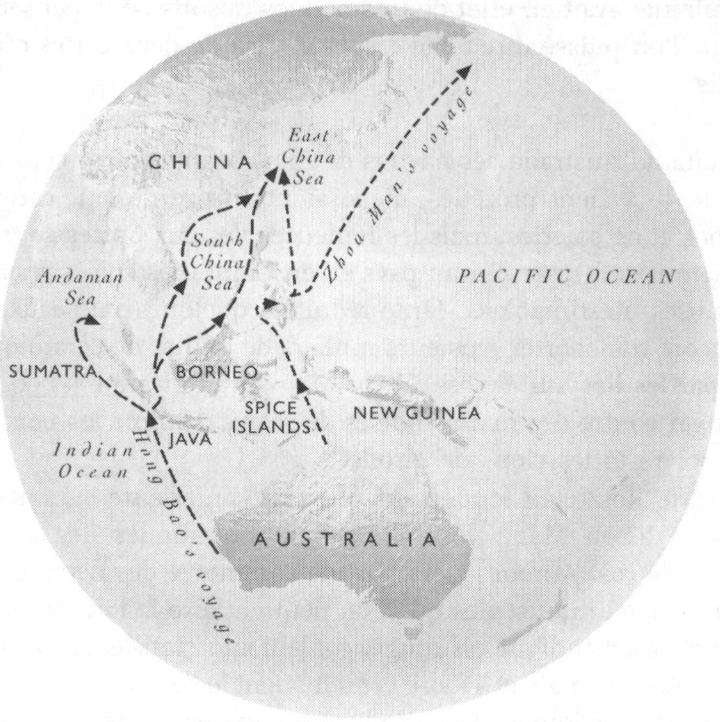

Trajet de retour de Hong Bao, et itinéraire suivi par Zhou Man à travers les îles aux Épices.

me demandai si Magellan avait, lui aussi, suivi cette route lors de son voyage de circumnavigation. Si oui, son journal pouvait jeter sur ce point quelque lumière. Lorsque je me rendis à la British Library pour consulter un exemplaire détaillé de la carte retraçant son parcours, je fus stupéfait de constater que son trajet se superposait parfaitement à ma reconstitution de la route de Zhou Man, mais que Magellan l'avait empruntée en sens inverse. Comme si tous deux avaient utilisé un même passage, figurant sur une même carte. La probabilité qu'il s'agisse là d'une coïncidence était minuscule. J'émis donc l'hypothèse que la carte dont disposait Magellan montrait la route suivie par Zhou Man.

Je découvris qu'en plus du journal de Pigafetta, la British Library possédait également le récit de voyage du pilote génois qui avait accompagné Magellan. Il raconte comment ce dernier jeta l'ancre aux Philippines et trouva le détroit entre Mindanao et Leyte qui figure sur la carte Rotz. Lorsqu'ils en sortirent, les navires de l'expédition abordèrent sur la première île qu'ils trouvèrent, Limasawa, où le roi vint saluer les étrangers. Pigafetta décrit le couple royal vêtu de soieries chinoises, dînant dans des porcelaines chinoises qui avaient été enterrées pendant cinquante ans pour les rendre plus précieuses encore. Les habitants possédaient dans leurs maisons des rideaux de soie et des ornements de porcelaine, et ils faisaient commerce avec une monnaie chinoise, notamment des pièces présentant un trou carré en leur centre. Cette description se répète d'île en île au fur et à mesure que le navire de Magellan progresse vers les îles aux Épices. Zhou Man avait dû vider là ses cales pleines de porcelaines lorsqu'il était passé un siècle auparavant.

Pigafetta, lui aussi, décrit la rencontre entre Magellan et le roi de Limasawa. Magellan « le conduisit au château d'arrière, et s'étant fait apporter la carte et la boussole, il lui expliqua, à l'aide de l'interprète, *comment il avait trouvé le détroit* pour venir dans la mer où nous étions, et combien de lunes il avait passé en mer *sans apercevoir la terre*. Le roi, étonné de tout ce qu'il venait de voir et d'entendre, prit congé du capitaine [...][1]. » Magellan lui montra donc une carte où figuraient déjà le détroit et les étendues désertes du Pacifique. Sebastian Alvarez, agent du roi d'Espagne, c'est-à-dire un marchand qui achetait et vendait pour le monarque en se réservant une commission, écrit aussi à son souverain : « Du cap Frio aux Moluques, sur tout ce trajet, il ne figure aucune terre sur la carte qu'ils [Magellan et ses hommes] ont emportée[2]. » Lorsque l'on considère tous ces témoignages dans leur ensemble, ils vont tous dans le même sens et ne laissent aucun doute à ce sujet : Magellan disposait bien d'une carte lorsqu'il se lança dans sa grande expédition de circumnavigation, une carte où figuraient non seulement le détroit auquel il donna son nom, mais aussi tout le Pacifique à la latitude de 52° S, et les étendues désertes de cet océan, jusqu'aux îles aux Épices, vers l'équateur. Il fallait bien que quelqu'un fût passé avant lui par le détroit de Magellan pour dessiner une telle carte, et qui d'autre que les Chinois, ces « hommes jaunes vêtus de longues robes[3] » ?

Le témoignage relatant la visite de Magellan aux Philippines confirmait encore le passage des Chinois entre 1421 et 1423 : ils y trouvèrent, lui et ses hommes, des porcelaines, des soieries et des pièces de monnaie chinoises

1. Antonio Pigafetta, *Premier voyage autour du monde par le Chevr. Pigafetta sur l'escadre de Magellan pendant les années 1519, 1520, 1521 et 1522*, H. J. Jansen (trad.), Paris, an IX, document original, p. 75. (C'est nous qui soulignons en italiques.)

2. Commandant A. W. Miller, Royal Navy, *The Straits of Magellan*, Griffin, Portsmouth, 1884, p. 7.

3. Don Luis Arias, lettre au roi d'Espagne, *ibidem*.

datant du règne de Zhu Di. Certes, il pourrait s'agir là des restes d'un commerce avec la Chine, antérieurs à l'expédition de Zhou Man, mais Magellan et son équipage en remarquèrent de grandes quantités, sur chacune des îles où ils passèrent. Il fallait manifestement que de gros volumes eussent été échangés, sans doute contre un volume tout aussi important d'autres marchandises, et en particulier de poivre, épice extrêmement recherchée. S'il en était ainsi, cet énorme volume de poivre devait apparaître dans les archives des entrepôts impériaux après le retour de la flotte en Chine, soit en octobre 1423.

En étudiant les quelques documents qui nous sont parvenus des archives de cette époque, je m'aperçus que mon raisonnement était rigoureusement exact : en 1424, il y avait tant de poivre dans les entrepôts impériaux que, lors de son avènement, le nouvel empereur Zhu Gaozhi donna l'ordre d'en distribuer la plus grande partie. « À chaque porte-enseigne, chaque intendant, chaque garde, un *catty* [cinq cents grammes] de poivre [...]. À chaque diplômé du premier degré et à chaque licencié, à chaque chef de district de la police, chaque gardien de prison, astronome et Dr, un *catty* [...]. À chaque habitant de Pékin et de ses environs, chaque prêtre bouddhiste et taoïste, chaque artisan, musicien et cuisinier de profession [...] un *catty*[1]. »

En 1423, il y avait à Pékin plus d'un million d'habitants et environ six cent mille personnes supplémentaires, si l'on compte la garde impériale et les familles des soldats. On dut leur distribuer plus de 1 500 tonnes de poivre. Quand l'expédition de Magellan revint en Europe, elle rapporta moins de 26 tonnes de poivre en état d'être écoulé sur le marché. Il fut néanmoins vendu dix mille fois plus cher qu'il n'avait été acheté sur les îles aux Épices, ce qui permit à l'expédition de dégager un bénéfice malgré ses pertes humaines et matérielles impressionnantes. Contrairement à ce qu'affirmaient les mandarins, les voyages des vaisseaux-trésors étaient bien susceptibles de rapporter des bénéfices sonnants et trébuchants, car le poivre qui arriva dans les entrepôts impériaux en 1423 représentait, sur le marché international, une somme absolument colossale.

Le journal de Pigafetta apporte encore d'autres éléments tendant à prouver que la flotte de Zhou Man s'était rendue d'Amérique aux îles aux Épices et aux Philippines : il décrit en effet le maïs qui poussait aux Philippines et qui fut embarqué par l'équipage de Magellan lors d'un ravitaillement. Nous l'avons vu, le maïs ne pousse pas uniquement en

1. John Merson, *Roads to Xanadu*, Weidenfeld and Nicolson, 1989, p. 75.

Amérique, mais c'est une espèce végétale qui doit être introduite par l'homme et ne peut se répandre toute seule. En outre, des archives qui nous sont parvenues affirment que les flottes de Zheng He rapportèrent du maïs en Chine. Non seulement les flottes avaient emporté porcelaine, soieries et pièces de monnaie chinoises, mais elles avaient aussi rapporté du poivre et transporté du maïs d'Amérique du Sud aux Philippines[1].

---

1. Sur le maïs trouvé aux Philippines, voir M. D. W. Jeffreys, « *Pre-columbian Maize in Asia* » dans Carroll Riley *et al.* (eds.), *Men across the Sea*, Université du Texas, 1971, p. 382 *sq.* ; voir aussi E. L. Sturtevant, « *Notes on Edible Plants* », New York State Department of Agriculture 27th Annual Report, 1919, p. 616 (« En 1521, Magellan trouva du maïs à Limasawa ») ; H. W. Krueger, « *Peoples of the Philippines* », Smithsonian Institution War Background Studies n° 4, Washington D. C., 1942, p. 23 (mentionne Pigafetta observant la culture du maïs à Limasawa) ; W. Richardson, *General Collection of Voyages and Discoveries Made by the Portuguese and Spaniards during the 15th and 16th Centuries*, 1789, p. 496 (« Les habitants de l'île invitèrent le Général à bord de leurs embarcations, qui étaient pleines de marchandises, soient clous de girofle [...] et maïs »). Voir encore C. O. Saver, « *Maize into Europe* » dans *Accounts 34th Int. Congr. Amer.*, Vienne, 1960, p. 777-788 (sur la traduction du *miglio* de Pigafetta par « maïs ») ; voir enfin le texte original de Pigafetta, *Primo Viggio intorno al Mondo*, version manuscrite de 1524 et ses traductions : version anglaise de 1906 dans *The Philippine Islands 1493-1893* de E. H. Blair et J. A. Robertson, p. 164 et 182 (« gâteaux de riz et de maïs », *riso et miglio*, sur l'île de Cebu) et p. 154 (« épis de blé indien [...] que l'on décortique »). [N.d.T. : version récente en français, *Relation du premier voyage autour du monde de Magellan : 1519-1522*, Antonio Pigafetta ; postface, notes et bibliographie par Léonce Peillard, Paris, Tallandier, 1999, d'après le manuscrit français 5650 de la BNF.] Voir enfin J. J. L. Duyvendak, *China's Discovery of Africa*, Probsthain, 1949, p. 32.

CHAPITRE 9

La première colonie aux Amériques

Bien qu'il fût désormais à moins de 1 000 milles nautiques des côtes chinoises, Zhou Man n'était pas arrivé au terme de son voyage, loin s'en faut. Il me fallait reprendre la trace de sa flotte alors qu'elle dépassait les Philippines pour atteindre de nouveaux territoires, encore inexplorés. Après avoir quitté les îles aux Épices avec sa précieuse cargaison, la route la plus simple que pouvait suivre la flotte pour rejoindre la Chine consistait à faire voile vers le nord, en passant à l'ouest de Mindoro, dans les Philippines. De là, le vent dominant d'été devait la pousser vers les côtes chinoises. Cependant, la façon dont ces îles sont dessinées sur la carte Rotz suggère que Zhou Man choisit de repartir vers l'est, en repassant au sud de l'île de Leyte pour rejoindre à nouveau le Pacifique[1]. Si l'on estime qu'il dut quitter Darwin à la fin de la mousson de sud-ouest, vers la fin avril, il a dû se retrouver dans le Pacifique au début du mois de juin. Je savais qu'il n'avait rallié Nankin que le 8 octobre 1423, sans ramener aucun ambassadeur étranger. Qu'avait-il bien pu faire, où avait-il bien pu se rendre pendant les quatre mois qu'il avait dû passer dans le Pacifique ?

Le Pacifique nord forme un système clos, de forme ovale, où les vents constants soufflent dans le sens des aiguilles d'une montre. En juin, c'est le vent du sud qui domine au large de Leyte. En outre, lorsque la flotte de Zhou Man déboucha à nouveau dans le Pacifique, elle dut être emportée par le courant Kuroshio, ou courant japonais, qui se dirige lui aussi vers le

1. 11° de latitude nord.

nord, avant d'obliquer vers l'est, toujours dans le sens des aiguilles d'une montre, vers l'Amérique du Nord. En fait, il suffisait à Zhou Man de déployer ses voiles au large de Leyte pour que les vents et les courants dominants l'emmènent à travers le Pacifique, vers l'actuel Canada. Le courant de Californie aurait alors pris le relais pour l'emporter vers le sud, tout au long de la côte, jusqu'à Panamá. De là, le courant nord-équatorial aurait ramené ses jonques vers les Philippines, à travers le Pacifique. Au total, ce trajet, tout au long duquel les navires furent poussés par les vents et les courants, représentait 16 000 milles nautiques. À la vitesse moyenne de 4,8 nœuds, il aurait pris précisément quatre mois, ce qui concordait avec la date de retour de Zhou Man à Nankin, en octobre. À ma grande surprise, comme nous le verrons plus tard, je devais découvrir que des escadres de navires avaient été détachées de la flotte pour aller fonder des colonies tout au long de la côte américaine, depuis la Californie jusqu'à l'Équateur.

Je commençai donc à chercher des indices montrant que la flotte de Zhou Man avait bien traversé le Pacifique pour atteindre les côtes américaines. Le premier Européen à s'être aventuré sur la côte ouest de l'Amérique du Nord fut Hernando de Alarcón, en 1540. Cette année-là, après avoir cherché gloire et fortune en Nouvelle-Espagne, il quitta Acapulco le 9 mai, à la tête d'une flotte qui devait assister l'expédition du conquistador Coronado au Nouveau-Mexique. Alarcón fit procéder au levé topographique de la presqu'île de Basse-Californie, puis des côtes californiennes elles-mêmes. Ni Christophe Colomb ni aucun autre explorateur européen n'était parvenu avant lui sur la côte ouest de l'Amérique du Nord. Toute carte antérieure à son voyage constituerait donc une preuve décisive du fait que les Européens n'avaient pas été les premiers à s'y rendre.

Or, c'est bien le cas de la carte Waldseemüller, mappemonde publiée en 1507, première carte où latitudes et longitudes soient rendues avec précision. Propriété, à l'origine, de Johannes Schöner, astronome et géographe à Nuremberg, on la crut longtemps perdue avant sa redécouverte en 1901, au château de Wolfegg, dans le sud de l'Allemagne. C'est là qu'elle demeura, dans une relative obscurité, jusqu'à ce que la bibliothèque du Congrès américaine la rachète à son propriétaire, le prince Johannes Waldburg-Wolfegg, pour la modique somme de 10 millions de dollars, en 2001, à grand renfort de publicité. Le cartographe qui dessina cette carte, Martin Waldseemüller, naquit en Allemagne vers 1470. Lorsqu'il mourut, en 1518, il était l'un des cosmographes les plus renommés de sa génération, alliant à l'étude de la géographie celle de l'astronomie. Le globe et les cartes qu'il réalisa en 1507, furent les premiers à désigner le nouveau continent sous le nom d'« Amérique », même si, pour une raison inconnue, cette mention ne figure pas sur sa mappemonde de 1516. Cette dernière, la *Carta Marina*, qui portait le sous-titre, en latin, de « Carte de Navigation Portugaise des terres et des océans connus », fut « la première et la seule version imprimée de cartes antérieures dont seuls disposaient les explorateurs portugais et espagnols, ainsi que leurs commanditaires ».[1] La côte est des actuels Etats-Unis y est clairement cartographiée et comporte plusieurs noms de lieux.

Les Caraïbes et la Floride, qui figurent sur le planisphère Waldseemüller, sont aussi représentées sur deux cartes encore plus anciennes : la carte Cantino de 1502, conservée à la Bibliotheca Estense de Modène, en Italie (carte qui devait plus tard jouer un rôle décisif dans mes recherches, comme nous le verrons au chapitre onze) et la carte Caverio de 1505, conservée à la bibliothèque James Ford Bell de l'Université du Minnesota à Minneapolis. Si toutes deux représentent bien des terres alors censées être inconnues des Européens, elles ne peuvent néanmoins pas constituer la source des informations dont disposait Waldseemüller. La barrière de corail des Bahamas est bien dépeinte de façon identique sur les trois cartes, mais la carte Caverio montre la péninsule du Yucatán, au Mexique, qui ne figure pas sur la carte Cantino, plus ancienne. La carte Caverio ne peut donc pas être une copie de la carte Cantino, pas plus que le planisphère Waldseemüller n'est une copie de l'une ni de l'autre : c'est la plus récente d'entre elles, mais elle est la seule à montrer la côte Pacifique de l'Amérique du Nord. En outre, ces trois cartes présentent des traits caractéristiques différents, même s'il reste possible qu'elles s'inspirent toutes trois d'un seul original.

La carte Waldseemüller dépeint la côte Pacifique de l'Amérique de façon particulière et frappante, avec des latitudes exactes, depuis l'île de Vancouver, au Canada, jusqu'à l'Équateur, ce qui correspond assez bien à la situation d'un cartographe sur un navire, emporté par le courant le long de la côte américaine, et qui n'aurait donc pas le loisir de trop entrer dans le détail. On identifie aisément l'Oregon, où plusieurs épaves anciennes furent d'ailleurs découvertes sur la plage de Neahkahnie. L'une d'entre elles était en bois de teck et l'on y a même retrouvé une poulie servant à hisser les voiles, faite de bois de calophyllum, espèce endémique du Sud-Est asiatique. Ces éléments n'ont pas encore fait l'objet d'une datation au

1. Peter Whitfield, *New Found Lands: Maps in the History of Exploration*, British Library, 1998, p. 54-55.

carbone 14, mais s'il s'avère qu'ils remontent au XVe siècle, ils constitueront des preuves décisives du naufrage d'au moins une jonque de Zhou Man sur la plage de Neahkahnie. Certaines personnes présentes lors de ces découvertes affirment avoir trouvé dans les débris de la cire de paraffine, substance utilisée comme fluide de chauffage pour le dessalement de l'eau de mer, destinée à abreuver les chevaux sur les navires de Zheng He.

Mais point n'est besoin de recourir à ces épaves pour prouver la présence des Chinois sur les côtes d'Amérique centrale et du Sud. Au chapitre 5, nous avons déjà mentionné les volailles asiatiques, répandues du Chili à la Californie, et les flottes chinoises transportèrent bien d'autres espèces animales et végétales. Lors de mon premier voyage en Californie, il y a de cela bien longtemps, je me souviens d'être tombé sur un bosquet de camélias (*Rosa laevigata*), dont le parfum emplissait l'air tranquille d'une belle soirée d'été. En 1803, les Européens y avaient repéré une magnifique rose sauvage odoriférante, qu'ils baptisèrent « rose cherokee ». Il s'agit cependant d'une espèce endémique de Chine du Sud-Est, qui avait même fait l'objet d'une illustration dans un manuel de pharmacopée chinois du XIIe siècle. « Quand et comment parvint-elle en Californie ? Ces deux questions, restées sans réponse à ce jour, constituent l'une des énigmes de l'introduction des espèces végétales[1]. » Mais nous savons que les marins de la flotte de Zheng He emportaient souvent à bord des rosiers en pot, dont le parfum leur rappelait leur patrie. Les Chinois rapportaient également des plantes et des graines des terres qu'ils exploraient. L'amarante, plante à forte teneur en protéines originaire d'Amérique du Nord, fut ainsi rapportée d'Amérique en Asie au début du XVe siècle ; de même, le maïs fut introduit aux Philippines où le retrouva Magellan. Les Européens trouvèrent également des noix de coco, originaires d'Asie du Sud-Est, sur les côtes Pacifique du Costa Rica, du Panamá et de l'Équateur, de même que sur les îles Coco, à l'ouest du Costa Rica. Seuls les voyages des Chinois peuvent expliquer l'introduction de plantes américaines en Asie, des roses et des volailles chinoises en Amérique, et eux seuls pouvaient apporter en Équateur les noix de coco du Pacifique Sud.

La carte Waldseemüller représente avec précision les régions de San Francisco et de Los Angeles, à leur latitude exacte, et j'étais absolument

1. Article du Dr Tan Koonlin dans *The Rose* (revue de la société américaine d'étude des roses, American Rose Society Journal), vol. 92, part. 4 ; voir aussi R. E. Shepherd, *History of the Rose*, Macmillan, New York, 1954, et E. Wilson, *Plant Hunting*, vol. 2, Stratford, Boston, Massachusetts, 1927.

certain que Zhou Man avait longé cette côte du nord au sud. Traverser à nouveau le Pacifique après deux années en mer avait dû laisser certaines de ses jonques en piteux état et rendre nécessaires des réparations urgentes. Même les vaisseaux les mieux construits ne peuvent naviguer pendant si longtemps sans subir quelques dommages, dus aux tempêtes ou même au battement incessant des flots. Les jonques devaient avoir besoin, à tout le moins, d'être calfatées et carénées (c'est-à-dire qu'il fallait nettoyer leur coque des bernacles qui s'y étaient fixées). Il est possible qu'il ait été décidé d'utiliser les plus abîmées pour réparer les autres avant d'en abandonner les carcasses. Si tel était le cas, on devait retrouver sur les côtes californiennes les épaves de ces navires, tout comme on en avait retrouvé en Australie et dans d'autres régions du monde encore.

Je rentrai bredouille de ma recherche d'épaves étranges sur les côtes de Californie, mais je découvris néanmoins que les musées locaux possédaient de grandes quantités de céramique Ming bleue et blanche. La sagesse populaire attribue aux galions espagnols leur importation sur les côtes américaines, mais on a aussi retrouvé un grand nombre d'ancres de marine chinoises médiévales dans ces régions et il est peu probable qu'elles y soient arrivées dans les cales des galions espagnols. Je commençai néanmoins à me poser des questions sur la provenance exacte de ces porcelaines : pouvaient-elles avoir été apportées par les Européens ? On peut aisément dater les céramiques médiévales chinoises à leur peinture cobalt : plus elle est riche en plomb, plus leur vernis est d'un bleu profond. Ce cobalt sombre provenait de Perse, à l'époque des empereurs mongols, qui régnaient aussi sur ce royaume. Mais le père de Zhu Di fit fermer les frontières chinoises après les avoir chassés en 1368, rendant impossible l'importation du cobalt perse. Zhu Di rouvrit ensuite la route de la Soie, ce qui permit la reprise de ces importations de cobalt. La période de production des porcelaines bleu pâle est ainsi très limitée dans l'histoire de la dynastie Ming : il me fallait donc voir les céramiques détenues par les musées californiens pour déterminer si elles dataient ou non de cette période.

J'étais certain que les grandes flottes de vaisseaux-trésors avaient bien découvert les côtes Pacifique nord et sud de l'Amérique, mais je ne parvenais pas à trouver de preuves décisives, par exemple une épave de jonque chinoise de cette période. Dans l'espoir que d'autres puissent me fournir quelques éléments, je décidai de rendre publique mon enquête, dans une conférence à la Royal Geographic Society de Londres, en mars 2002. Elle fut diffusée dans le monde entier et, en l'espace de quarante-huit heures, des messages commencèrent à affluer de Californie, qui attiraient mon attention sur l'épave d'une jonque médiévale chinoise ensablée dans le fleuve Sacramento, au nord-ouest de la baie de San Francisco. Ma première réaction fut de n'accorder aucune foi à ces informations : le site en question se trouvait à plus de cent milles de la côte, et cette découverte semblait trop belle pour être vraie. Mais au bout de plusieurs jours, les courriels décrivant cette même jonque continuaient d'affluer. Après quelques recherches préliminaires, je découvris alors que, dans cette zone, les vents dominants de sud-ouest avaient très bien pu propulser une jonque à travers la baie, jusque dans le fleuve Sacramento, plus profond et plus large il y a six siècles, lorsque la déforestation et les activités minières n'avaient pas encore fait diminuer son débit. Il était donc tout à fait possible, si ce n'est probable, qu'une jonque entrée dans la baie de San Francisco remonte le cours du Sacramento, poussée par les vents dominants. La marée avait pu, elle aussi, contribuer à propulser le navire vers l'amont, jusqu'à Sacramento.

Le Dr John Furry, du musée d'Histoire naturelle de Californie du Nord, fut le premier à s'intéresser à cette épave il y a de cela vingt ans, lorsqu'il apprit qu'on avait retrouvé dans ses cales une étrange armure (manifestement, l'épave était moins ensablée à cette époque qu'elle ne l'est aujourd'hui). Étonnamment, elle était en métal (que les Indiens d'Amérique du Nord ne savaient pas travailler) et d'une curieuse couleur, gris argenté. On dit qu'après l'avoir examinée, un spécialiste local lui attribua une origine chinoise. Les tentatives de Furry pour reconstituer les événements se heurtèrent à un mur : le spécialiste en question était mort et l'armure avait été confiée à une école locale, où elle avait été perdue. Mais il était assez intrigué pour commencer des recherches sur le site.

Une bonne dizaine de mètres de sable et de vase s'étaient accumulés à cet endroit au cours des siècles, Furry commença donc par examiner la zone au magnétomètre. Les anomalies magnétiques dessinaient les contours d'un objet ensablé d'environ 30 mètres de long et 10 mètres de large, très similaire du point de vue de sa taille et de sa forme aux jonques de commerce qui accompagnaient la flotte de Zheng He. On préleva des échantillons sur le site et il s'avéra que ces fragments de bois, datés au carbone 14, remontaient à l'année 1410, ce qui indiquait l'année de construction de la jonque, « période où la puissance maritime de la Chine

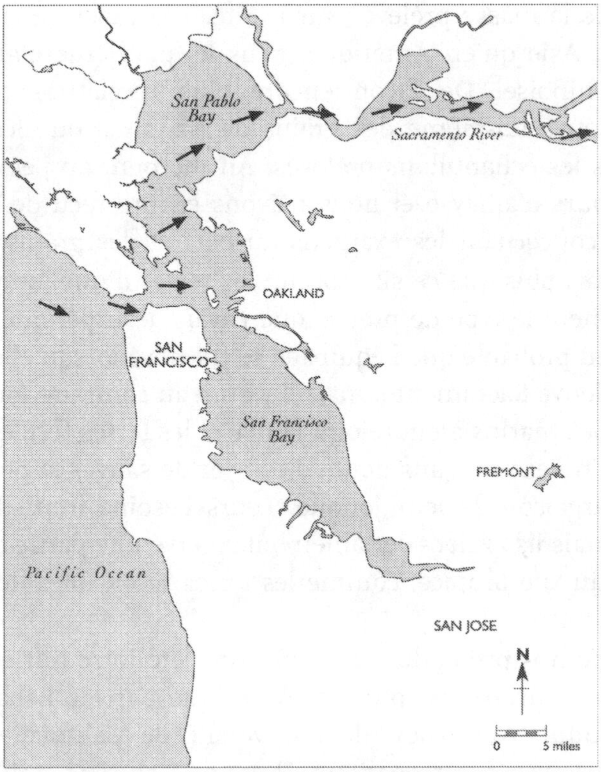

La baie de San Francisco, avec les vents soufflant à l'embouchure du fleuve Sacramento.

ancienne atteignit son apogée[1] », comme le fit laconiquement remarquer un journaliste local.

Le résultat de cette datation au carbone 14 incita Furry à reprendre ses sondages avec un équipement plus sophistiqué. Il remonta ainsi des échantillons plus importants, dont d'autres pièces de bois, plus grandes, et une masse d'une quarantaine de kilos constituée de millions de grains noirs tassés. Une partie fut envoyée en Chine pour analyse et, selon Furry, les chercheurs de l'Office des forêts chinois proposent une identification provisoire du bois : il s'agirait de *keteleeria*, un conifère originaire du sud-ouest de la Chine, et non d'Amérique, cultivé au Moyen Âge pour la construction navale. Furry m'a également confirmé que le Dr Zhang Wenxu, qui fut professeur à l'université d'Agronomie de Pékin et spécialiste des semences anciennes, avait lui aussi provisoirement identifié quatre types

1. Voir *Sacramento Bee*, 26 janvier 2001, et *Enterprise Record of Chico*, 23 janvier 2001.

de grains dans la masse prélevée sur le site. Trois d'entre eux poussaient aussi bien en Asie qu'en Amérique, mais le quatrième était une espèce endémique chinoise. De façon encore plus révélatrice cependant, le Dr Furry retrouva lui-même des grains de riz, ainsi que les restes d'un scarabée dans les échantillons prélevés. Au moment où j'écris ces lignes, ils sont en cours d'analyse et nous n'avons encore reçu de Chine aucun rapport écrit concernant les examens du bois et des grains.

Je ne doutais plus que ce site contînt les restes d'une jonque chinoise : c'était exactement le type de preuve que j'avais désespérément recherché. Il semblait peu probable que l'équipage se fût noyé lorsqu'elle s'était ensablée dans le fleuve Sacramento, mais il y avait au contraire toutes les chances pour que les marins aient rejoint la rive et les terres fertiles de la vallée. Leur premier réflexe fut sans doute d'essayer de sauver le plus de riz possible de la cargaison de leur jonque. Leurs besoins immédiats devaient être grands, mais ils avaient certainement réservé une partie du grain pour ensemencer un site propice, comme les terres inondables de la plaine du Sacramento.

On a longtemps prétendu que le riz avait été introduit en Afrique de l'Ouest par les Européens, puis en Amérique par les Espagnols. Mais, selon le Pr Judith A. Carney, de l'université de Californie, cette thèse soulève de sérieuses interrogations. Il est de notoriété publique que les Chinois ont joué un rôle considérable dans la mise en valeur des riches terres agricoles de Californie, et en particulier dans le développement de la riziculture sur les terres marécageuses de la basse vallée du Sacramento. Dès les années 1870, les ouvriers d'origine chinoise représentaient 85 % de la main-d'œuvre agricole californienne. « Ce sont bien les Chinois qui ont appris aux fermiers américains à semer, cultiver, et récolter[1]. » Mais ces ouvriers chinois, qui travaillaient dans les champs et les plantations de la vallée du Sacramento, faisaient-ils tous partie de la grande vague migratoire du XIXe siècle ou se pouvait-il qu'il y eût parmi eux des descendants de ces colons que Zhou Man avait laissés sur les rives du fleuve en 1423 ? C'est une source bien étrange qui devait m'en fournir un indice.

Au siècle dernier, Stephen Powers, inspecteur nommé par le gouvernement de Californie, passa quatre ans à recueillir des informations sur les langues des tribus californiennes. En 1874, il publia un article où il affirmait détenir les preuves de l'existence d'une colonie chinoise sur les

1. Carey McWilliams, *Factories on the Field*, University of California Press, Berkeley, 2000, p. 68-80.

rives de la Russian River, à une centaine de kilomètres au nord-ouest de l'endroit où se trouve l'épave de la jonque[1]. Powers affirmait également que les maladies apportées par les Européens avaient décimé cette colonie chinoise, tout comme les tribus indiennes de Californie : « La fièvre rémittente a dévasté les vallées du Sacramento en 1833 et réduit ces grandes plaines particulièrement peuplées à un silence et un abandon presque complets [...] il n'y a plus là âme qui vive[2]. » Le rapport de Powers fut assez mal accueilli par le gouvernement qui l'employait et, bien qu'il ait courageusement tenté d'imposer ses vues, tout en restant parfaitement courtois, le rapport officiel publié en 1877 n'est qu'une version édulcorée de son travail. Il n'en constitue pas moins une lecture fascinante.

Powers apporte les preuves linguistiques de l'existence d'une colonie chinoise en Californie, dont les habitants se seraient peu à peu fondus aux populations indiennes locales, transformant leurs modes de vie. Leurs descendants étaient d'un teint plus pâle que les autres Indiens de la côte, et les hommes âgés portaient la barbe, tandis que les femmes étaient « aussi fières que les Chinoises de leurs cheveux de jais ». Plutôt que de peaux, elles étaient vêtues « d'un seul habit rudimentaire, comparable à un sac, sans manches, replié au cou et plus ou moins blanc ». « Simples, amicaux, pacifiques et inoffensifs », à leur mort, « comme les Chinois, ils souhaitent généralement être enterrés dans le sol ancestral de leur tribu ». Contrairement aux autres Indiens de la côte, chasseurs-cueilleurs, les populations de la vallée du Sacramento et de la Russian River étaient sédentaires : « Les quatre cinquièmes au moins de leur régime alimentaire provenaient de végétaux [...]. Ils connaissaient parfaitement les qualités de toutes les herbes, des buissons, des feuilles, maîtrisaient et nommaient un catalogue d'espèces végétales bien plus important que celui de 90 % des Indiens d'Amérique du Nord. » L'héritage de leurs ancêtres apparaissait aussi dans leurs poteries, qu'ils modelaient avec art, en leur donnant des formes chinoises classiques alors que leurs voisins se contentaient de « prendre une masse de roche ignée et de la creuser, en laissant la surface extérieure brute ». Leurs ancêtres leur avaient également légué de « longs et lourds couteaux d'obsidienne ou de jaspe », qu'ils utilisaient encore, sans plus savoir les fabriquer eux-mêmes, comme le constata Powers. De même, si leurs ancêtres avaient possédé d'élégantes pipes

1. Stephen Powers, « *Aborigenes of California : an Indo-Chinese Study* », dans *Atlantic*, vol. 33, 1874, et *Contributions to North American Ethnology*, vol. 3, Department of the Interior, Washington D. C., 1877.
2. Powers, *Ethnology*, p. 417.

d'ophite, ils se contentaient désormais de simples pipes de bois pour fumer leur tabac. Ils avaient aussi fait preuve d'un « esprit d'invention chinois[1] » en imaginant des leurres de bois pour attirer les canards sauvages qu'ils prenaient au filet, méthode de chasse répandue en Chine, mais inconnue des autres tribus indiennes de la région. Comme les Chinois, ils consommaient aussi des escargots, des limaces et des serpents et, au fil de leurs repas, ils avaient constitué d'impressionnants tas de coquilles de palourdes.

Sur la côte orientale de la baie de San Francisco, à une centaine de kilomètres de l'endroit où l'on a découvert l'épave de la jonque, se trouve un petit village de pierre, entouré d'un petit rempart. En 1904, John Fryer, professeur de langues orientales à l'université de Berkeley, affirmait qu'il s'agissait « indubitablement de l'œuvre de Mongols [...]. Les Chinois allaient tout naturellement s'entourer d'un mur de défense, comme ils l'ont fait dans toutes les villes de Chine[2] ». Cette remarque recoupe les observations de Powers sur une colonie chinoise qui se serait peu à peu mêlée aux populations locales.

Il semble à peu près certain que la flotte de Zhou Man a laissé des colons en Californie. Furent-ils les premiers à cultiver le riz en Amérique ? Et la masse de porcelaines Ming bleue et blanche retrouvée sur place était-elle arrivée avec les galions espagnols, comme on le pensait, ou bien dans les cales des jonques de l'amiral ? Les recherches continuent et les conclusions définitives ne sont pas encore disponibles. Mais il me fallait poursuivre ma propre enquête, et retracer le parcours de la flotte chinoise une fois qu'elle avait quitté la baie de San Francisco.

Les vents et les courants durent la porter vers le sud, vers le Mexique. Cette côte apparaît sur la carte Waldseemüller avec une précision acceptable, celle qu'on attendrait d'un topographe qui passe au large sans avoir le temps de s'attarder. Mais un blanc figure aussi sur cette carte, à la latitude de l'isthme de Tehuantepec, au Guatemala, comme si le Pacifique et l'Atlantique s'y rejoignaient, ce qui n'est pas le cas. Cela correspond assez bien à ce qui a dû arriver aux Chinois : ils se sont certainement engagés dans cet isthme, mais ils ont dû faire demi-tour parce qu'il devenait trop peu profond pour leurs navires. Ils ont alors fidèlement reporté ce qui s'offrait à leur regard depuis son entrée : la mer à perte de vue, dessinant en apparence un passage entre l'Amérique du Sud et l'Amérique du Nord.

---

1. *Ibidem*, introduction et p. 146-434.
2. John Fryer, *Ancients in America*, mentionne ces remparts dans l'ouest de la baie de San Francisco.

De mars à mai, les précipitations se font rares et la chaleur devient oppressante : c'est le moment idéal pour embraser ces arbres morts et attendre que le feu laisse derrière lui les terres déboisées, enrichies par les cendres.

Les premières pluies arrivent vers la fin mai, annoncées par des éclairs silencieux. Les fermiers s'arment alors de perches, avec lesquelles ils creusent des trous dans le sol, où ils enfouissent des grains de maïs, des haricots, ou des graines de courge. Ce remarquable trio a constitué le régime alimentaire équilibré dont se nourrirent pendant des millénaires toutes les grandes civilisations précolombiennes, Olmèques, Mayas, Toltèques, Incas et Aztèques. Ensuite, le maïs monte, les haricots s'enroulent sur leurs piquets et les courges étendent leurs pousses sur le sol. En juillet, le soleil est brûlant, mais il pleut aussi beaucoup, et en septembre vient le temps de la moisson. Les Chinois ont dû trouver cette agriculture à son apogée, au moment où elle s'étendait sur tout le territoire maya grâce à un vaste système d'irrigation, et où elle nourrissait une population bien plus dense que l'actuelle population dans les campagnes mexicaines. Une telle agriculture pouvait aisément rivaliser avec le système agricole chinois.

Des ruches dispersées aux lisières des forêts fournissaient du miel, denrée d'une importance capitale pour les Mayas, qui l'utilisaient comme sucre et en faisaient la base de leur alcool fermenté. C'était aussi une culture purement commerciale, qui permettait aux fermiers de s'acheter des produits artisanaux, des chaussures et des cotonnades, que leurs épouses brodaient de magnifiques motifs traditionnels. De nos jours encore, les enfants portent des vêtements ornés d'admirables broderies aux couleurs vives, dont les motifs sont propres à leur famille et à leur village, et qui ressemblent à celles que leurs ancêtres représentèrent sur leurs fresques, il y a de cela bien longtemps. Les maisons traditionnelles *na* sortent, ici et là, de la forêt. Leur construction n'a pas changé depuis des millénaires : les fondations – une base ovale de pierres maintenues par un ciment de calcaire – soutiennent des poutres verticales, auxquelles les poutres horizontales sont fixées par des cordes en fibre d'agave. Des bambous, plus fins, et un toit de palmes sèches, complètent cette charpente. Hôtels et stations balnéaires ont encore recours à ces constructions traditionnelles dans tout le sud du Mexique et au Guatemala. Les Mayas utilisent encore des hamacs pour dormir et leur formule de salut traditionnelle reste : « Bon hamac. »

La forêt tropicale d'Amérique centrale fournit un régime alimentaire riche et varié : il suffit de chasser, pêcher et cueillir des fruits trois ou quatre jours par mois. Dans son atmosphère lourde, on n'a guère besoin de vêtements. L'homme y est entouré de matériaux de construction, de remèdes, de coca, de café, de végétaux et d'animaux comestibles de toutes sortes. La jungle n'est jamais silencieuse : la nuit y est ponctuée de cris, de sifflements, de rugissements étouffés et de coassements. C'est dans ce milieu riche que les Mayas construisirent leurs éblouissantes cités. Parmi les sites qu'il m'a été donné d'admirer sur cette planète, aucun, pas même l'Acropole ni le Machu Picchu, n'égale la cité maya de Palenque, dans le Chiapas, se dressant dans la brume opalescente d'une belle journée d'été. Construite à l'âge d'or de cette civilisation, entre 325 et 925, elle resta dissimulée sous sa cape de forêt pendant mille ans. D'une superficie de 900 hectares, elle domine la plaine et s'étend sur plusieurs collines. Chacune d'entre elles regroupe un ensemble d'édifices, pyramides, palais et temples, autour d'une place entourée de palais de pierre blanche, sur fond de forêt vierge d'un vert profond. Ces édifices sont magnifiquement agencés pour mettre en valeur les caractéristiques naturelles des collines et de la vallée, tandis qu'une paisible rivière suit son cours au milieu du site. Quand les Chinois arrivèrent au Mexique, il est probable qu'on leur montra Palenque, la plus belle des cités mayas.

À cette époque, elle dut leur paraître l'œuvre d'un peuple qui, en talent et en habileté, égalait le leur. Aujourd'hui, cette ville intacte, subitement abandonnée avec tous ses trésors, s'est transformée en paradis des archéologues et des historiens, qui peuvent y trouver tout ce dont ils rêvent : la fabuleuse tombe du « pharaon de la jungle », pleine d'objets précieux, les palais des rois et des prêtres, couverts de hiéroglyphes racontant l'histoire de la cité, mais aussi des observatoires, des temples, des terrains de pelote, et enfin, élément peut-être plus important encore, les maisons des gens du commun. Toutes les facettes des arts y sont en effet représentées, des masques et des statues à la bijouterie et aux céramiques de qualité, en passant par les modestes récipients culinaires, les cannes à pêche et les lances, qu'on utilisait couramment pour chasser le gibier.

L'extraordinaire pyramide blanche du roi Pacal domine le site. Chercheur cubain, Alberto Ruz Lhuillier passa des années à dégager un escalier dérobé qui menait à une chambre secrète, profondément enfouie sous le bâtiment. En 1952, son équipe repoussa un énorme bloc de pierre et pénétra sous une sombre voûte :

> Des ombres vagues émergea une vision de conte de fées, éthérée et fantastique, vision d'un autre monde, qui ressemblait à une immense caverne magique, taillée dans la glace, dont les parois chatoyantes étincelaient comme des cristaux de neige [...]. On avait, en fait, l'impression d'être dans une chapelle abandonnée.

> Des silhouettes de stuc en bas relief marchaient le long des murs. Je regardai ensuite le sol. Il était presque entièrement recouvert d'une grande dalle de pierre gravée, parfaitement intacte [...]. Nous étions les premiers, depuis plus d'un millénaire, à contempler ce décor.

Fébriles, Alberto Ruz Lhuillier et son équipe réussirent à soulever cette énorme dalle pour voir ce qu'elle cachait :

> Ma première impression fut celle d'un kaléidoscope de vert, de rouge et de blanc, qui finit par se résoudre en détails plus précis : ornements de jade verts, dents et os teintés de rouge, fragments d'un masque. J'étais en train de contempler le masque mortuaire de celui pour qui toutes ces œuvres prodigieuses, cette crypte, ces statues, cet escalier et cette pyramide couronnée de son temple, avaient été réalisées [...]. C'était donc un sarcophage, le premier jamais retrouvé dans une pyramide maya.

Ce masque de jade aux yeux de coquillage, aux iris d'obsidienne, c'était le plus spectaculaire de tous les trésors exotiques qui accompagnèrent Pacal dans l'autre monde. Il s'agissait sans doute de l'une des plus belles œuvres d'art de l'histoire de l'humanité, une œuvre inestimable. De délicats bijoux de jade ornaient les poignets, le cou et les mains du roi, des bijoux qui égalaient, éclipsaient même les plus belles réalisations de l'orfèvrerie chinoise ou japonaise. La pyramide aux proportions parfaites avec sa façade de pierre lisse, l'escalier caché, la crypte, ce magnifique masque et ces splendides bijoux étaient l'œuvre d'un peuple aux immenses talents artistiques, architecturaux et techniques.

En descendant la rivière depuis la pyramide de Pacal, je parvins à un musée riche d'art décoratif maya, représentant principalement des plantes et des animaux symboliques : jaguars, serpents à griffes et crochets, oiseaux à plumes et à écailles, donnant tous une telle impression de vie qu'on s'attendait à les voir bondir hors de leurs vitrines. C'était une stupéfiante abondance de trésors artistiques. Enfin, après des années de navigation à travers océans et tempêtes, les Chinois avaient dû rencontrer une civilisation aussi ancienne et aussi avancée que la leur. Ils avaient trouvé des artisans qui travaillaient le jade aussi délicatement que les leurs. À Chochula, ils produisaient des porcelaines plus fines que les plus belles porcelaines chinoises du Jingdezhen et du Jiangxi. Les Chinois pouvaient échanger leurs soieries et leurs porcelaines bleues et blanches contre de merveilleuses œuvres d'art.

CHAPITRE 10

Colonies d'Amérique centrale

C'est en arrivant à Uruapan, dans les montagnes de l'ouest du Mexique, que je trouvai les signes les plus évidents d'une influence chinoise. À quelque trois cents kilomètres du Pacifique, avec la mer au nord et les montagnes au sud, cette ville doit son nom au moine espagnol Juan de San Miguel qui, lorsqu'il y parvint en 1533, fut si impressionné par sa végétation qu'il baptisa la région Uruapan, « éternel printemps ». Aujourd'hui, elle est réputée pour sa production d'avocats, mais aussi pour les magnifiques boîtes et les splendides plateaux de bois laqué fabriqués par les artisans locaux.

Le laquage du bois, technique de décoration complexe et peu répandue, nécessite des opérations longues. Au Mexique, il porte le nom de *maque*, et en Chine celui de *ch'i-ch'i*. Originaire de ce pays, l'arbre à laque, le sumac, s'y développe à l'état sauvage, mais il y est également cultivé. Voilà au moins trois mille ans que les Chinois connaissent les propriétés protectrices de sa résine, le *seshime*. Ce sont eux qui en répandirent l'usage dans toute l'Asie du Sud-Est et les procédés de laquage chinois et japonais sont très similaires. Les plus anciens objets laqués que nous ayons retrouvés datent de la dynastie Shang (qui régna d'environ 1523 à 1028 av. J.-C.), où l'on commença d'utiliser la laque pour protéger les ustensiles, mais aussi les meubles et les objets d'art, notamment d'anciens bambous sculptés. À leur grand étonnement, les premiers Européens qui parvinrent dans le sud de la Californie et au Mexique constatèrent la présence d'un artisanat florissant, reposant sur une technique de laquage décoratif, fort répandu dans des États du Chiapas, de Guerrero, de Michoacán et jusqu'à Sinaloa, au nord, dans le golfe de Californie[1]. Uruapan est considéré comme la capitale de cet artisanat du *maque*, mais comment ces peuples d'Amérique centrale avaient-ils bien pu découvrir cette technique ? L'avaient-ils développée seuls ou bien l'avaient-ils reçue des Chinois ?

La seule particularité de cette laque, c'est qu'il lui faut une atmosphère humide et tempérée pour sécher : humidité et température modérée la densifient et la rendent aussi dure que l'émail. La consistance d'une couche de laque dépend alors de son épaisseur et de ses conditions de séchage. Or les vents humides et chauds venus du Pacifique font d'Uruapan un endroit idéal pour le séchage de la laque. Avant d'appliquer la couche de vernis, on égalise la surface de l'objet avec un mélange de *seshime* et de farine de riz, dont il faut parfois modifier la consistance en y ajoutant de la pâte de riz, voire, au Mexique, des cendres volcaniques. Après ponçage, on applique la première couche de laque avec un fin pinceau de cheveux humains. Chaque couche doit être parfaitement sèche, puis poncée et polie avant l'application de la suivante. Le polissage, opération pour laquelle on utilisait soit une pierre à aiguiser soit une poudre de bois de cerf frottée au chiffon doux, constituait un art en soi. On pouvait appliquer dix à cent couches de laque, mais généralement, il en fallait soixante à soixante-dix pour qu'un laquage soit considéré comme terminé.

Ce procédé, quasiment identique en Chine et au Mexique, semble juste avoir été adapté au climat d'Amérique centrale et aux matériaux disponibles sur place. On prépare la surface à vernir de la même façon, en la lissant et en bouchant les fissures avec un mélange appelé *nimacarta* ; l'objet est ensuite parfaitement poncé et l'on applique autant de couches de *nimacarta* qu'il le faut, en attendant à chaque fois qu'elles soient sèches, puis poncées et polies à la pierre à aiguiser avant d'appliquer la suivante. Si le procédé est identique, les matériaux utilisés au Mexique varient légèrement. Le *maque* est une pâte semi-liquide constituée d'un mélange d'huiles animales et végétales, et d'argiles raffinées. Son principal ingrédient, une graisse, est extrait d'insectes appelés *aje* (*Coccus lacca*), que les habitants d'Uruapan élèvent à cet effet. Ils les ramassent à la fin de la saison des pluies et les jettent vivants dans l'eau bouillante, où ils produisent une substance cireuse flottant à la surface, qui est alors recueillie, lavée et à nouveau chauffée, pour ôter toute trace d'eau. En refroidissant, elle

1. Bernardino de Sahagún décrit ces procédés de laquage dans *The Florentine Codex : General History of the Affairs of New Spain, 1325-1550*, A. O. J. Anderson et C. E. Dibble, Salt Lake City, 1970.

forme de petits blocs semblables à des plaquettes de beurre. Le second ingrédient, l'huile végétale de *chia*, sert à délayer l'*aje*. Extraite des graines d'une espèce de sauge endémique du Mexique, cette huile présente une haute teneur en glycérine, qui lui permet d'absorber rapidement l'oxygène de l'air et de former en séchant une surface dure, mais élastique. Quant au troisième ingrédient, une argile nommée *teputzuta*, en fait de la dolomite finement moulue, elle confère corps et tenue au mélange.

Les techniques décoratives et les coloris utilisés au Mexique et en Chine sont tout aussi ressemblants, avec de spectaculaires motifs rouges incisés sur un fond d'un noir profond. Dans ces deux pays, ce noir est obtenu à partir d'une fine poudre d'os d'animaux ou d'épis de maïs brûlés. Dans le sud du Mexique, comme en Chine et au Japon, aujourd'hui encore, on grave les contours du motif avec une épine de cactus très pointue insérée dans une plume de dinde, dont les barbes servent à éliminer au fur et à mesure la poussière d'argile ou de *maque* dégagée par la gravure. On remplit alors ces fines incisions de couleurs contrastées, une à la fois, en laissant sécher et en polissant à nouveau entre chaque application. Le produit fini, magnifique boîte ou plateau laqué, est si semblable en Chine et au Mexique qu'il faut l'œil d'un spécialiste pour en distinguer la provenance.

Il reste possible, en théorie, que ce procédé long et sophistiqué ait évolué simultanément en Chine et au Mexique, sans contact entre ces deux pays distants de plusieurs milliers de kilomètres. Mais le laquage ne constitue pas le seul point commun entre leurs arts, car on y trouve des méthodes similaires et tout à fait particulières de production des couleurs et des teintures. Le rouge garance, le bleu indigo et la pourpre du murex donnent des couleurs magnifiques, mais il faut maîtriser des techniques spécifiques pour les extraire et les fixer. Une fois encore, il s'agit, me semble-t-il, de similitudes trop importantes pour être fortuites.

En Chine, le rouge garance est dérivé des racines de petits arbustes, de la famille des rubiacées. Une fois ces racines déterrées, on les fait sécher avant de les réduire en une poudre qu'on laisse tremper toute une nuit, pour obtenir une pâte, que l'on plonge ensuite brièvement dans un bain à 150 °C. On y ajoute le tissu, préalablement mordancé au sulfate d'aluminium, qui est ensuite rincé dans une eau additionnée de cendre de bois. Au Mexique, les racines utilisées pour obtenir le rouge garance proviennent aussi de plantes de la famille des rubiacées, *Rubiacea relbunium* et *nitidum*, petits arbustes tropicaux qu'on trouve jusqu'en Argentine. Dans le Nouveau Monde, le mordançage s'effectue à l'aluminium, à l'acide oxalique et au tanin.

C'est sans doute l'indigo, utilisé depuis des millénaires dans toute l'Asie du Sud-Est, qui constitue la plus vieille des teintures connues et requiert la maîtrise des techniques les plus complexes. La culture de l'indigo demande beaucoup d'attention. Une fois les feuilles récoltées, on les plonge pendant neuf à quatorze heures dans un bain d'eau chaude, où elles fermentent en dégageant une odeur des plus désagréables. Elles donnent ainsi un bain très pâle, mais fibres et textiles y prennent un bleu profond, grâce à l'oxydation. Les civilisations précolombiennes utilisaient ce même procédé, auquel s'ajoutait cependant l'emploi de cendres et de chaux comme agents solvants.

Quant au vermillon, dérivé de la cochenille du chêne, il était connu dans toute l'Asie du Sud-Est. Les insectes étaient noyés dans un bain de vinaigre, qui leur donnait une couleur rouge-brun, et broyés pour obtenir une teinture, délayée à l'alcool puis fixée à l'alun ou à l'urine. L'autre teinture rouge répandue dans toute l'Asie du Sud-Est était extraite des sécrétions rouges de la cochenille de la laque indienne. On brisait les petites branches colonisées par ce parasite, à l'état sauvage ou en élevage, puis on les faisait sécher au soleil, avant de les plonger dans une solution de soude, dont on laissait le liquide s'évaporer, pour recueillir un résidu, qui était ensuite façonné en pains. Ma Huan et Niccolò de' Conti racontent tous deux en avoir vu sur les marchés de Calicut[1].

En Amérique, les Mayas recouraient à la cochenille du cactus (*Coccus cacti*), qui s'enveloppe d'un coton blanc et qui, écrasée, produit un carmin profond, dix fois plus colorant que celui des espèces asiatiques. Comme les Chinois, ils associaient cette couleur à la royauté. Après leur arrivée dans le Nouveau Monde, les Espagnols exportèrent ces cochenilles vers le Moyen-Orient et l'Asie, mais cette espèce ne les avait pas attendus pour se répandre en Asie méridionale[2].

Enfin, dernière teinture en question, la pourpre, tirée d'un coquillage marin, le murex. Célèbre dans l'Antiquité, elle était si chère que seuls les plus riches pouvaient s'offrir des vêtements pourpres, synonymes de noblesse et de haut rang. Les empereurs byzantins, élevés dans la pourpre, portaient aussi de tels vêtements. En Amérique, le murex était exploité

1. Ma Huan, *Merveilles des océans*, Pékin, 1433, traduction anglaise, *The Overall Survey of the Ocean Shores*, J. V. G. Mills, Cambridge U. P. (pour la Hakluyt Society), 1970.
2. H. Mertz, *Gods from the Far East : How the Chinese Discovered America*, New York, 1972, p. 72-73.

dans la région de Michoacán, autour d'Uruapan, et même jusqu'en Équateur. Il était abondamment utilisé sur toute la côte Pacifique. Dès 1898, on a pu voir dans la méthode d'extraction de la pourpre un indice d'échanges entre les civilisations précolombiennes et l'Asie :

> [...] Dans bien des régions où l'on aurait pu appliquer ces substances comme colorants, on n'a jamais franchi ce pas, et là où elles sont utilisées comme teintures, les techniques d'application aux fibres sont si complexes et si sophistiquées que l'on ne peut que s'en étonner, sans même parler du fait qu'elle se sont développées à plusieurs endroits [...]. Ainsi, lorsque nous trouvons l'usage de ces teintures, combiné à celui de mordants, dans des régions géographiquement distantes les unes des autres, nous devons considérer la possibilité d'un contact, et même d'un contact répété, voire prolongé, au cours de l'histoire, en particulier lorsque nous nous trouvons aussi devant nombre d'autres points communs, souvent arbitraires[1].

Il est inconcevable que ces techniques de teinture se soient développées indépendamment, par hasard, « on doit donc poser l'hypothèse d'une source commune à ces deux civilisations[2]. »

Mais les liens entre le Mexique et la Chine ne se résument pas aux teintures naturelles, aux objets laqués, aux gallinacés et aux espèces végétales. Les montagnes aux alentours du lac Pátzcuaro, en amont d'Uruapan, sont riches en minerai de cuivre. Aujourd'hui encore, les touristes se pressent dans les villes qui le bordent, à San Cristóbal par exemple, pour acheter les produits de l'artisanat local du cuivre et pour voir les musées qui regorgent, en ce domaine, de trésors du passé. Au Michoacán, comme en Chine, après avoir extrait le minerai, on séparait les métaux et on les stockait dans des entrepôts différents, non sans avoir noté leur qualité et l'usage qui allait en être fait : offrandes religieuses ou tributs.

Dans son grand ouvrage publié en 1569, Bernardino de Sahagún décrit les civilisations précolombiennes du Mexique et il détaille le traitement des minerais par soufflage d'oxygène, visant à brûler les impuretés. Les peuples d'Amérique du Nord ignoraient ce procédé, qui témoigne d'une grande avance technologique. Dans cette région, on utilisait le cuivre, l'or et l'argent, mais aussi des alliages. Les artisans locaux était particulièrement habiles à la fabrication des cloches, dont le moulage consommait

1. Stephen C. Jett, « *Dyestuffs and Possible Early Contacts between South Western Asia and Nuclear America* », dans *Across before Columbus ?*, NEARA Publications, Edgecomb, Maine, 1998, p. 141 *sq.*
2. *Ibidem*, p. 146.

environ 60 % de la production de métaux. C'est le type d'alliage qui détermine le ton d'une cloche. Et, comme leurs confrères asiatiques, ils savent parfaitement doser leur mélange pour obtenir le ton souhaité. Or il s'agit précisément de l'alliage utilisé pour la fabrication des cloches bouddhistes, qui revêtent une grande importance symbolique pour les adeptes de cette religion et charment encore touristes et fidèles dans les monastères thaïlandais, birmans, chinois, indiens, ou encore, comme j'ai pu le constater moi-même, incitent à la rêverie dans les lamaseries du Tibet.

On trouve aussi de grandes quantités d'ex-voto en forme de croissant de lune, les *hachuelas,* dans les tombes mexicaines. Ils étaient placés dans la bouche du défunt, tout comme les billes de jade, en Chine. Le croissant de lune est aussi un symbole important du bouddhisme lamaïste, dont l'empereur Zhu Di encouragea fortement l'expansion en invitant le Karmapa à se rendre à Pékin et en lui conférant maints titres honorifiques. On trouve encore dans tous les temples et dans toutes les tombes bouddhistes de Chine et du Tibet des couteaux de cérémonie en forme de croissant de lune, destinés à couper les derniers liens avec la vie. Presque tous les eunuques qui commandaient la flotte de Zheng He étaient de confession musulmane, mais leurs hommes étaient presque tous bouddhistes.

Les miroirs tenaient aussi une place prépondérante dans la culture chinoise, comme dans les cultures méso-américaines. Ainsi, en Chine, on pensait qu'ils assistaient l'âme lors de son passage à un ordre de réalité supérieur, lorsqu'elle s'échappait vers le monde des esprits, rejoignant les âmes des ancêtres. Les miroirs chinois étaient de forme discoïdale, le cercle symbolisant la conception taoïste de l'univers. Comme au Japon, on gravait à leur revers des animaux et des fleurs ou des symboles religieux. Traditionnellement, on emportait ces miroirs de bronze ronds aux décorations emblématiques pour se protéger des esprits malveillants. Or, dans la région de Michoacán, on utilisait des disques métalliques, appelés *rodelas,* lors des cérémonies rituelles. On produisait d'ailleurs une grande quantité de ces objets, en or, en argent, en cuivre, en alliages, et ils portaient à leur revers des figures symboliques de la nature et de l'univers.

Après ce voyage, j'étais certain que les Chinois étaient venus à Uruapan, qu'ils y avaient fait du commerce et qu'ils y étaient restés de longs mois, peut-être même des années, pour transmettre aux Mayas leurs techniques de laquage et de teinture. L'hypothèse que je m'étais risqué à formuler semblait de plus en plus vraisemblable : des escadres de navires ou même des navires isolés avaient dû être détachés pour fonder des colonies sur la côte que longeait la flotte chinoise. J'en trouvai un écho dans les légendes des Nayarits, au sud-ouest de Guadalajara, qui parlent d'un vaisseau arrivé d'Asie avant les navires européens, et dont le capitaine aurait été reçu par le chef des Coras, puissante tribu de leur ethnie. J'entamai une exploration systématique des musées de la région, entreprise de longue haleine, qui donna d'abord peu de résultats. Puis je découvris le *lienzo de Jucutacato*, une toile peinte découverte au XIXe siècle dans le village du même nom.

Elle est composée de trente-cinq quadrilatères, dont une trentaine présentent les mêmes dimensions, racontant chacun une petite histoire. La première scène montre des hommes descendant d'un bateau. Devant eux court un chien dont la queue est recourbée sur le dos. De même que sa taille, sa silhouette et démarche, ce détail rappelle le sharpeï, un chien de chasse chinois originaire de Canton et très apprécié pour sa grande fidélité[1]. L'un des hommes monte un cheval, créature étrange aux yeux des Américains, et qu'ils ne pouvaient manquer de remarquer, puisqu'il n'y en avait pas sur le Nouveau Continent avant l'arrivée des Espagnols. Le capitaine, qui émerge de la poupe du navire, est vêtu d'une tunique rouge (celle que porte la statue de Zheng He récemment exhumée dans un palais du Foukien) et il tient un miroir rond. Ce miroir possédait une importance symbolique majeure, car il est représenté pas moins de quatorze fois dans les autres scènes figurant sur la toile. Certaines en montrent le revers, divisé en huit parties égales, comme la « roue de la doctrine », figure liée à un épisode particulièrement significatif de la vie du Bouddha, à son enseignement et à son illumination. Ce miroir, à la main d'un dignitaire vêtu d'une tunique rouge, corrobore l'hypothèse de l'arrivée d'un important personnage bouddhiste, peut-être un prêtre, venu à la rencontre des populations locales.

Au centre de cette scène, un chef se tient assis alors que l'on dépose à ses pieds des corbeilles pleines de minerai. Il s'agit manifestement d'une allusion au commerce du cuivre, que les Mayas devaient vendre aux Chinois. Tout en bas, des rayons lumineux émanent d'un arbre. Peut-être symbolise-t-il l'arbre sous lequel le Bouddha atteignit l'illumination. Enfin, plusieurs grands oiseaux, dont la longue queue balaie le sol, évoquent, par leur taille et leur posture, des gallinacés de Malaisie. Dans son

---

1. Des analyses sont en cours pour comparer l'ADN des chiens du Michoacán et des sharpeïs, les résultats seront publiés sur notre site internet.

ensemble, cette scène pourrait très bien montrer les Chinois descendant de leur grand navire, à cheval ou à pied, pour s'aventurer à terre avec leurs miroirs représentant la roue de la doctrine, censés chasser les esprits malveillants. Les populations locales offraient leur minerai et peut-être les Chinois apportaient-ils en échange des volailles, mais aussi des indications techniques sur les teintures, le laquage et la métallurgie.

Selon l'historien Nicolás León[1], qui fut le premier à examiner cette toile et à la faire copier, elle était peinte avec une encre noire végétale, sur un tissu grossier, et remontait à une époque bien antérieure à l'arrivée des Européens au Mexique. D'après lui, elle fut modifiée au XVIe siècle par les Espagnols, qui y firent ajouter quelques bâtiments et quelques légendes tentant d'expliquer les scènes représentées. Ces altérations, qui furent apportées avec une encre d'un autre type, sont postérieures à la toile peinte d'origine.

Était-il possible que les Chinois fussent parvenus jusqu'à Jucutacato, qu'ils soient allés si loin vers l'intérieur des terres ? Ce village se trouve à quelque dix kilomètres au sud d'Uruapan, limite de la zone de navigabilité du fleuve Cupatitzio qui, quarante kilomètres plus loin, forme un grand lac, lui-même relié à la mer par le Balsas. Comme à Sacramento, il était possible qu'une jonque ait remonté ce fleuve pour se ravitailler et charger du minerai, en échange de biens manufacturés et de nouvelles techniques.

Si les Chinois étaient vraiment venus à Jucutacato pour faire du commerce et enseigner aux Mayas les secrets du laquage, ils avaient dû laisser des traces de leur passage. Voici le témoignage du Pr Needham, éminent spécialiste de la Chine des Ming, qui se rendit au Mexique en 1947 : « Je fus profondément impressionné, pendant mon séjour, par les ressemblances évidentes que présentaient les civilisations d'Amérique centrale avec les civilisations d'Asie orientale et d'Asie du Sud-Ouest[2] », écrit-il avant de dresser la liste des trente points communs culturels les plus frappants. Outre les techniques métallurgiques déjà évoquées, il cite les tambours mayas, qui ressemblent étrangement aux tambours retrouvés en Chine, les tripodes de terre cuite, les jeux, les outils de calcul, le jade, au centre d'un réseau de croyances complexe, la musique (plus de la moitié des types d'instruments mayas connus étaient aussi utilisés au Laos et en Birmanie), les repose-tête chinois et l'habitude de transporter les charges

1. Nicolás León, « *Studies in the Archeology of the Michoacán : The Lienzo of Jucutacato* », dans *Smithsonian Institution Report*, Washington D. C., 1889.

2. Joseph Needham, *Science and Civilisation in China*, vol. 4, part. 3, Cambridge U. P., Cambridge, 1954, p. 540-543.

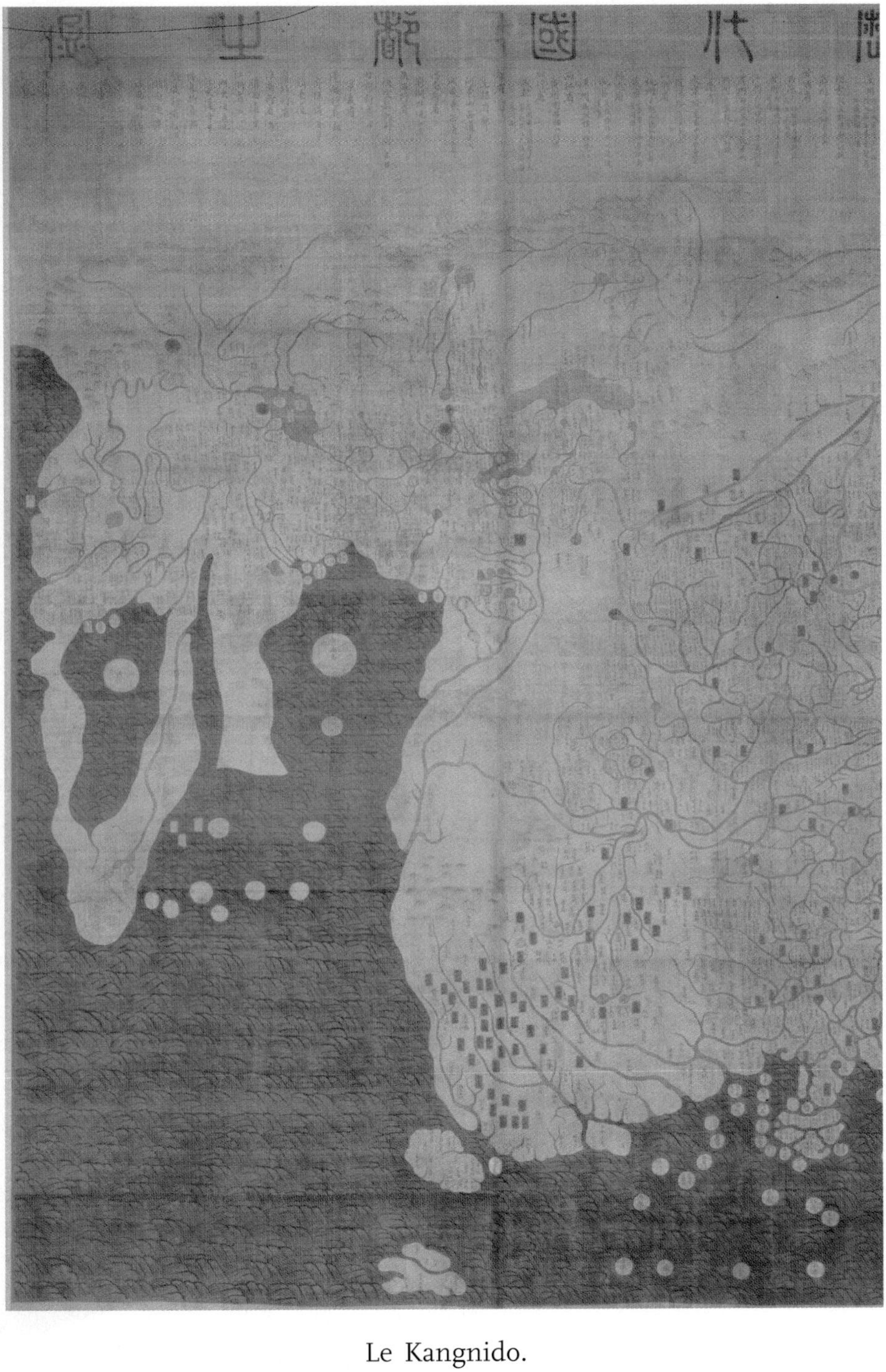

Le Kangnido.

Le planisphère de Fra Mauro, 1459.

La carte Piri Reis de 1513 (le nord se trouve sur la gauche, l'Améri
du Sud en bas et l'Europe en haut).

La carte Jean Rotz de 1542.

36
VIII

La carte Waldseemüller de 1507.

AMERICI VESPVCII
AQVILO
CECIAS
SVBSOLANVS
ASIA
INDIA MERIDIONALIS
EVRONOTVS
ET AMERICI VESPVCII ALIORV QVE LVSTRATIONES

La carte Cantino de 1502.

Mare barbaricus
Oceanus yndicus meridionalis
Oceanus orientalis
Oceanus yndicus meridionalis

La carte Pizzigano de 1424.

La carte Liu Gang de 1418.

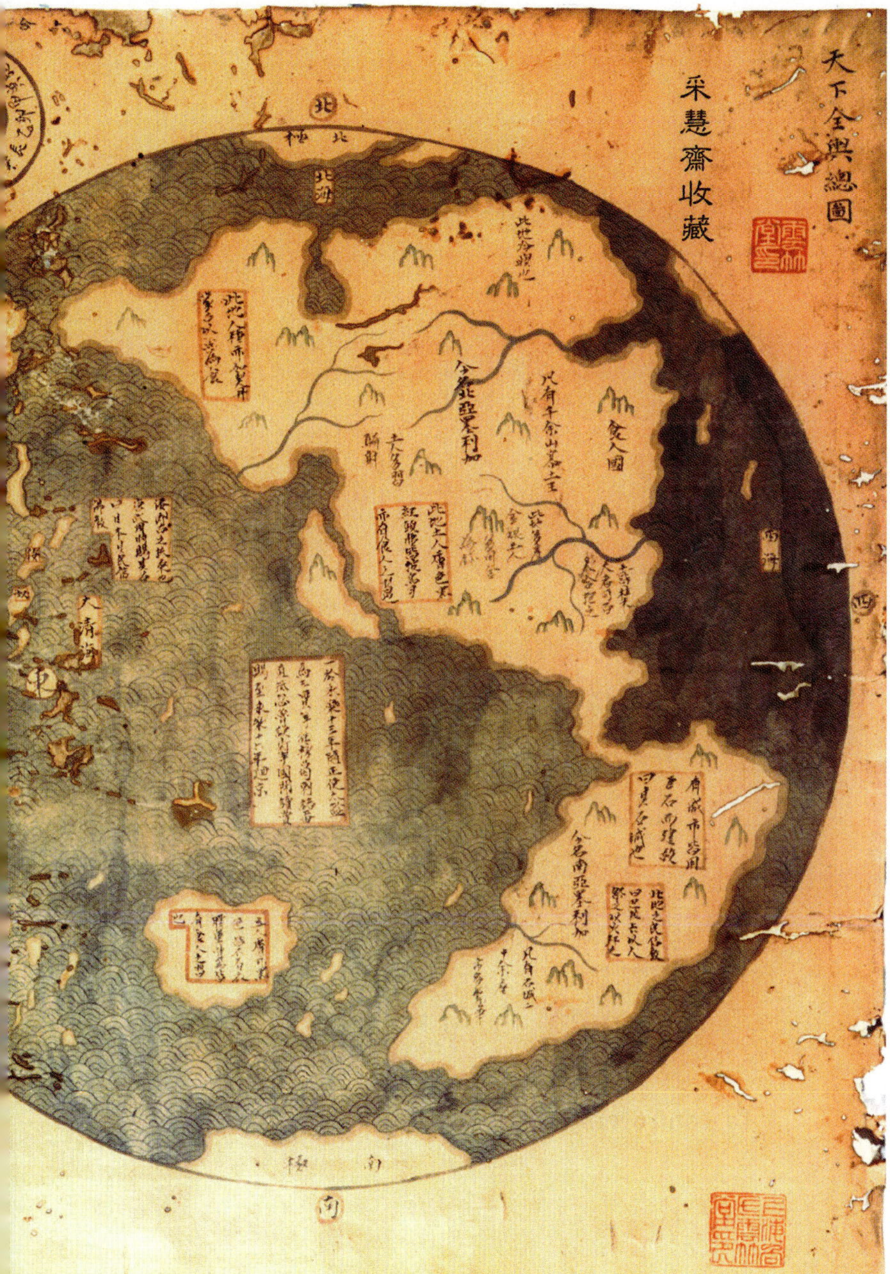
天下全輿總圖
采慧齋收藏
北
北極
北海
今名北亞墨利加
女人國
今名南亞墨利加
南極
南

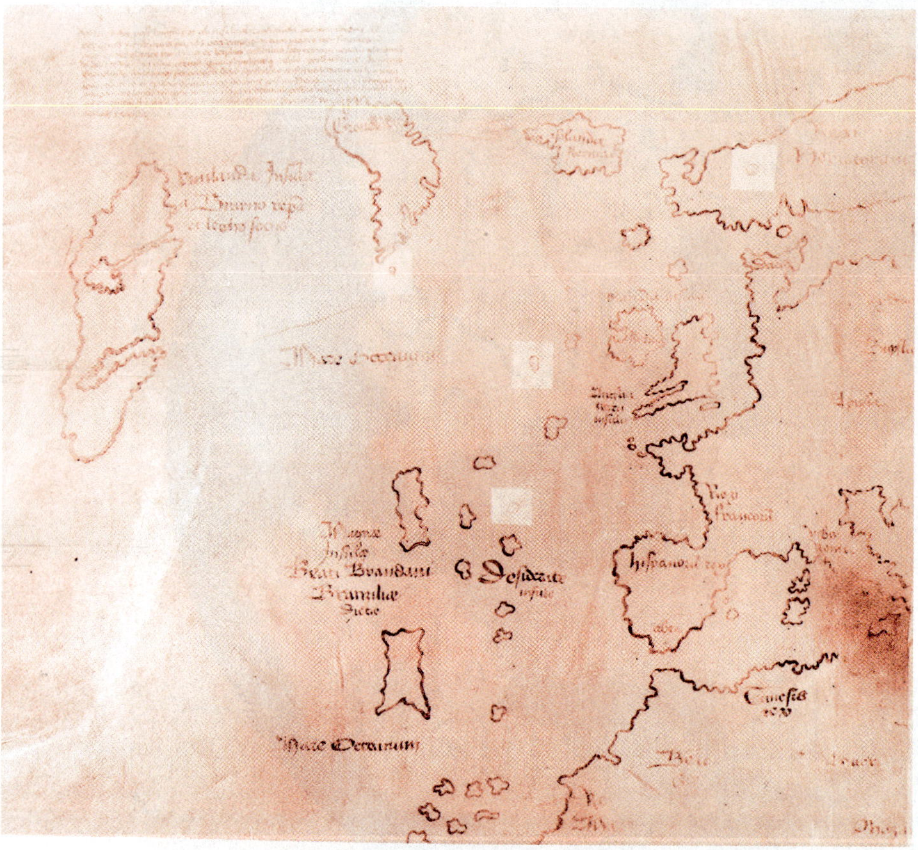

La controversée carte Vinland.

sur des perches horizontales. J'irai même plus loin que ce grand spécialiste. De la côte Pacifique du Mexique au centre du Pérou, l'atmosphère est si semblable, si familière l'agitation de la foule, si ressemblant le chant du coq et les personnalités si comparables que l'on pourrait avoir l'impression de voyager en Chine.

Selon moi, les preuves directes d'une influence chinoise se lisent à travers tout le pays maya. On a retrouvé au Pérou des figurines de bronze chinoises datant d'avant la conquête espagnole et, à Nazca, sur la base de statuettes du dieu Soleil, le symbole chinois du Ciel. Le musée de Teotihuacán, ville importante à cette époque, expose des médaillons chinois et des pièces de colliers de jade chinois, découverts à Chiapa de Corzo, dans l'actuel État du Chiapas. Don Ramón Mena, alors conservateur du musée national de Mexico, décrivait ainsi l'un de ces médaillons : « vieux de plusieurs siècles [...], apporté par les Chinois lorsqu'ils sont arrivés sur ce continent[1] ». Dans les célèbres grottes de Cueva Pintada, sur la péninsule mexicaine de Basse-Californie, on trouve des peintures rupestres montrant des hommes transpercés par des flèches et une représentation de la supernova de la nébuleuse du Crabe, que les Chinois avaient observée en 1054 (*cf.* chapitre 1). Parmi les débris amassés au pied de cette peinture, on a retrouvé des morceaux de bois carbonisés qui ont fait l'objet d'une datation. Ils remontent à une période comprise entre 1352 et 1512.

Le Guatemala fournit une preuve supplémentaire de la présence prolongée des Chinois auprès des Mayas. M. Fogg et Carl Johannessen, éminents biologistes, donnent une description détaillée des pratiques divinatoires et des rites de sorcellerie locaux, qui font intervenir des volailles mélanotiques[2]. Ils démontrent de façon très convaincante que, non seulement ces espèces furent importées de Chine, mais que les Chinois durent aussi passer assez longtemps à faire du prosélytisme auprès de diverses populations locales.

Une autre preuve apparemment incontestable de l'existence de colonies chinoises en Amérique centrale provient de contreforts montagneux situés à l'est du golfe du Venezuela, région qui figure également sur le planisphère Waldseemüller. Je me rappelle très bien avoir aperçu ces montagnes depuis le large, leurs pics enneigés se détachant sur fond de soleil couchant, vision inoubliable. Des analyses génétiques ont montré

1. Voir l'article de l'historien péruvien Pablo Padrón, « *Un Huaco con Caracteres Chinos* », Sociedad Geografica de Lima, vol. 23, p. 24-25.
2. Carl Johannessen et M. Fogg, « *Melanotic Chicken Use and Chinese Traits in Guatemala* », dans *Revista de Historia de América*, vol. 93, 1962, p. 75.

que, dans cette région reculée, l'ADN de certaines tribus contenait des gènes chinois.

En 1962, les docteurs Tulio Arends et M. L. Gallengo de l'Instituto Venezolano de Investigaciones Cientificas de Caracas publièrent les conclusions de leurs recherches. Ils avaient mené une analyse électrophorétique de la répartition des phénotypes de la transferrine. En d'autres termes, ils avaient étudié la migration des particules en suspension dans certaines macromolécules protéiniques sous l'influence d'un champ magnétique, chez des adultes appartenant à certains groupes ethniques et linguistiques du continent. Ils avaient ainsi identifié les transferrines (les protéines qui transportent le fer dans le sang) des Irapas, des Paraujanos et des Macoitas. Ces tribus primitives, résidant sur les contreforts de la Sierra de Perijá (entre 9 et 11° N, et 72° 40' et 73° 30' O), étaient sur le point de disparaître. Dans 58 % des cas, ils avaient repéré une transferrine lente, parfaitement identique à celle qui caractérise les populations de la province de Canton et qui leur est propre[1]. Comme ils l'affirment, « cette découverte vient étayer l'hypothèse d'un lien ethnique entre Chinois et Indiens d'Amérique du Sud ». Une bonne proportion des équipages de Zhou Man devait être originaire de Canton, car à cette époque, ce port était déjà l'un des plus actifs et de Chine, grouillant de navires et de marins. Il semblerait que les équipages de Zhou Man se soient mêlés aux populations locales.

Les preuves linguistiques ne manquent pas non plus. « Voilier » se dit *chamban* en Colombie, et *sampan* en Chine ; un « radeau » est une *balsa* en Amérique du Sud, et un *palso* en Chine, ou encore un *jangada* au Brésil, et un *ziangada* en tamoul. À la fin du XIXe siècle, il existait encore, dans les montagnes péruviennes, un village dont les habitants parlaient le chinois[2]. Une multitude de traces, épaves, groupes sanguins, architecture, peintures, coutumes, traits linguistiques, vêtements, artisanat, teintures, espèces végétales et animales transportées entre la Chine et l'Amérique du Sud, montrent qu'une influence chinoise s'exerça sur toute la côte Pacifique, mais aussi à l'intérieur des terres. Cette influence fut si profonde et si étendue qu'à cette époque on pouvait presque qualifier ce continent d'« Amérique chinoise ».

Il faut encore ajouter une preuve supplémentaire, incontestable, de cette présence chinoise au Mexique. Lorsque je traversai la mer de Chine

1. W. C. Parker et A. G. Bearn, *Annals of Human Genetics*, n° 25, 1961, p. 227.
2. Padrón, *op. cit.*

méridionale et les Philippines pour atteindre, aux commandes du *Rorqual*, la baie de Subic, j'avais beaucoup entendu parler d'épaves de jonques chinoises, reposant dans les hauts-fonds, leurs cales recelant encore leurs trésors intacts. Je menai alors quelques recherches au sonar, malheureusement sans succès. Depuis, j'ai découvert qu'un pêcheur de perles qui plongeait au large de la baie de Corail de Pandanan, une petite île de l'ouest des Philippines (figurant sur le planisphère Rotz), y avait trouvé une épave de jonque chinoise le 9 juin 1993. Sa coque de teck, couverte de bernacles, était restée intacte. C'est Eusebio Dizon, directeur de la section d'archéologie sous-marine du musée national des Philippines, qui mena les fouilles au printemps 1995. Il fit ramener à la surface 4 722 objets, qui témoignent des échanges commerciaux entre la Chine, l'Asie du Sud-Est et l'Amérique.

Le carbone 14 a permis de dater la construction de la coque vers 1410, ce qui constitue une ressemblance frappante avec les fragments de Sacramento, qui pourraient bien provenir aussi d'une jonque. Ces deux épaves sont de longueur et de largeur similaire, soit 30 mètres sur 12, et les navires transportaient tous deux du fer : des objets photographiés sur les fonds marins à Pandanan et localisés grâce à des simulations en 3 D, à partir d'une magnétométrie, à Sacramento. Leurs cales contenaient des marchandises chinoises ordinaires, mais aussi des articles fort exotiques. En effet, on a retrouvé dans la cargaison de la jonque de Pandanan des millions de ces petites perles de verre qui faisaient office d'accessoires sexuels en Asie du Sud-Est, comme le rapportent Niccolò de' Conti et Ma Huan, pratique que nous avons mentionnée au chapitre 3 et qui perdure encore de nos jours aux Philippines. La jonque de Sacramento, ou du moins le navire supposé tel, transportait des millions de graines noires, dont certaines ont pu être identifiées : elles proviendraient d'une variété de pavot endémique du sud-ouest de la Chine. Si cette analyse est confirmée, il se pourrait que les Chinois aient pratiqué le commerce des drogues. L'épave de Pandanan contenait des *metates*, ces pilons destinés au broyage du maïs, que l'on ne trouvait alors qu'en Amérique du Sud. On y a aussi retrouvé ce qui semble être des fragments de céramiques d'une finesse extrême, probablement originaires de Chochula. Cette jonque commerciale avait sillonné l'Asie du Sud-Est avant de couler : ses cales contenaient des porcelaines provenant de huit pays différents, notamment de magnifiques céramiques du Viêt-Nam et des porcelaines bleues et blanches de Chine, issues des célèbres fabriques de Jingde, dans la province du Jiangxi. Des objets plus courants complétaient cette luxueuse cargaison : récipients d'argile pour la cuisine, jarres de pierre destinées au stockage du riz, des haricots et des graines. On a aussi retrouvé trois gongs de bronze, provenant de Dongson, au Viêt-Nam, et une étrange balance de bronze, qui semble destinée à rééquilibrer une horloge à eau chinoise.

Un millier d'objets doivent encore être identifiés. Quand cette tâche sera accomplie, il deviendra possible de retracer la route qu'avait suivie cette jonque. Pour le moment, on peut supposer qu'elle est rentrée d'Amérique centrale en profitant du courant nord-équatorial (comme la flotte de Zhou Man) avant de sombrer à Pandanan, peut-être lors d'un orage soudain. On pourrait alors imaginer qu'elle a fait naufrage au début du mois de septembre 1423, vers la fin de la mousson, à une période de l'année où les tempêtes se font imprévisibles.

C'était une entreprise fort stimulante et même enthousiasmante que de rechercher les traces des voyages d'exploration chinois du XVe siècle, mais je commençais à comprendre tout ce qu'impliquait mon initiative. Il semblait y avoir une masse de preuves convaincantes attestant que les Chinois avaient entretenu des relations commerciales avec les Amériques, mais aussi qu'ils avaient installé des colonies au Pérou (des analyses d'ADN récentes ont en effet confirmé que les populations autochtones du Mexique, de Panamá, de Colombie, du Venezuela et du Pérou partagent des traits génétiques typiquement chinois). Ils avaient exploré le monde bien avant les Européens et semblaient avoir commencé d'établir des colonies en Afrique orientale et en Australie, de même que sur la côte Pacifique américaine. Si tout cela s'avérait, il allait falloir procéder à une révision radicale de l'histoire telle que nous l'avions écrite jusque-là, et il paraissait fort présomptueux, de la part d'un capitaine de sous-marin à la retraite, de vouloir engager ce processus. Bien que je fusse certain de la validité des preuves que j'avais rassemblées, j'appréhendais la façon dont les milieux universitaires pourraient réagir. Je me rendis compte qu'il me fallait impérativement trouver des travaux scientifiques susceptibles d'étayer ma thèse. Jusque-là, les universitaires avaient fait preuve d'une grande bienveillance envers moi. Mais en imaginant la réaction de certains spécialistes devant une telle remise en question, dans le domaine qu'ils avaient passé toute leur vie à étudier, j'en perdais le sommeil.

Même si les archives chinoises avaient fait l'objet d'une destruction massive, j'étais sûr que quelques documents comparables au *Wu Pei Chi* ou au journal de Ma Huan avaient dû y échapper. Les mandarins étaient, certes, méthodiques et diligents, mais il était impossible que tout ait été anéanti, jusqu'à la moindre description, la moindre lettre, la moindre allusion aux découvertes des explorateurs. Des mémoires, un récit devaient nécessairement leur avoir échappé.

Ma première idée fut de me rendre au musée Zheng He de Nanjing. Il se trouve au centre-ville, dans un parc qui fut autrefois le jardin privé du palais de Zheng He. Conforme au style du début de la période Ming, il fait alterner bosquets de bambous et pelouses parsemées de fleurs. Ses collections permanentes sont présentées sous le titre : « Exposition des vestiges matériels historiques des expéditions de Zheng He ». C'est un gouvernail, long de plus de 12 mètres, qui en constitue la pièce la plus intéressante et la plus importante. Suivant les normes de la construction navale traditionnelle, seul un navire de plus de 120 mètres de long pouvait en être muni. Hormis cette pièce, seule la cloche de l'amiral, ressemblant à celle qui avait été découverte à Ruapeke, mais plus grande, et d'étonnantes ancres en forme de griffes, comme celles qui avaient été mises au jour en Australie, présentaient pour moi quelque intérêt.

Ces éléments, quoique curieux, ne constituaient aucunement des preuves. J'écrivis donc aux professeurs des départements d'études chinoises et asiatiques des universités californiennes qui se trouvent, dans ce domaine, à la pointe de la recherche historique, sans oublier, bien sûr, les spécialistes d'Oxford et de Cambridge, ni les conservateurs des plus grandes bibliothèques anglaises, américaines et australiennes, pour leur demander si leurs collections comprenaient des documents méconnus datant du début de l'ère Ming.

Je reçus d'abord une masse de réponses chaleureuses, mais toutes négatives. La chance finit cependant par me sourire. Le Pr Charles Aylmer, responsable des collections extrême-orientales de Cambridge, m'informa qu'il détenait le seul et unique exemplaire d'un livre intitulé *I Yü Thu Chih* (« Description illustrée d'étranges contrées »), qui énumérait les peuples et les terres que connaissaient les Chinois en 1430. La page de couverture manque, si bien que l'identité de l'auteur demeure incertaine. On pense néanmoins qu'il fut écrit par le prince Ming Ning Xian Wang (futur Zhu Quan) et imprimé vers 1430. Cet ouvrage fait partie de la magnifique collection léguée, à la fin du XIXe siècle, à l'université de Cambridge par le Pr Wade, qui fut le premier à y enseigner le chinois, après avoir passé la plus grande partie de sa vie en Chine. L'exemplaire de Cambridge est unique au monde. Il n'a jamais été traduit et il n'a été photocopié qu'une seule fois, pour l'ambassade de Chine à Londres. Le

Pr Aylmer et d'autres éminents sinologues s'accordent à penser qu'il s'agit d'un document authentique, dont la provenance est certaine.

Je me précipitai à Cambridge. Bien que l'ouvrage fût en très mauvais état, le Pr Aylmer avait commandé une reproduction sur microfiches, qui s'avéra d'une qualité parfaite, et me permit d'en examiner les 89 pages. Elles comprenaient environ 8 000 caractères en chinois médiéval et 132 illustrations, réalisées par plusieurs artistes. Certaines de ces vignettes, absolument magnifiques, parvenaient à évoquer toute une atmosphère en quelques coups de pinceau. Elles représentaient des plantes, des animaux et des hommes de presque toutes les régions du monde, illustrant avec force et précision la somme des connaissances sur le monde et ses habitants que possédaient les Chinois en 1430, comme l'indiquait, bien sûr, le titre de l'ouvrage. L'auteur ne mentionnait cependant que ce qu'il avait trouvé étrange et il parlait peu de la Chine elle-même. Les images montraient, en revanche, des scènes typiques de toutes les religions du monde : des pèlerins musulmans vêtus de longues robes faisant leurs dévotions à La Mecque, la trinité hindouiste comprenant Brahma, être suprême et créateur, avec ses quatre bras, Vishnou, protecteur de l'univers, et Shiva, son destructeur. On voyait même Ganesh, le dieu éléphant, et une merveille illustration montrait les singes dansant autour de leur seigneur, Hanuman. Le Bouddha était représenté en méditation, se tournant vers la montagne pour prier, sous l'arbre où il atteignit l'illumination. Les artistes avaient aussi dessiné des Sikhs en turban et des Vénitiens en grandes bottes et larges capes, coiffés de leur chapeau typique. Mais les images les plus vivantes montraient des animaux : zèbre bien nourri au ventre rebondi, éléphants et lions africains, paons et tigres indiens, tous magistralement évoqués en quelques traits d'une remarquable simplicité. Deux scènes de chasse au cerf, l'une située dans la steppe et l'autre en Asie du Sud-Est, représentaient des animaux poursuivis par des chasseurs, portant des arcs typiques de leurs régions respectives. Les illustrateurs avaient aussi représenté des animaux propres aux Amériques, des lamas, des tatous à la recherche de fourmis, un jaguar au ventre flasque et des hommes mâchant des feuilles de coca, sans oublier les hommes nus de Patagonie ni le fameux mylodon à tête de chien « que l'on trouve à deux ans et neuf mois de voyage vers l'ouest de la Chine[1] ».

1. C'est la seule phrase du *I Yü Thu Chih* qui ait été traduite, par Viviana Wong, et je tiens à lui adresser mes sincères remerciements.

Deux caractéristiques me parurent particulièrement surprenantes et, en premier lieu, l'insistance sur les peuples du Grand Nord. On voyait en effet des Inuits avec leurs capuches bordées de fourrure portant leurs harpons, ainsi qu'un merveilleux danseur cosaque. À cette époque, la principale puissance russe était la Moscovie, mais elle n'avait pas encore commencé sa grande expansion vers l'est. On pouvait imaginer que les Chinois aient rencontré des Eskimos sur les îles Aléoutiennes, mais certainement pas des Cosaques. Il n'existe aucune trace d'expéditions terrestres chinoises vers la Moscovie, mais de récentes analyses d'ADN montrent que les pêcheurs du nord de la Norvège possèdent des caractéristiques génétiques coréennes, de même que les Aléoutiens présentent des points communs avec les Chinois. Il semblerait que des navires chinois et coréens aient bien remonté la côte nord de la Sibérie.

La deuxième caractéristique étonnante, c'était le peu de place que tenait l'Australie dans cet ouvrage, et je ne pouvais que supposer qu'il ne s'agissait plus, en 1430, d'une « étrange contrée », et qu'à cette époque, les descriptions de flottes transportant des centaines de personnes vers le continent australien étaient devenues monnaie courante. L'une d'elles mentionne la côte septentrionale de « la grande terre de Chui Hiao », distante de 30 000 *li*, soit environ 12 000 milles, au sud de la zone tempérée, là où les saisons s'inversent par rapport à l'hémisphère nord[1]. Elle la décrit comme habitée par une race de petits hommes noirs (mesurant tout au plus un mètre), que l'anthropologue australien Norman B. Tindale a pu identifier comme les Aborigènes des montagnes qui dominent Cairns, dans le nord du Queensland[2].

La conférence que je prononçai en mars 2002 à la Royal Geographical Society de Londres fut retransmise en direct en Australie. La chaîne de télévision Channel 9 m'invita à participer à une discussion avec plusieurs éminents universitaires australiens. Le fait que les flottes de Zheng He aient pu parvenir en Australie ne les avait pas du tout étonnés, et ils m'indiquèrent même plusieurs ouvrages qui soutenaient cette thèse. Si ma théorie semblait si bien acceptée en Australie, en serait-il de même en Chine ? Wang Tao, docteur de l'École d'études orientales et africaines de Londres proposa gentiment de me présenter à la veuve du Pr Wei. Ce dernier avait passé toute sa vie à travailler sur les voyages de Zheng He, en particulier sur sa découverte de l'Amérique. À sa mort, il était sur le point de publier un livre intitulé *The Chinese Discovery of America* (« La Découverte

1. Dans *Atlas of Foreign Countries* (« Atlas des pays étrangers »), 265-316 ap. J.-C., Chine.
2. K. G. McIntyre, *The Secret Discovery of Australia*, Souvenir, Melbourne, 1977.

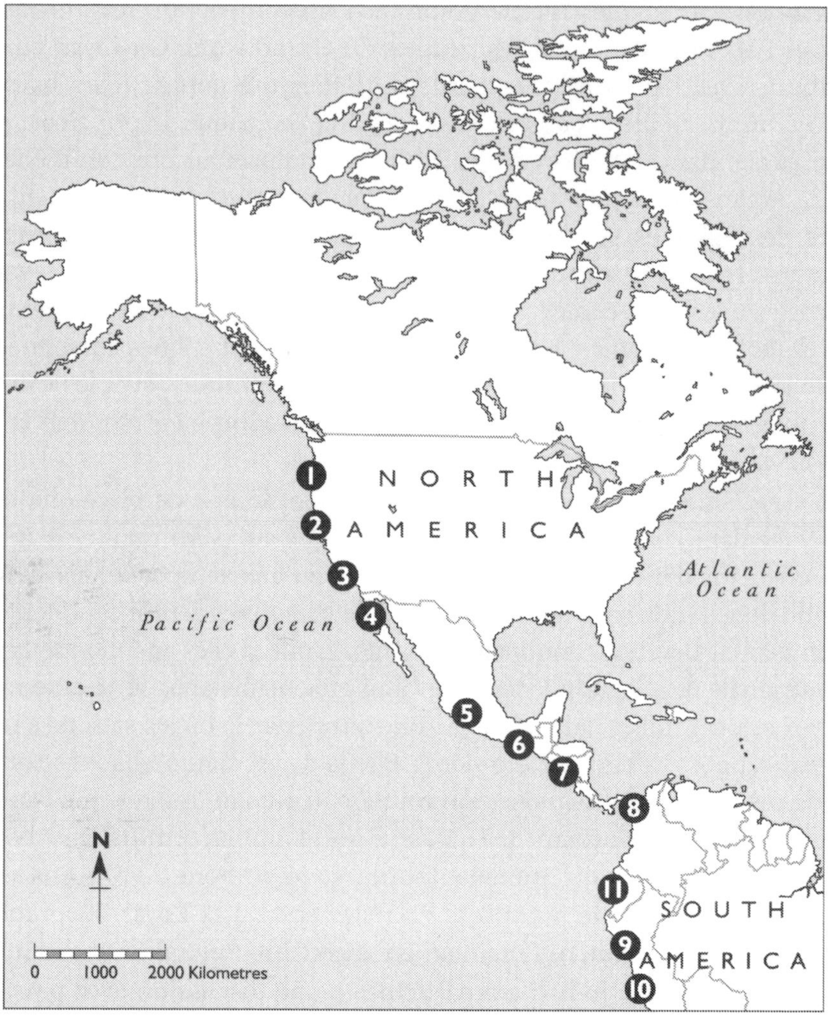

Traces du passage des flottes chinoises aux Amériques

1. Baie de Neahkahnie, poulie de bois.
2. Jonque du Sacramento, populations indigènes parlant le chinois et vestiges d'un village chinois.
3. Los Angeles, ancre chinoise.
4. Peintures rupestres représentant l'arrivée d'étrangers.
5. Artisanat de Michoacán, d'influence chinoise : techniques de laquage du bois et de teinture des textiles.
6. Gallinacés asiatiques.
7. Golfe de Fonseca.
8. Tribus indiennes du Venezuela présentant des caractéristiques génétiques chinoises.
9. Village péruvien dont la population parle chinois.
10. Bronzes péruviens présentant des inscriptions chinoises.
11. Équateur : ancre et hameçons chinois.

de l'Amérique par les Chinois »). Les travaux du Pr Wei sont largement diffusés parmi les universitaires chinois, mais ils n'ont jamais été traduits (ni même publiés en Chine, d'ailleurs). Là non plus, mes découvertes ne causèrent aucune surprise.

Je commençai à me demander pourquoi les historiens européens et américains avaient cherché à convaincre le monde entier que c'était Christophe Colomb qui avait découvert l'Amérique, et Cook, l'Australie. Ignoraient-ils complètement que les Chinois avaient entrepris des voyages vers les Amériques avant Colomb ? Je décidai de me pencher sur cette question et, à mon grand étonnement, je trouvai plus d'un millier de livres prouvant de façon irréfutable que les Chinois connaissaient l'Amérique précolombienne. Toute cette littérature scientifique avait même fait l'objet d'une bibliographie en deux volumes[1]. Comme le fait remarquer le Pr George F. Carter, spécialiste des gallinacés américains et auteur de plusieurs ouvrages passionnants au sujet des premiers voyages chinois : « Les sinologues et les historiens de l'art asiatique sont en général frappés par la masse des éléments prouvant de façon irréfutable une influence chinoise sur les civilisations amérindiennes. En apparence, les américanistes ne semblent pas être conscients du fait que toute une littérature chinoise suggère non seulement la découverte mais aussi la colonisation de l'Amérique[2]. » La formulation du Pr Carter est délicieusement diplomatique. Peut-être, comme il le suggère, ces universitaires ne sont-ils pas vraiment conscients de l'existence de ces preuves ; peut-être ont-ils choisi de les ignorer délibérément, sans doute parce qu'elles contredisent les idées reçues sur lesquelles se sont édifiées un certain nombre de carrières. Les universitaires les plus ouverts d'esprit y regarderont à deux fois.

L'idée que les Chinois ont exploré presque toute la planète entre 1421 et 1423 représente sans doute une rupture radicale avec les théories traditionnelles sur l'époque à laquelle les hommes explorèrent le monde et sur l'identité de ces premiers explorateurs et cartographes, mais j'étais sûr d'avoir assez de preuves solides pour la défendre. Mon expérience de

1. J. L. Sorenson et M. H. Raish, *Pre-Colombian Contact with the Americas across the Oceans : An Annotated Bibliography*, Provo Research Press, 1990.
2. George F. Carter, « *Fusang : Chinese Contact with America* », dans *Anthropological Journal of Canada*, n° 14, n° 1, 1976.

l'astronavigation m'avait aussi permis de repérer des détails, des traits significatifs que des historiens, à moins d'être aussi astronomes, n'auraient pas pu voir. J'étais certain que ma thèse pouvait soutenir un feu nourri de critiques de tous ordres et, rassuré, je consacrai toute mon attention à l'amiral Zhou Wen et à sa flotte.

CINQUIÈME PARTIE
LE VOYAGE DE ZHOU WEN

CHAPITRE 11

L'île de Satan

En octobre 1421, à l'entrée de la mer des Caraïbes, lorsque les flottes de Hong Bao et de Zhou Man s'étaient dirigées vers le sud-ouest et l'Amérique du Sud, elles avaient quitté celle de l'amiral Zhou Wen, qui avait fait voile vers le nord-ouest, en suivant la branche septentrionale du courant équatorial. Je savais déjà qu'elle avait dû atteindre les Açores, situées à la latitude de Pékin, car l'archipel figure sur la carte Kangnido, réalisée avant sa découverte par les Européens. Il m'incombait donc de déterminer quelle route l'amiral avait suivie entre ces deux points.

Quand Zhou Wen atteignit les îles du Cap-Vert situées, elles aussi, à la latitude de Pékin, il avait déjà sillonné une grande partie du globe, et il devait savoir qu'il laissait à l'ouest la mystérieuse terre de Fusang. Depuis l'époque du grand cartographe Chu Ssu Pen (1273-1337), les Chinois disposaient d'une estimation juste de la distance séparant l'Atlantique du Pacifique. Zhou Wen devait donc évaluer la distance qui le séparait de Fusang en fonction de celle qu'il pensait avoir déjà parcourue. Or, comme le montre la carte Kangnido, en raison des courants marins, les Chinois sous-estimaient d'environ 2 000 milles la longueur de leur trajet autour de la « bosse » de l'Afrique occidentale. Lorsqu'il mit l'ancre à Santo Antão, dans les îles du Cap-Vert, Zhou Wen devait penser que la terre de Fusang se trouvait à 4 000 milles nautiques, plutôt qu'à 2 000, mais elle restait à sa portée, car il n'avait pas besoin d'escale de ravitaillement, ni en vivres ni en eau.

Au nord de l'équateur, vents et courants atlantiques forment une vaste boucle ovale, circulant toute l'année dans le sens des aiguilles d'une montre. Les instructions de l'Amirauté britannique expliquent aux marins comment en tirer partie : « Depuis Madère, la meilleure route consiste à passer en vue de l'archipel du Cap-Vert, juste à l'ouest [...]. De là, choisir une route directe pour les Caraïbes [...]. Ensuite, les courants nord et sud-équatorial convergent, formant un large courant qui se dirige vers l'ouest. Sa vitesse moyenne atteint deux nœuds[1]. »

Depuis les îles du Cap-Vert, ce système de vents et de courants porte donc le marin plein ouest vers les Caraïbes, puis vers le nord-ouest et la Floride et enfin, vers le nord, le long du littoral américain, avant de le ramener vers l'est. Ce courant, qui devient alors le Gulf Stream, le pousse vers les Açores, à un millier de milles à l'ouest du Portugal. Ensuite, sa trajectoire s'incurve vers le sud, pour revenir aux îles du Cap-Vert. Le capitaine d'un vaisseau disposant de provisions suffisantes pourrait hisser les voiles au Cap-Vert et attendre sans rien faire : à moins qu'une forte tempête ne le fasse chavirer, ce qui reste assez courant dans l'Atlantique Nord, il reviendrait à peu près à son point de départ.

Le courant d'est qui part des îles du Cap-Vert atteint sa puissance maximale près des Caraïbes, à la latitude de l'île de la Dominique. C'est pourquoi tous les explorateurs et les marins qui se sont succédé à travers les siècles ont pénétré dans les Caraïbes par le passage qui sépare la Dominique de la Guadeloupe, depuis Colomb lors de son second voyage, jusqu'aux flottes anglaises et françaises des guerres napoléoniennes, en passant par les explorateurs espagnols Rodrigo de Bastida et Juan de la Cosa au XVIe siècle. J'estimerais à 80 % la probabilité pour qu'après s'être ravitaillés en fruits et en eau aux îles du Cap-Vert, en octobre, les Chinois soient parvenus aux Caraïbes au début novembre.

Logiquement, les jonques de Zhou Wen avaient dû suivre, à travers les Caraïbes, la même route que les navires de Colomb, car courants et marées étaient alors identiques et le sont restés depuis. Ce que les Chinois avaient découvert, Christophe Colomb avait dû le redécouvrir soixante-dix ans plus tard. En examinant son journal de bord, je devais donc être en mesure de reconstituer la route que Zhou Wen avait probablement suivie. En outre, les îles que les Chinois avaient repérées pendant leur voyage dans l'Atlantique Nord devaient apparaître sur des cartes dessinées à leur retour, en 1423. Je me mis donc en quête d'une carte où figureraient, dans cette région, des terres que les Européens n'avaient pas encore découvertes, de la même façon que l'Amérique du Sud et l'Australie apparaissaient sur les cartes Rotz et Piri Reis.

1. British Admiralty, *Ocean Passages of the World*, 3e édition, 1973.

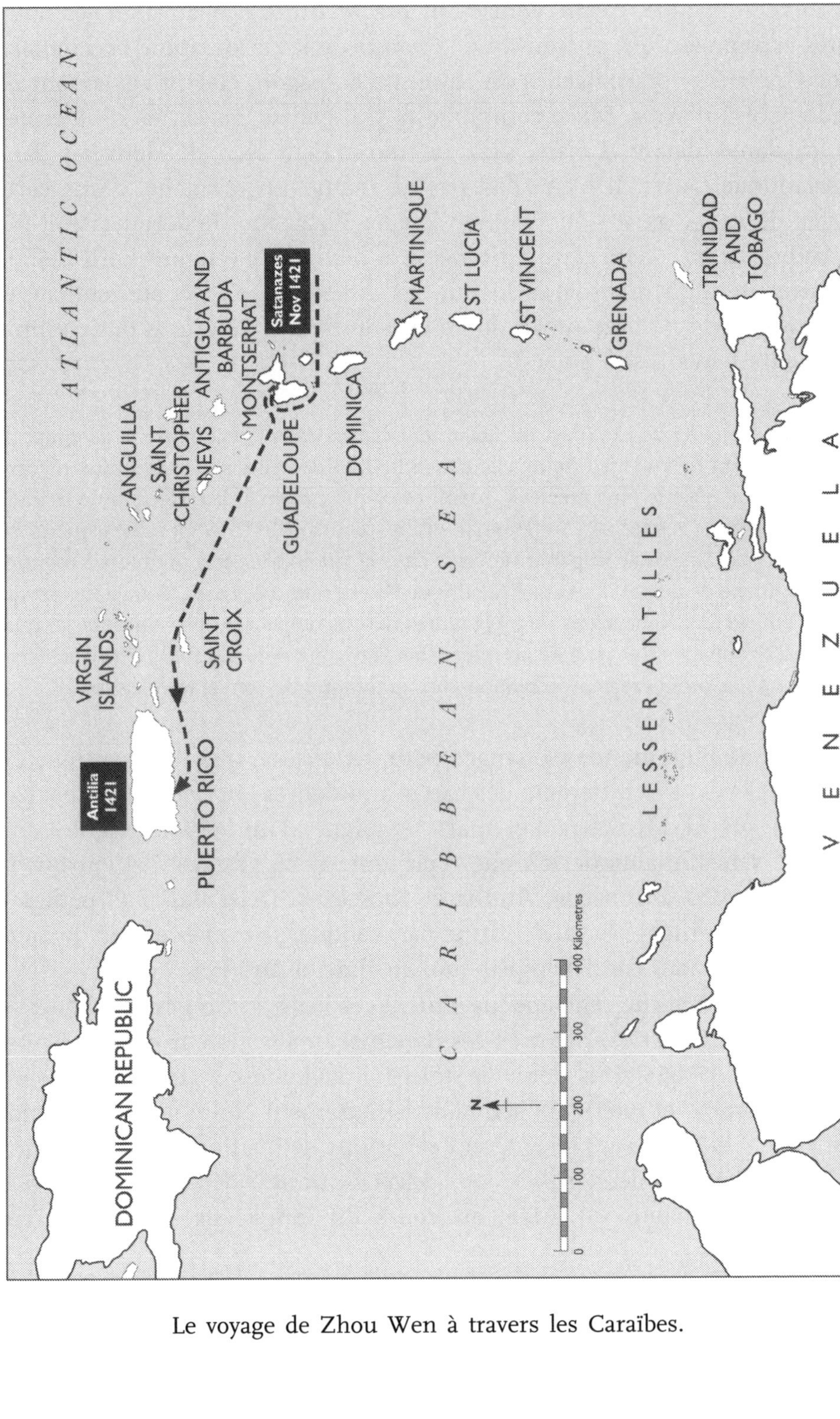

Le voyage de Zhou Wen à travers les Caraïbes.

À cette époque, c'était Venise, où Fra Mauro travaillait pour les autorités espagnoles, qui se trouvait à la pointe de la cartographie occidentale. Les Catalans, alors rattachés au royaume d'Aragon, étaient également de redoutables marins. Mais, comme je m'y attendais, les cartes vénitiennes et catalanes datant d'avant 1423 ne montraient rien de nouveau dans l'Atlantique Ouest. Il n'en allait pas de même, en revanche, d'une carte datée de 1424, œuvre du Vénitien Zuane Pizzigano. Redécouverte il y a soixante-dix ans, cette carte fut cédée à la bibliothèque James Ford Bell de l'université du Minnesota au début des années 1950. Son authenticité et sa provenance ne font aucun doute et d'éminents historiens ont commis plusieurs livres à son sujet.

> [Cette carte de 1424] est un document capital dans l'histoire de la géographie. D'un point de vue historique, elle constitue l'un des plus précieux joyaux méconnus, si ce n'est le plus précieux, parmi ceux que contenait la collection de manuscrits anciens réunie par Sir Thomas Philips pendant les trois premiers quarts du XIXe siècle. Sa grande importance réside dans le fait qu'elle est la première à montrer un groupe de quatre îles dans l'Atlantique Ouest, nommées Saya, Satanazes, Antilia et Ymana [...]. Nous avons de très bonnes raisons de penser que ce groupe de quatre îles apparaissant pour la première fois sur la carte de 1424 doit être considéré comme la première représentation cartographique de terres américaines[1].

Voilà de bien grandes louanges pour cette carte, que j'ai examinée en détail[2]. Elle est très différente des cartes antérieures, en ce qu'elle n'est pas centrée sur la Méditerranée, mais témoigne d'un regard orienté vers l'ouest, vers l'Atlantique, où elle représente deux grandes îles, jusque-là inconnues des Européens, Antilia et Satanazes. Deux îles plus petites y figurent également : Saya, de forme parabolique, se trouve au sud de Satanazes, et Ymana, parallélépipédique, au nord d'Antilia.

D'autres récits de cette époque situent ces îles à « 700 grandes lieues[3] » à l'ouest des Canaries, soit près des Bahamas, mais on ne trouve là aucune grande île. S'agissait-il donc de terres imaginaires ? Les cartographes contemporains et ultérieurs semblaient clairement croire à leur existence car, au XVe siècle, ils représentèrent ce groupe de quatre îles sur au moins 19 planisphères et deux globes, tous dessinés avant le départ de Christophe Colomb (*cf.* chapitre 17). Mais au cours du temps, ils les déplacèrent

1. Armando Cortesão, *The Nautical Chart of 1424*, université de Coimbra, Portugal, 1954, p. 105-110.
2. Voir l'introduction.
3. Bartolomeo de Las Casas, *Historia de las Indias*, Lisbonne, 1552.

graduellement vers le sud-ouest, jusqu'à les situer à l'emplacement des actuelles Antilles néerlandaises.

Les noms portugais figurant sur ces cartes m'avaient conduit à penser que les cartographes devaient, à l'origine, avoir été des Portugais. Mais les noms apparaissant sur les cartes Rotz et Piri Reis étaient également portugais, et il était impossible que ces derniers aient exploré l'Antarctique, la Patagonie et l'Australie. En effet, les archives de Torre do Tombo en offrent des preuves indiscutables : c'est après avoir reçu une carte similaire et légèrement postérieure, le planisphère de 1428 évoqué au chapitre 4, qu'Henri le Navigateur envoya ses caravelles à la découverte d'Antilia. De plus, en 1424, les Portugais ne disposaient pas des techniques permettant une telle exactitude cartographique, car le levé topographique d'Antilia est d'une précision étonnante. J'en conclus qu'il ne pouvait s'agir que des Chinois, mais j'avais besoin de preuves plus convaincantes et, une fois de plus, je constatai que la meilleure façon d'aborder ce problème consistait à me mettre à la place du cartographe.

Dans les sous-marins, j'avais passé longtemps en mer de Barents, à photographier les bases militaires. La formation que nous recevions comprenait les techniques de photographie au périscope et l'art obscur d'élaborer des cartes à partir d'un levé effectué quasiment au niveau de la mer. À cette époque, je travaillais donc avec des données recueillies dans les mêmes conditions que celles dont disposaient les cartographes de la carte Pizzigano, qui se servaient d'observations réalisées depuis le pont d'un navire médiéval.

En approchant les Caraïbes, les marins de Zhou Wen avaient dû repérer les signes annonçant la proximité d'une terre, environ quarante-huit heures avant de l'apercevoir. Le type de nuages, de vents et même d'oiseaux marins qu'ils rencontraient avait dû changer et, quelques heures avant d'arriver en vue des côtes, l'équipage avait dû sentir une odeur douce et subtile de feuillage humide. Parce qu'il emprunta ce détroit un dimanche, Colomb baptisa « Dominique » l'île du sud, et « Marie-Galante » celle du nord, d'après son navire amiral. Il commença par accoster sur Marie-Galante, mais, n'y trouvant rien de bien intéressant, il poussa vers le nord en suivant le courant, pour aborder le lendemain sur une île qu'il nomma « Guadalupe » en mémoire de sa visite au monastère espagnol du même nom, à Estrémadure. S'ils l'avaient su, les moines auraient sans doute formulé quelque objection, car les habitants de cette île, les indiens Caraïbes, étaient cannibales. Le Dr Chanca, qui tint le journal de la seconde expédition de Colomb, raconte comment l'équipage, traversant la plage de sable fin, s'enfonça dans la forêt de cocotiers, où il trouva « des maisons, environ trente, faites de rondins ou de pieux et de branchages tressés, couvertes de palmes [...], carrées, ressemblant à des chaumières [...], comme vaisselle, ils utilisent des calebasses [...], et, oh, horreur ! comme bols, des crânes humains[1] ». Dans ces villages, il ne restait plus que des femmes, les hommes ayant fui à l'approche des équipages de Colomb, qui furent horrifiés par la puanteur des chairs : « Des membres humains sont pendus dans les maison comme s'ils les faisaient sécher pour les conserver ; la tête d'un jeune homme, si fraîchement coupée qu'elle dégouttait encore de sang, et des morceaux de son corps étaient mis à rôtir devant le feu, avec la viande savoureuse d'oies et de perroquets[2]. »

Ces autochtones utilisaient des flèches taillées dans des ossements humains et :

> Lors de leurs attaques contre les îles voisines, ces gens capturent autant de femmes qu'ils le peuvent, en particulier celles qui sont jeunes et belles, et les gardent comme concubines [...], ils mangent les enfants qu'elles leur donnent [...]. Les ennemis mâles, autant que possible, ils les emmènent vivants chez eux pour s'en repaître, et s'ils les tuent au combat, ils les dévorent sans attendre. Ils disent que la chair humaine est bonne, et qu'il n'y a rien de tel au monde [...]. Dans l'une de leurs maisons, nous avons trouvé le cou d'un homme, qu'on avait mis à bouillir dans une marmite. Quand ils font prisonniers des garçons, ils les démembrent [les castrent]. Tant que ceux-ci grandissent, ils restent esclaves, mais une fois qu'ils sont adultes, si leurs maîtres ont besoin de banqueter, ils les tuent et les mangent, car ils prétendent que la chair des femmes et des jeunes garçons est meilleure à manger. Trois de ces garçons nous rejoignirent en courant, ainsi mutilés[3].

Un autre écrivain contemporain note qu'ils « ont coutume de castrer même leurs enfants et les jeunes esclaves qu'ils capturent pour les engraisser comme des chapons[4] ».

Aux yeux des hommes du XVe siècle, ce cannibalisme pouvait aisément passer pour l'œuvre du démon. Était-ce là l'explication de ce nom étrange, Satanazes, « l'île du Démon » ? Était-ce ce que les Chinois y avaient trouvé, et la Guadeloupe était-elle cette île de Satanazes qui figurait sur la

---

1. Antonio Galvão, *Tratado Dos Diversos e Desayados Caminhos*, Lisbonne, 1563 ; et Cortesão, *op. cit.*, p. 73.
2. Docteur Chanca, cité par J. H. Longille, *Christopher Colombus*, Inscribers, Washington D. C., 1903, p. 184.
3. *Ibidem*, p.187.
4. Syllacius, cité, *ibid.*, p. 184 *sq.*

carte Pizzigano ? Si oui, ils avaient dû l'approcher par le sud-est, en suivant les vents et les courants dominants, comme l'avait fait Christophe Colomb soixante-dix ans plus tard.

Je consacrai mon attention à l'île de Saya, qui figure sur la carte Pizzigano, au sud-ouest de Satanazes. Comme j'avais passé un certain temps dans les Caraïbes à bord du *Rorqual*, comme j'avais visité et photographié nombre de ces îles, je pouvais aisément imaginer l'approche de la flotte chinoise. Dans bien des cas, les montagnes paraissent noires sur fond de jungle verte. De violent orages éclatent sans prévenir, brouillant la vue des îles. Souvent, lorsque les oiseaux sentent venir la pluie, ils se mettent à tourner en vols nombreux, lançant des cris perçants.

Dès que je consultai une carte moderne, je compris que l'île de Saya correspondait à l'archipel des Saintes. Elle en avait approximativement la forme et se positionnait de la même façon par rapport à la Guadeloupe. Je supposai que Saya représentait bien les Saintes, que Satanazes était la Guadeloupe et que, d'après mes calculs, d'après leur vitesse et leur route, les Chinois avaient dû arriver au large de ces îles en novembre 1421. Étant donné l'altitude maximale des Saintes (environ 300 mètres), et la hauteur à laquelle se trouvaient les marins sur le pont de leur jonque, j'estimai qu'ils avaient dû observer la côte à une distance d'environ 25 milles, alors qu'ils se trouvaient encore dans le détroit de la Dominique. De ce point de vue, ils pouvaient aussi observer le plateau de l'île Marie-Galante à 10 milles au nord, et les montagnes de la Dominique, à dix milles au sud. Pourtant, ni l'une ni l'autre ne figuraient sur la carte Pizzigano. J'en déduisis qu'ils avaient dû franchir ce détroit par une nuit sans lune. En consultant les données astronomiques, je découvris que la nouvelle lune avait eu lieu le 25 novembre 1421. J'estimai donc qu'ils avaient dû approcher Les Saintes par le sud-ouest, un peu avant l'aube, le 26 novembre 1421.

Ce petit archipel comprend deux grandes îles, Terre de Haut et Terre de Bas, et trois plus petites, l'îlet de la Coche et le Grand-Îlet, au sud, l'îlet à Cabrit, au nord. Ces deux grandes îles sont aussi beaucoup plus hautes que les petites et, vus du sud-ouest, le Grand-Îlet et l'îlet de La Coche devaient se fondre à elles, donnant l'apparence d'un seul grand bloc de terre. La côte sud devait prendre l'aspect d'un seul arc parabolique, celui qui figure sur la carte Pizzigano. Connaissant la hauteur à laquelle se tenait le topographe, sur le pont d'un vaisseau-trésor, je pouvais désormais penser qu'il se trouvait à environ deux milles de l'endroit où il avait représenté l'île de Saya.

Que pouvaient encore avoir vu les Chinois de cette position ? Précisément ce qu'avait observé Christophe Colomb, de ce même point de vue, soixante-dix ans plus tard. « L'aube nous révéla un paysage des plus délicieux. Un pic volcanique s'élevait à des hauteurs immenses, des cataractes dévalaient ses flancs comme une eau tombée du ciel [...]. Des vols d'oiseaux tropicaux, de perroquets bruyants et magnifiquement colorés passent, à tire-d'aile, d'une île à l'autre et le vent de terre est chargé de doux parfums[1]. »

Ce « pic volcanique », c'est la Soufrière, à la Guadeloupe, à 18 milles au nord-ouest. Le volcan se trouve à l'intérieur des terres et son pic est souvent masqué par les nuages et les pluies violentes. Sept rivières dévalent ses flancs orientaux. La plus spectaculaire produit les chutes de Karukera, hautes de plus de 120 mètres. Les Chinois, qui étaient en mer depuis plus de trois mois, n'avaient pas pu dédaigner cette occasion de se ravitailler en eau douce. Ils avaient dû changer de cap pour rejoindre ces cataractes.

Je me rappelai alors les mots *con* et *ymana*, figurant sur l'île de Satanazes, sur la carte Pizzigano. Ma première tentative de décryptage, avec l'aide d'un champion de mots-croisés, m'avait conduit à interpréter *con* comme « coquillage », « montagne conique » ou « volcan ». C'était intéressant mais cela ne menait pas très loin. Le Pr João dos Santos, spécialiste de portugais médiéval rattaché à l'ambassade portugaise de Londres, me traduisit ces mots comme « volcan » (*con*) et « ici en éruption » (*ymana*). C'était une description particulièrement pertinente. En transposant ces mots sur une carte moderne, à l'endroit où ils figuraient sur la carte Pizzigano, je les vis se superposer très exactement aux volcans de La Soufrière, La Citerne et L'Échelle. Le Smithsonian Institute me confirma que ces trois volcans étaient entrés en éruption trois fois entre 1400 et 1440, sans que ces dates, estimées au carbone 14, puissent être davantage précisées[2]. Ils restèrent ensuite en repos pendant deux cent cinquante ans et aucun autre volcan n'entra en éruption dans les Caraïbes au XVe siècle[3]. Comme la carte Pizzigano ne peut témoigner que d'une éruption de ces volcans, j'avais une preuve directe de la présence d'un cartographe dans les Caraïbes, au plus tard en 1424, c'est-à-dire soixante-huit ans avant Christophe Colomb.

1. Chanca, cité, *ibid*, p. 181-182.
2. Voir notre site internet pour plus de détails.
3. Correspondance entre le Smithsonian Institute, Washington D. C., et l'auteur, 6 et 7 juillet 2002.

Les anomalies que présente cette carte s'expliquent facilement lorsqu'on retrace la route que les vaisseaux-trésors ont dû suivre. En se dirigeant vers les chutes d'eau, les jonques ont dû s'approcher des Saintes, car le courant les poussait vers l'ouest. En passant à la pointe nord-est de cet archipel, le cartographe, qui tournait le dos au soleil levant, a dessiné la baie de Marigot à une distance d'un demi-mille. De si près, avec un tel éclairage, il ne pouvait qu'en exagérer légèrement la taille, ce qui apparaît sur la carte Pizzigano. Comme les jonques se rapprochaient encore, il dessina deux autres baies sur la côte nord de Saya. Quant à la passe du Pain de Sucre, le cartographe qui la représenta se trouvait à environ 7 milles de la côte, vers midi (en estimant la vitesse des jonques à 4,8 nœuds), si bien qu'il était face au soleil. De plus loin, avec une lumière aveuglante, il dessina cette baie plus petite qu'elle ne l'est en fait. Pour vérifier mes conclusions, je fis appel à un membre de la Royal Geographic Society, qui était aussi, comme moi, navigateur professionnel. Il fut également convaincu que l'île de Saya était l'archipel des Saintes, dessiné tel qu'on pouvait le voir depuis le niveau de la mer, en l'approchant par le sud-est.

Ayant approximativement calculé l'heure à laquelle ce cartographe avait dessiné les Saintes, j'étais en mesure d'estimer que les jonques avaient dû mouiller dans la baie de la Grande Anse, dans le sud de la Guadeloupe, un peu après midi. Je les imaginais, refaisant leur provision d'eau douce, sur fond d'orchidées et d'hibiscus blancs, rouges et bleus (« le vent y est chargé de doux parfums »). Manioc, poivrons et yuccas, en partie comestibles, étaient à leur disposition. La mer y offre un kaléidoscope de poissons, de langoustes et de crabes paressant sur les coraux. Je les voyais, ces marins courant sur le rivage, lavant leur linge, ravitaillant leurs navires. Quel délice ce dut être pour eux de pouvoir enfin se baigner dans ces eaux chaudes après un mois de mer !

Souvent, dans l'est des Caraïbes, une brise de mer se lève à l'approche de la nuit, qui vient rafraîchir les îles. Les Chinois, qui mouillaient dans une baie exposée aux vents de l'Atlantique, avaient dû chercher un havre plus abrité pour la nuit. À deux heures de mer, sur cette côte est, ils avaient dû trouver un mouillage bien isolé, entre deux îles coralliennes, dans le sud de la baie Sainte-Marie. Je partais du principe qu'ils avaient accosté, pour se ravitailler en eau douce, à l'endroit exact où s'étaient abrités Christophe Colomb puis les flottes françaises et anglaises plusieurs siècles après lui. À première vue, cela pouvait paraître incroyable : pourquoi tant de navires, de nationalités différentes, et si loin de leur port d'attache, auraient-ils fini par aboutir dans la même baie perdue des

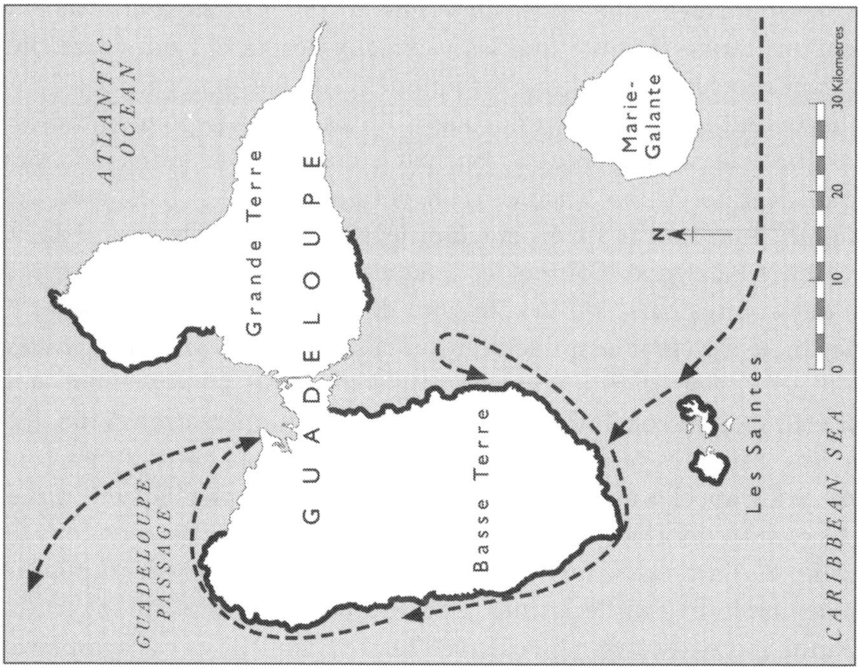

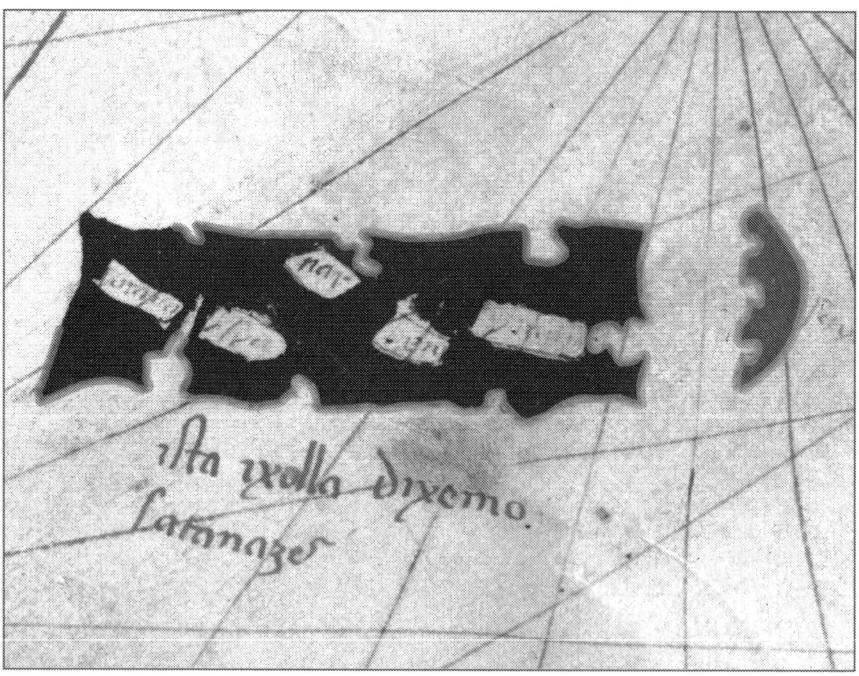

La Guadeloupe, telle qu'elle apparaît sur la carte Pizzigano, et sur une carte moderne.

Caraïbes, à plusieurs siècles de distance ? Eh bien, parce qu'ils étaient soumis aux mêmes forces naturelles.

Le système des vents et courants de l'Atlantique Nord, évoluant dans le sens des aiguilles d'une montre, avait mené la flotte de Zhou Wen des îles du Cap-Vert à la latitude de 18° N, là où les courants équatoriaux convergent pour s'engouffrer dans le détroit de la Dominique. En entrant dans les Caraïbes, ils furent salués par le magnifique volcan de la Soufrière et ses cataractes « d'eau tombée du ciel ». Après avoir longé cette côte exposée, ils durent trouver un havre naturel pour la nuit dans la baie la plus proche et la mieux abritée. Ce qu'ils ignoraient, c'était que ce paradis naturel était en réalité « l'île du Démon », Satanazes, peuplée de tribus anthropophages. La Guadeloupe constituait en effet le principal repaire des Indiens caraïbes, habiles chasseurs d'hommes, capables de poursuivre leurs proies à la nage. Je passai une journée entière à relire le journal du second voyage de Colomb, qui comprend la description d'une attaque de sa flotte par les Caraïbes : « ces Caribes savent aussi bien se battre dans l'eau que dans leurs canoa [...]. L'Espagnol mourut, en conséquence. » Après la mort d'un marin espagnol, Colomb, en représailles, fit éventrer l'un de ces Indiens. Les intestins du blessé flottaient à la surface des eaux, mais, selon le récit de Syllacius, il les ramassa d'une main, sans cesser de tirer ses flèches de l'autre[1].

Sur cet horrible détail, je décidai de mettre un terme à ma journée de recherches. Mais en rentrant chez moi ce soir-là, l'idée me traversa l'esprit que si les Chinois avaient, eux aussi, accosté sur cette île, ils avaient dû, eux aussi, être attaqués par les Caraïbes. Pouvait-il rester quelque trace de leur passage ? Je retournai à la British Library, pour relire le récit de ce second voyage, et je fis une extraordinaire découverte dans le passage suivant :

> Dans l'une de ces demeures, ils trouvent ce qui semblait une marmite de fer [...], mais voici une curiosité chez ces sauvages : l'étambot d'un navire. Il doit avoir dérivé sur l'océan, de quelque pays civilisé. Peut-être est-ce un vestige de la *Santa Maria*. Et maintenant, ils sont tous horrifiés, devant une pile d'ossements humains, probablement les restes de bien des repas contre-nature.

Il n'y a pas de fer dans les Caraïbes, ni même en Amérique centrale. Pour construire leurs embarcations, les îliens utilisaient des troncs qu'ils

1. Syllacius, cité par Longille, *op. cit.*, p. 184 *sq.*

évidaient et ils ne connaissaient absolument pas l'étambot, pièce de mécanisme élaboré. Les Chinois, en revanche, utilisaient ce système depuis le Ier siècle av. J.-C. (il fallut attendre le XIVe siècle pour le voir apparaître en Europe). La *Santa Maria* fit naufrage au large d'Haïti, loin de la côte nord-ouest de la Guadeloupe, et le Gulf Stream aurait précisément emporté ses vestiges dans la direction opposée, vers la Nouvelle-Angleterre, au nord-ouest. J'avais de bonnes raisons de penser que cet étambot provenait d'un navire chinois, tout comme le récipient de métal.

Les Chinois avaient dû prendre la mer pour échapper aux Caraïbes, comme l'avaient fait les équipages de Christophe Colomb. Une fois au large, en sécurité à environ 3 milles des côtes, ils avaient dessiné le cap des Vieux-Habitants, l'anse à la Barque et la baie de Deshaies. Le lendemain matin, ils avaient dû arriver dans ce qu'on nomme aujourd'hui le Grand Cul-de-Sac Marin et, de là, le cartographe avait consigné ce qu'il voyait de Grande-Terre. L'île occidentale de la Guadeloupe, très basse, ne dépasse pas 50 mètres d'altitude près des côtes et 100 vers l'intérieur des terres. À ce stade, à la tombée la nuit, elle devait lui apparaître plongée dans les brumes. Comme il n'en vit pas grand-chose, son travail manqua de précision. Reprenant la mer sous le vent, suivant toujours le courant, les Chinois se dirigèrent vers le nord-nord-ouest à travers les Caraïbes, cherchant sans doute à rejoindre la latitude de Pékin, point de référence évident pour leur flotte, soit 39° 53' N, latitude de l'actuel Atlantic City dans le New Jersey.

Le cartographe avait dessiné ce qu'il voyait de l'archipel des Saintes depuis le niveau de la mer et l'avait placé correctement par rapport à la Guadeloupe et à Basse-Terre. Il avait également cartographié avec précision les côtes est, sud et ouest de cette île, ainsi que le Grand Cul-de-Sac-Marin, et placé exactement leurs baies et leurs rivières. Il avait aussi décrit la Soufrière et les volcans voisins en éruption. La probabilité de trouver une autre île comportant des volcans en éruption, avec des îles présentant la même configuration géographique au sud et la même baie au nord, est nulle. Il ne peut subsister le moindre doute : Satanazes est bien la Guadeloupe (Basse-Terre, plus précisément) et Saya, l'archipel des Saintes. Connaissant leurs dimensions réelles, je pouvais trouver celles de Satanazes et, comme la carte Pizzigano donnait les dimensions d'Antilia et sa position par rapport à elle, j'étais aussi en mesure de trouver sa position exacte. La carte indiquant aussi les positions et distances relatives d'Antilia et de Satanazes, je n'avais plus qu'à chercher une île de 135 kilomètres de long sur 50 de large, à quelque 600 kilomètres de la Guadeloupe, dans une direction ouest-nord-ouest, c'est-à-dire, une fois encore, dans la direction des vents et courants dominants.

Je m'armai donc d'une carte moderne pour trouver l'équivalent d'Antilia. Elle me révéla que Porto Rico se trouvait à l'emplacement que je cherchais, que sa taille et sa position correspondaient à celles d'Antilia et qu'elle se trouvait dans l'alignement exact des vents et des courants qui avaient dû emporter les jonques après leur départ de Basse-Terre. En comparant les contours d'Antilia sur la carte Pizzigano avec ceux de Porto Rico, je vis qu'ils correspondaient. Je me rappelle ce moment comme un extraordinaire pas en avant. Submergé par l'importance de ma découverte, j'errai dans la nuit à la recherche d'un endroit pour prendre un verre et fêter cette avancée décisive.

De retour à la British Library, le lendemain matin, j'étais inquiet : ivresse et fatigue avaient pu me conduire à une énorme erreur d'interprétation. Mais la comparaison d'une carte moderne à grande échelle de Porto Rico et d'Antilia telle que la montrait la carte Pizzigano fit disparaître mes derniers doutes. Les similitudes étaient évidentes : en particulier la forme générale de l'île et les baies de Guayanilla, San Juan et Mayagüez. Hormis sa pointe sud-ouest, Antilia et ses ports naturels correspondaient exactement à Porto Rico. C'était même une œuvre cartographique d'une précision inouïe, bien supérieure à ce que pouvaient atteindre, en 1424, les productions portugaises.

En outre, il est facile d'expliquer pourquoi l'extrémité sud-ouest de l'île y est exagérée. Vents et courants avaient dû conduire les Chinois vers le nord-ouest lorsqu'ils avaient quitté la Guadeloupe, vers un point situé à 60 milles à l'est de Porto Rico, par la route que Christophe Colomb allait suivre, lui aussi. Là, ils avaient dû observer la forme d'enclume que prend le menaçant volcan El Yunque sur sa côte est, et se diriger vers lui pour refaire leurs réserves d'eau douce. Comme la flotte chinoise l'avait fait à maintes reprises pour réaliser des levés topographiques, elle avait dû se séparer en deux escadres, l'une prenant la direction du sud et l'autre celle du nord. Elles avaient aperçu le volcan dans la soirée et si elles avançaient bien à une vitesse moyenne de 4,8 nœuds, elles avaient dû dépasser l'île de Vieques dans la nuit. Dans ces conditions, les observateurs chinois ne pouvaient pas voir qu'il s'agissait d'une île différente et, par conséquent, ils en firent une partie d'Antilia.

La carte Pizzigano montre aussi clairement la mention *ura* (ouragan) à proximité de ses côtes, ce qui indique que la flotte de Zhou Wen dut affronter un ouragan en quittant cette île. La prudence exigeait alors

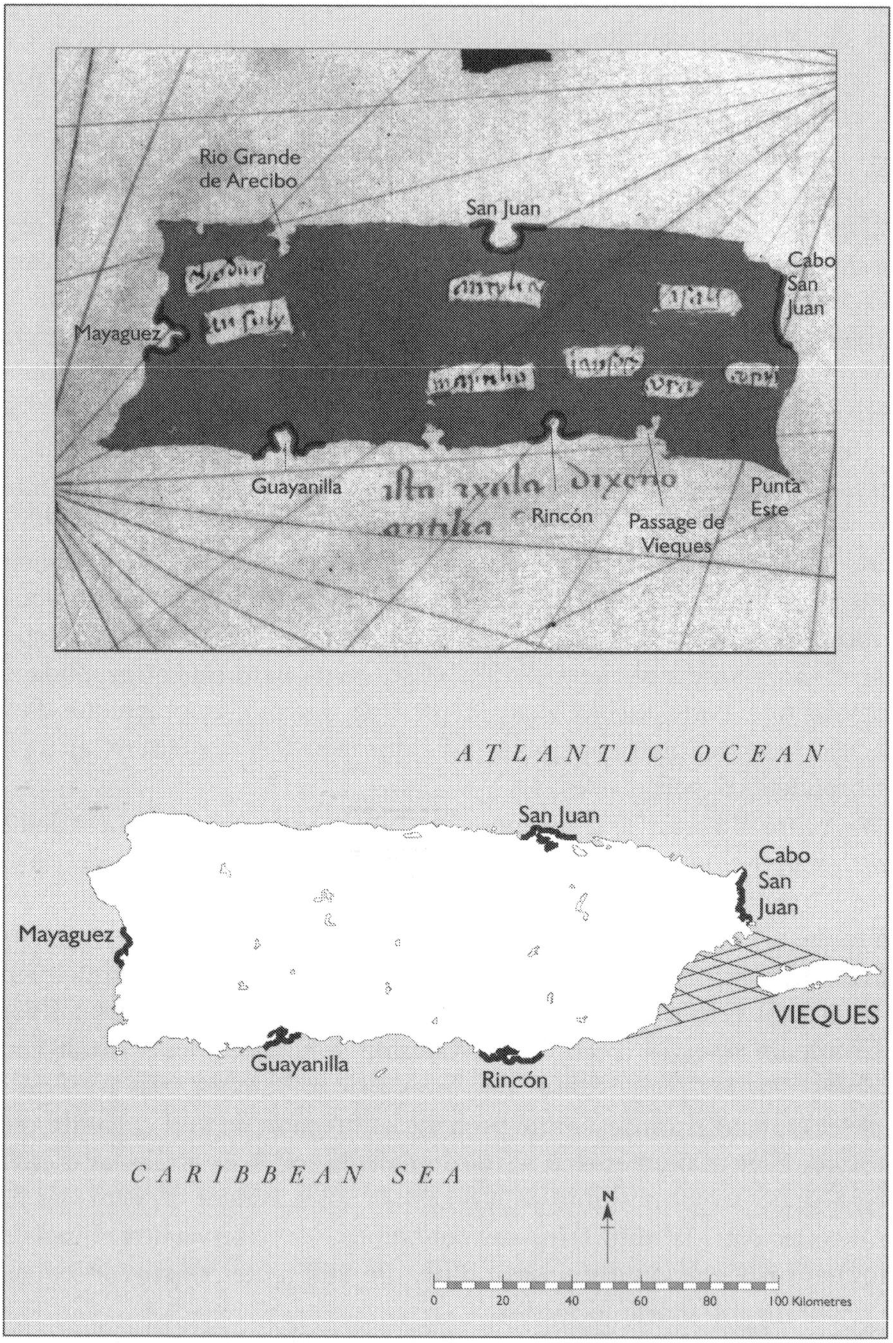

L'île Porto Rico, telle qu'elle figure sur la carte Pizzigano, et sur une carte moderne.

qu'elle coure un vent d'arrière avec un minimum de voilure, en cherchant un havre où mouiller pour attendre la fin de la tempête. C'est pourquoi les ports naturels des côtes sud, ouest et nord de l'île sont si précisément repérés sur la carte Pizzigano, bien antérieure à la naissance de Christophe Colomb.

Éprouvée par la tempête, la flotte chinoise avait néanmoins poursuivi son levé topographique de Porto Rico, et je pouvais imaginer les jonques déployant leurs immenses voiles à la fin de l'ouragan, pour faire route vers le nord et rejoindre la latitude de Pékin. Si ma théorie s'avérait, il devait exister des traces du voyage des Chinois sous ces latitudes. J'étais certain qu'ils étaient parvenus jusque dans l'Atlantique Nord, car la stèle gravée érigée par Zheng He à Lui Chi Chang après cette sixième et épique expédition déclarait : « Les contrées au-delà de l'horizon, aux confins de la terre, sont toutes devenues sujettes, ainsi que les plus occidentales des contrées occidentales ou les plus septentrionales des contrées septentrionales, aussi lointaines qu'elles puissent être[1]. » D'un point de vue chinois, il ne pouvait s'agir que de la côte Atlantique de l'Amérique du Nord, mais comme toujours, je me heurtai à la destruction systématique des archives par les mandarins. Une fois encore, il me fallait rechercher des indices du passage des Chinois dans les cartes et les portulans de l'hémisphère nord qui dataient d'avant la découverte de l'Amérique par les Européens. Il me fallait l'équivalent de la carte Pizzigano.

Un planisphère habituellement nommé « planisphère Cantino » vint à mon secours. C'est à la Biblioteca Estense de Modène, en Italie, que j'avais exhumé cette carte extraordinaire, lors de mes recherches sur le voyage de Zhou Man aux Amériques. Cantino, agent du duc Ercole d'Este, s'était subrepticement procuré cette œuvre d'un cartographe anonyme. La provenance et l'authenticité de la carte Cantino n'ont jamais suscité le moindre doute et des preuves solides permettent d'en dater l'acquisition au mois d'octobre 1502. En quittant Porto Rico, poussée vers le nord-ouest par les vents et les courants, la flotte chinoise avait dû faire voile vers Hispaniola, Cuba, et traverser les Caraïbes jusqu'à la Floride. C'est exactement ce que montre la carte Cantino : Hispaniola, Cuba et bien d'autres îles des Caraïbes, au large de la Floride. Mais, si elle dépeint avec une saisissante exactitude les côtes de l'Afrique et de l'océan Indien, sa description des Caraïbes reste terriblement inexacte. Nombre d'îles y présentent des contours

1. Cette inscription a été traduite par J. J. L. Duyvendak dans *China's Discorvery of the Africa*, Probsthain, 1949, p. 28.

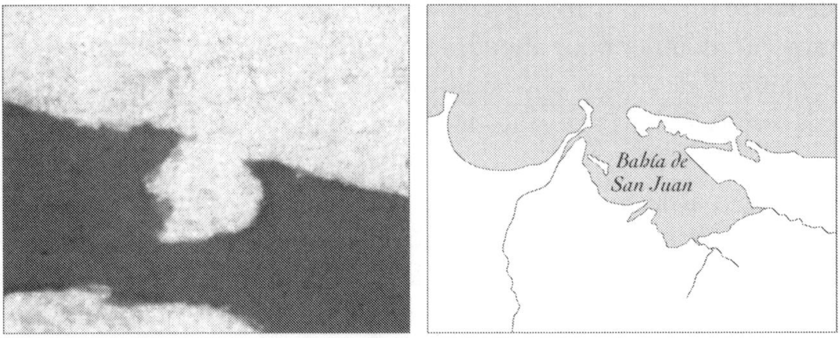

Bay of San Juan
18°28′N 66°07′W

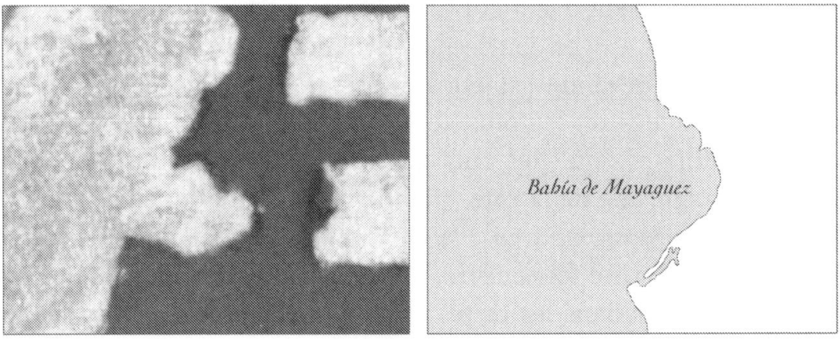

Mayaguez
18°12′N 67°11′W

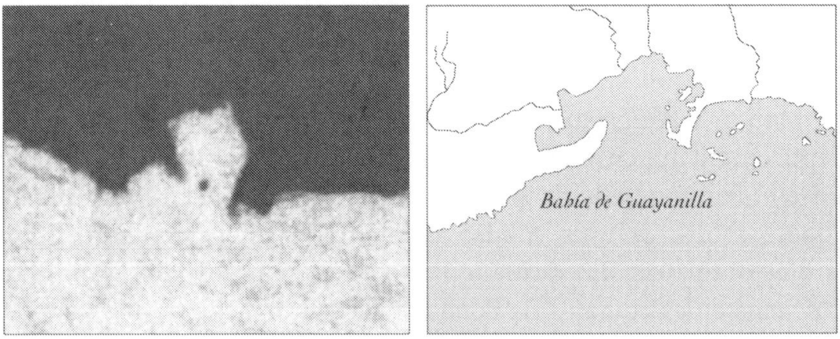

Guayanilla
18°00′N 66°46′W

Baie de San Juan (18° 28' N 66° 07' O).
Mayagüez (18° 12' N 67° 11' O).
Guayanilla (18° 00' N 66° 46' O).
Baies et anses de Porto Rico, placées sur la carte Pizzigano avec une précision extrême.

n'ayant qu'un lointain rapport avec leur taille et leur forme actuelles. J'étais stupéfait d'y trouver tant d'erreurs.

Je tentai désespérément de comprendre. Il fallut longtemps, mais la réponse à cette énigme s'imposa soudain. En 1421, le niveau des mers était plus bas qu'aujourd'hui. Le réchauffement climatique, qui fait fondre les glaces polaires, poursuit lentement mais inexorablement son œuvre. Le laboratoire océanique Proudman de Birkenhead, en Angleterre, estime qu'au cours de ces derniers siècles, le niveau des océans s'est élevé d'un à deux millimètres par an. D'autres océanographes sérieux donnent même un chiffre légèrement supérieur, avec une hausse annuelle moyenne d'environ quatre millimètres. On peut donc estimer sans prendre de risque que, depuis 1421, le niveau des mers s'est élevé d'un à deux mètres. Pour plus de simplicité, je décidai de travailler sur la base de 1,80 mètre, moyenne des estimations.

Les cartes des Caraïbes de l'Amirauté britannique me permirent alors de voir émerger une image complètement différente de la région. En 1421, des zones aujourd'hui submergées devaient se trouver au-dessus du niveau des mers ou constituer des bas-fonds. Rochers et coraux apparaissaient comme de dangereux écueils où se brisaient les vagues. En 1421, le Grand Banc des Bahamas, qui s'étend depuis le sud de l'île d'Andros en direction de Cuba, devait être émergé jusqu'au tropique du Cancer et les nombreux bancs de sable que les cartes modernes indiquent comme « presque émergés » devaient l'être vraiment. Aux yeux des cartographes chinois, tout ce qui se trouvait entre Cayo Guajava, au centre de la côte septentrionale de Cuba, et Miami devait apparaître comme une longue île de très faible altitude, extension de Cuba.

Suivant les vents et courants dominants, la flotte a dû longer la côte nord-est de Cuba, puis se diriger plein nord, jusqu'à l'est de l'île d'Andros, vers Grand Bahamas. (L'île d'Andros est le repaire des sous-mariniers, car une profonde tranchée sous-marine à l'est de ses côtes permet aux sous-marins nucléaires de tester leur silence et leur vitesse de pointe en plongée. Après ces opérations, nous avions coutume de remonter à la surface pour paresser sous les palmiers en sirotant, qui un soda, qui un rhum sur les plages d'Andros.) Si les Chinois avaient navigué de nuit, ils n'avaient pas pu voir de passage vers l'ouest et ils avaient dessiné exactement ce que montrait la carte Cantino. En adaptant ma carte moderne au niveau des mers de 1421, soit 1,80 mètre de moins, je constatai que bien des lagons peu profonds, qui séparent aujourd'hui les îles des Caraïbes, devenaient des terres émergées. Lorsque je comparai cette carte modifiée à la carte

Cantino, il devint clair qu'ils avaient cartographié la région avec une précision considérable, la dessinant telle qu'elle devait apparaître aux marins qui la sillonnèrent il y a six siècles. Une fois encore, j'avais affaire à un travail d'une habileté remarquable.

Il me restait alors une question importante à résoudre : ce travail pouvait-il être l'œuvre de Christophe Colomb et de ses hommes, qui explorèrent les Caraïbes en 1492, soit dix ans avant l'achat de la carte Cantino ? Les spécialistes ne s'accordent pas vraiment sur l'endroit où il accosta pour la première fois : les avis se partagent entre Samana Cay et Cat Island, où il aborda pour la première fois les côtes cubaines. Christophe Colomb faisait un piètre cartographe. Lors de son premier voyage, ses calculs étaient erronés d'environ 20° pour les latitudes (il pensait être quelque part vers la Nouvelle-Écosse) et d'environ 1 000 milles pour les longitudes. Même s'il avait pu embarquer, en secret, un cartographe plus doué pendant ses quatre voyages, cela ne pouvait suffire à expliquer que la carte Cantino montre des milliers de kilomètres carrés où aucun Européen n'était encore allé, et où personne ne devait se rendre avant une bonne vingtaine d'années. J'en conclus que cette carte ne pouvait avoir pour origine les voyages de Christophe Colomb.

Pouvait-elle alors être le fruit d'une expédition portugaise ou espagnole inconnue ? Pour répondre à cette question, il faut examiner ensemble les cartes Cantino et Piri Reis. En 1501, date à laquelle le marin de Christophe Colomb fut capturé par les Ottomans, un cartographe avait été en mesure de dépeindre avec précision l'Amérique du Sud et l'Antarctique. L'année suivante, la carte Cantino montrait l'Afrique, l'océan Indien et les Caraïbes. Pour parvenir à ce degré d'exactitude et pour rassembler tous les détails figurant sur ces deux cartes, il aurait fallu pas moins de trente navires, rien que pour effectuer les levés topographiques de l'océan Indien, sans même parler de l'Amérique du Sud, de l'Antarctique et de l'Afrique. Ni l'Espagne ni le Portugal ne pouvaient se permettre d'envoyer simultanément des flottes aussi importantes dans des régions aussi lointaines.

Seule la Chine disposait des navires, des ressources et du savoir-faire qu'exigeaient de telles expéditions. Seuls les cartographes chinois avaient pu effectuer d'aussi remarquables travaux.

En examinant les Caraïbes sur la carte Cantino, j'étais même en mesure de retracer la route qu'avaient suivie ceux qui l'avaient dessinée. Pour représenter ces îles, ils avaient dû en longer toutes les côtes, alors que le gréement de leurs jonques les forçait à courir sans cesse un vent d'arrière, sans jamais rebrousser chemin. Il leur fallait donc deux navires

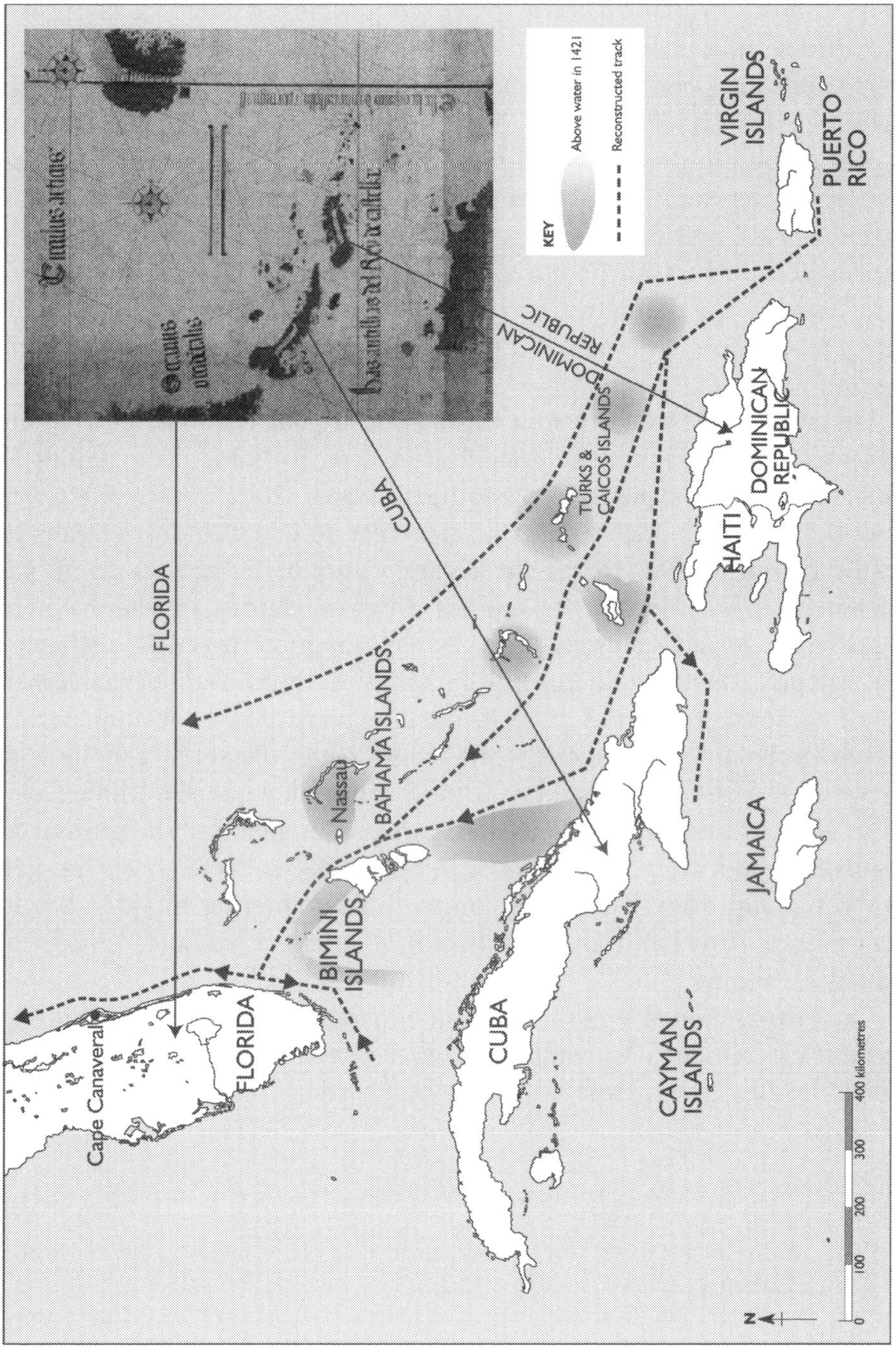

Représentation des Caraïbes et de la Floride sur la carte Cantino, et sur une carte moderne.

pour observer chaque île correctement, et en faire le tour. La façon dont les cartes se présentent, jointe à l'étude des vents et courants dominants, me conduisent à penser qu'il leur fallut au moins cinq escadres pour cartographier les Caraïbes. Selon mes estimations les plus optimistes, ils avaient eu besoin de dix à vingt bateaux pour rassembler une telle masse d'informations sans jamais faire demi-tour. En estimant leur vitesse moyenne à 4,8 nœuds, en supposant qu'ils évitaient de se perdre de vue et que les hommes travaillaient dix heures par jour, ils avaient pu cartographier environ 40 kilomètres carrés par jour. Si bien que, pour recueillir autant de données, ils avaient dû passer quatre à six semaines à explorer la région.

Un grand nombre d'îles sont très basses et pour les observer avec une telle précision, les jonques devaient se trouver à moins de 10 milles les unes des autres, s'exposant à d'énormes risques. Pour traverser le Grand Banc des Bahamas depuis Cuba jusqu'à l'est de l'île d'Andros et dans les îles Berry (qui figurent toutes sur la carte Cantino), les navires on dû passer plusieurs fois, de nuit, ce que les cartes modernes appellent « nombreux bancs de sable presque émergés » et « nombreux écueils rocheux ». Sur une petite étendue de 40 milles nautiques[1], se trouvent véritablement des centaines de rochers et de récifs coralliens capables de déchiqueter des coques de bois. Pour parcourir cette toute petite distance, la flotte a dû essuyer des pertes considérables. Il est inconcevable que les Chinois aient pu la couvrir sans perdre de navire. Lorsque les jonques atteignirent les îles Berry, après avoir traversé le Grand Banc des Bahamas, elles devaient être très endommagées, avec des compartiments internes inondés. Sur les eaux calmes, dans l'air tranquille de la nuit, devaient résonner les cris des marins à l'agonie.

Cette sombre pensée m'indiquait que je touchais au but : les cartes me disaient exactement où chercher les traces de ces naufrages, à quelques milles des îles Berry, dans le détroit de Floride.

1. Entre 77° 30' O, 23° 10' et 23° 50' N.

CHAPITRE 12

Les vaisseaux-trésors s'échouent

Lorsqu'on sort des bas-fonds pour rejoindre l'océan profond, la forme et la longueur des vagues se modifie, elles prennent une couleur, mais aussi une odeur, différentes. Ce phénomène, bien connu de tous les marins expérimentés, l'amiral Zhou Wen dut le remarquer quand ses flottes doublèrent les îles Berry pour entrer dans la passe de la Providence, qui mène au détroit de Floride. Je supposai que plusieurs de ses jonques avaient dû être endommagées par les récifs et qu'il avait dû chercher un endroit où échouer ses bateaux pour les empêcher de sombrer dans l'océan. C'était sans doute une urgence, voire une absolue nécessité, car des navires en mauvaise condition n'auraient pu affronter le large.

Je commençai donc une recherche sérieuse autour des îles Berry. Les cartes à grande échelle de l'Amirauté britannique et l'atlas des trésors de Coffman[1] montrent des épaves éparpillées sur toute la route de Zhou Wen. Coffman en a dressé une classification en trois catégories : galions espagnols, épaves plus récentes et autres vestiges, plus anciens et non identifiés. C'est sa troisième catégorie qui retint toute mon attention, et je comparai ses cartes avec celles de l'Amirauté britannique. Ce fut un moment de grande émotion, car elles me révélèrent pas moins de huit épaves non identifiées dans un rayon de 40 milles, soit six heures de mer, autour du point où les flottes chinoises pénétrèrent dans le détroit

1. F. L. Coffman, *Atlas of Treasure Maps*, New York, 1957.

de Floride. Quatre d'entre elles se trouvaient sur le récif de la Petite Bahama et les côtes de la Floride[1], et quatre autres, plein sud[2]. En examinant une carte à grande échelle, je remarquai que la route probablement suivie par ces quatre derniers navires semblait les mener vers un groupe de petites îles, à 15 milles de là : les Bimini (North et South Bimini), l'île de Gun et celle d'Ocean Cay. La position des épaves corroborait l'hypothèse de jonques tentant désespérément d'atteindre une côte, dans un effort resté vain : la dernière d'entre elles se trouve à moins d'un mille de North Bimini. Elle repose désormais en eaux peu profondes. Si les requins ne l'avaient pas attaqué, l'équipage avait pu nager jusqu'à la côte la plus proche. J'avais l'intuition que l'on devait trouver, sur les îles Bimini, les traces d'autres naufrages ou de jonques qui auraient réussi à rallier la côte. Avant de me rendre sur place, il me parut raisonnable de vérifier si les Européens avaient remarqué quoi que ce soit lors de leur première exploration, notamment des épaves ou des porcelaines apportées par les Chinois. Juan Ponce de León (env. 1460-1521), conquistador espagnol et gouverneur de Porto Rico de 1510 à 1511, fut le premier à aborder les Bimini. Le 23 février 1512, le roi d'Espagne lui confia cette mission :

> *Le Roi*
>
> Aux autorités de l'île d'Española, sur l'accord qu'elles ont passé avec Juan Ponce de León à propos de ladite île de Biminy, qu'il doit aller découvrir[3].

L'impatience du roi se fondait sur la légende qui racontait que la fontaine de Jouvence, conférant jeunesse éternelle à ceux qui buvaient de son eau, se trouvait sur les îles Bimini :

> Il est une île, à près de trois cents et vingt-cinq lieues d'Española, où se trouve une source d'où s'écoule constamment une eau de si merveilleuse vertu que, lorsqu'on en boit, suivant peut-être aussi quelque autre régime, elle rend la jeunesse aux vieillards [...] se baignant dans cette source ou dans sa fontaine, des vieillards ont recouvré leur jeunesse[4].

Cette légende était déjà fort répandue, avant même que Christophe Colomb ne prenne la mer. Plus tard, on a pu identifier ces eaux miraculeuses

---

1. Les épaves 26, 61, 63 et 64 dans le système de numérotation de Coffman.
2. Les épaves numérotées 27, 28, 29 et 30 par Coffman.
3. Peter Martyr, cité par E. W. Lawson, *The Discovery of Florida and Its Discoverer Juan Ponce de León*, 1946, p. 8.
4. Martyr, cité par E. W. Lawson, *ibidem*.

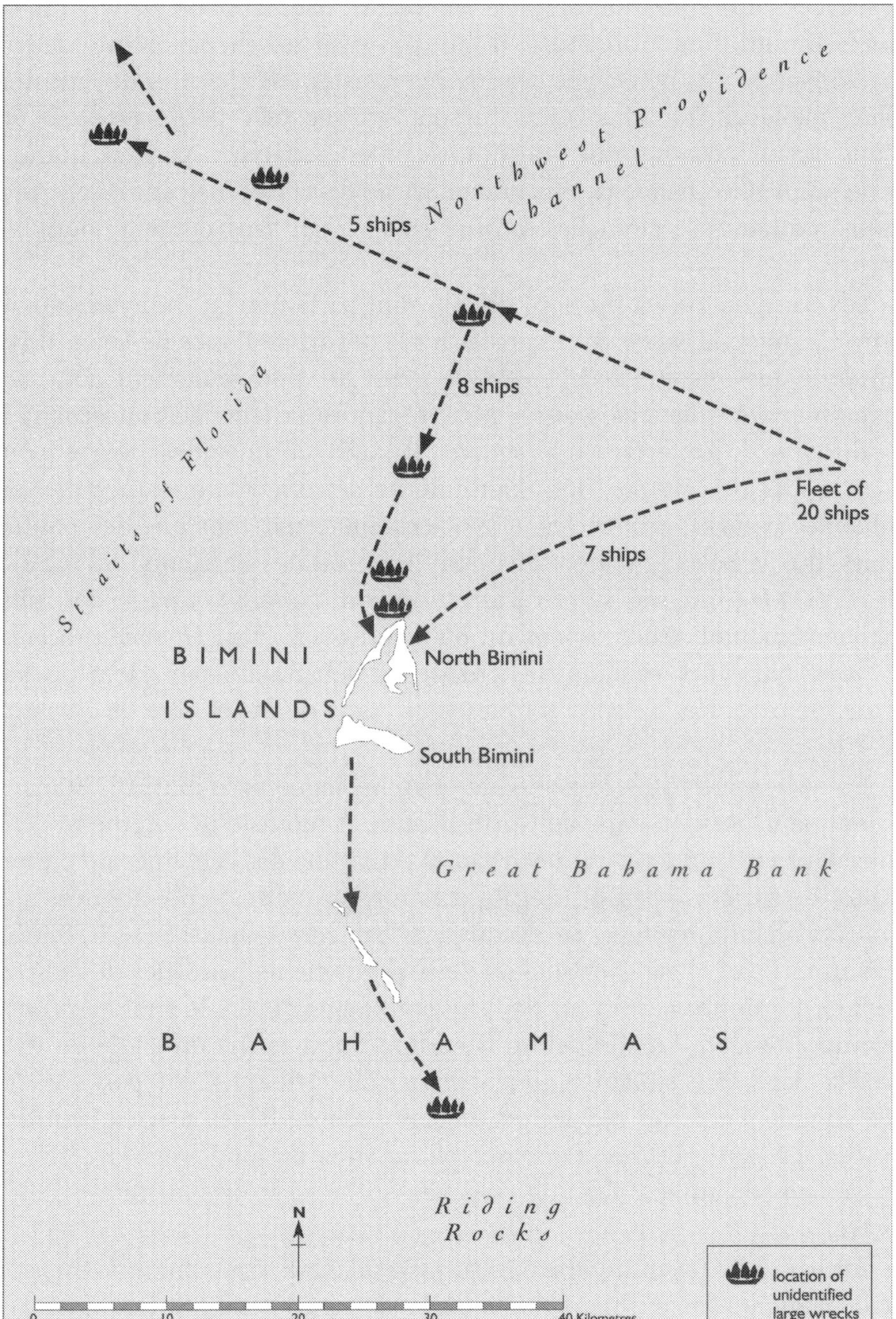

Localisation des épaves non identifiées sur la route maritime des Bimini.

à source sulfureuse qui dégage son odeur nauséabonde dans l'est de North Bimini. Pour l'atteindre, il faut traverser un chenal infesté de caïmans. Peu de rois pouvaient néanmoins résister aux charmes de l'immortalité, quelques lointains qu'ils fussent, et une telle découverte eût été d'une valeur commerciale inestimable, bien entendu : pas un homme riche qui n'eût échangé la plus grande partie de sa fortune contre cette promesse de jeunesse éternelle, comme on le ferait sans doute aujourd'hui encore.

Les baies du sud et du nord de l'île sont parfaitement indiquées sur la carte Cantino, dessinée douze ans avant le départ de Ponce de León. Il fallait donc que quelqu'un soit passé là avant lui, non seulement pour cartographier cette île, mais aussi pour répandre la légende concernant la localisation de cette fameuse source. Il suffit de quelques heures pour faire le tour de cette île, dont l'altitude ne dépasse pas quelques mètres. Inhabitée pendant des siècles, elle n'accueillit longtemps que des naufrageurs, qui se postaient là en attendant la saison des ouragans. Au XXe siècle, Ernest Hemingway se prit d'affection pour l'endroit et passa des nuits entières à hanter ses bars pendant qu'il écrivait *Le Vieil Homme et la mer*. De nos jours, des milliers de touristes y débarquent par yacht ou par avion, pour voir les lieux qu'il fréquentait, sans rien connaître de l'histoire de l'île.

En septembre 1968, le zoologue et archéologue sous-marin J. Manson Valentine nageait au large de North Bimini. À moins d'un kilomètre de la côte, dans environ trois mètres d'eau, il remarqua des centaines de pierres plates, de surface à peu près égale (environ un mètre carré), alignées suivant un schéma régulier. Sa découverte, baptisée « chaussée » de Bimini (« Bimini Road »), se constitue de deux alignements parallèles de pierres, partant des dunes de Bimini Bay et se prolongeant vers le sud-ouest pour rejoindre l'océan. En son début, la section ouest forme un angle de 160° avec la plage, puis s'incurve pour y mener directement. Cette partie incurvée, longue d'environ 130 mètres, se compose de larges pierres bien disposées. La partie droite, d'environ 360 mètres de long, vers la côte, est divisée en son milieu par une tranchée où ne se trouve aucune dalle de pierre.

En 1974, un scientifique américain, David Zink, conduisit une mission archéologique (la première d'une série de neuf) visant à examiner ces mystérieux mégalithes. Il produisit une masse de preuves convaincantes montrant que cette chaussée était l'œuvre de l'homme, et non d'un phénomène naturel. De petites pierres sont utilisées pour rehausser les plus grandes, dans le but apparent de régulariser les fonds sous-marins, et la plus grande des deux structures comporte des marques en forme de flèches, qui ne peuvent avoir été tracées que par la main de l'homme. Certaines sections sont constituées de pierres taillées de dimensions identiques, parfaitement alignées, et parmi les plus petites, certaines sont même taillées pour s'emboîter, voire comportent des rainures à cet effet. Elles ont dû rester longtemps submergées car elles ont subi l'érosion des vagues, et pris l'apparence d'énormes miches de pain. Certaines de ces pierres ne peuvent absolument pas provenir des Caraïbes. Visible depuis les airs à travers les eaux azur, la chaussée forme une large bande de dalles beiges qui se dirige vers les profondeurs marines. Après le Dr Zink, le commandant Cousteau en fit un examen détaillé dans l'un de ses documentaires télévisés[1] et le magazine *National Geographic* y consacra plusieurs articles. Les différents spécialistes qui se penchèrent sur cette énigmatique structure s'accordèrent tous à dire qu'il s'agissait d'une construction humaine.

Par la suite, le Dr Zink devait parvenir à l'étrange conclusion que les pierres de Bimini étaient les piliers d'un temple bâti, vers l'an 28000 av. J.-C., par les Atlantes. Cette civilisation perdue aurait reçu l'aide d'extraterrestres de la constellation des Pléiades pour construire un complexe mégalithique comparable à celui de Stonehenge[2]. Bien que je doive exprimer ici mon désaccord avec de telles théories, je n'en rejette pas pour autant les observations ni les mesures minutieuses que Zink effectua lors de ses campagnes archéologiques.

Lorsque la flotte de l'amiral Zhou Wen tenta de rallier les Bimini, de nombreux navires devaient avoir la coque percée sous la ligne de flottaison, et au moins un, sinon deux de leurs compartiments étanches inondés. Les capitaines des jonques endommagées devaient absolument les échouer avant qu'elles ne sombrent, afin de procéder aux réparations nécessaires et d'évacuer l'eau pour l'empêcher d'atteindre les réserves de riz, leur principale source de nourriture. En pareilles circonstances, la pratique courante, attestée depuis des siècles et largement utilisée pendant la Seconde Guerre mondiale, veut que les navires endommagés soient solidement arrimés à ceux qui sont encore en bon état, pour éviter qu'ils ne coulent et leur porter assistance, autant que faire se peut. Il est probable

---

1. *À la recherche de l'Atlantide I et II*, 1978.
2. Les découvertes du Dr Zink sont exposées dans deux ouvrages, *The Ancient Stones Speak*, Dutton, 1979, et *The Stones of Atlantis*, W. H. Allen, 1978.

que des cargos très détériorés, transportant des chevaux ou du grain, aient été arrimés aux principaux vaisseaux, qui tentèrent alors de rejoindre péniblement la côte. On peut imaginer le soulagement que ressentirent les équipages lorsqu'ils arrivèrent en vue de cette langue de sable bordée de palmiers.

Les capitaines des jonques ont dû mettre le cap droit sur les îles Bimini dès qu'ils les ont aperçues. Comme le niveau des mers était plus bas d'environ 1,80 mètre en 1421, et comme les jonques devaient avoir un tirant d'environ 3 mètres, suivant leur cargaison, je pouvais estimer qu'elles avaient dû s'échouer là où la mer atteint aujourd'hui une profondeur de 5,5 mètres, ce qui correspond exactement à l'extrémité de la chaussée de Bimini. Sa section incurvée, en forme de J inversé, correspond exactement à la position d'une jonque qui serait venue s'échouer là après avoir contourné le Grand Banc des Bahamas, pour se diriger ensuite plein nord, vers les îles Bimini.

Je regardai désormais d'un autre œil la fameuse chaussée de Bimini. En l'étudiant, je trouvai une solution possible à l'énigme qu'elle posait. Pouvait-il s'agir d'une immense voie de lancement permettant d'échouer les jonques puis de les remettre à la mer ? Faite de pierres douces, elle aurait pu prévenir des dommages supplémentaires, tandis que sa section incurvée pouvait servir à faire pivoter les navires. La quille et le gouvernail d'un vaisseau-trésor échoué auraient empêché de le faire glisser sur le flanc. Il fallait tourner la poupe de ces grands navires vers le rivage avant de pouvoir les traîner à terre. Lorsque je dessinai, sur un plan, un vaisseau-trésor et un cargo à grains, en respectant l'échelle de la chaussée, je constatai que le premier se superposait au grand alignement, et le second, au plus petit. Tous deux disposaient d'un sillon central pouvant accueillir la quille et le gouvernail des navires, ce qui aurait permis de les tirer par la poupe sur le rivage.

Pour les Chinois, rien de plus facile que de trouver les pierres nécessaires à l'édification de la chaussée : les jonques devaient transporter des milliers de tonnes de pierres de lest. La flotte disposait de poudre à canon, avec laquelle ils pouvaient faire exploser de gros rochers. En outre, ils avaient à bord des tailleurs de pierre qui, ayant sans doute travaillé à la réfection et au prolongement de la Grande Muraille entre 1403 et 1421, étaient passés maîtres dans l'art de manier marteaux, vilebrequins, poinçons, scies et masses. En estimant à quinze, pour des raisons que nous développerons par la suite, le nombre de vaisseaux-trésors qui abordèrent aux Bimini, la main-d'œuvre disponible devait se monter à six mille

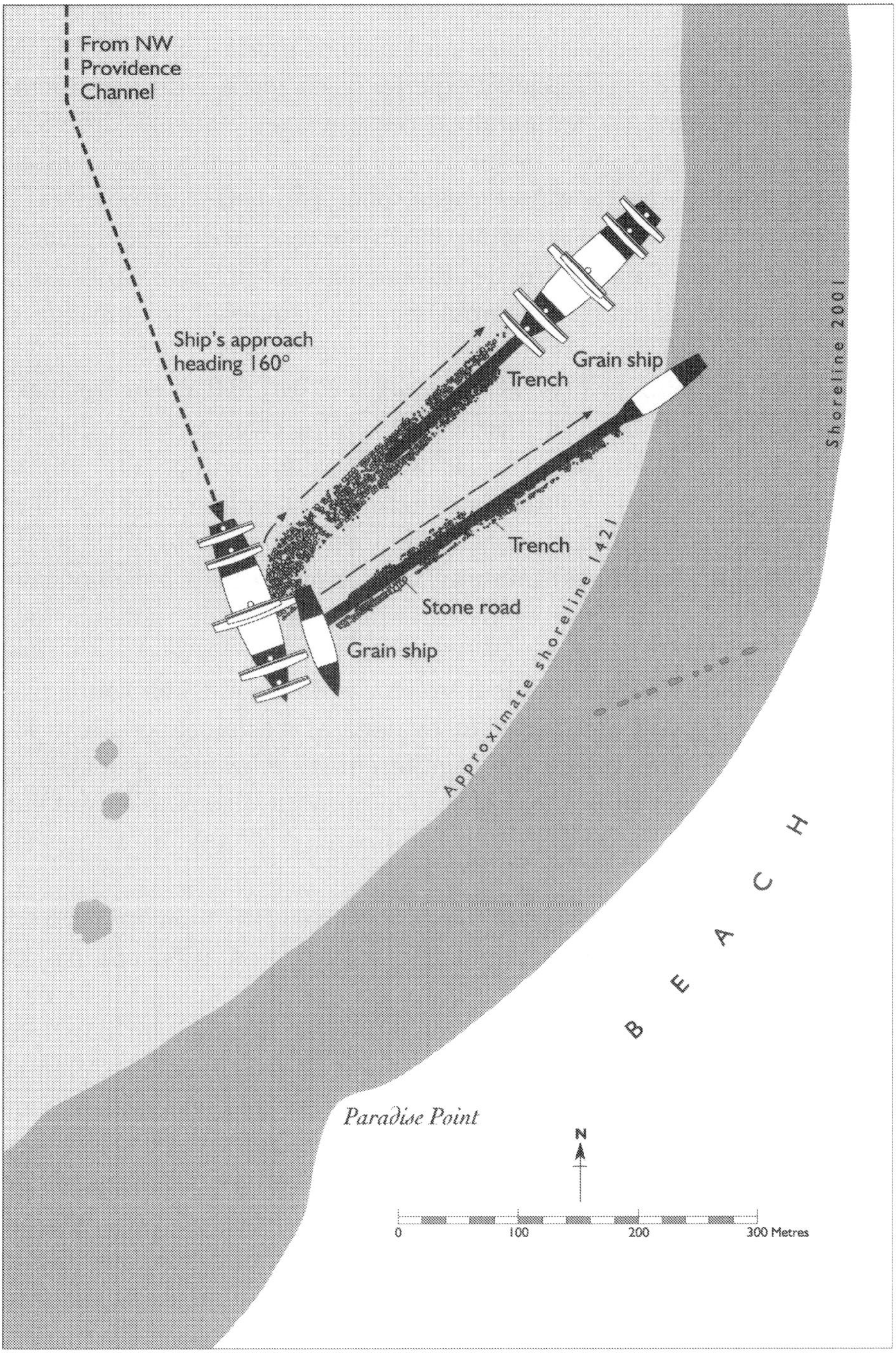

Trajet d'une jonque approchant les îles Bimini, et emplacement de la « chaussée ».

personnes, marins et concubines compris. À première vue, il peut sembler difficile de disposer des pierres sur les fonds marins, mais les Chinois bénéficiaient aussi de six siècles d'expérience en matière de construction d'écluses et de barrages temporaires, ces ouvrages étanches destinés à assécher par pompage une zone limitée, ou bien à y faire baisser le niveau de l'eau à l'aide d'une vis d'Archimède, pour permettre aux ouvriers d'y travailler. Dès le début de l'ère Ming, ils disposaient même d'équipements de plongée, avec des masques et des tuyaux pour respirer[1]. Ils étaient donc bien armés pour résoudre les problèmes que soulevait un ouvrage de maçonnerie sous-marine.

Une fois ces deux chaussées terminées, il leur fallait encore hisser les bateaux sur le rivage, en maintenant quilles et gouvernails dans les sillons prévus à cet effet. Là encore, le défi technique peut paraître impressionnant. Mais, bien que les vaisseaux-trésors aient pesé plusieurs milliers de tonnes, les ingénieurs chinois avaient développé, pour déplacer les navires, tout une variété de cabestans, utilisant des câbles métalliques ou des cordes de chanvre, équipés de roues à rochets et de transmissions, et mus par des hommes ou par des chevaux. Les Chinois devaient s'attendre à ce que leurs navires, avec leur gréement de jonque, leur coque plate et leur faible tirant d'eau, puissent facilement s'échouer, et il est possible que les marins aient été régulièrement entraînés à hisser les bateaux sur le rivage pour les réparer. On pouvait raisonnablement supposer qu'ils avaient embarqué tout l'équipement nécessaire à une telle opération.

Plusieurs éléments, cependant, n'entraient pas dans mon scénario. Un bon nombre des pierres rectangulaires en question n'avaient pas été taillées dans les roches disponibles aux Bimini. Le soubassement de la chaussée était constitué de pierres plus tendres, témoignant d'un plus grand désordre que les dalles « importées[2] ». Des « ciments » différents liaient aussi les sections entre elles. Zink trouva que les cristaux d'aragonite dominaient dans l'un d'entre eux, et les épaufrures de calcite dans un autre, ce qui signifiait que des pierres adjacentes présentaient des caractéristiques minéralogiques différentes, et qu'elles ne s'étaient donc pas formées au même endroit. Mais pourquoi transporter aux Bimini d'énormes rochers, et des dalles régulières, quand on disposait sur place

1. Joseph Needham, *Science and Civilisation in China*, vol. 4, part. 3, Cambridge U. P., 1954, p. 669.
2. Ces conclusions sont confirmées par l'université Old Dominion de Virginie, où Zink envoya des échantillons pour analyse.

d'une quantité suffisante de pierres – à moins que ces dalles n'aient fait partie du lest emporté par les jonques chinoises ?

Zink avait envoyé des échantillons au Brookhaven National Laboratory de Long Island. Comme le matériau n'avait fait l'objet d'aucune cuisson, on ne put en proposer une datation au carbone 14, mais le directeur du service de chimie, le Dr Edward V. Sayre, confirma que certaines dalles de petite dimension étaient constituées d'un mélange de calcaire et de grès « pouvant être le fruit de très anciennes techniques de production de masse ». En outre, chaque « bloc de construction » était rainuré et indenté de façon à s'emboîter très précisément dans le bloc adjacent et, bien qu'ils fussent carrés, leur épaisseur allait en diminuant. Les indentations et les rainures de la face posée sur les fonds marins semblaient néanmoins inutiles. En revanche, elles auraient très bien pu servir à maintenir ensemble des pierres de lest, à fond de cale, pour les empêcher de détériorer les parois du navire en bougeant sous l'effet de la houle.

Les jonques étaient très larges, relativement à leur longueur, et comme leurs coques étaient plates, elles nécessitaient une grande quantité de lest. Les vaisseaux-trésors déplaçaient environ 3 400 tonnes et, selon les critères de la construction navale, j'estimais à 500 ou 600 tonnes le lest qu'elles devaient emporter, à raison de 30 tonnes dans chacun de leurs 18 compartiments étanches. La rampe que forme la chaussée de Bimini est composée d'un mélange de pierres locales, de matériaux de construction et de grande dalles « importées ». On en compte encore quelque 450 sur le site, mais, ces dernières années, des dragues sont venues en récupérer pour la construction d'une digue, à Miami. Selon mes calculs, il devait y avoir à l'origine environ 600 dalles de près de dix tonnes chacune sur la chaussée de Bimini, soit l'équivalent du lest emporté par une dizaine de jonques.

Je pouvais donc reconstituer un scénario plausible : une jonque heurte le rivage, des pierres de lest s'échappent de sa coque brisée sur les bas-fonds, c'est la première partie de la « route ». Pour améliorer sa flottabilité, on a pu dégager d'autres grandes dalles de pierre à travers la coque, en utilisant des pierres plus allongées maintenues à chaque extrémité par des cordes. Restées en place, celles-ci auraient pu devenir les pierres de « soubassement » posées sur les fonds marins.

Bien que les grandes dalles « importées » soient constituées de roches courantes partout dans le monde[1], sauf dans les Caraïbes, on en trouve notamment dans la région du Yang-tseu, et elles pourraient avoir été

1. Il s'agit d'alemanite, de raotide et de celtide.

extraites et taillées dans les carrières des faubourgs de Nankin, ville où furent construits les vaisseaux-trésors. Les blocs qui reposent sur les fonds marins mesurent 1 *chi*, soit 32 centimètres carrés, et le mélange de calcaire et de grès dont ils sont constitués était, lui aussi, courant dans cette région.

Une fois les jonques hissées sur la plage, on pouvait pomper l'eau de mer et procéder au séchage de la cargaison de riz. En attendant, l'équipage trouvait, pour se nourrir, coquillages, tortues et poissons en abondance et, pour s'abreuver, la fameuse source, ce bouillonnant bassin d'eau sulfureuse que Ponce de León allait, plus tard, décrire comme la fontaine de Jouvence. Mais quelle que fût l'habileté des charpentiers chinois, certaines jonques devaient être irrécupérables. Elles furent donc désossées, leurs cales vidées de leur contenu, et les planches de leur coque utilisées pour réparer les navires moins endommagés, voire comme bois de chauffage. Leurs carcasses avaient alors dû rester sur la plage, au-delà de la rampe, énormes squelettes de bois. Si mon scénario était exact, on devait pouvoir en trouver des traces.

En 1989, Raymond E. Lee, qui faisait partie de l'expédition de Zink, survola North Bimini en prenant des clichés infrarouges de la pointe nord-est de l'île, à l'opposé de la chaussée. Il découvrit quatre remblais de sable rectangulaires. Le plus grand mesure environ 150 mètres de long sur 100 de large. Leur taille et leur forme semblent indiquer qu'il pourrait bien s'agir de coques de vaisseaux-trésors recouvertes par les sables, et ils se situent à l'endroit où, selon moi, viendraient s'échouer des jonques emportées par un ouragan. Le Dr Zink trouva également un cinquième remblai, sur la plage, près de la rampe. En tant que vestiges de vaisseaux chinois, les restes de ces jonques pourraient, légalement, appartenir encore à la Chine. Je suis actuellement en négociation avec les autorités bahamiennes pour déterminer la propriété des objets qui pourraient être découverts. Quand ces longues tractations seront enfin terminées, les archéologues pourront faire leur travail. La cargaison de ces navires, ou ce qu'il en reste, est susceptible d'apporter des informations capitales sur la flotte de Zhou Wen, et peut-être même de révéler certains des trésors qu'elle transportait. Ces découvertes pourraient bien s'avérer inestimables, dans tous les sens du terme : une jonque pouvait transporter jusqu'à 10 000 tonnes de cargaison, et un seul et unique plat Ming a récemment atteint la somme record de 89 500 dollars dans une vente aux enchères[1].

1. Chez Christie's, à Londres.

D'après mes conclusions, quatre jonques avaient dû sombrer juste avant d'atteindre les Bimini, cinq autres avaient été abandonnées sur East Bimini et le reste des bateaux avait repris la mer après réparation. Les vaisseaux perdus transportaient sans doute des milliers de marins et de concubines, et seuls une centaine d'entre eux avaient pu rester sur les îles Bimini. Les autres durent trouver place sur les jonques restantes, mais il est inconcevable qu'on ait pu trouver le moyen de tous les ramener en Chine. Ils avaient dû être débarqués dès qu'on avait trouvé une région côtière susceptible de leur offrir des chances de survie. Lorsque la flotte, réduite, reprit son voyage, les ponts supérieurs des navires étaient encombrés de marins et de passagers venus des jonques abandonnées. Mais un bon nombre de gens restèrent sans doute sur place. C'est ce qui devait arriver, soixante-dix ans plus tard, à l'équipage de l'un des vaisseaux de Christophe Colomb, abandonné à son sort sur Hispaniola. Une fois leurs réserves de nourriture épuisées sur les îles Bimini, ces hommes avaient dû tenter la traversée vers Cuba, île plus importante, à 180 milles au sud, ou bien vers la Floride. S'ils y étaient parvenus, leurs descendants devaient encore être en vie à l'arrivée de Christophe Colomb.

> Durant l'été 1494, lors de son second voyage, Christophe Colomb jeta l'ancre à Cuba, près d'un magnifique bosquet de palmiers, pour refaire ses réserves d'eau douce et de bois.
>
> Comme les équipages envoyés à terre s'occupaient de couper du bois et de remplir leurs tonneaux d'eau, un archer s'aventura dans la forêt à la recherche de gibier, pour en revenir cinq minutes plus tard, racontant une expérience effrayante [...]. Il était tombé sur un groupe d'une trentaine d'Indiens bien armés [...] accompagnés de trois hommes blancs.
>
> Ces hommes blancs, qui portaient des tuniques blanches leur tombant jusqu'aux genoux, remarquèrent immédiatement l'intrus [...]. L'un d'entre eux s'avança vers le chasseur et commença à lui parler[1].

Là-dessus, le chasseur prit la fuite. Lorsqu'il entendit son récit, Colomb envoya immédiatement des hommes à leur recherche. Ils ne les retrouvèrent pas. Des hommes blancs « portant des tuniques blanches leur tombant jusqu'aux genoux », c'est exactement la description que donnèrent les populations autochtones mexicaines (à Jucutacato) et australiennes (dans la terre d'Arnhem) des étrangers qui avaient accosté sur leurs rivages.

---

1. Washington Irving, *Life and Voyages of Christopher Columbus*, cité par Loren Coleman, *Mysterious America*, Faber, 1983, p. 218.

Ironiquement, ce n'est pas tout à fait sans raison que Colomb pensa avoir affaire à des hommes de Mangon (c'est-à-dire des Chinois) et se trouver sur les côtes de l'Asie[1].

Si elle était isolée, cette mention d'hommes en blanc susciterait le doute. Mais, l'un après l'autre, les explorateurs racontèrent cette même histoire, sur tous les continents, et tout au long de la route maritime que j'avais pu déduire de cartes antérieures aux expéditions européennes. En Amérique du Sud, l'ambassadeur espagnol Don Luis Arias rapporte des légendes qui circulaient au XVIe siècle, concernant des hommes vêtus de blanc, et qui prirent la mer depuis le Chili actuel pour traverser le Pacifique. Le père Monclaro, prêtre jésuite qui accompagnait une expédition portugaise en Afrique orientale en 1569, décrivit les habitants de Pate, qui se prétendaient les descendants de marins chinois naufragés, et qui connaissaient l'histoire du *quilin*, girafe offerte à l'empereur Zhu Di, qui la fit passer pour une créature surnaturelle. Des marins Indiens mentionnaient une expédition en Antarctique, qui s'était guidée sur la Croix du Sud. En Australie méridionale, les Aborigènes de la tribu des Yangery, qui vivaient près de l'épave du « navire d'acajou », racontaient que des « hommes jaunes » s'étaient installés parmi eux. En Australie septentrionale, les Aborigènes relataient l'arrivée d'hommes « à la peau dorée », portant de longues robes alors que leurs femmes arboraient des pantalons, et qui s'étaient installés dans le nord-est de la terre d'Arnhem. Les Maoris ont une légende semblable, et Bougainville lui-même raconte avoir rencontré des Chinois dans le Pacifique, en 1769. On peut difficilement croire que tous ces récits soient purement imaginaires ou contrefaits.

La chaussée de Bimini, quant à elle, a suscité beaucoup d'intérêt et bien des controverses. Toutes sortes d'idées et de spéculations exotiques ont été proposées pour l'expliquer. Ma propre théorie n'est jamais que la dernière en date. J'admets parfaitement qu'elle demande à l'imagination quelques acrobaties, que ne viennent étayer, pour le moment, aucunes preuves solides. Pour savoir si elle se vérifie, il faudra attendre que les autorités bahamiennes permettent aux archéologues de fouiller le site. Mais pour le moment, il me fallait faire fi de cette situation frustrante et laisser intacts les remblais sablonneux des Bimini. Je devais retracer la route empruntée par l'amiral Zhou Wen lorsqu'il avait rassemblé les vestiges de sa flotte pour reprendre la mer vers le nord.

---

1. Ferdinand Colomb, *La Historia della Vita di Cristoforo Columbus*, Milan, 1930.

CHAPITRE 13

Des colonies en Amérique du Nord

En résolvant le problème immédiat des navires endommagés, l'amiral Zhou Wen n'avait pu qu'en susciter un autre. Certaines de ses jonques étaient bien réparées et l'on avait réussi à protéger les réserves de riz, mais il devait désormais songer aux hommes d'équipages et aux concubines venus des navires abandonnés aux Bimini. Des milliers de marins et plusieurs centaines de femmes devaient ainsi trouver abri et nourriture sur les vaisseaux restants. Parmi ces concubines, qui avaient eu des rapports réguliers, au début de leur voyage, avec des ambassadeurs arabes, africains et indiens, un bon nombre de femmes devaient être enceintes à leur départ d'Inde et depuis, elles avaient dû accoucher. La seule façon de traiter ce problème de surpopulation restait encore de créer des colonies, où ces marins, ces concubines et leurs enfants avaient au moins une chance de survie, en attendant qu'une autre expédition ne revienne les chercher.

S'il avait bien existé de telles colonies chinoises sur les côtes d'Amérique du Nord (et de récentes analyses ADN ont démontré la présence de traits génétiques typiquement chinois chez les Moskoke du sud-est des États-Unis), la difficulté consistait, comme toujours, à en trouver des traces concrètes. Sur la carte Cantino, on peut voir les îlets de Floride et, sur la côte continentale, Port Sewall, Cap Canaveral et l'estuaire du Savannah. Je connais bien Cap Canaveral, je m'y suis rendu, en tant qu'officier sur le *Resolution*, quand la Grande-Bretagne y a lancé son premier missile *Polaris*, en février 1968. Il percuta les flots 5 000 milles plus loin, au large des côtes sud-africaines, à cinq mètres seulement de la bouée qui lui servait de

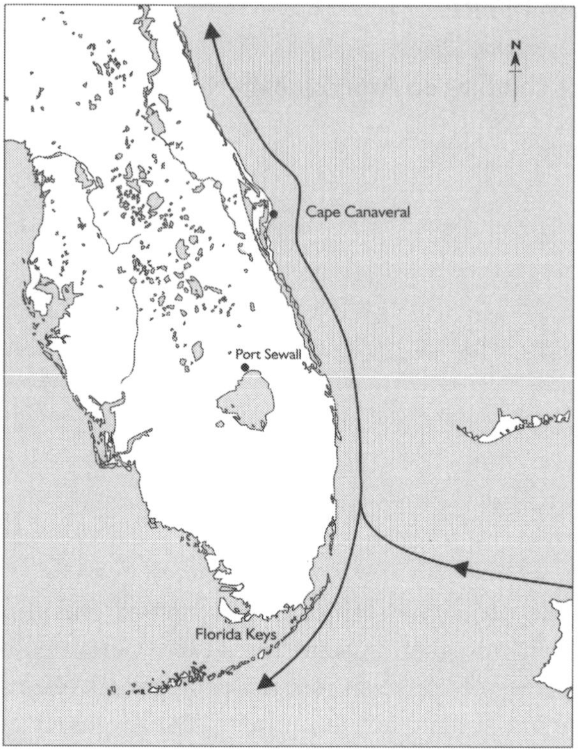

Itinéraire suivi par Zhou Wen le long de la côte de Floride.

cible, et l'onde de choc qu'il provoqua aveugla nos appareils de mesure pendant un moment.

Nous refîmes surface en Floride pour trouver des serpents de mer lovés dans le kiosque du sous-marin, attirés par la chaleur. En soi, le cap Canaveral n'a rien de charmant : c'est un endroit désolé, dont le seul intérêt réside dans la présence de *manatees*, des lamantins, animaux qui donnèrent naissance à la légende des sirènes. Comme celles de Saint-Augustin, juste à côté, les côtes du cap Canaveral sont jonchées d'épaves. Certaines d'entre elles, fort anciennes, n'ont jamais été identifiées, d'autant que le courant, violent à cet endroit, les a démembrées et emportées par morceaux, rendant toute identification extrêmement difficile. Des recherches sont néanmoins en cours. La carte Cantino s'arrête brusquement sur l'estuaire du Savannah, à Point Tybee, ce qui suggère qu'après avoir atteint ce cap, les jonques durent s'éloigner de la côte, emportées vers le nord-est par le Gulf Stream et les vents dominants, qui les emmenèrent vers le cap Hatteras, en Caroline du Nord. Là, le Gulf Stream se divise en

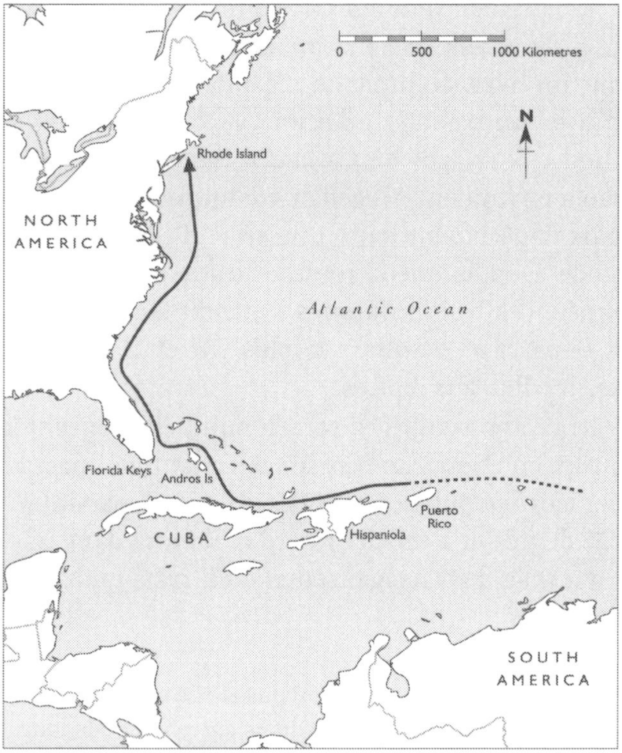

Trajet des vaisseaux chinois vers Rhode Island.

deux branches, dont l'une part vers les Açores. Or, ces îles figurent sur la carte Kangnido, bien antérieure à l'arrivée des Portugais sur l'archipel, et j'étais certain que les Chinois les avaient découvertes. La seconde branche, orientale, du Gulf Stream, se dirige d'abord plein nord, avant d'obliquer vers le nord-est après Philadelphie, et de rejoindre la côte à une latitude de 40° N, vers Long Island, Rhode Island et le cap Cod.

Une fois encore, il s'agit d'un littoral parsemé d'épaves non identifiées et souvent très anciennes. Il semblait raisonnable d'y entamer des recherches en commençant à 39° 53' de latitude nord, soit à la latitude de Pékin que, suivant leur route, les jonques avaient dû atteindre au large du New Jersey. Pour y avoir emmené mon sous-marin, je peux confirmer que le courant y déplace un énorme volume d'eau vers le nord-est et qu'il se combine au vent pour pousser les navires directement vers le cap Cod. Je commençai donc mes recherches autour de Narragansett Bay et Buzzards Bay, sur la péninsule du cap Cod, après avoir consulté les récits des premiers Européens qui atteignirent cette côte.

Le célèbre explorateur vénitien Giovanni da Verrazzano (1480-1527) y parvint en 1524, deux ans après la publication de la carte Cantino. C'est François Ier qui lui avait commandé d'explorer les côtes d'Amérique du Nord pour trouver un passage maritime vers le Pacifique et les îles aux Épices, « les heureux rivages de Cathay[1] ». Verrazzano partit au moment où les Espagnols envoyaient Magellan contourner l'Amérique du Sud, et où les Portugais dépêchaient toute une série d'expéditions vers le cap de Bonne-Espérance. Depuis que la route terrestre de l'Orient, la route de la Soie, était coupée, ces trois royaumes s'étaient lancés dans une course à qui trouverait le passage maritime le plus sûr et le plus rapide vers Ternate et Tidore, les îles aux Épices.

En 1524, Verrazzano se dirigea vers le nord, en longeant la côte depuis la Virginie jusqu'en Nouvelle-Écosse, décrivant au passage ces terres hospitalières et leurs populations locales. Lorsqu'il parvint à la latitude de Rome, soit « 41 degrés et 2 terstices nord », il entra dans une grande baie, qui correspond à celle de Narragansett et où il resta quinze jours. Ainsi en décrit-il les habitants :

> Leur teint est cuivré mais chez certains d'entre eux, il tend vers le blanc ; d'autres sont de couleur jaune, avec des traits agréables et de longs cheveux noirs, qu'ils prennent grand soin d'entretenir et d'orner ; ils ont les yeux noirs et perçants, avec une expression douce et plaisante [...].

> Les femmes sont d'une apparence et d'une beauté comparable ; très belles et favorisées par la nature, d'une expression plaisante et agréables à regarder ; elles se tiennent aussi bien et sont aussi chastes que les femmes les mieux éduquées [...], [elles] utilisent d'autres types de vêtements, ressemblant à ceux des femmes d'Égypte et de Syrie ; pour celles qui sont plus âgées, quand elles sont mariées, elles portent des colifichets selon les usages des peuples orientaux, tout comme les hommes[2].

Dans ce passage très significatif, Verrazzano compare les élégants indigènes au teint cuivré aux peuplades plus frustes, de teint plus sombre, qu'il a rencontrées plus au sud. Par deux fois, il rapproche ces femmes des orientales et mentionne leurs vêtements, de tissus et non de peaux, contrairement à ceux des populations qu'il avait vues jusque-là. Mais il y a plus important encore : il n'est pas question de femmes indigènes ayant

1. François Ier à Verrazzano, cité par D. B. Quinn (dir.), *North American Discovery*, Harper & Row, 1971.
2. Lettre à François Ier du 8 juillet 1524, cité par D. B. Quinn, *ibidem*.

épousé des étrangers. Au contraire, il s'agit bien de femmes ressemblant à des Orientales, qui seraient parvenues, d'une façon ou d'une autre, en Amérique du Nord. Elles semblent venir d'une civilisation différente, qui n'est ni européenne ni américaine.

Le récit de Verrazzano suggère que les plus jeunes ne suivaient pas les usages de leurs grands-mères et que les coutumes ancestrales disparaissaient lentement, ce qui laisse entendre qu'elles étaient là depuis quelques générations seulement. Sa description aurait aussi bien pu s'appliquer à des Égyptiennes ou des Syriennes qu'à des Chinoises. Toutes pouvaient entretenir ainsi leur longue chevelure, et porter de longues robes et des bijoux. Mais aucun marin égyptien ni syrien n'avait alors atteint l'Atlantique et, quoi qu'il en soit, ils n'auraient pas emmené leurs femmes dans un aussi long voyage. Cette description pourrait correspondre aux concubines chinoises et aux enfants qu'elles ont dû avoir des ambassadeurs du Moyen-Orient. Ce pourrait être elles qui ont accueilli Verrazzano.

On trouve un autre indice dans le récit de ce navigateur, au moment où il décrit sa sortie de la baie de Narragansett : « Au milieu du passage, il y a un rocher naturel, parfaitement approprié à la construction d'un château ou d'une forteresse pour garder le havre [...] on l'appelle la Petra Viva [Pierre vive][1]. » Ce rocher correspond très bien à celui sur lequel se dresse aujourd'hui la tour Ronde, à Rhode Island, dans un parc de Newport, sur un promontoire dominant le port. Cette tour est un mystère. Ses visiteurs, dans leur rêverie, se demandent si elle fut bien édifiée par les gens étranges qui auraient pu précéder Colomb. À mes yeux, c'est une exception : elle ne ressemble à aucun bâtiment colonial américain. Elle est isolée, en position de force, mais ce n'est pas une forteresse. Comme elle se trouve à l'abri du vent, il est peu probable qu'il s'agisse d'un moulin. Cependant, la polémique fait rage au sujet de sa construction. S'il se trouve des historiens pour soutenir que c'est bien un moulin du XVIe siècle, d'autres pensent qu'il s'agit d'un phare construit vers la fin du XIVe siècle. Il se pourrait bien que ces deux théories soient exactes et qu'un bâtiment antérieur ait été modifié pour faire office de moulin ou d'entrepôt de farine. Les tenants de la première hypothèse se fondent sur le testament de Benedict Arnold, riche marchand et premier gouverneur de Rhode Island, qui mentionne « [sa] tour de pierre ».

Au début des années 1990, elle fut sérieusement étudiée par le Comité danois pour la recherche sur les activités des Scandinaves en Amérique du

1. *Ibid.*

La tour de Rhode Island.

Nord entre 1000 et 1500 ap. J.-C. Les résultats de cette enquête furent publiés en 1992 et ces analyses semblent confirmer l'hypothèse du moulin. L'auteur du rapport, Johannes Hertz, du musée national du Danemark, concluait qu'Arnold l'avait fait construire en 1667, mais une architecte américaine, Suzanne O. Carlson, a vigoureusement contesté cette thèse après avoir soumis le bâtiment à un examen méticuleux. Pour elle, il ne pouvait pas avoir été édifié par Arnold à cette date, et elle cite quatre preuves scientifiques pour étayer son argumentation.

Tout d'abord, elle fait valoir qu'au XVIIe siècle, toutes les constructions coloniales de Nouvelle-Angleterre se conformaient aux unités de mesure anglaises, yards, pieds, pouces, ce qui n'est pas le cas de cette tour. Ensuite, elle soutient que le fossé qui fut creusé autour de ce bâtiment au XVIIe siècle, et que les tenants du moulin citent à l'appui de leur démonstration, n'a pu servir qu'à stabiliser une construction antérieure. En outre, elle critique la technique de datation employée par les chercheurs danois, une technique nouvelle consistant à mesurer le carbone 14 présent dans les bulles de dioxyde de carbone à l'intérieur du mortier. Ils avaient ainsi obtenu une fourchette allant de 1410 à 1970 et, s'ils avaient préféré la fin du XVIIe siècle, ils auraient tout aussi bien pu choisir n'importe quelle autre date après 1409. Enfin, le type de mortier utilisé, à base de coquillages écrasés, est très différent du mortier à la chaux habituellement employé par les premiers maçons coloniaux.

Les plans de cette tour n'en révèlent pas vraiment la fonction, même si on a pu l'interpréter comme suit :

> Le premier étage servait de phare. La plus grande fenêtre de cet étage était orientée par rapport à la cheminée, de façon à ce que la lumière du foyer, vue de la fenêtre sud, puisse guider un navire entrant dans la baie de Narragansett [...] et, à travers l'ouverture ouest, d'environ soixante centimètres de large, la lumière de ce feu pouvait guider un bateau vers l'appontement au pied de la tour [...]. L'ingénieux architecte disposait manifestement d'une grande expérience en matière de construction de phares[1].

Les Vikings s'établirent au Groenland du Xe siècle au début du XVe siècle. Il n'y avait pas d'arbres sur cette île et, tous les étés, ils faisaient voile vers le Vinland, c'est-à-dire l'Amérique du Nord, pour couper du bois avant de rentrer à l'automne. À première vue, les fenêtres étroites et les arches arrondies de la tour de Rhode Island rappellent le style roman, et ma réaction fut de penser qu'elle était l'œuvre des Vikings. C'était tout à fait plausible : ils étaient descendus jusqu'à Newport. Cependant, ils avaient peu d'expérience de la construction des phares et, à notre connaissance, ils n'en ont édifié aucun en dehors de leur territoire. Puis je me rendis compte que les plans de cette tour et la position de ses fenêtres ressemblaient fortement à ceux du phare qui, dès la dynastie Song (960-1279), guidait les flottes commerciales chinoises et arabes vers le port de Citong (l'actuel Quanzhou), dans la province du Fujian, dans le sud de la Chine. De nombreux marins chinois devaient connaître Citong, car c'était, à cette époque, l'un des plus grands ports commerciaux du monde. Marco Polo le décrit d'ailleurs ainsi : « C'est dans cette cité qu'est le port de Cayton [Quanzhou] où arrivent tous les bateaux de l'Inde avec leurs épices et leurs autres marchandises [...]. J'ajoute que pour un bateau de poivre qui se rend à Alexandrie, ou dans un autre port pour que le poivre soit porté en pays chrétien, il y en a cent ou plus qui arrivent à ce port, car c'est l'un des deux ports du monde où arrivent de l'Inde le plus d'épices et de marchandises[2]. »

---

1. Pr F. J. Pohl, *Atlantic Crossings before Columbus*, W. W. Norton, New York, 1961, p. 185 *sq*.
2. Marco Polo, *La Description du monde*, P.-Y. Badel (trad.), Paris, Le Livre de Poche, 1998, CLVI, p. 369-371.

Le phare de Citong est deux fois plus grand que la tour de Newport, haut de cinq étages, et non trois, mais les fenêtres des deux bâtiments et la place du foyer central sont étonnamment similaires. Comme le phare chinois, la tour fut autrefois recouverte de plâtre. Mais ce ne sont pas leurs seuls points communs. La tour de Rhode Island, coque de pierres grises, s'élève sur huit colonnes reposant sur une base octogonale, tout comme le phare. Leur maçonnerie est constituée de pierres de formes diverses jointes par un mortier d'une qualité exceptionnelle : ni à Newport, ni à Quanzhou, elles n'ont bougé depuis la construction des deux bâtiments. En outre, les dimensions de la tour sont conformes aux unités de mesure chinoises en usage au XVe siècle : son diamètre externe est de 2 *chang* et 40 *chi*, son diamètre interne de 1 *chang* et 80 *chi* (1 *chang* = 3,098 mètres et 1 *chi* = 32 centimètres).

William Penhallow, professeur de physique et d'astronomie à l'université de Rhode Island propose une solution alternative à l'énigme de cette tour. En étudiant les alignements astronomiques, il découvrit que ses fenêtres ébrasées, asymétriques, qui pouvaient sembler ouvertes au hasard, cadraient en fait des événements astronomiques bien définis, notamment les éclipses de lune, le lever et le coucher du soleil aux solstices et aux équinoxes[1]. Cela correspond exactement aux plans des observatoires Ming. L'ombre solaire aux solstices et aux équinoxes permet de déterminer précisément l'heure à une latitude donnée. Quant aux éclipses lunaires, elles fournissaient aux Chinois l'occasion d'observer une étoile guide au zénith pour, une fois de retour à Pékin, calculer ainsi la longitude de Newport ; ce qu'ils faisaient sur leurs plates-formes d'observation partout dans le monde.

Cette tour pouvait donc remplir deux fonctions vitales. Utilisée comme observatoire, elle permettait de déterminer l'emplacement exact de la colonie établie par les marins et les concubines que la flotte allait laisser sur place, afin qu'une expédition ultérieure puisse revenir les chercher. Elle pouvait également servir de phare pour guider les secours vers la baie de Narragansett. Bien qu'elle soit aujourd'hui masquée par les arbres, elle domine la baie, et elle devait être autrefois parfaitement visible depuis le large. Comme le phare de Citong, elle était orientée de telle façon que son foyer, vu d'une partie des fenêtres, avertissait les marins du danger et, vu d'une autre, les guidait vers le havre de la baie.

---

1. William S. Penhallow, « *Astronomical Alignments in the Newport Tower* », dans *Across before Columbus ?*, NEARA Publications, Edgecombe, Maine, 1998, p. 85 *sq.*

Une analyse du mortier utilisé dans la construction de la tour de Newport permettrait de résoudre ce problème pour de bon, car le mortier chinois présentait des caractéristiques bien particulières : il contenait du gypse comme durcisseur et du riz comme liant. Il peut aussi être facilement daté : c'est une analyse du mortier qui a permis de différencier les sections de la Grande Muraille construites sous les Ming et sous les Tang, suivant les variétés de riz et de gypse qu'il contenait. J'ai sollicité auprès des autorités de Newport la permission d'effectuer ces analyses, mais je me suis heurté à leur refus. Bien entendu, leur mission première reste de veiller à la conservation de la tour, et non de la mettre à la disposition des chercheurs, mais j'espère parvenir à les faire changer d'avis. Il serait alors possible de déterminer la nature du mortier, mais aussi de dater la construction de l'édifice, car le mortier du début de la dynastie Ming est aisément reconnaissable.

Il subsiste néanmoins des preuves nombreuses du passage des Chinois à Newport. Après avoir rallié les îles Bimini et avant de parvenir aux Açores, ils procédèrent à un levé cartographique de la côte de Floride, bien avant que les Européens n'atteignent l'Amérique du Nord. La route allant des Bimini aux Açores est précisément celle qu'aurait suivi un navire à gréement de jonque, en restant sous le vent et dans le sens du courant pendant tout le trajet. Les premiers Européens qui parvinrent à Newport mentionnent invariablement (dans cinq ou six récits différents) la présence, dans les environs, de femmes civilisées à la peau blanche ou brune, portant des vêtements orientaux et coiffant leurs cheveux en chignons, comme le faisaient les Chinoises.

Au vu de tous ces éléments, il est plus probable que la tour ait été édifiée par les Chinois, qui bénéficiaient d'une expérience séculaire en matière de construction de phare et d'observatoire, que par les Vikings, qui ne connaissaient pratiquement ni l'un ni l'autre. Cette tour est également orientée au sud, direction d'où les Chinois ont dû venir en suivant les vents et les courants dominants. Pour des Vikings venant du nord, du Groenland, elle eût été parfaitement inutile, puisqu'ils naviguaient contre les vents et les courants.

Je prétends que les populations rencontrées par Verrazano à son arrivée ne pouvaient être que chinoises, qu'il s'agissait des descendants des marins et des concubines laissés sur place par la grande flotte de Zhou Wen. Une fois déterminée la longitude de Newport, les vaisseaux-trésors pouvaient faire route directement vers ce point lors de leur prochaine expédition. Pour ces colons forcés, il était tout naturel de construire un phare afin de guider vers eux les secours, et de leur éviter la tragédie qu'avait subie la flotte de Zhou Wen dans les Caraïbes. Si cette hypothèse était correcte, et si l'amiral avait bien débarqué des milliers d'hommes et de concubines dans la baie de Narragansett, il devait en rester de nombreuses traces dans la région et je pouvais m'attendre à découvrir au moins une stèle de pierre semblable à celles que les amiraux avaient fait ériger au cours de leurs voyages.

Je commençai par explorer l'internet pour voir si je trouvai mention d'une telle stèle gravée dans la région. Mes recherches produisirent immédiatement des résultats spectaculaires. À 30 milles en amont de la tour se trouve le célèbre rocher de Dighton. Cette pierre isolée et facilement repérable, d'un brun rougeâtre, laisse voir une face d'environ 1,50 mètre de haut sur 3,30 mètres de large. Elle se trouve sur les rives du fleuve Taunton, couverte d'inscriptions gravées, surmontées d'une croix et d'un graffiti portugais. À cet égard, elle ressemble fortement aux stèles des îles du Cap-Vert et des chutes de Matadi. J'eus le sentiment qu'un maillon supplémentaire s'ajoutait à la chaîne des preuves.

Le rocher de Dighton se trouvait à l'endroit où les explorateurs du fleuve Taunton se seraient tout naturellement arrêtés pour marquer leur passage. C'est le plus gros rocher de la baie, au sud de ce que nous appelons aujourd'hui la pointe Perry, extrême limite nord de la zone navigable du fleuve pour un grand vaisseau. Au-delà, sa largeur diminue jusqu'à moins de 60 mètres et sa profondeur atteint tout au plus quelques mètres. C'est d'ailleurs la raison pour laquelle le club de navigation de Taunton se trouve à cet endroit, et non plus au nord.

Ce fut un pasteur local, Mr Danforth, qui dessina pour la première fois ce rocher en 1680. Il raconte aussi les légendes qu'y associaient les Indiens : « Alors vint une maison de bois, occupée par des étrangers, qui nagea vers l'amont du fleuve Asooner [ainsi nommait-on le fleuve autrefois] et ils combattirent les Indiens avec un succès considérable[1]. » Les Chinois eux-mêmes décrivaient leurs vaisseaux comme des « maisons de bois », ainsi que le relatent Niccolò de' Conti et Pero Tafur, voyageur espagnol à qui de' Conti raconta ses pérégrinations (*cf.* chapitre 4). En 1421, le niveau des mers était plus bas d'environ 1,80 mètre et, si le rocher de Dighton est aujourd'hui submergé à marée haute, seules les plus grandes marées de printemps devaient alors le recouvrir. Manifestement, les Amérindiens le vénéraient :

1. E. R. Snow, *Tales of the Atlantic Coast*, Redman, 1962, p. 19.

> Ce mégalithe est vénéré par les Indiens les plus âgés, qui le considèrent non seulement comme très ancien, mais aussi comme une œuvre d'une nature différente des leurs [...]. Certains pensent que les figures qui y sont gravées sont des hiéroglyphes [*sic*], la première représente un navire sans mâts, une simple épave échouée sur les bas-fonds. La seconde montre un cap, peut-être avec une péninsule. D'où un golfe.

Cette description s'accorde avec les terribles événements qui frappèrent la flotte de Zhou Wen quelques semaines auparavant.

Après Mr Danforth en 1680, six autres personnes au moins dessinèrent le rocher avant 1830. Un artiste et un autre pasteur, qui se rendirent sur les lieux, affirment dans leur récit y avoir rencontré des Mongols, qui leur expliquèrent que les signes avaient été gravés dans leur langue. Les mariniers de la région prirent cependant l'habitude d'emmener les touristes voir le rocher de Dighton, et d'enlever les algues pour leur révéler les gravures, si bien qu'avec le temps, de moins en moins de signes restèrent lisibles et que les gravures prirent un aspect fantaisiste, s'éloignant de plus en plus du dessin de Danforth. Malheureusement, le message que portait ce rocher s'est perdu pour toujours. Tout ce que je puis en conclure, comme tout le monde, c'est que ce rocher fut gravé par des marins étrangers, qui n'étaient pas d'origine européenne, et qui remontèrent le fleuve dans un navire semblable à une « maison de bois », que les gravures décrivaient un naufrage et que les Portugais, trouvant plus tard ce rocher, y dessinèrent une croix.

Je cherchai donc ensuite des preuves dans les travaux des historiens locaux. La baie de Narragansett, ouverte sur l'Atlantique Nord, subit des hivers rigoureux. Les tempêtes de neige viennent battre la côte, et les hommes qui habitaient cette morne région trouvaient refuge vers l'intérieur des terres, tout comme les animaux sauvages. Les Chinois avaient logiquement dû chercher un abri en remontant l'un des fleuves de la baie. Ils auraient naturellement emprunté le fleuve Taunton, route principale des Indiens vers l'intérieur des terres, et remonté son cours jusqu'à l'extrémité de sa zone navigable, près du rocher de Dighton, pour échapper aux coups de vent de la baie, si violents que les navires pouvaient s'échouer en traînant leurs ancres.

Dans les années 1950, lors de la construction d'un lotissement à la pointe Perry, on trouva un groupe de très vieux bâtiments de pierres, jointes avec du mortier, tous de la même taille, et disposés selon un plan cruciforme. Il poussait à proximité du houblon et du riz, espèces allogènes. À cette époque, personne ne considéra le problème comme assez important pour arrêter la construction du lotissement et commencer des fouilles archéologiques systématiques[1]. Pouvait-il s'agir d'une colonie chinoise ? Malheureusement, nous n'en saurons jamais plus, car il ne reste aujourd'hui aucune trace de ces bâtiments.

Le Pr Delabarre, historien américain, prétend qu'il existe de multiples différences physiologiques entre les « Indiens wampanoags purs, vivant près du rocher de Dighton » et les autres tribus de la région[2]. Il en conclut que le vaisseau de l'explorateur portugais Miguel Cortreal a dut faire naufrage dans la baie de Narragansett, en 1510, et que son équipage dut se mêler aux Wampanoags. Bien sûr, cette théorie pourrait aussi expliquer la présence des femmes au teint cuivré rencontrées par Verrazano. Contrairement à ce qui passa avec d'autres tribus indiennes, qui tuaient les hommes pour emmener les femmes et piller les villages, les Wampanoags se montrèrent ensuite très hospitaliers envers les premiers colons européens. On peut, certes, imaginer qu'ils avaient entretenu de bonnes relations avec des naufragés chinois par le passé.

Sans grand espoir, je repris mes recherches pour trouver, peut-être, une autre stèle. Après avoir découvert celle du Cap-Vert, j'avais passé un temps considérable à chercher d'autres pierres gravées aux points de passage des Chinois, et j'en avais rarement trouvé plus d'une, voire deux au grand maximum, dans chacune de ces régions. À ma grande surprise, j'appris qu'il existait pas moins de douze pierres portant de mystérieuses inscriptions dans une toute petite région du sud du Massachusetts[3].

Leur taille, leurs proportions et leur aspect rappellent étonnamment les stèles des îles du Cap-Vert, des chutes de Matadi et de Ruapeke, en Nouvelle-Zélande. Beaucoup s'appuyaient sur un tas pierres rondes, qui les maintenaient sur une arête, comme la pierre du Cap-Vert. Ces tas de pierres devaient être l'œuvre de l'homme, et ils rappelaient la description, donnée par les Aborigènes, d'étrangers qui « poussaient les pierres en longues rangées ».

En plaçant ces pierres sur une carte, je me rendis compte qu'elles se trouvaient toutes près du fleuve Taunton, au sud, et du fleuve Merrimack, au nord, ou bien autour de la baie du Massachusetts. Les gens qui éri-

1. Je dois cette information à David Borden, de Marble Head, au Massachusetts, et à son ami Fred Chester, qui passèrent tous deux leur enfance près du parc naturel de Dighton Rock.

2. Lettre de David Borden à l'auteur.

3. *Ibidem.*

gèrent ces énormes pierres avaient probablement remonté, dans leurs « maisons de bois », qui le fleuve Tauton, qui le Merrimack.

L'une d'elles, celle de Shutesbury, semble représenter un Bouddha assis, dans la position traditionnelle dite de « contemplation de la vieillesse ». Si l'on parvenait à prouver qu'elle date de la période précolombienne, elle donnerait une indication sûre. Malheureusement, tous les musées que j'ai sollicités refusent de se prononcer définitivement. Curieusement, on trouve à Salem, à environ 200 kilomètres de Shutesbury, une gravure représentant clairement un cheval. Elle date, elle, de l'époque précolombienne. Les gens qui dressèrent et gravèrent les pierres avaient dû venir avec des chevaux, car les premiers colons trouvèrent les pierres gravées sur place à leur arrivée. Or les chevaux s'étaient éteints en Amérique du Nord vers 10000 av. J.-C. Pour le moment, on ne peut donc que supposer que ces énormes mégalithes furent érigés par des gens qui disposaient de chevaux. Les recherches se poursuivent et leurs résultats seront publiés sur notre site internet.

On pourrait, bien sûr, penser que les similitudes dans la localisation, la taille, la forme et la méthode d'appui des douze pierres de l'est du Massachusetts et de celles du Cap-Vert, des chutes de Matadi et de la plage de Ruapeke ne sont que des coïncidences. La pierre de Ruapeke pourrait représenter un naufrage autre que celui des Chinois. Mais j'étais certain qu'ils avaient atteint les Caraïbes, puis les Açores. Entre ces deux escales, vents et courants les auraient portés exactement à l'endroit où l'on avait retrouvé les pierres. L'explication la plus plausible reste qu'elles furent érigées par les Chinois, et que les femmes rencontrées par Verrazano étaient leurs descendantes. J'avance donc l'hypothèse que les premiers colons d'Amérique du Nord n'arrivèrent ni avec Colomb, ni avec aucun autre explorateur européen, mais sur les jonques de l'amiral Zhou Wen. Elles parvinrent sur les côtes du Massachusetts vers le jour de Noël 1421 et nous disposons aujourd'hui de nombreuses analyses ADN pour étayer cette thèse. Peut-être la Nouvelle-Angleterre devrait-elle être rebaptisée « Nouvelle-Chine ».

Après l'établissement des colonies, la flotte chinoise pouvait poursuivre sa route. Quelle fut l'angoisse de ces marins et de ces concubines, qui regardèrent les grands vaisseaux déployer leurs voiles, que le vent vint gonfler pour les emporter au loin... Sur la plage, ils durent fixer les navires jusqu'à ce qu'ils disparaissent à l'horizon, et s'en retourner finalement, pleins de terribles pressentiments. On avait dû leur promettre que la prochaine expédition viendrait avec de nouveaux colons, avec des vivres, et

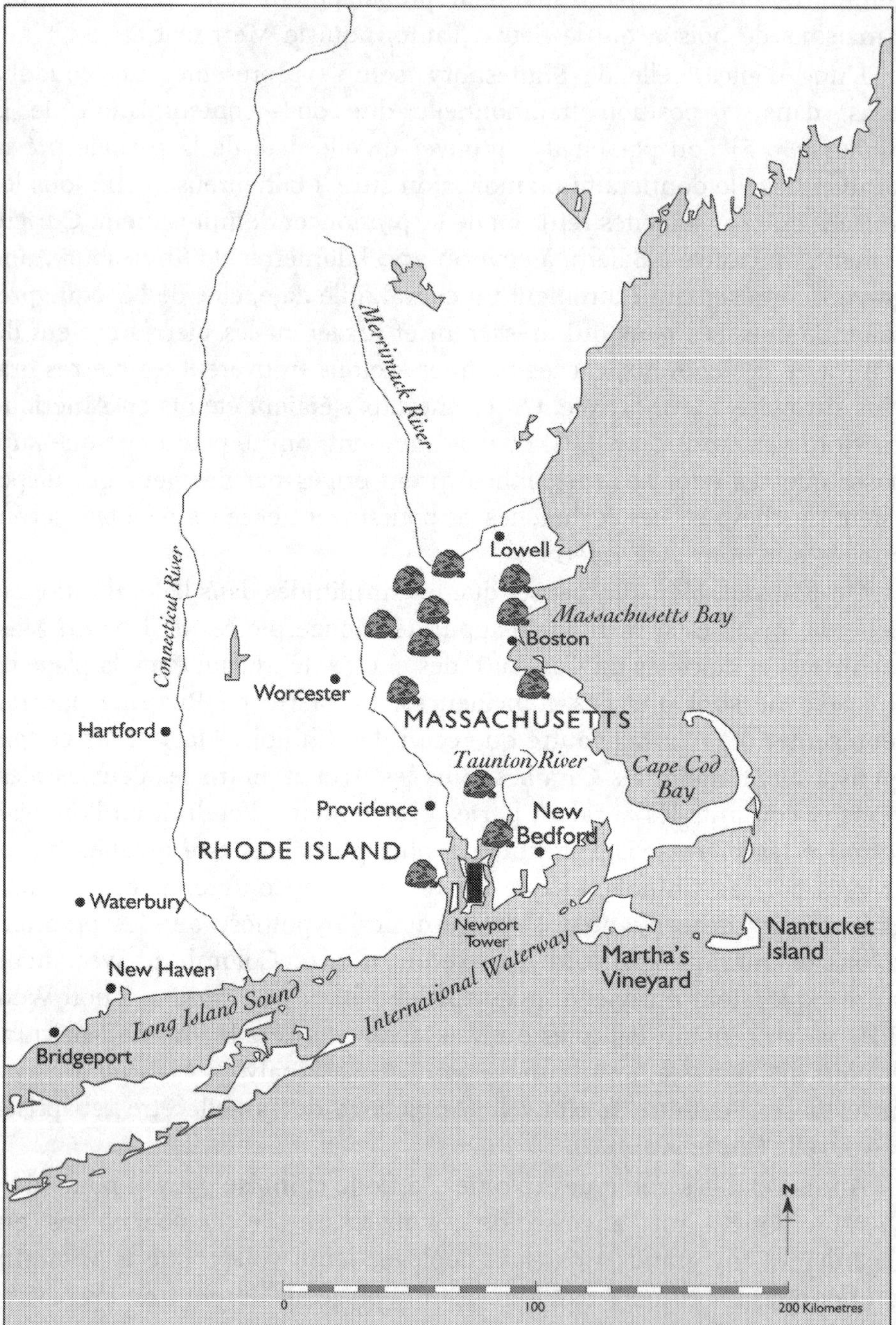

Emplacement des pierres gravées du Massachusetts.

que ceux qui le souhaitaient pourraient alors rentrer dans leur pays. Pendant de longues années, dans leur lutte pour la survie quotidienne (construire des abris, aller à la pêche et à la chasse, cultiver la terre), ils durent souvent s'arrêter un instant pour regarder la mer, cherchant désespérément à l'horizon la petite touche de rouge qui aurait annoncé le retour des vaisseaux-trésors. Mais avec le temps, ils durent perdre espoir, évoquer de moins en moins souvent leur pays. Les vieillards se le rappelaient encore, mais les enfants ne l'avaient jamais connu et il devint une légende à demi oubliée, perdue au fil des générations. Aucun navire chinois ne devait jamais revenir les chercher.

CHAPITRE 14

L'expédition au pôle Nord

La flotte de l'amiral Zhou Wen, déjà réduite, devait être à nouveau décimée pendant l'étape suivante de son formidable périple. En effet, les cartes médiévales dont nous disposons suggèrent qu'en traversant les flots glacés de l'Atlantique Nord, elle se scinda en deux escadres. L'une fit route plus au nord tandis que l'autre poursuivit vers l'est, et portée par les vents et les courants, elle aurait atteint les Açores par le nord-ouest un mois environ après avoir quitté la Nouvelle-Angleterre. L'archipel des Açores s'étend sur environ 400 milles du nord-ouest au sud-est, et la première île que les Chinois auraient aperçue, en arrivant des Amériques, est celle qui se trouve à son extrémité nord-ouest, la petite mais spectaculaire île de Corvo, située à la même latitude que Pékin.

Comme Santo Antão dans les îles du Cap-Vert et comme la Guadeloupe, Corvo est dominée par un immense volcan depuis longtemps éteint, le Caldeirão, souvent couronné d'épaisse nuées blanches. Des ruisseaux dévalent les pentes du volcan, visibles à des kilomètres depuis le large. Longue de 5 milles seulement, d'apparence verdoyante, l'île s'élève au milieu d'une mer d'un bleu profond, mais la vie y est rude car il n'existe qu'une mince bande de terres cultivables sur la rive sud, autour de la capitale actuelle, Vila Nova, entre la mer et les contreforts du volcan. Les maisons s'y serrent les unes contre les autres, comme si elles tentaient d'épargner le moindre arpent de sol fertile.

C'est là que je me mis à la recherche d'un phare, ou d'une stèle gravée semblable à celles que j'avais déjà trouvées le long de l'itinéraire emprunté par les navigateurs chinois. S'il en existait une, elle aurait forcément été placée sur un promontoire, et elle aurait attiré l'attention des Portugais lorsqu'ils découvrirent l'île. Voici le récit de leur première exploration, dans les années 1430 :

> Au sommet d'une montagne appelée Corvo [...], la statue d'un homme à cheval ; il est chauve et ne porte pas de couvre-chef ; sa main gauche repose sur son cheval, sa main droite montre l'ouest. La statue est solidement posée sur un socle de pierre taillé dans le roc. Au pied, se trouvent des inscriptions dans un alphabet que nous n'avons pas pu déchiffrer[1].

Cette déclaration est importante à plusieurs égards. De toute évidence, ceux qui ont sculpté le cheval et gravé le texte n'étaient pas européens. Non seulement le cavalier ne porte pas de chapeau, mais surtout, il est chauve. Parmi les soldats de terre cuite qui gardent la tombe de l'empereur Quin, certains ont le crâne rasé, couvert d'une sorte de bas, comme une résille épousant leur crâne. Ils semblent bien être chauves et tête nue. Le cavalier de Corvo montre l'ouest et la Nouvelle-Angleterre, d'où seraient arrivés les Chinois. Il n'est pas difficile pour une jonque d'atteindre les Açores depuis les Amériques, mais il est difficile d'y parvenir depuis le Portugal, car il faut alors naviguer contre le vent. C'est la raison pour laquelle les Portugais ont découvert ces îles longtemps après les Canaries et les îles du Cap-Vert, malgré la proximité des Açores par rapport au Portugal.

Selon moi, la preuve définitive que le cavalier de Corvo est vraiment une statue chinoise, peut-être même la statue de « L'Empereur Cavalier » Zhu Di, c'est que les Açores figurent sur la carte sino-coréenne Kangnido, qui fut établie avant la découverte de l'archipel par les Portugais. Il n'apparaissait sur aucune carte arabe, pas même celles des célèbres historiens Al-Idrisi (1099-1166) et Ibn Khaldun (1332-1406). Si les Açores n'avaient pas été découvertes par les Chinois, qui donc aurait pu découvrir ces îles avant les Portugais, et pourquoi les cartographes de la lointaine Chine en auraient-ils été informés ?

Étonnamment, Christophe Colomb nous fournit des preuves confirmant que les Chinois ont peut-être habité les Açores : il rapporte une histoire locale racontant que des corps n'appartenant pas à des Européens auraient été rejetés par les flots sur la plage de Flores, à quelque 20 milles

1. Manuel Faria de Souza, *Epitome de la Historias Portuguesas*, Madrid, 1638, ma traduction, du castillan médiéval.

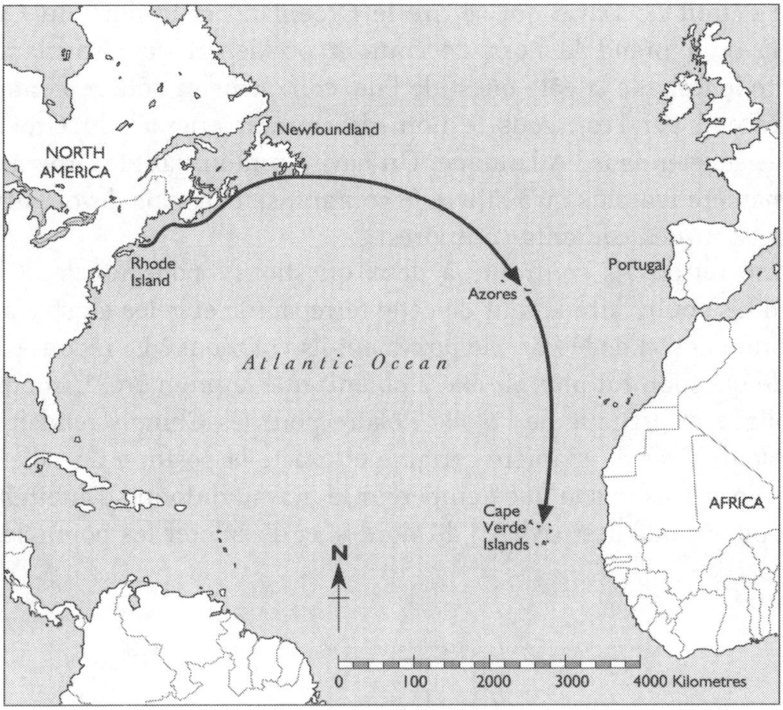

Voyage vers les Açores et les îles du Cap-Vert.

au sud de Corvo. Colomb en fait le récit avant son départ pour les Amériques, et Ferdinand Colomb indique que son père pensait que ces corps, retrouvés avec des « pièces de bois habilement sculptées », prouvaient l'existence d'un contact entre Cathay et l'Occident[1].

Pendant qu'une des escadrilles de la flotte de l'amiral Zhou Wen rentrait en Chine depuis les Açores en passant par l'océan Indien, les cartes indiquent que l'autre escadrille avait emprunté un itinéraire différent. Le Gulf Stream se sépare en deux au sud des Grands Bancs de Terre-Neuve[2]. Alors que le courant principal coule dans le sens des aiguilles d'une montre, entraînant les navires des Açores aux Canaries en passant par les îles du Cap-Vert, un bras mineur du Gulf Stream, le courant d'Irminger, se dirige vers l'est. Au sud de l'Islande, il s'inverse et se met à couler dans le sens contraire des aiguilles d'une montre, d'abord en direction du nord puis vers le nord-ouest puis à nouveau vers le nord, entraînant les bateaux

1. Rebecca Catz, « *Spain and Portugal and the Navigators* », communication non publiée, présentée le 25 septembre 1990 à Washington.
2. Vers 51° 40' O.

vers le détroit de Davis qui sépare le Groenland et le nord du Canada. C'est là qu'il prend le nom de courant occidental du Groenland, qui remonte le long de la côte ouest de l'île, contourne sa côte septentrionale et redescend par l'est, sous le nom de courant oriental du Groenland, avant de se jeter dans l'Atlantique. Un navire contournant le Groenland de cette manière n'a plus qu'à suivre le courant, sans jamais devoir affronter des vents ou des courants contraires.

Je me retrouvais confronté à deux questions : pourquoi les Chinois auraient-ils voulu faire le tour de cette terre stérile et gelée et, s'ils avaient une bonne raison de le faire, le pouvaient-ils vraiment ? La réponse à cette seconde question fut plus simple à obtenir que la première. L'importance symbolique et pratique de l'étoile Polaire pour les Chinois rendait indispensable de fixer de manière certaine et exacte la position du pôle Nord. Ce n'est pas sans raison que l'empereur leur avait ordonné d'atteindre « le plus septentrional des pays [...] du nord », et d'explorer les points les plus

Le Voyage autour du Groenland.

septentrionaux du globe – comme le faisaient leurs compatriotes à l'extrême sud, pour repérer le pôle Sud.

Deux cartes me fournirent les premières preuves qu'ils avaient dû surmonter cet exaltant défi. La première, c'était la carte Cantino, remarquable carte médiévale qui m'avait déjà permis de faire de nombreuses découvertes sur les voyages des Chinois. La seconde était beaucoup plus controversée : il s'agissait de la carte du Vinland, qui remonte à 1420-1440 environ. Sur la carte du Vinland figurent les pourtours de Terre-Neuve, du Labrador et tout le Groenland, dessinés de manière extrêmement précise et détaillée. Si cette carte est authentique, alors elle prouve que quelqu'un (les Chinois peut-être) s'était trouvé à environ 250 milles du pôle Nord quatre siècles avant que les Européens n'effectuent les premières explorations du haut Arctique.

J'étais bien conscient que j'allais ouvrir la boîte de Pandore en utilisant les informations de la carte du Vinland. Son authenticité fait l'objet de polémiques pour de multiples raisons. Son origine extraordinaire (elle apparut en 1965 dans le coffre de la petite Fiat d'un marchand de cartes) l'a rendue suspecte aux yeux d'un grand nombre d'experts. Nombreux sont les historiens convaincus que la précision de son tracé est trop parfaite pour être d'époque : le Groenland est représenté avec une telle exactitude qu'il ne peut s'agir que d'un faux récent. En 1972, Walter McCrone, expert réputé en analyse chimique de la firme McCrone Associates de Chicago, déclarait que la composition de l'encre, en particulier la présence d'anatase (le dioxyde de titane, utilisé dans la fabrication des encres depuis les années 1920) prouvait qu'elle ne datait pas du XVe siècle. En 1992 cependant, le Dr Thomas Cahill, de l'université de Californie à Davis, trouva de l'anatase dans plusieurs manuscrits médiévaux, ce qui rouvrit le dossier de l'authenticité de la carte du Vinland.

Les autres raisons justifiant les critiques de cette carte sont que les Vikings, qui furent les premiers à s'établir au Groenland, n'étaient pas cartographes. Chez eux, seule une tradition orale tenait lieu de cartes géographiques, et il leur aurait été impossible de dessiner celle du Vinland grâce à des indications ainsi transmises. De plus, on pensait qu'il était impossible de contourner le Groenland et que les noms figurant sur la carte du Vinland, prétendument placés là par Claudius Clavius, l'éminent cartographe danois censé être l'auteur de la carte aux alentours de 1424, étaient des appellations inventées de toutes pièces. On pouvait tout de même penser que les Vikings lui auraient révélé les noms qu'ils donnaient à ces endroits. Si toutefois les premiers cartographes étaient

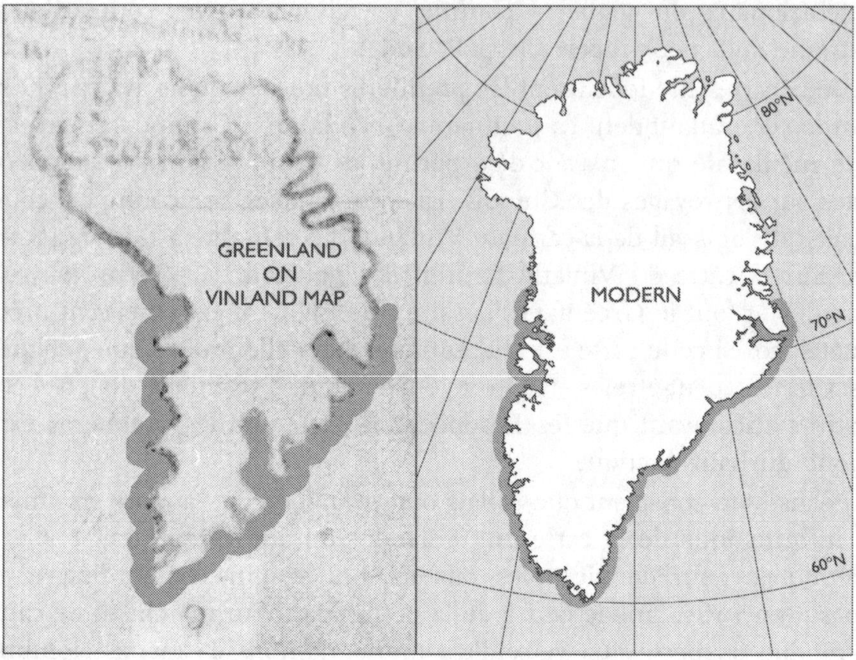

Le Groenland, tel qu'il apparaît sur la carte du Vinland, et sur une carte moderne.

chinois, alors Clavius n'aurait pas été en mesure de traduire les noms inscrits sur la carte, ce qui justifiait leur invention. L'encre est le seul élément qui ait suscité une polémique, restée sans réponse. Plusieurs livres ont été écrits sur la question. Même un expert du calibre de R. A. Skelton, qui était alors conservateur du département des cartes à la British Library, considérait le document comme authentique. D'autres éminents spécialistes étaient d'accord avec lui. Ils confirmaient la découverte du Pr Cahill et la présence d'anatase dans des encres utilisées au Moyen Âge, en particulier dans celles que l'on employait dans les monastères des Alpes, au début du XVe siècle.

Ceux qui prétendent que la carte du Vinland est un faux n'en ont pas fourni de preuve satisfaisante. Je pensais qu'elle était authentique, et que les premiers cartographes ayant produit les informations sur lesquelles elle reposait se trouvaient à bord de plusieurs jonques chinoises, dont une au moins aurait contourné le Groenland pour tenter d'atteindre le pôle Nord. Pour justifier ma conviction, je devais prouver que le Groenland pouvait vraiment être contourné. C'est complètement impossible aujourd'hui, même à l'aide d'un brise-glace à propulsion nucléaire, car les mers entourant le Grand Nord sont complètement gelées tout au long de l'année. Il existe toutefois des preuves directes que les conditions climatiques du début du XVe siècle étaient bien différentes de celles qui prévalent aujourd'hui.

Aux archives nationales d'Oslo, les récits datant de l'époque du mariage de Sigrid Bjornsdottir en 1408, dressent un portrait bien différent du pays connu sous le nom de Groenland. Sigrid était veuve ; son père et ses sœurs étaient décédés et elle avait hérité des terres familiales, ce qui faisait d'elle la plus riche propriétaire terrienne de l'île. Elle possédait un nombre considérable de troupeaux de moutons et de bétail, qui paissaient dans les riches pâturages du Groenland, scène aujourd'hui inimaginable dans ce pays stérile et pris dans les glaces. L'église où se maria Sigrid domine toujours un sombre fjord, et se dresse, solitaire, dans un paysage magnifique et glacial. On imagine la mariée, en ce dimanche de septembre, se hâtant de quitter l'église à la fin de la cérémonie pour rejoindre la chaude pénombre de sa maison, et commencer la célébration des noces.

Les fouilles réalisées dans le sol des demeures où elle vécut avec sa famille, ses demoiselles de compagnie et ses domestiques montrent que le climat du Groenland était beaucoup plus chaud alors, avant que ne commence le « petit âge glaciaire » dans les années 1430. Les preuves viennent de l'évolution des espèces de mouches retrouvées dans les fouilles. Les mouches vivant dans les maisons chaudes disparurent et furent remplacées par une espèce qui peut vivre dans des maisons froides et vides, en se nourrissant des chairs en putréfaction. On trouva encore la preuve d'un changement climatique abrupt dans le squelette d'un elkhound, chien de race norvégien, dont la gorge avait été tranchée – peut-être le dernier repas des habitants en train de mourir. Il fallait des circonstances désespérées pour sacrifier ainsi un précieux chien de chasse car, sans lui, les chances de tuer assez de gibier pour survivre à l'hiver se trouvaient considérablement réduites pour une famille. Je possède aujourd'hui des preuves fournies par des experts sérieux, confirmant que les étés de la période allant de 1422 à 1428 furent exceptionnellement chauds (voir la postface).

C'est dans les récits de voyage du capitaine George Nares en Arctique, en 1875-1876[1], que j'ai trouvé d'autres preuves confirmant que le Groenland pouvait être contourné. L'un de ses navires avait atteint 83° 20' de latitude nord, à 30 kilomètres à peine de l'extrémité nord du Groenland. Un officier, le lieutenant Lockwood, conduisit ses troupes à pied le long

1. Cité par Farley Mowat, *The Farfarers: Before the Norse*, Seal Books, Toronto, 1998, p. 176.

des 30 kilomètres restants, jusqu'au point le plus septentrional, l'île Lockwood, à laquelle il a laissé son nom. Cet épisode eut lieu à une époque où le climat était bien plus froid qu'en 1422.

On peut donc affirmer sans trop s'avancer que le Groenland pouvait être contourné en 1421-1422, car le climat y était beaucoup plus chaud qu'aujourd'hui. En 1421, c'était un pays de verts pâturages où le bétail paissait à l'air libre de la Pentecôte (cinquante jours après Pâques), au second dimanche du mois de septembre. Les rivières abondaient en saumon, les côtes fourmillaient de morses.

D'autres éléments confirment que les Chinois ont bien atteint le Groenland. Ils proviennent d'une très étrange lettre rédigée en 1448 par le pape Nicolas V à l'intention des évêques de Skalholt et Holar, en Islande. Il y explique pourquoi il souhaite nommer un nouvel évêque au Groenland : « [Il y a trente ans] les barbares sont arrivés des rivages païens proches et ont attaqué les habitants du Groenland de la plus brutale des manières et ont tellement dévasté la terre et les saints édifices par le feu et le glaive qu'il ne restait plus que neuf églises paroissiales [...]. Ils ont enlevé les pauvres habitants des deux sexes [...] dont la plupart sont rentrés de captivité et ont regagné leurs foyers[1]. » Le pape nomme « barbares » ceux qui viennent « des rivages païens proches ». Dans d'autres lettres, il qualifie les tribus inuits de l'Arctique canadien de « païens », ainsi peut-on raisonnablement penser que les « rivages proches » sont ceux de l'Arctique canadien. Lorsqu'il s'adressait à des correspondants, le pape distinguait les païens des barbares, termes qui n'étaient pas synonymes. Il est impossible qu'il fasse allusion ici aux Vikings (le Groenland était une colonie scandinave) ou à un autre envahisseur chrétien : peut-être étaient-ils des hérétiques aux yeux du pape, mais ils n'étaient pas considérés comme des barbares. On sait qu'à l'époque, les barbares, c'étaient ceux qui envahissaient l'Europe depuis l'Est ; il est donc presque sûr que le pape faisait allusion à des Mongols ou des Chinois qui avaient envahi le Groenland. Il n'est pas possible que le pape fasse référence aux Amérindiens comme à des barbares, car ces derniers ne possédaient ni « glaives » ni « armes à feu » pour combattre. Ils utilisaient des arcs et des flèches. Je crois que la seule solution rationnelle est de penser que cette lettre décrit une flotte chinoise arrivant d'Amérique du Nord et attaquant les habitants des lieux, peut-être avec des canons (Hvalsey, la ville natale de Sigrid Bjornsdottir, et aussi la plus grande colonie du Groenland, est à portée de canon de la mer). Les Chinois ont

1. Lettre du pape Nicolas V, *ibidem*.

emmené les habitants dans leurs grands navires avant de les ramener. La raison pour laquelle les Chinois ont agi de cette manière inhabituelle est inexplicable. Peut-être ont-ils été attaqués d'abord.

Si l'on considère que les Chinois ont atteint la colonie de Hvalsey (des analyses d'ADN ont aussi prouvé que les gens habitant aux alentours de Hvalsey sont porteurs de gènes typiquement chinois), la carte du Vinland montrerait à quels endroits ils avaient fait le levé topographique le plus précis de la côte, et donc les sites où pourraient se trouver d'autres traces de leur passage, ou même d'une colonisation, telles que des épaves et des objets. Deux grands écrivains et explorateurs, Peter Schlederman et Farley Mowat, ont effectué des années de recherches minutieuses dans le haut Arctique et dans les extraordinaires villages aux maisons de pierres de la péninsule de Bache, sur l'île d'Ellesmere, à l'ouest du Groenland, le long de la rive ouest du bassin de Kane. Ces scientifiques ont fait quelques remarquables découvertes[1].

La colonie de la péninsule de Bache présente un intérêt tout particulier. Il existe environ vingt-cinq maisons et un nombre identique de balises sur la péninsule. Certaines de ces maisons sont immenses (presque 45 mètres de long sur 5 mètres de large). Elles sont si grandes et leur maçonnerie est si bien montée qu'il est peu probable que des peuples inuits en soient les auteurs. Mais elles présentent d'autres caractéristiques remarquables. Des balises de pierre ressemblant à de petits phares ont été construites le long de ces maisons et, très curieusement, il leur manque un élément essentiel : aucune d'entre elles ne possède de toit. Les colons scandinaves du Groenland utilisaient presque toujours des mottes de terre et d'herbe pour recouvrir leurs habitations, mais il n'existe aucune trace de toit de ce genre sur celles de la péninsule de Bache. Cette absence de toit est stupéfiante. Les bâtiments sont assez grands pour abriter au moins 3 000 personnes, mais sans toit pour les protéger, il leur aurait fallu beaucoup de chance pour survivre à une seule nuit de l'hiver arctique. Les murs en ruine de ces bâtiments sont toujours visibles aujourd'hui. À l'extérieur, de nombreuses rangées de foyers (142 en tout) ont été construites, et un mur de pierre les sépare les uns des autres. Cette disposition, elle aussi, est tout à fait unique et ne ressemble en rien à ce que l'on a pu voir sur les sites préhistoriques de l'Arctique canadien.

---

1. Peter Schlederman, *Voices in Stone*, Calgary, Canada, 1996 et Farley Mowat, *op. cit.* Bien que mes conclusions diffèrent de celles de ces deux auteurs, je me fonde sur leurs recherches, sans lesquelles je n'aurais pu écrire ce chapitre.

Alors que je tentais de résoudre le mystère de ces étranges bâtiments, un premier indice me fut apporté par la géographie locale. La colonie de l'île Ellesmere était construite sur une langue de terre près d'une grande polynie, une vaste étendue d'eau qui ne gèle pas, phénomène étrange que l'on retrouve jusqu'au pôle Nord. Comme j'ai pu le constater par moi-même en naviguant à bord de sous-marins dans cette région du globe, les polynies ne sont jamais prises dans les glaces, ni en été ni en hiver. On ne s'explique toujours pas exactement pourquoi, et celles-ci sont toujours extrêmement attirantes, pour les sous-mariniers à la recherche d'air frais, comme pour les mammifères qui viennent y respirer, ou encore y chasser leurs proies. La polynie qui se trouve au large de la péninsule de Bache est particulièrement riche en poissons et attire un grand nombre de morses. On prisait énormément les morses au Moyen Âge pour leur viande, leurs splendides défenses d'ivoire et pour leurs peaux, qu'on faisait bouillir pour en tirer une huile destinée au chauffage ou à l'éclairage. Une fois distillée, elle donnait de la poix, utilisée pour imperméabiliser la coque des navires. L'installation, sur la péninsule de Bache, de villageois attirés par sa richesse en morses, se vérifie par la présence de magnifiques objets superbement ouvragés retrouvés aux alentours, comme des hameçons d'ivoire de morse.

L'île d'Ellesmere recèle une précieuse matière première, le cuivre. Les vestiges d'anciennes mines et d'ateliers de travail du cuivre ont récemment été trouvés sur l'île proche de Devon ; bien entendu, les Chinois étaient passés maîtres dans l'art de trouver, d'extraire et de raffiner les métaux. Du charbon venant de Newport, dans l'état de Rhode Island, a également été découvert au Groenland. Il a bien dû être amené là par quelqu'un.

Tout cela est assez logique, mais pose la question de savoir pourquoi les Chinois, dont les navires étaient magnifiques, auraient pris le temps de construire des maisons de pierre. Pourquoi ne pas simplement mouiller à proximité de la polynie pour chasser le morse et extraire le cuivre ? Et si la glace avait percé des trous dans un ou plusieurs des grands navires, qui s'étaient échoués, leurs équipages se seraient alors retrouvés sur la terre ferme avec des tonnes de teck près d'un riche réservoir poissonneux pouvant les aider à survivre, pour peu qu'ils parviennent à supporter le froid. Dans de telles circonstances, ils auraient certainement fait ce que Shackelton allait faire des siècles plus tard : construire des maisons avec le matériau trouvé sur place (la pierre) qu'ils couvrirent avec le bois de leurs bateaux. Selon mes calculs, le bois d'une jonque de 3 000 tonnes aurait suffi à construire le toit des vingt-cinq maisons de la colonie de la péninsule de Bache.

Je me suis ensuite intéressé aux âtres de pierre. Ils auraient été placés à l'intérieur des maisons s'ils avaient été destinés à la cuisine : situés à l'extérieur, ils devaient avoir été construits à des fins techniques. Leur nombre important (142 en tout) corrobore cette thèse. Une explication possible serait qu'ils étaient utilisés pour faire fondre la graisse des morses, à la fois pour produire de la poix destinée imperméabiliser les toits en bois des maisons, et pour servir de combustible de chauffage et d'éclairage pendant l'hiver. Ils pourraient aussi avoir servi à dessaler l'eau de mer ou à faire fondre la neige pour produire de l'eau potable, mais cela n'aurait pas suffi à justifier leur nombre. Je pense que les Chinois faisaient aussi fondre du cuivre.

Une partie de la flotte chinoise a dû rester quelque temps dans la colonie, mais un navire au moins doit avoir poursuivi son chemin pour contourner le Groenland, car les côtes du nord et de l'est apparaissent sur la carte du Vinland. Les côtes du sud-ouest et du sud-est sont dessinées de manière très précise avec des latitudes exactes, mais il existe une « bosse » importante au niveau de la zone allant du cap York au fjord de Petermann et à la terre de Peary, en passant par le bassin de Kane. J'ai étudié les cartes actuelles des zones glacées de la région[1], et j'en ai conclu que la bosse apparaissant sur la carte du Vinland est en fait une langue de glace, qui faisait saillie dans la mer depuis les immenses glaciers de la terre de Mylius-Erichsen et de la terre du Prince-Christian. En superposant la forme des glaciers à une carte actuelle du Groenland, on obtient le même décalage que sur la carte du Vinland.

La côte est bien dessinée, à l'exception de cette erreur. Une fois encore, il s'agit là d'une véritable prouesse en matière de cartographie. L'accumulation de preuves (l'arrivée des Chinois dans les Caraïbes, les courants et les vents qui les auraient amenés, à partir de là, à contourner le Groenland, la lettre du pape et le village des maisons de pierre) révèle l'intention des Chinois d'atteindre le pôle Nord. En gagnant le Groenland, ils n'étaient plus qu'à 400 milles nautiques... mais est-ce vraiment ce qui s'était produit ? Des objets d'un grand raffinement, représentant des oies des neiges, des ours polaires, des phoques et des morses, sculptés dans l'ivoire avec une remarquable maîtrise, ont été retrouvés dans le haut Arctique, encore plus au nord du Groenland, à 250 milles du pôle Nord. Ils

1. Cartes de l'Arctique du gouvernement canadien (Hydrographic and Map Service of Canada, map X1734) ; John Spink et D. W. Moodie, *Eskimo Maps of Canadian Eastern Arctic,* (1972) ; Ottawa Department of Energy, Mines and Resources, *Sea Ice Atlas of Arctic Canada,* 1982 ; Geo Daetisk Institut of Copenhagen, 2000.

ont été conçus par des artistes géniaux. Sont-ils l'œuvre des Inuits, ou bien issus du savoir-faire d'une civilisation millénaire ?

Après avoir quitté le Groenland, les courants et les vents dominants auraient mené la flotte chinoise jusqu'en Islande. Les écrits de Christophe Colomb confirment que c'est tout à fait possible : « Pendant le mois de février 1477, j'ai navigué environ 100 lieues (à peu près 470 milles nautiques) au nord de l'île de Tile (l'Islande) dont la partie sud est située à 73° de latitude nord [...] et, à l'époque où je m'y trouvais, la mer n'était pas gelée, mais les marées étaient très fortes, si fortes que leur amplitude atteignait jusqu'à 26 brasses (une brasse équivalait à 1,60 mètre), deux fois par jour[1]. » Le Pr Mike Baillie de la Queen's University de Belfast, expert mondial en dendrochronologie (science de la datation qui consiste à analyser les anneaux des troncs d'arbre), a démontré que 1477 fut une année exceptionnellement chaude. Par conséquent, la déclaration de Colomb est parfaitement crédible : pareil voyage l'aurait amené jusqu'aux côtes du Groenland. Puis ce fut le coup de théâtre. Colomb a lui-même résumé sa traversée, en consignant des notes manuscrites dans la marge de son exemplaire des mémoires de Pie II, *Commentarii rerum memorabilium quae temporibus suis contigerunt*. Il écrivait : « Des hommes sont venus ici [en Islande] depuis Cathay en Orient[2]. »

J'étais à présent en possession de deux témoignages, l'un émanant d'un pape et l'autre de Christophe Colomb, prouvant que les Chinois avaient atteint le Groenland et l'Islande, témoignages écrits confirmés par la carte du Vinland de 1424, qui détaille le pourtour de la côte sud du Groenland avec une précision extraordinaire. De plus, le Pr Needham, grand spécialiste de la dynastie Ming, explique qu'à cette époque, plus de vingt Chinois prétendaient avoir atteint le pôle Nord[3].

Lorsqu'ils doublèrent le cap nord du Groenland, les Chinois se trouvaient à 280 kilomètres à peine du pôle Nord car sa position étant déterminée par Polaris à 90° de latitude, en 1422, il se trouvait bien plus au sud qu'aujourd'hui. Pour atteindre le pôle, les Chinois n'avaient qu'à parcourir 280 kilomètres de plus vers le nord, soit moins de deux jours de bateau. Les eaux de l'Arctique étaient-elles dégelées sur cette distance de 280 kilomètres ? Une feuille de températures relevées dans l'Arctique au mois de

1. Ferdinand Colomb, *La Historia della Vita di Cristoforo Columbus*, Milan, 1930, citant un rapport perdu de son père, qui cherchait à démontrer que l'Arctique était habitable.

2. Catz, traduction d'une note manuscrite de Christophe Colomb dans son exemplaire des mémoires du pape Pie II, citée par Ferdinand Colomb, *op. cit.*

3. Joseph Needham, *Science and Civilisation in China*, Cambridge U. P., Cambridge, 1954.

juillet 2000 indique qu'il existe une langue d'eau relativement chaude au large du cap nord du Groenland – peut-être est-ce l'extrémité d'un bras du Gulf Stream. Elle s'étire au-delà, vers le nord, en direction du pôle. Il est tout à fait probable que les récits chinois sont vrais, et qu'ils ont bien atteint le pôle Nord cinq siècles avant les Européens. Comme je me suis personnellement trouvé à bord d'un sous-marin en patrouille près du pôle et que j'ai utilisé les polynies, je ne peux que m'émerveiller des exploits des Chinois. Ils pouvaient alors manger le dernier de leurs chiens et vider les dernières bouteilles d'alcool de riz pour fêter leur réussite, avant de regagner leur patrie.

L'itinéraire suivi depuis ces latitudes septentrionales pourrait résoudre encore un mystère, car la carte Waldseemüller, publiée en 1507, montre la côte septentrionale de la Sibérie depuis la mer Blanche, à l'ouest, jusqu'à la péninsule de Chukchi et le détroit de Béring, à l'est. La totalité de la côte, avec ses rivières et ses îles, est clairement identifiable. Qui pourrait avoir fait le levé topographique de cet immense littoral, si ce n'est les Chinois ? Comment cette carte, montrant des terres qui ne seraient « officiellement » découvertes par les Européens que trois siècles plus tard, pourrait-elle avoir été dessinée, à moins que les Chinois n'y soient aussi allés ? Les premiers levés topographiques russes de la Sibérie furent effectués deux siècles plus tard et la première carte russe n'a pas vu le jour avant le XIXe siècle.

La seule explication logique, et confirmée par les analyses ADN, c'est que l'endroit a été exploré par la flotte de Zhou Wen lors de son retour vers la Chine, par le détroit de Béring. Comme je l'ai expliqué plus tôt, le *I Yü Thu Chih* (« Description illustrée d'étranges contrées ») représente des danseurs cosaques et des Eskimos en train de chasser. Les Eskimos pourraient être les habitants des îles Aléoutiennes, que connaissaient les Chinois, mais la présence des Cosaques ne peut s'expliquer de la même manière. Il n'existe aucun récit de visites des Chinois en Moscovie pendant la première moitié du XVe siècle. Comment ces illustrations pourraient-elles avoir été réalisées si l'Arctique n'avait pas été exploré ?

Un autre amiral chinois, Zhou Wen, avait à présent accompli un épique voyage d'exploration, qui égalait, voire surpassait, les extraordinaires périples de Hong Bao et de Zhou Man. Yang Qin avait aussi pris la mer avec une vaste flotte au cours des mystérieuses années 1421-1423, et je me suis alors intéressé à lui. Certes, il n'alla pas aussi loin que ses pairs, et resta dans des eaux familières aux Chinois, mais les exploits qu'il accomplit au cours de son voyage n'ont rien à envier aux succès des autres grands amiraux.

SIXIÈME PARTIE
LE VOYAGE DE YANG QING

CHAPITRE 15

Résoudre l'énigme

Alors que ses pairs s'occupaient de localiser Canopus et la Croix du Sud, de pénétrer les régions polaires et de découvrir des continents inconnus, le Grand Eunuque Yang Qing quitta Pékin un mois après leur départ et resta, avec sa flotte, dans l'océan Indien. C'étaient sans doute les mers que les Chinois connaissaient le mieux au monde, car ils commerçaient depuis des siècles avec les États qui les bordaient, assurant en particulier le transport des épices, dont la vente représentait pour eux une importante source de richesse. Leurs navires n'allaient pas seulement dans les îles aux Épices, les pays d'Asie du Sud-Est, la péninsule indienne et les États arabes du golfe Persique, ils se rendaient aussi dans tous les grands ports de la côte orientale africaine.

Au début du XVe siècle, ils traitaient directement avec les ports arabes de cette région, qui exportaient, vers la Chine, or, ivoire et corne de rhinocéros. Les chefs d'État est-africains avaient coutume de se rendre à Pékin à bord des jonques de Zheng He. Certains furent ainsi ramenés chez eux par les flottes chinoises lorsqu'elles passèrent sur la côte africaine, en 1421, avant de partir pour leurs grandes expéditions. Deux d'entre elles emmenèrent encore des ambassadeurs, en s'arrêtant sur le chemin du retour. Yang Qing lui-même rentra en septembre 1422. Il amenait à Pékin les représentants de dix-sept États des côtes africaines et indiennes. Quant à Hong Bao, il rentra en octobre 1423 avec, à son bord, l'ambassadeur de Calicut. Une fois encore, la politique étrangère de l'empereur venait de remporter un brillant succès : l'océan Indien était devenu un lac chinois.

En raison de la destruction systématique des archives, il me fallait, comme à l'accoutumée, chercher ailleurs les traces de Yang Qing et de son voyage dans l'océan Indien. Je les repérai bientôt sur une carte qui m'était devenue très familière : la carte Cantino de 1502. Je pensais qu'elle se fondait sur des informations collectées par les Chinois pendant leurs grands voyages de 1421-1423, car l'historien portugais Antonio Galvão affirme que le planisphère de 1428 « exposait toute la route maritime des Indes orientales, avec le cap de Bonne-Espérance[1] ». À cette époque, l'expression « Indes orientales » désignait ce que nous appelons aujourd'hui l'Inde, l'océan Indien, la Malaisie et l'Indonésie. Galvão affirmait donc clairement que le cap de Bonne-Espérance, l'océan Indien et l'Orient étaient déjà cartographiés au début du XVe siècle. Une lettre du roi Jean II offre une preuve supplémentaire du fait que les Portugais disposaient bien d'une carte montrant le cap de Bonne-Espérance avant même le départ de Dias et Vasco de Gama. En mai 1487, il écrivait en effet à Pêro da Covilhã (env. 1450-1520) pour lui enjoindre de chercher une route maritime vers les Indes :

> Il lui recommanda vivement de s'informer sur la possibilité de rallier l'Inde par la mer après avoir doublé le cap de Bonne-Espérance [...]. Le roi envoya alors deux de ses loyaux serviteurs, des marins expérimentés qui connaissaient l'arabe, Pêro da Covilhã et un chevalier de sa maison, Alfonso de Paiva [...]. Le [futur] roi Manuel leur confia une carte (*Carta de Marear*), d'après la Mappemonde [la carte de 1428] [...] qui montrait aussi bien que possible par où ils devraient passer pour atteindre le pays d'où viennent les Épices [les Moluques][2].

Il est édifiant de constater qu'au moment où tous ces renseignements leur étaient fournis, soit en mai 1487, Dias n'avait pas encore « découvert » le cap de Bonne-Espérance.

Au début du XVe siècle, les Chinois disposaient d'une vaste expérience de la navigation dans l'océan Indien : ils se rendaient fréquemment en Afrique depuis la dynastie Tang (618-907). Pour mesurer l'influence chinoise dans cette région et l'importance de ses échanges commerciaux avec la Chine, il suffit de se reporter aux chroniques de Ma Huan et Fei Xin, qui y effectuèrent cinq voyages avec les flottes chinoises avant 1421, aux indications détaillées que fournit le *Wu Pei Chi* sur les routes maritimes

1. Antonio Galvão, *The Discoveries of the World*, Haklyut Society, 1862, p. 369. Voir le chapitre 4 pour plus de précisions.
2. Castaneda, historien portugais.

permettant de rallier l'Afrique orientale, ou encore, aux récits des voyageurs médiévaux, qui mentionnent tous les quantités impressionnantes de porcelaine Ming qu'ils purent voir dans les grandes demeures des marchands, sur toute la côte africaine jusqu'à Sofala.

Lorsque je servais sur le *Newfoundland*, j'eus l'occasion de longer toute cette côte, depuis le Kenya jusqu'en Afrique du Sud. En 1958, elle était encore vierge : on n'y trouvait que les vestiges de quelques villes négrières arabes et portugaises et, çà et là, un club britannique, reliquat suranné de l'empire colonial. Je me rappelle cependant très bien un incident décisif, qui eut lieu pendant ce voyage. À cette époque, les gens qui partaient en safari s'armaient de fusils plutôt que d'appareils photo. Nous avions donc décidé d'aller chasser le crocodile dans l'estuaire du Limpopo, et nous partîmes, comme il se devait, avec un canot à moteur, plusieurs fusils et un baril de rhum. Nous arrivâmes bientôt sur les eaux lisses et vitreuses de l'estuaire, sous un ciel plombé ; c'était un paysage typique de Kipling. Il n'y avait pas un seul crocodile, mais des tas d'hippopotames, dont le gros museau et les grandes oreilles dépassaient des eaux boueuses. Nous avions trouvé de quoi nous amuser ! Mais nous fîmes rapidement deux découvertes importantes : d'une part, les hippopotames ont la peau dure, très dure (les balles ricochent sur eux), et d'autre part, ils détestent se faire tirer dessus. L'un d'entre eux nous chargea. Je peux encore voir le bateau valdinguer au-dessus de ma tête, entendre le ronronnement de l'hélice au-dessus de moi. Nous nous en tirâmes, l'hippo et moi-même, avec quelques contusions. Mais ce jour-là, je décidai de consacrer mon temps libre à des loisirs plus écologiques et d'explorer plutôt les vieilles villes marchandes arabes et portugaises de la côte.

Quand les Portugais arrivèrent en Afrique orientale, ils constatèrent que les souverains de Zanzibar et de Pemba (en actuelle Tanzanie) portaient des vêtements de soie fine chinois, et que leurs palais regorgeaient de porcelaines chinoises[1]. C'est sur l'île de Pate, dans l'archipel de Lamu, à 500 milles au large du Kenya actuel, et au nord-est de Zanzibar, que l'on trouve d'autres preuves de la présence chinoise. En effet, la capitale de cet archipel faisait office de base avancée pour les flottes de Zheng He et, quand les Portugais y débarquèrent, il constatèrent que ses habitants avaient le teint cuivré. En 1569, un prêtre jésuite, le père Monclaro raconte qu'ils leur montrèrent « de très riches soieries, dont les Portugais tirèrent grand prix dans les villes maures où l'on n'en trouve guère, car elles ne

1. Eric Axelson (dir.), *Dias and His Successors*, Sayman and Weber, Cape Town, 1988, p. 66.

sont fabriquées qu'à Pate et, de là, envoyées partout[1] ». Les artisans de Pate étaient aussi renommés pour leurs bois laqués, autre technique inconnue en Afrique à cette époque, et tressaient des paniers selon des techniques utilisées en Chine du Sud.

N. Puccioni, qui conduisit une mission anthropologique en Afrique autour du fleuve Juba, en 1935, remarquait que les habitants de Pate, les Bajunis, étaient « d'un type physique très différent des autres peuples de la région » : « Ils ont le teint plutôt clair, parfois olive. Certains hommes portent de longues barbes et les femmes se font une raie au milieu avant de se coiffer les cheveux en tresse, de chaque côté de la tête[2]. » L'un des clans de l'île, les Washangas, prétendait descendre de naufragés chinois. Une de leurs légendes raconte comment le roi de Malindi, le plus puissant des potentats d'Afrique orientale, offrit deux girafes à l'empereur de Chine. Or c'est rigoureusement exact : l'empereur reçut bien ce cadeau, en 1416[3].

L'île de Pate n'a pas beaucoup changé depuis le XVe siècle, si ce n'est qu'elle est brièvement devenue un repaire de hippies dans les années 1960. Ses habitants sont musulmans, les hommes portent de longues robes blanches et les femmes sont voilées de noir. On voit encore les boutres, dont la conception est restée la même depuis des siècles, croiser au large avec leurs grandes voiles latines et leur coque un peu fruste, mais assez solide pour aborder ces côtes rocheuses. La plupart de ces bateaux, calfatés à la fibre de noix de coco, portent à la proue un œil protecteur. Ceux de Lamu se distinguent d'ailleurs par leur proue carrée. Les boutres sont très rapides et très maniables, ils louvoient très bien contre le vent. Souvent, à cause de l'odeur de poisson que dégage leur prise, on peut les sentir bien avant de les apercevoir. J'avais l'habitude, lorsque nous refaisions surface, d'acheter aux pêcheurs locaux de quoi varier un peu le régime habituel de la Navy.

Sur la côte est de Pate, se trouvent les vestiges de la vieille ville arabe de Shanga, ainsi nommée, dit-on, d'après Shanghai. Elle est aujourd'hui presque déserte et l'on n'y trouve plus que quelques bûcherons travaillant dans la mangrove. Il y a deux siècles, on y découvrit une grande quantité de céramiques de l'ère Song (960-1280) et du début de la période Ming (1368-1430), ainsi qu'une statuette song représentant un lion, qui avait été

1. Cité par Louise Levathes, *When China Ruled the Seas*, Simon & Schuster, 1994, p. 118.
2. N. Puccioni, *Guiba e OltreGuiba*, Florence, 1937, p. 110.
3. Levathes, *op. cit.*, p. 199.

enfouie comme ex-voto. Le nom même des habitants, les Bajunis, pourrait bien venir du chinois *bjun*, qui signifie « longue robe ». Sur la côte orientale de l'Afrique, à une époque où la plupart des gens portaient un simple pagne, les longues robes de soie chinoises ont dû paraître assez étranges et exotiques pour que le nom leur soit resté.

Il est clair que les Chinois sillonnaient la région et qu'ils disposaient des techniques et du savoir-faire nécessaires pour effectuer un levé topographique exact des côtes de l'océan Indien. Ils savaient mesurer le temps avec précision, prévoir la course des étoiles dans les cieux, et déterminer correctement leur latitude dans les deux hémisphères. Mais savaient-ils également calculer les longitudes ? La carte Cantino donne de l'Afrique orientale une représentation étonnamment exacte, dont la ressemblance avec les cartes modernes est frappante. Baies, anses, estuaires sont tous correctement placés, depuis le cap de Bonne-Espérance, au sud, jusqu'à Djibouti et à l'embouchure de la mer Rouge, au nord. C'est-à-dire sur une distance de 7 000 kilomètres à vol d'oiseau. Mais ce qui est encore plus étonnant, c'est que les longitudes sont elles aussi exactes, à 30 milles nautiques près, soit, en temps, à 30 secondes près. Comment les cartographes avaient-ils pu réussir cet exploit ?

Aujourd'hui, personne n'a encore établi de lien entre les Chinois et le calcul des longitudes. Tout ce que nous pouvons dire pour le moment, c'est que quelqu'un avait déjà inventé une méthode fiable de calcul des longitudes en 1502, date à laquelle la carte Cantino arriva en Italie.

L'histoire des tentatives de calcul des longitudes sans pendule s'étend sur des siècles. La clé du problème, c'était de repérer le moment précis où se produisait un événement céleste qui pouvait être observé depuis la Terre. L'une des méthodes éprouvées consistait à se fonder sur les éclipses de lune. Au Iᵉʳ siècle de notre ère, Ptolémée racontait, dans sa *Géographie*, qu'Hipparque (190-120 av. J.-C.) la recommandait et donnait un exemple de son utilisation en 330 av. J.-C. Hipparque n'expliquait cependant pas comment déterminer précisément l'heure locale au moment d'une éclipse de lune, c'est-à-dire de nuit, une fois le soleil couché[1]. Il est tout à fait possible qu'un petit nombre d'Européens aient entendu parler de cette méthode en 1415, lorsque la *Géographie* de Ptolémée fut rapportée à Venise par deux Byzantins, qui avaient réussi à fuir la ville menacée par les Ottomans. Les Arabes, quant à eux, la connaissaient très certainement.

1. H. D. Howse, *Greenwich Time and the Discovery of Longitude*, National Maritime Museum, Greenwich, 1980, p. 2.

La méthode de construction des observatoires et les archives des Chinois montrent qu'ils mesuraient le temps grâce à l'ombre solaire. Un de leurs plus célèbres observatoires, la tour de Zhou Gong, existe encore aujourd'hui. Il se trouve à 80 kilomètres au sud-ouest de Longyang. C'est une pyramide tronquée, avec plusieurs escaliers permettant d'accéder à une plate-forme d'observation carrée d'environ 7 mètres de côté. En son centre, un petit bâtiment abrite une longue tige de métal, qui servait à l'observation des étoiles sur le méridien local, et une clepsydre. Un gnomon (une tige métallique d'une douzaine de mètres de haut) se trouvait placé sur une chaussée de dalles de pierre, qui s'étirait sur environ 36 mètres, au nord de la tour, entre deux bassins parallèles. La surface de ces dalles était parfaitement lisse et parfaitement parallèle à celle de l'eau. Les Chinois pouvaient donc mesurer précisément la longueur de l'ombre du gnomon sur les dalles de pierre à midi. À l'équateur, et à l'équinoxe, le soleil se lève plein est et se couche plein ouest. À midi, il est au zénith et ne projette aucune ombre. Les ombres les plus longues sont celles de l'aube et du crépuscule et, entre ces deux extrêmes, la longueur des ombres permet de déterminer précisément l'heure locale.

Dès 721 av. J.-C., les Chinois avaient compris que la longueur de l'ombre d'un gnomon ne dépendait pas seulement de l'heure, mais aussi du jour ou de la saison et de la latitude à laquelle il se trouvait. À l'aide d'un gnomon ordinaire, c'est-à-dire plus petit, et d'environ 2,50 mètres de haut, ils mesurèrent la longueur de l'ombre solaire au solstice, en hiver et en été, en différents points de leur empire, depuis Hue, au Viêt-Nam, au sud, jusqu'à Pékin, au nord. Ils calculèrent que l'ombre de leur gnomon s'allongeait de 9,042 centimètres tous les 643,73 kilomètres, ce qui leur permettait de corriger leur position n'importe où, en un jour donné.

Mais la longueur de l'ombre variait aussi au cours de l'année. En se fondant sur l'expérience que nous venons de décrire et sur la mesure de l'ombre au solstice d'été (soit 3,77 mètres), et au solstice d'hiver, soit (23,4 mètres), par un calcul remarquable, ils parvinrent à déduire la correction qu'il fallait apporter jour par jour, en tenant compte de la latitude à laquelle l'observateur se trouvait. En outre, ils savaient déterminer le jour de l'année à partir de la longueur des ombres lunaires. À cette époque, pour mesurer le temps, les Européens ne disposaient que de sabliers qui ne pouvaient leur donner qu'une approximation de l'heure et en aucun cas la date.

Il fallait aussi apporter une troisième correction pour tenir compte de l'irrégularité de la révolution de la Terre autour du Soleil, due à l'excentricité de son orbite et à la différence entre l'équateur et l'écliptique (le grand cercle céleste sur lequel le soleil semble se déplacer autour de la Terre tout au long de l'année). C'est l'origine de la différence entre le temps absolu et le temps apparent, celui que l'on pouvait mesurer grâce au soleil, différence qui atteint un maximum positif de 14 mn 30 s en février, et un maximum négatif de 16 mn 30 s en novembre. Les calculs des Chinois étaient si rigoureux que « les observations effectuées entre 1277 et 1280 nous sont encore précieuses pour leur grande précision, car elles prouvent incontestablement la diminution de l'obliquité de l'écliptique et l'excentricité de l'orbite terrestre entre cette époque et la nôtre[1] ». En d'autres termes, l'orbite de la Terre autour du Soleil a changé au cours de ces sept derniers siècles.

Les Chinois construisirent d'autres observatoires, identiques à la tour de Zhou Gong, d'abord à Nankin, puis à Pékin, lorsque la capitale de l'empire y fut déplacée. Les hommes de Zheng He en édifièrent d'autres partout dans le monde. Ils étaient tous équipés des instruments nécessaires pour amplifier l'ombre solaire et la mesurer, reconnaître les étoiles, déterminer la position exacte de la lune et du soleil lors des éclipses, et observer Polaris[2]. La tour de pierre de Rhode Island, que nous avons évoquée au chapitre 13, pourrait bien être, elle aussi, un observatoire. Quoi qu'il en soit, tous disposaient des instruments requis pour calculer les latitudes et les longitudes.

Les Chinois savaient depuis longtemps que, plus le gnomon qu'ils utilisaient était grand, plus longue était son ombre, et plus exacte leur mesure du temps. Une ombre plus longue devenait cependant moins nette. Au début de l'ère Ming, il inventèrent une sorte de *camera obscura* en perçant un trou minuscule dans le toit de leur bâtiment d'observation. L'ombre devenait alors beaucoup plus nette et, en l'intensifiant à l'aide d'un miroir, ils pouvaient la mesurer au quart de millimètre.

Leur calcul de la lunaison (l'intervalle séparant deux nouvelles lunes) illustre la précision remarquable de leur mesure du temps. Ils l'estimaient à 29,530591 jours[3], chiffre impliquant une erreur de moins d'une seconde par mois. Mais ces méthodes de mesure du temps n'étaient valables que lorsque le soleil était au-dessus de l'horizon. La nuit, ils utilisaient des

1. J. Needham citant et commentant *History of the Yan Dynastie*, dans *Science and Civilisation in China*, vol. 3, part. 2, sect. 20, Cambridge U. P., Cambridge, 1954, p. 398, et les calculs de La Place, *ibidem*, p. 299.
2. *Ibid.* p. 369.
3. *Ibid.* p. 392.

clepsydres, qu'ils réglaient, de jour, avec un gnomon[1]. Avec leurs gnomons et leurs clepsydres, les Chinois étaient capables de mesurer le temps à la seconde près, de nuit comme de jour. Ils pouvaient aussi prévoir et utiliser les éclipses totales de lune qui ont lieu tous les six mois environ, à différents endroits de la planète.

Les éclipses de lune ou de soleil se produisent lorsque ces astres et la Terre se trouvent alignés, ou lorsque l'orbite de la Lune autour de la Terre se trouve sur le même plan que celle de la Terre autour du Soleil. Lors des éclipses solaires, c'est la Lune qui cache le Soleil aux observateurs situés sur une toute petite portion de notre planète, momentanément plongée dans la nuit. L'ombre de la Lune se déplace à la surface de la Terre au fur et à mesure que la Lune suit son orbite, et que la Terre tourne sur elle-même. On n'observe donc pas l'éclipse au même moment, suivant l'endroit où l'on se trouve sur le globe. Lors des éclipses de Lune, en revanche, c'est la Terre qui se place entre le Soleil et la Lune et, comme elle est beaucoup plus grosse que la Lune, son ombre la cache. Contrairement aux éclipses de soleil, les éclipses de lune peuvent donc être observées simultanément sur la moitié du globe terrestre. L'aptitude des Chinois à situer précisément les éclipses de lune dans le temps et la possibilité d'observer cet événement astronomique simultanément en différents points du globe allaient s'avérer décisives dans leur tentative de calcul des longitudes.

Il y a, en effet, deux éléments-clés pour calculer les longitudes à partir des éclipses de lune. Le premier, nous l'avons vu, c'est que ces éclipses peuvent être observées simultanément sur la moitié du globe. Le second, c'est que, pendant l'éclipse, la rotation de la Terre provoque l'impression que les étoiles se déplacent dans le ciel. Quatre événements distincts se produisent alors pendant une éclipse de lune :

1. Premier événement : la lune commence à entrer dans l'ombre terrestre.

2. Deuxième événement : la lune est entrée tout entière dans l'ombre terrestre.

3. Troisième événement : elle commence à sortir de l'ombre terrestre.

4. Quatrième événement : elle vient de sortir complètement de l'ombre terrestre.

1. Pour les lecteurs qui s'intéresseraient à ces merveilles techniques, signalons les illustrations d'une encyclopédie chinoise de 1478, dont la bibliothèque de Cambridge, en Angleterre, détient un exemplaire, le *Shi Lin Kuang Chi*.

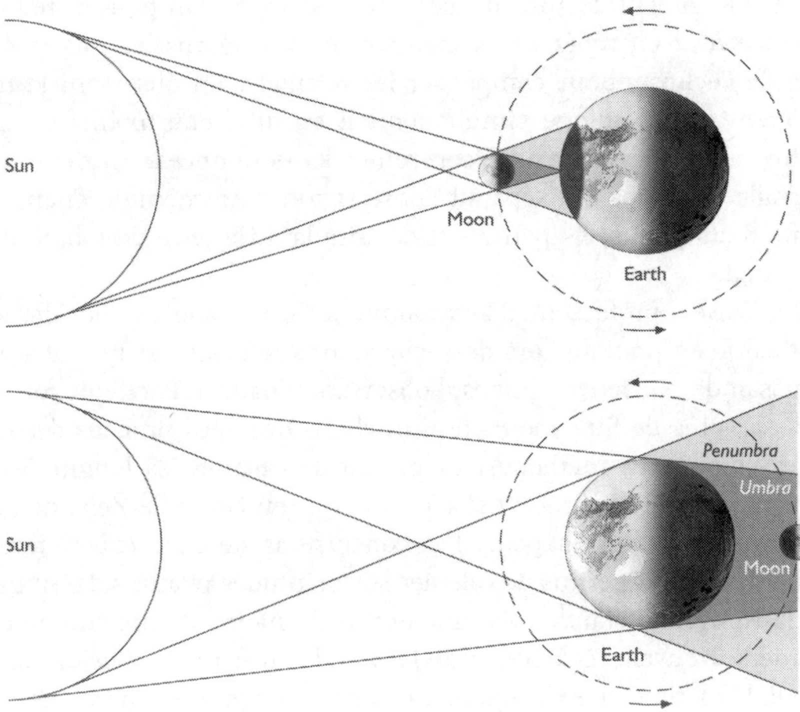

Éclipse solaire et éclipse lunaire.

En abordant une terre inconnue, navigateurs et astronomes chinois devaient observer une éclipse de lune et attendre le troisième événement pour repérer quelle étoile passait au méridien à cet instant précis. Ce méridien, c'est la ligne imaginaire qui commence à l'horizon, plein nord, passe au-dessus de l'observateur et rejoint l'horizon, plein sud. Repérer une étoile connue passant au méridien lors du troisième événement, lors d'une éclipse lunaire, devait s'avérer capital pour les explorateurs de nouveaux territoires et pour les astronomes de Pékin.

De retour dans la capitale, les astronomes de la flotte comparaient leurs données avec celles de leurs collègues. En utilisant leur mesure du temps, fondée sur le gnomon, ils déterminaient l'intervalle séparant le passage au méridien de cette étoile sur les nouvelles terres et son passage au méridien à Pékin. La Terre effectue une rotation de 360° en vingt-quatre heures. Si le temps écoulé entre ces deux passages au méridien était de six heures, soit un quart du temps nécessaire à la Terre pour compléter sa rotation, cela signifiait que la différence de longitude entre les nouvelles terres et Pékin était de 360° divisés par 4, soit 90°. On pouvait réduire la marge d'erreur en repérant exactement dans le temps les quatre événements de l'éclipse, pour compenser les résultats. En observant le même événement astronomique simultanément en différents points du globe, les Chinois pouvaient ensuite confronter leurs données. En déterminant l'intervalle de temps qui séparait l'observation d'un même événement en ces différents points, ils pouvaient déduire la différence de longitude qui les séparait.

John Oliver, professeur d'astronomie à l'université de Floride, a mis cette théorie en pratique lors de l'éclipse lunaire des 16 et 17 juillet 2000. Il disposait de plusieurs équipes d'observation dans le Pacifique, de Tahiti à Malacca, près de Singapour. Il avait choisi des sites proches des observatoires chinois. La méthode leur permit de calculer les longitudes avec une marge d'erreur infime : 1,1° à Tahiti ; 0,1° en Nouvelle-Zélande ; 0,1° à Melbourne et 0° à Singapour. Les conclusions de cette expérience sont saisissantes : elle a permis de calculer les longitudes relatives de Singapour et de la Nouvelle-Zélande avec une erreur de moins de dix kilomètres, et celles de la Nouvelle-Zélande et de l'Australie avec une précision parfaite. Au total, la méthode permettait de calculer les longitudes sur un tiers de la surface du globe, c'est-à-dire sur une distance de près de 13 000 kilomètres, avec une erreur maximale de 100 kilomètres. Il faut ajouter qu'il avait employé des astronomes amateurs, et qu'avec des professionnels, sa marge d'erreur aurait sans doute été plus faible encore. Avec leurs observatoires situés aux mêmes endroits, les Chinois avaient pu déterminer les longitudes avec au moins autant de précision que les équipes du Pr Oliver. Tout l'intérêt de cette méthode, c'est qu'elle ne requiert même pas l'usage d'un sextant.

Une fois qu'ils avaient déterminé la longitude de Malacca, par exemple, les flottes chinoises pouvaient l'utiliser comme point de repère. Ils répétaient l'expérience dans leurs observatoires à travers tout l'océan Indien. Le *Wu Pei Chi* mentionne ceux de Semudera (Sumatra), du cap Dondra (dans l'actuel Sri Lanka), de Cochin et Calicut sur la côte de Malabar, de Malindi et Zanzibar sur la côte africaine, des Seychelles et des Maldives. Avec une flotte assez conséquente pour effectuer simultanément les observations en tous ces points, on peut imaginer qu'une seule éclipse lunaire leur ait suffi à calculer toutes ces longitudes. Les astronomes envoyés dans tous ces observatoires seraient ensuite rentrés à leur base pour comparer leurs observations.

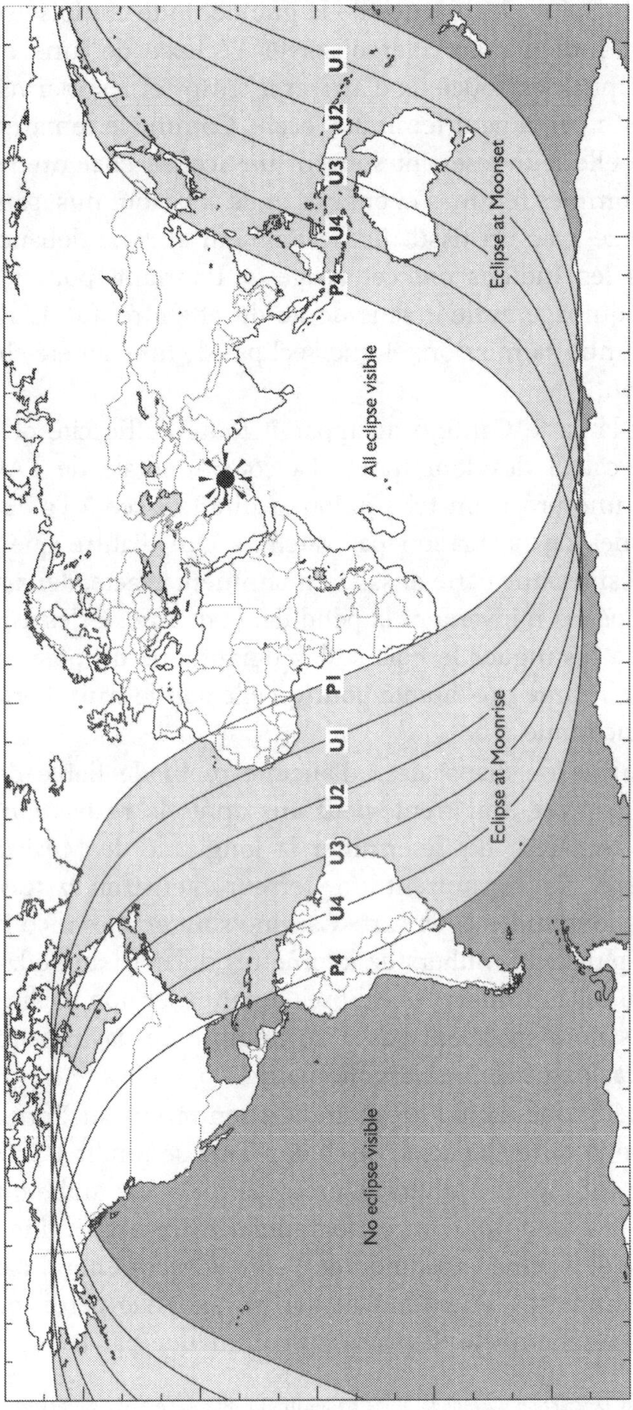

Progression d'une éclipse de lune à la surface du globe.

On peut imaginer les navires de la grande flotte chinoise se dispersant dans l'océan Indien pour aller observer l'éclipse de lune en différents points, les capitaines soucieux d'arriver à temps et les marins sans doute plus intéressés par la gent féminine locale. Comme le remarque d'ailleurs Marco Polo, elle leur réservait souvent un accueil chaleureux : « Ils sont tout noirs, hommes femmes et enfants et ils vont tout nus, sauf qu'ils couvrent leur sexe avec un tissu. Ils ne tiennent aucune débauche pour un péché. Tous les Indiens ont cet usage[1]. » Pourtant, pour s'amuser, les hommes d'équipage avaient sans doute dû attendre que la flotte ait correctement rempli sa mission, et que l'éclipse de lune ait été chronométrée avec précision.

C'est sur la carte Cantino qu'apparaît toute l'efficacité de la méthode chinoise de calcul des longitudes. La côte orientale de l'Afrique y est décrite avec une précision telle qu'on la dirait tracée à l'aide des techniques modernes de navigation par satellite. Qui d'autre que les Chinois aurait pu dessiner une carte aussi étonnamment exacte, deux siècles avant que les Européens n'inventent la pendule, et quatre siècles avant qu'ils ne parviennent à distinguer le pôle sud géographique du pôle magnétique ? Restait-il une infime probabilité pour qu'elle soit le fruit d'une expédition portugaise inconnue ?

Les Portugais ne disposaient d'aucune méthode fiable de calcul des longitudes. En 1541, soit trente-neuf ans après la réalisation de la carte Cantino, ils tentèrent de déterminer la longitude de Mexico lors d'une éclipse solaire. Ils commirent une erreur d'environ 2 500 kilomètres. Pourtant, les longitudes de la carte Cantino sont exactes à 50 km près, sur une côte de plusieurs milliers de kilomètres du nord au sud. Les Chinois savaient qu'il fallait utiliser les éclipses lunaires, et non solaires. En outre, les Portugais ne disposaient pas d'un nombre de navires suffisant pour déterminer la longitude par trigonométrie.

Deux expéditions dans l'océan Indien rentrèrent au Portugal avant la réalisation de la carte Cantino. Vasco de Gama se rendit à Sofala, Kilwa et Malindi en 1498-99. À Malindi, il employa un pilote arabe qui l'emmena à Calicut. Il n'a donc pas pu cartographier la côte africaine au nord de cette ville. La deuxième expédition de Pedro Álvares Cabral partit en 1499 et rentra en juin 1501. Au début de son voyage, elle perdit quatre de ses navires dans une tempête. Le vaisseau commandé par Dias longea la côte

1. Marco Polo, *La Description du monde*, P.-Y. Badel (trad.), Paris, Le Livre de Poche, 1998, CLXXXV, p. 451.

est de Madagascar avant de faire voile vers Mogadiscio. Il fut gravement endommagé et Dias perdit plusieurs hommes. Pendant le trajet du retour, il resta bien au large et la seule partie de la côte africaine qu'il aurait pu cartographier se situe entre Mogadiscio et Berbera. Les vestiges de la flotte de Cabral rallièrent ensuite péniblement Sofala, puis Kilwa et Malindi.

Ainsi, aucune de ces expéditions n'avait passé assez longtemps sur la côte africaine pour effectuer un levé topographique aussi précis, et aucune d'entre elles n'aurait pu cartographier toute la côte. De plus, la carte Cantino couvre près de 380 000 kilomètres carrés d'océan. Pour réaliser un tel levé, il aurait fallu mobiliser plus de quarante navires pendant deux ans, une entreprise qui dépassait de loin les moyens matériels dont les Portugais disposaient à cette époque. Il leur fallut en effet soixante ans pour effectuer eux-mêmes le levé de la côte orientale africaine. Penser que quelques caravelles endommagées auraient pu cartographier la côte orientale africaine, 380 000 kilomètres carrés d'océan et six archipels pendant les quelques mois qu'elles passèrent dans l'océan Indien avant 1502 est tout aussi fantaisiste que de croire qu'un homme seul, avec une cariole, un cheval et un mètre, suffirait à cartographier un continent entier.

Les Portugais étant donc écartés, je me demandai si les Arabes ne pourraient pas être les auteurs du levé topographique originel. À la British Library, j'examinai attentivement la superbe collection de cartes du prince Youssouf Kamal, amateur riche et passionné, mais je ne trouvai aucune carte arabe détaillée dans cet ensemble imposant. Les meilleures cartes médiévales arabes, comme la carte Al-Idrisi, ne peuvent absolument pas soutenir la comparaison avec la carte Cantino de 1502.

Le voyage de l'amiral Yan Qing fut beaucoup moins impressionnant que celui de ses pairs, mais la mission qui lui avait été confiée était tout aussi vitale et tout aussi difficile que celle de Zhou Man, Hong Bao et Zhou Wen, et sa réussite égale celle des autres amiraux. À son retour, les Chinois avaient mis au point une méthode de calcul des longitudes, trois siècles avant l'invention du chronomètre par John Harrison.

Si l'Occident reste étrangement muet sur l'origine mystérieuse de toutes ces mappemondes extraordinaires, qui indiquaient désormais latitudes et longitudes, exactes, la stèle que fit ériger Zheng He pour commémorer ses voyages révèle à qui revient l'honneur de la découverte : « Désormais, grâce à ces voyages, les distances et les routes entre ces différentes contrées peuvent être calculées. » Voilà encore un exploit des marins chinois, un exploit qui aurait dû briller comme un phare et baliser l'histoire de l'humanité. Mais il fut étouffé, oublié, tout comme la véritable découverte des Amériques, de l'Australie, de l'Arctique et de l'Antarctique. Les Européens allaient recueillir la gloire qui aurait dû revenir aux grands amiraux chinois et à leurs hommes. Et parmi eux, les Portugais allaient prendre la tête d'une grande vague d'expansion et de colonisation. C'est en effet le Portugal qui bénéficia, plus que tout autre pays, des connaissances géographiques si durement acquises par les Chinois.

SEPTIÈME PARTIE
LE PORTUGAL, HÉRITIER DE LA COURONNE

CHAPITRE 16

Au bout du monde

En juin 1421, au moment où la flotte chinoise contournait le cap de Bonne-Espérance pour se diriger ensuite vers les îles du Cap-Vert, loin dans l'Atlantique, un petit vaisseau portugais, une modeste caravelle jetait discrètement l'ancre sur l'île déserte de Madère. La grande vague d'expansion et de colonisation européenne, qui allait s'étendre à toute la planète et changer le destin de millions d'hommes à travers le monde, venait juste de commencer. C'est aux Portugais que revint la décision de faire, seuls, ce premier pas hésitant. Mais dans les trois années qui suivirent, quelques informations sur les voyages des Chinois devaient leur parvenir peu à peu, avec des cartes géographiques montrant les terres lointaines qu'ils avaient explorées. Les marins portugais ne s'élançaient plus vers l'inconnu.

En ce beau jour de juin 1421, l'explorateur João Gonçalves Zarco et sa famille durent avoir l'impression d'arriver au paradis. Des poissons multicolores entouraient leur navire : noirs espadons, thons bleus, maquereaux rayés d'argent, mulets et rougets, dons de la nature que seuls les lions de mer venaient leur disputer. Les eaux cristallines des torrents se jetaient dans un petit lagon, regorgeant de langoustines et de coquillages. L'air, embaumant le jasmin, était plein du chant des oiseaux, qui n'avaient jamais appris à craindre l'homme. Au-delà des rivages fleuris d'orchidées, d'azalées, de bégonias et de jacarandas, sur des kilomètres et des kilomètres, le fenouil était parsemé de bouquets de grenadille, donnant des fruits de la passion.

Les torrents de Santa Luzia et de São Jão se jettent encore dans l'Atlantique, mais aujourd'hui, les calmes rues de Funchal, capitale de l'île de

Madère, ont remplacé les prairies de fenouil. La statue de son fondateur domine l'avenue Zarco. Quant à la chapelle Santa Catarina, que fit édifier son épouse, elle se dresse sur une autre rue du même nom, près de la statue du prince Henri le Navigateur, commanditaire de l'expédition.

La colonisation de l'île, qui débuta en cette belle journée de juin 1421, marque un tournant de l'histoire européenne. La découverte de Zarco, chevalier au service du prince Henri, était due au hasard. En décembre 1418, il avait reçu l'ordre d'explorer la côte africaine jusqu'en Guinée, à 200 milles au sud du Portugal, en compagnie d'un autre loyal chevalier, Tristaõ Vaz Texeira. Mais les vents déviérent leur navire et l'emportèrent vers Porto Santo, île alors déserte, à 60 kilomètres au nord-ouest de Madère, et que seuls peuplaient les lions de mer, *câmara de lobos*[1].

Un soir, Zarco repéra une petite tache à l'horizon, en direction du soleil couchant. Il partit une semaine plus tard, pour prendre officiellement possession de cette nouvelle terre au nom de la couronne portugaise, du prince Henri et de l'Ordre du Christ. Il baptisa cette île aux forêts denses Madeira, « l'île des bois ». Zarco et Vaz ne tardèrent pas à faire un retour triomphal au Portugal. Fait chevalier, Zarco reçut le titre de comte de Câmara de Lobos.

Le prince Henri encouragea grandement ses projets de colonisation de Madère et lui fournit navires et provisions. L'île devait être divisée en deux, Zarco commandant la partie sud tandis que Vaz devenait gouverneur de la partie nord. Un de leurs compagnons, Bartolomeu Perestrello, reçut, lui, la mission de fonder une colonie sur l'île voisine de Porto Santo. Or, son fils avait emmené une lapine domestique, qui mit bas pendant le voyage. Quand ils s'installèrent, les lapins, qui ne rencontrèrent là aucun prédateur naturel, se reproduisirent si vite qu'ils envahirent l'île, au point de la rendre désertique.

La colonisation de Madère, en revanche, réussit parfaitement, démontrant ainsi les vertus des voyages d'exploration. Le prince Henri soutint l'introduction de vignes et de cannes à sucre provenant de Crète, qui prospérèrent sous son climat humide et chaud. On se mit à exporter les célèbres vins de Madère dans toute l'Europe, ainsi que la canne à sucre. Les investisseurs se pressèrent à la cour du prince pour profiter de cette aubaine et les navigateurs firent voile vers des desti-

1. Gomes Eannes de Zuzara, *The Chronicle of the Discovery and Conquest of Guinea*, C. R. Beazley (trad.), Hakluyt Society, 1896-1899.

nations plus lointaines encore, à l'avant-garde d'une vague d'expansion qui devait inaugurer cinq siècles de domination européenne sur le reste du monde.

Le prince Henri était le troisième fils du roi Jean Ier du Portugal et de la reine Philippa, fille de Jean de Gand, duc de Lancastre. Avec l'aide des Anglais, ce dernier avait mené la révolte de 1383, qui lui avait permis de se débarrasser de la vieille noblesse portugaise pour lui substituer la dynastie d'Aviz, qui lui faisait allégeance. Le roi Jean s'avéra prudent et pragmatique. Il négocia une alliance défensive avec l'Angleterre, sur laquelle il s'appuya pour imposer une trêve difficile au royaume de Castille. Grâce aux traités qui liaient séparément la Castille et l'Aragon à l'Angleterre, la péninsule ibérique connut une période de paix. La politique extérieure du roi Jean fut tout aussi prudente et il prit grand soin de ne pas empiéter sur la zone d'influence de ses voisins à l'étranger.

Cette période se caractérise, en outre, par la grande confiance dont témoignait la chrétienté ibérique : après six siècles de domination, les Maures avaient perdu leur dernière place forte portugaise d'Algarve. Après les en avoir expulsés en 1189, le roi Sancho Ier de Portugal avait reconquis toute la région et, en 1249, les provinces occidentales du califat de Cordoue étaient repassées aux mains des chrétiens, ce qui permit aux Portugais de déplacer leur capitale de Coimbra à Lisbonne. La Reconquista enfin terminée, où donc envoyer les soldats portugais, si ce n'était à l'étranger, au-delà des mers ?

Jean et Philippa étaient très pieux, mais leur cour, parmi les plus éclairées d'Europe, comptait des érudits et des savants de toute religion. Certes, la Chine avait encore des années d'avance sur l'Europe en matière de science, de technologie et peut-être de culture, mais le Portugal du XVe siècle commençait à s'épanouir et il allait bientôt devenir le principal acteur des grands voyages d'explorations. En cette période de transformations rapides, les souverains eurent à cœur d'assurer à leur fils, Henri, une éducation convenable et adaptée à ses fonctions. Il avait à peine vingt ans lorsqu'il se vit confier une opération militaire d'importance stratégique, l'attaque de Ceuta, le port arabe qui dominait le détroit de Gibraltar. Ses plans étaient assez avancés quand Philippa tomba gravement malade. Sur son lit de mort, elle lui remit une épée en prononçant ces mots : « Je te donne, Henri, [...] cette épée. Elle est aussi forte que toi. Je te confie seigneurs, chevaliers, écuyers et tous ceux qui sont de noble lignage[1]. » Elle

1. E. D. S. Bradford, *Southward with the Caravels*, Hutchinson, 1961, p. 8.

insista également pour qu'il ne restât pas à ses côtés et pour qu'il lançât sans tarder son opération contre Ceuta.

Au cours des siècles précédents, les Maures avaient envahi l'Espagne à trois reprises, levant leurs armées sur un territoire qui allait du Sénégal à l'Arabie, et les souverains musulmans contrôlaient encore un vaste empire. Même pour un prince aussi audacieux et aussi résolu qu'Henri, porter un tel coup au cœur de l'islam relevait du pari : c'était la première incursion européenne en Afrique depuis celle de l'empereur Justinien, huit siècles auparavant. Henri disposait de forces venues de toute l'Europe, unies dans cette nouvelle croisade. L'attaque fut précédée de mille ruses destinées à cacher le projet : le Portugal déclara même la guerre à la Hollande pour faire diversion et tromper les Maures. Henri fit preuve de tant d'habileté que son opération remporta rapidement un éclatant succès.

La prise de Ceuta constituait la première victoire chrétienne en territoire maure, un événement dont la portée morale et psychologique fut considérable. On envoya immédiatement des messagers porter cette nouvelle à Sigismond, saint empereur romain, et à toutes les maisons royales d'Europe. Après cette réussite fulgurante, Henri fut sollicité par tous : le pape lui demanda de prendre la tête de son armée, et Henri V d'Angleterre souhaitait qu'il conduise une nouvelle croisade. Mais il refusa toutes ces offres pour se contenter de devenir le représentant de son père à Ceuta. Il s'employa alors à édifier un véritable empire portugais, fondé sur la prospérité que le commerce de l'or assurait à la ville.

Toute la Méditerranée en réclamait. Les caravanes arabes, qui traversaient le Sahara pour rapporter le précieux métal du Mali, en passant par les villes, alors immensément riches, de Marrakech, Fès et Mekhnès, arrivaient à Ceuta. La prise de la ville assurait à l'armée portugaise une place forte en Afrique, mais aussi la possibilité d'intercepter tous les chargements de lingots et de frapper au cœur les prospères villes marocaines, en privant les Arabes de l'or qui irriguait leurs routes commerciales. Henri avait mis la main sur la principale source de richesses de l'islam.

À bien des égards, les Arabes avaient enrichi l'Espagne et le Portugal, et ils étaient habiles à exploiter les occasions commerciales qu'offrait leur immense empire. Ils firent venir des ingénieurs syriens en Algarve pour élaborer les systèmes d'irrigation et améliorer la riziculture. Ils développèrent les terres à blé d'Alentejo, où ils introduisirent également le coton et la canne à sucre. On fabriquait des tapis « persans » à Bera et Caleena. À Jativa, on copiait les méthodes chinoises de fabrication du papier, tandis qu'on comptait 13 000 tanneries et filatures produisant cuirs et textiles « marocains » à Cordoue. Les bateaux arabes transportaient ces produits de l'estuaire du Tage vers le Caire et toute l'Afrique du Nord.

À l'époque de l'éclatante victoire d'Henri, le Portugal était encore un royaume médiéval, plein de superstitions. Des ouvrages décrivaient l'incroyable richesse des terres situées au-delà des mers, les défis extraordinaires qu'allaient relever les explorateurs, les monstres et les peuples étranges qui les attendaient. Sur la route des Indes se trouvait « une mer si brûlante qu'elle bouillonne comme de l'eau sur le feu, et qu'elle est toute verte ; là, les serpents de mer deviennent plus gros que des crocodiles, ils ont des ailes avec lesquelles ils peuvent voler et sont si venimeux que les gens, terrifiés, les fuient [...] parce que ces serpents sont nés dans une mer bouillante, le feu ne les atteint pas [...] dans cette mer, il est un tourbillon si terrible que nul n'ose s'y aventurer[1]. » L'Inde elle-même était un pays plein de « bêtes sauvages dans le désert, dragons bleus, serpents et autres bêtes rapaces qui dévorent tout ce qu'elles peuvent. Il s'y trouve beaucoup d'éléphants, dont certains sont blancs, d'autres bleus ou d'autres couleurs encore, ils sont presque innombrables. Il y a aussi beaucoup de licornes, de lions et d'autres bêtes horribles[2]. » Dans ces contrées lointaines, les hommes avaient la tête au milieu du corps et les yeux sur les épaules. « Ils ont deux petits trous ronds à la place des yeux et la bouche plate, sans lèvres ». Les femmes cachaient des serpents dans leur vagin, « pour qu'ils mordent le pénis de leur mari[3] ». Avec la prise de Ceuta, Henri et ses compatriotes pouvaient enfin obtenir des informations fiables. En quatre ans de résidence sur place, il eut le temps de se familiariser avec le torride soleil africain, avec la morsure du sable emporté par le vent, les rues brûlantes et poussiéreuses, la douce odeur des clous de girofle et l'extraordinaire pureté des nuits du désert.

Ceuta était aussi un port de première importance, qui attirait une population cosmopolite, et une ville universitaire de renom. Les Arabes révéraient la science et ils avaient soigneusement conservé les chefs-d'œuvre grecs et latins, y compris les ouvrages géographiques de Ptolémée. Ils ne croyaient pas aux légendes qui circulaient à propos du monde

---

1. Vasco Lobeira, *Amadis de Gaule*, R. Southey (éd. et trad.), 1872. Pour la traduction française, voir Nicolas d'Herberay des Essarts, *Amadis de Gaule*, Paris, Champion, 2005.

2. Malcolm Letts (éd. and trad.), *Mandeville's Travels*, Hakluyt Society, 1953, p. 116 (texte d'Egerton), p. 321 (texte de Paris). Gentilhomme anglais, Mandeville jouissait d'une vive imagination, qui lui permettait de décrire tous ces pays lointains sans jamais y être allé.

3. *Ibidem*.

qui les entourait. Cela faisait des siècles qu'ils assuraient les échanges commerciaux entre l'Atlantique et le Pacifique. En 1315, le géographe arabe Al-Barouwi avait cartographié le nord et l'est de l'Afrique, de l'Atlantique à Zanzibar. En 1327, Ab Dimisqui, célèbre voyageur arabe, avait décrit l'Orient, où il était parvenu en traversant des océans tout à fait normaux, et qui était peuplé d'êtres parfaitement ordinaires. Bien que les Arabes n'aient pas disposé de carte exacte de l'océan Indien ni de l'Afrique, ils connaissaient la position de ce continent par rapport à l'Inde, à la Chine et à l'Extrême-Orient depuis 1340, date à laquelle Hama Allah Moustawfi Qazami dessina sa mappemonde, à partir des travaux de Ptolémée. Les Arabes décrivirent la route maritime des Indes en 1342. En 1391, ils publièrent une encyclopédie de l'Asie, qui en décrivait les principales villes et mosquées.

Pour le prince Henri, ce dut être particulièrement important d'apprendre qu'ils commerçaient depuis des siècles avec la quasi-totalité du monde connu. Il n'avait plus qu'à lancer ses navires dans le sillage des boutres arabes pour découvrir ces terres exotiques. S'il arrivait à construire une flotte capable de traverser les océans, il aurait à ses pieds le monde entier. Mais pour y parvenir, il lui fallait rentrer au Portugal. À Noël 1419, il avait déjà fait de Sagres, dans le sud-ouest du Portugal, sa base permanente. Il y fit édifier une forteresse, une église et un hôpital, mais aussi l'école de navigation qui lui valut son surnom et changea le cours de l'histoire. Au Musée maritime de Lisbonne, un tableau représente la cour d'Henri à Sagres : capitaines catalans, cartographes juifs, astronomes arabes, et chevaliers portugais s'y mêlent aux hommes d'armes, fabricants de voiles, prêtres, charpentiers, docteurs, marins et serviteurs. Tous partageaient leurs repas, vivaient et priaient même ensemble.

Il est des régions où le navigateur peut estimer sa position à l'odeur de la mer, comme le Grand Banc de Terre-Neuve ou le détroit de Malacca. De même, par une belle nuit d'été, les pins de Sagres dégagent des effluves inoubliables, qui me rappellent toujours des souvenirs de voyage en Orient, car c'est là qu'il faut mettre le cap au sud-ouest, pour entrer en Méditerranée et se diriger ensuite vers l'Arabie. Aujourd'hui encore, c'est une perspective impressionnante que celle de la forteresse de Sagres, qui domine le cap Saint-Vincent : elle s'avance dans l'océan et se dresse à plus de 60 mètres au-dessus des flots, si bien que les navires, au loin, ne sont qu'une minuscule tache d'ombre à l'horizon. Le bruit des grandes déferlantes qui se brisent, en bas, sur la falaise, fournit son grave contrepoint aux cris obsédants des oiseaux marins. Hiver comme été, ce promontoire est exposé à la pluie ; souvent, il reste voilé par brume et les embruns. Ici, la végétation luxuriante de la région laisse place à la pierre nue, et il ne peut pousser ni fleur ni arbre. Un grand mur gris, dont les pierres furent taillées à même la falaise, garde l'entrée de la forteresse et, à travers les lourdes portes de chêne sombre, on n'aperçoit qu'une rangée de maisons austères, et la sévère chapelle Sainte-Catherine.

Pour les Portugais, Sagres, c'était le bout du monde, l'endroit où « s'arrêtent les terres et commencent les mers[1] ». Mais à y regarder de plus près, on se rend compte que le choix de ce promontoire était fort bien inspiré. Pendant l'hiver et le printemps, les vents dominants de nord-ouest aspirent d'énormes quantités d'eau dans l'Atlantique et les transportent vers les montagnes de la Sierra Monchique. Dans cette région très méridionale du Portugal, le climat est donc presque subtropical, malgré la chaleur torride de l'été. À une journée de cheval, on trouve des collines verdoyantes aux forêts denses, où chênes et chênes-lièges, amandiers, lauriers-roses, hibiscus, lis et géraniums profitent de la chaleur et de l'humidité. Des bosquets d'orangers et de citronniers poussent dans les pinèdes. On plante des choux à l'ombre des palmiers dattiers et l'on cultive la vigne sur treille, au milieu des bruyères. Le plateau continental se termine à quelques milles seulement de la côte, et les fonds marins plongent alors brusquement à plus de trois kilomètres de profondeur. Dans ces eaux, une bonne centaine d'espèces de poissons ont élu domicile autour du cap Saint-Vincent. Une armada de petits navires de pêche rapporte des prises étonnantes de morue, d'anchois et de sardines, destinés au séchage et au salage. Quant aux falaises, elles offrent de petits havres naturels et des mouillages sûrs, à l'abri des tempêtes.

Henri disposait donc sur place de tout ce dont il avait besoin pour faire construire, armer et ravitailler une flotte : des réserves presque inépuisables de pin doux pour les charpentes, de pin résineux pour les coques, de chêne pour les gouvernails et les quilles, de résine pour le calfatage, de laine et de peaux pour vêtir les équipages, de bambous et de roseaux pour leur couchage et pour la fabrication des paniers. Il était aussi facile de se procurer des provisions pour des voyages d'environ deux mois : poisson salé, riz, blé, olives, oranges, citrons et amandes. Les marins ayant toujours eu besoin d'alcool, il pouvait même leur fournir du vin d'Alentejo, fort et fruité, tiré des raisins de Perequita, que l'on fait, aujourd'hui encore, fermenter dans de grandes jarres de terre rouge.

---

1. Camoens, *Os Luciades*, Lisbonne, 1572.

Lorsque le prince installa sa base à Sagres, les petites kogges catalanes s'étaient déjà transformées en vaisseaux capables d'affronter les océans, mais ils étaient encore équipés de voiles carrées. À Ceuta, Henri avait pu constater que, pour partir vers la Méditerranée orientale, les boutres arabes devaient être en mesure de négocier des vents faibles, mais aussi variables, et qu'ils devaient pouvoir voguer contre le vent. Les navires à gréement carré devaient nécessairement rester au portant et, la plupart du temps, ils ne disposaient pas de gouvernail, contrairement aux boutres. Les Arabes avaient aussi perfectionné les voiles latines, triangulaires, avec une poulie et un palan, afin que deux hommes suffisent à hisser et à contrôler une grande voilure. Henri fit ajouter un gouvernail d'étambot aux plans de son nouveau bateau, la caravelle, ce qui en faisait une sorte de croisement entre les boutres et les kogges, mélange qui survit aujourd'hui dans la conception des ketchs. Mais, de toutes les améliorations qu'il introduisit, la plus spectaculaire reste sa brillante adaptation des voiles latines. Les caravelles les plus perfectionnées étaient équipées de voiles latines sur le grand mât et le mât d'artimon et d'une voile carrée sur le mât de misaine. Une fois en mer, elles pouvaient adopter soit un gréement carré, soit un gréement latin. En quittant le Portugal, les marins avaient donc la possibilité de mettre le cap au sud, sous le vent, avec un gréement carré, et d'adopter ensuite des voiles latines pour rentrer vent debout. Bien qu'elles fussent minuscules, comparées aux vaisseaux-trésors chinois, les caravelles étaient aussi beaucoup plus agiles et plus faciles à manœuvrer.

Henri se trouvait également confronté au problème du calcul des positions. Pour pouvoir déterminer celles des terres nouvellement découvertes avant de rentrer à bon port, ses capitaines devaient calculer leur latitude et définir correctement leur route. Pour cela ils utilisaient des boussoles, instruments que les Arabes connaissaient depuis des siècles, et qu'ils tenaient des Chinois, avec qui ils échangeaient régulièrement des informations sur les techniques de navigation. En revanche, ces derniers ne communiquèrent jamais à personne leurs connaissances en matière d'astronomie ni les méthodes de calcul des latitudes et des longitudes qu'ils perfectionnèrent lors de leurs dernier grand voyage, entre 1421 et 1423. Dans ce domaine, les Européens avaient plusieurs décennies, voire plusieurs siècles de retard sur eux.

Le prince Henri était un mathématicien sérieux et, juste après sa mort, vers la fin des années 1460, ses astronomes réussirent à résoudre le problème des latitudes avec l'aide de savants arabes, héritiers d'une science séculaire. À cette époque, les Arabes étaient en effet de grands mathématiciens. Généralement mieux éduqués que la plupart des Européens, ils avaient coutume de sillonner la Méditerranée et l'océan Indien en s'éloignant des côtes. De nos jours, bien des étoiles, comme Bételgeuse, Aldébaran et Mikah, portent encore des noms arabes et même les cartes de l'Amirauté britannique rendent hommage aux navigateurs arabes en mentionnant des noms comme Ras Nungwi ou Ras al-Khaimah. Ils savaient mesurer l'altitude du soleil lors de son passage au méridien par rapport à l'horizon, avec des instruments de bois ou de cuivre. L'un des plus efficaces fut inventé par Gil Eannes, l'un des capitaines de la flotte d'Henri, dans les années 1460.

La hauteur du soleil à midi varie de jour en jour, et la différence entre cette hauteur quotidienne et sa hauteur minimale, au milieu de l'hiver, est appelée déclinaison. Les Arabes avaient découvert que, pour calculer les latitudes dans l'hémisphère nord, il fallait retrancher cette déclinaison de la hauteur du soleil à midi[1]. En 1473, Regiomontanus, astronome viennois résidant à la cour d'Henri, élabora un « éphéméride » qui précisait, jour par jour, la déclinaison du soleil. Au large, un capitaine n'avait plus qu'à mesurer la hauteur du soleil lors de son passage au méridien, à l'aide d'un sextant rudimentaire, puis à consulter son éphéméride pour trouver la déclinaison du soleil le jour dit. En soustrayant ce chiffre de celui qu'il avait mesuré, il savait à combien de degrés de latitude sud il se trouvait, et connaissait donc la distance qui le séparait de son port d'attache. Il devenait relativement simple de rentrer à Sagres sur une caravelle, à condition de disposer d'un sextant, quelque rudimentaire qu'il fût : il fallait mettre le cap plein nord en suivant l'étoile Polaire pendant la nuit, et en se dirigeant à l'opposé du soleil à midi, pendant la journée. On atteignait alors la latitude du port, et l'on virait plein est en gardant le cap jusqu'à ce que l'on puisse sentir les effluves de pinèdes ou apercevoir le cap Saint-Vincent.

En 1420, Henri avait supervisé la conception de caravelles capables d'affronter les océans, de rester au large pendant des mois et de retrouver le chemin de leur port d'attache. Les Arabes lui avaient confirmé que les récits évoquant des monstres terribles et des mers bouillonnantes n'étaient que fables sans fondement, et que l'on pouvait traverser les océans pour découvrir des terres nouvelles. Il lui manquait la dernière pèce du puzzle : des cartes marines qui auraient permis à ses capitaines

1. Cette explication reste, bien sûr, très schématique : il y a d'autres éléments à prendre en compte, comme l'inclinaison de l'axe terreste et la courbure du globe.

d'atteindre l'Orient. En 1416, son frère aîné, Dom Pedro, « saisi du désir de s'instruire en visitant les principaux pays d'Europe et d'Asie orientale[1] », entreprit un grand périple afin de collecter toutes les informations qu'il pourrait trouver dans les pays étrangers, au-delà de la Méditerranée. Pour financer ce voyage, le roi Jean investit une somme considérable en titres florentins, et le roi d'Espagne, de son côté, lui fournit une suite de serviteurs comprenant érudits et traducteurs. Il alla donc en Espagne, en Palestine et en Terre Sainte, et rendit visite à l'empereur ottoman (« le grand Sultan de Babylone »). Après s'être également rendu à Rome, dans le Saint Empire romain, en Hongrie, au Danemark, en Angleterre et à Venise, « au terme de douze années de voyage, Dom Pedro rentra au Portugal en 1428[2] ».

Il était parti un an après la prise de Ceuta, à un moment où les Portugais faisaient l'admiration de toute l'Europe, exaltée par l'audace d'Henri, qui avait risqué gros pour installer une tête de pont en Afrique, en terre d'islam. Il fut donc accueilli partout en héros, reçut la permission de se rendre où il voulait et de poser toutes les questions qu'il souhaitait, et ses hôtes lui transmirent toutes les informations dont ils disposaient. En Angleterre, il fut nommé chevalier de l'Ordre de la Jarretière ; à Venise, il fut reçu par le Doge en personne ; le roi d'Espagne le combla d'or et de présents ; l'empereur Sigismond lui fit don de la province de Trévise, province fertile au nord de Venise, qui lui servit de base entre 1421 et 1425[3].

À bien des égards, Dom Pedro et son jeune frère se complétaient parfaitement. Henri était un homme d'action pragmatique, tandis que Dom Pedro, rêveur et visionnaire charismatique, s'indignait des conflits européens. Il enflammait l'imagination de ses hôtes en leur faisant part de son grand rêve d'unir la chrétienté jusqu'en Afrique, en Inde et à Cathay (c'est-à-dire en Chine), dans de grands voyages d'exploration. Au terme de ses douze années de périple à travers l'Europe, qui rem-

1. Cité par F. M. Rogers dans *The Travels of the Infante Dom Pedro of Portugal*, Harvard U. P., Cambridge, Massachusetts, 1961.

2. *Ibidem.*

3. J'ai utilisé la chronologie établie par Oliveira Martins, mais les détails de ce voyage font l'objet d'une polémique entre historiens. Les problèmes viennent du fait que tous ces pays utilisaient des calendriers différents, et que Dom Pedro fit plusieurs voyages entre 1416 et 1428. Il est probable qu'il quitta à nouveau le Portugal en 1419 pour rendre visite à Sigismond, qu'il seconda dans sa guerre contre les Ottomans. Il s'installa ensuite à Trévise, avant d'aller à Venise pendant l'été 1421, dès la fin de la guerre entre le Saint Empire et la cité des Doges. Il se rendit ensuite en Égypte en 1424, puis en Angleterre en 1426, avant de revenir à Venise en 1428, et de rentrer au Portugal.

portèrent un brillant succès, il rentra au Portugal avec « un planisphère qui décrivait toutes les parties du monde[1] ». Cette carte, dont l'existence pouvait sembler incroyable, montrait le « détroit de Magellan » et le cap de Bonne-Espérance, un siècle ou presque avant le voyage de Magellan. Jusque-là, toutes les cartes européennes plaçaient Jérusalem au centre du monde et d'étranges bêtes sauvages à sa périphérie. Ces nouvelles connaissances, que les Chinois avaient acquises au péril de leur vie, devaient désormais motiver les grandes expéditions d'exploration européennes.

Comme Henri, Dom Pedro avait reçu une éducation solide, sous l'égide des savants vénitiens de la cour portugaise. Ces deux princes étaient encore jeunes lors du concile de Pise, qui tenta de mettre un terme au Grand Schisme de trente ans entre la papauté de Rome et celle d'Avignon, sans y parvenir pour autant : la décision de déposer les deux papes rivaux pour leur en substituer un troisième ne fit qu'aggraver la situation, puisqu'il exista dès lors trois papes, au lieu de deux. Mais le Portugal avait dépêché une importante ambassade à Pise, et les deux princes accordèrent une grande attention aux autres délibérations du concile. Par conséquent, ils ne purent manquer de s'intéresser à l'ouvrage révolutionnaire de Ptolémée, sa *Geographia*, qui venait de sortir d'un oubli séculaire. À cette occasion, une nouvelle traduction latine fut en effet offerte au pape Alexandre V. Cette redécouverte fit sensation dans toute l'Europe, car Ptolémée y soutenait que la terre n'était pas plate, mais sphérique (ce que les Chinois savaient déjà). Il y exposait aussi le principe des latitudes et des longitudes, suivant lequel on pouvait déterminer la position des terres sur le globe. Ce fut une étape décisive et révolutionnaire dans l'histoire de la cartographie et de l'exploration de la planète. Mais si brillants que fussent les travaux de Ptolémée, ils ne contenaient aucune carte et se contentaient d'exposer la méthode à suivre pour les dessiner. Les cartographes byzantins Lappacino et Bonnisegni comblèrent bientôt cette lacune. Tous deux parvinrent à quitter Byzance, menacée par les Ottomans, pour s'installer à Venise en 1415. Ils avaient réussi à emporter un certain nombre de cartes fondées sur les principes de Ptolémée et montrant l'Afrique et l'Inde à leurs emplacements exacts. Dom Pedro dut en apprendre l'existence, au plus tard en 1428, lorsqu'il se rendit dans la cité des Doges. Mais il est probable qu'il en avait déjà entendu parler en 1424, lors du retour de Niccolò de' Conti.

1. Antonio Galvão, *The Discoveries of the World*, Haklyut Society, 1862. Voir chapitre 4.

Nous disposons de deux versions divergentes de la fin du périple de de' Conti. Une école soutient qu'il rentra d'Orient en 1424, mais qu'il prit le pseudonyme de « Bartolomé de Florence », car il craignait pour sa vie en cette période de persécutions religieuses (le protestant tchèque Jan Hus avait été condamné au bûcher neuf ans plus tot[1]). Il avait en effet abjuré la foi chrétienne pour se convertir à l'islam pendant son voyage. Une autre école soutient que Dom Pedro lui-même chargea un moine franciscain, Alberto da Sarteano, de ramener de' Conti, qui se cachait alors au Caire, en lui promettant l'absolution.[2] Sartenao réussit à faire passer de' Conti à Florence et Dom Pedro le fit immédiatement venir au Portugal pour obtenir un récit détaillé de ses voyages avec la flotte chinoise.

L'infant cherchait à établir des liens avec les communautés chrétiennes isolées que saint Thomas avait, pensait-on, fondées en Asie, afin d'encercler l'islam et de trouver une nouvelle route maritime vers la Chine. Les chrétiens en avaient d'autant plus besoin que, pendant les voyages de Dom Pedro, les sultans mamelouks avaient fermé les frontières égyptiennes. À la fin de l'année 1421, les Ottomans, qui dominaient déjà l'Asie mineure, assiégeaient Byzance, contrôlant ainsi la route de la Soie. Un mur infranchissable séparait l'Europe de la Méditerranée orientale et du Proche-Orient. Dom Pedro réussit une splendide opération d'espionnage

1. Sur le lien entre de' Conti et ce « Bartholomée de Florence », voir F. M. Rogers, *op. cit.*, p. 42 et 264. Mais aussi Gustavo Uzielli, *La Vita e i Tiempi di Paolo del Pozzo Toscanelli*, Rome, 1894, et W. Sensburg, *Poggio Bracchiolino und Niccolò da Conti*, Vienne, 1906. Sur le lien entre Toscanelli et ce même « Bartholomée de Florence », voir Gustavo Uzielli, *Paolo Toscanelli, Iniziatore della Scoperta d'America*, Florence, 1892 ; Sydney Welch, *Europe's Discovery of South Africa* ; Arnold J. Pomerans, *The Great Age of Discovery*, New York, 1958, p. 18 ; et Paul Kermann, *Zeigt Mir Adams Testament*. Sur le lien entre Toscanelli et Dom Pedro, voir Uzielli, *Paolo Toscalnelli, Iniziatore*, p. 76. Sur le lien entre « Bartholomée de Florence » et Martin Behaim, voir F. M. Rogers, *The Quest for Eastern Christians*, University of Minnesota Presse, 1962, p. 42 et 95.

2. Sur Niccolò de' Conti, voir 1) G. Uzielli, *La Vita e i Tiempi di Paolo dal Pozzo Toscalelli*, Rome, 1894, p. 10, 11, 63, 90, 122, 141, 154-175, 189-192, 228, 246, 386, 566-567 ; 2) « *The Travels of Niccolò dei' Conti* », traduction partielle de R. H. Major (dir.) dans *India in the Fifteenth Century*, Hakluyt Society, 1857 ; 3) W. Heyd, *Histoire*, vol. 1, 1885, p. 378, 380 ; 4) V. Bellemo, *Niccolò da Conti*, 1882, p. 331-347 et C. Desimoni, *Pero Tafur*, 1882, 331-47 ; 5-) F. Kunstman, *Afrika vor der Entdeckung der Portugiesen*, Aufrosten der Academie, Munich, 1853.

Sur « Bartholomée de Florence », voir : 1) Uzielli, *La Vita e i Tiempi*, p. 63, 165-166 ; 2) T. de Mura, *M. Benhaim*, Treutel et Wurtz, Strasbourg, 1802, p. 33-35 ; 3) P. Amat (dir.), *Studi Bibliographichi in Italia*, part. 1, éd. 2, Rome, 1882, p. 123.

Sur le pape Eugène IV (Gabriele Condulmaro), voir Uzielli, *La Vita*, 166 : « *Gabriele Condulmaro poteva essevere a Vennezia nel 1424, ma non era ancora Papa, essendo stato assunto alla tiara soltano nel 1431.* »

Sur le voyage de « Bartholomée de Florence », voir Uzielli, *La Vita*, 63 : « *Ecco ciò ne che dicce maestro Bartolomeo Florentino che tornò dalle Indie nel 1424 eche accompagn'a Venezia il Papa Eugenio IV, e al quale raffontò ciò veduto e osservato in soggiorno di ventiquattro anni in oriente.* »

en retenant Fra Mauro et le Pogge, et en recueillant avant eux le témoignage de de' Conti. Ce dernier lui fit part de tout ce qu'il avait appris pendant ses vingt années de voyages, de l'Inde au Cap-Vert et des Malouines à l'Australie, en passant par la Chine. Dom Pedro savait désormais qu'il était possible d'atteindre Cathay en voguant vers l'ouest.

C'est ce que prétendait aussi le cartographe Paolo Toscanelli (1397-1482) après sa rencontre avec de' Conti. Il lui soutira tous les renseignements dont il avait besoin, et les transmit plus tard à Christophe Colomb, dans sa lettre[1] :

> Ayant eu vent de votre noble et magnifique désir de faire voile vers les régions de l'Orient en passant par l'ouest, comme le montre la carte que je vous ai envoyée, et qui serait plus exacte sous forme de sphère [...], non seulement ledit voyage est possible, mais il est sûr et certain, et vous rapportera honneurs et bénéfices innombrables [...].
>
> J'ai obtenu les informations les plus complètes et les meilleures [...] d'autres marchands qui ont longtemps commercé dans ces régions, des hommes de grande autorité.

Toscanelli envoya à Colomb une carte montrant la route à suivre pour traverser l'Atlantique en passant par Antilia. Il transmit aussi à Martin Behaim, qui travaillait pour les autorités portugaises, les renseignements que lui avait donnés de' Conti. Celui-ci put alors faire figurer le détroit reliant l'Atlantique au Pacifique sur le globe qu'il réalisa en 1492, et sur ses cartes, que Magellan reconnaissait avoir vues au Portugal avant son départ[2]. De nombreux auteurs pensent que Magellan examina les cartes de Toscanelli, fondées sur les explorations chinoises de 1421-1423, dans la bibliothèque royale du Portugal. Nous ne pouvons plus, aujourd'hui, qu'imaginer l'impact extraordinaire qu'elles eurent sur les Européens de cette époque : elles représentaient des océans immenses et inconnus et des terres, comme l'Amérique du Sud et l'Antarctique, dont l'existence était, jusque-là, douteuse.

La lettre de Toscanelli à Christophe Colomb, les remarques de Magellan et de Pigafetta figurant dans le journal de bord de l'expédition, tous

1. Paolo Toscanelli, Lettre à Christophe Colomb, dans H. Vignaud, *Toscanelli and Columbus*, 1902, p. 322 et 323.
2. Antonio Pigafetta, *Magellan's Voyage*, R. S. Kelton (trad.), Yale U. P., New Haven, Connecticut, 1969. Traduction française, *Premier voyage autour du monde par le Chevr. Pigafetta sur l'escadre de Magellan pendant les années 1519, 1920, 1921 et 1922*, Hendrick Jansen (trad.) Paris, an IX.

ces éléments constituent des preuves solides : avant même leur départ, les Portugais savaient que la route la plus rapide pour atteindre l'Orient passait par l'ouest, par le détroit qui reliait l'océan Atlantique au Pacifique. Ces informations, ils les tenaient de de' Conti, ce marchand qui « avait longtemps commercé dans ces régions ».

En voyant ainsi réapparaître de' Conti, j'eus l'impression d'avoir fait le tour de la question. J'avais fait un long voyage depuis ma première rencontre avec ce personnage, lorsque j'avais découvert sa présence à Calicut au moment où les flottes de Zheng He y firent escale. J'avais parcouru le globe en suivant l'itinéraire des flottes chinoises et partout, j'avais découvert des traces des voyages mentionnés par de' Conti. Il était certain, désormais, que les Espagnols et les Portugais avaient, eux aussi, entendu ses récits, et qu'ils s'en étaient inspirés pour partir à l'aventure.

Après avoir appris de la bouche de de' Conti l'existence de terres inexplorées au-delà des mers en 1424, Dom Pedro rentra au Portugal en 1428, avec sa précieuse carte, une carte où figuraient l'Afrique, les Caraïbes (Antilia), l'Amérique du Sud et du Nord, l'Arctique et l'Antarctique, l'Inde, l'Australie et la Chine. Elle contenait des informations inestimables et, un siècle plus tard, les Portugais se donnaient encore beaucoup de mal pour les empêcher de filtrer vers leurs rivaux européens.

Avec les progrès que connurent à cette époque les techniques de navigation et de construction navale, cette carte marqua un tournant décisif dans l'histoire des expéditions européennes. Henri savait que, s'il pouvait financer ses voyages d'exploration, le Portugal dominerait le monde. Il lui fallait des fonds importants car il devait nourrir et loger ses hommes, entretenir un hôpital et une église, construire des caravelles, les armer et les ravitailler pour des voyages au long cours.

En 1420, le pape l'avait fait chevalier de l'Ordre du Christ, c'est pourquoi les voiles de ses navires en arboraient la croix rouge et blanche. L'Ordre du Christ était censé protéger le Portugal et mener des croisades contre les infidèles. Or les récits de de' Conti, comme ceux de Marco Polo, mentionnaient toute une série d'États chrétiens en Inde. Henri et son frère disposaient désormais des informations qui allaient leur permettre d'établir le contact avec ces chrétiens d'Asie et de remplir ainsi la mission que leur confiait l'Ordre du Christ.

L'Ordre lui fournissait donc la plus grande partie de son capital mais, bien qu'il fût effectivement très riche, ses ressources se seraient vite épuisées sans un retour sur investissement. Les explorations commencèrent à devenir fort lucratives avec la colonisation de Madère, île fertile au climat humide et chaud. Comme nous l'avons vu, c'est en 1421 que João Gonçalves Zarco en prit possession au nom de la couronne portugaise, et qu'il y introduisit des cultures qui devaient produire d'énormes bénéfices. Ces débuts prometteurs attirèrent les investisseurs et renforcèrent leur intention d'envoyer des explorateurs à le recherche de nouveaux territoires à coloniser.

À Madère, la colonisation se fit de façon très systématique et les gouverneurs en place devaient envoyer des rapports mensuels détaillant ses progrès. D'immenses étendues de forêts furent dévastées par un énorme incendie peu après l'arrivée de colons, mais cet accident s'avéra très profitable. La déforestation avait enrichi les terres et l'incendie ne fit qu'accélérer la croissance économique de l'île, fondée sur la culture de la vigne et de la canne à sucre.

Tableau idyllique des profits commerciaux que promettait la colonisation, Madère attirait un nombre croissant d'entrepreneurs portugais à la cour d'Henri et il lui devint plus facile de commanditer ses voyages d'exploration. Si, dans les premières années, leur financement avait bien failli épuiser les ressources de l'Ordre du Christ et venir à bout de la résistance du prince, après la colonisation de Madère, il ne devait plus poser aucun problème. Le Portugal pouvait désormais regarder plus loin vers l'ouest. Si une toute petite île suffisait à produire des bénéfices aussi considérables, que ne pouvait-on espérer des vastes territoires inexplorés, de l'autre côté de l'Atlantique ? Ces terres, le prince Henri et ses capitaines les connaissaient déjà : pour s'y rendre, ils disposaient des cartes dessinées par les Chinois.

CHAPITRE 17

La colonisation du Nouveau Monde

Les Portugais ne mirent pas très longtemps à étendre vers l'ouest, au-delà de l'Atlantique, leur recherche de nouvelles terres à coloniser : « Dès 1431, nous voyons le prince Henri le Navigateur envoyer Gonzalo Velho Cabral à la recherche des îles figurant sur la carte que Dom Pedro, fils du roi Jean Ier, avait rapportée d'Italie en 1428[1]. »

Comme ils s'aventuraient de plus en plus loin, ils ne durent pas tarder non plus à découvrir Antilia (Porto Rico), ni à y établir une colonie. Sur sa carte de 1436, Andrea Bianco décrit la mer des Sargasses et il y mentionne des algues, *mar de baga* ; ce qui prouve clairement que les Portugais étaient arrivés là bien avant Colomb, car les amas d'algues flottant dans la mer des Sargasses sont uniques au monde. Pour en connaître l'existence, il fallait y être allé. En outre, elle est facile à atteindre depuis l'Europe en traversant les Caraïbes. Les Portugais ne pouvaient cependant pas être à l'origine de la première carte où figuraient ces terres, car elle datait d'avant leurs voyages. Néanmoins, je me demandais si ces premiers colons portugais avaient trouvé des traces du passage des Chinois, comme une stèle gravée, des ustensiles de métal ou des objets d'art, ou même une rizière abandonnée depuis longtemps. S'étaient-ils arrêtés un instant, intrigués, ou bien avaient-ils gratifié ces étrangetés d'un simple haussement d'épaule, avant d'oublier ces questions vertigineuses pour se consacrer aux dures réalités de la survie ?

1. Antonio Galvão, *Tratado Dos Diversos e Desayados Caminhos*, Lisbonne, 1563 et Antonio Cordeyro, *Historia Insulana*, Lisbonne, 1717, cités par H. Harisse, *The Discovery of North America*, 1892, p. 51.

Les Indiens de Porto Rico, contrairement à ceux de la Guadeloupe, étaient fort pacifiques. Si des Portugais s'y étaient installés en 1431, quelque dix ans après le passage des Chinois, ils durent rencontrer leurs descendants. La première visite de Christophe Colomb à Porto Rico, lors de son deuxième voyage, en 1493, fut très brève. Il n'y fréquenta qu'un seul mouillage, où il ne resta que quelques jours, car il était pressé de retrouver la garnison espagnole de La Navidad et les mines d'or d'Hispaniola. Les sauvages qu'il y trouva semblaient étonnamment civilisés :

> La flotte dépassa Sainte-Ursule et ses Onze Mille Vierges [les îles Vierges], continuant jusqu'à Porto Rico, d'où venaient la plupart des captifs qui avaient trouvé refuge auprès des Espagnols [les captifs des cannibales à la Guadeloupe]. À l'ouest, ils trouvèrent un bon port, où le poisson abondait. Il y avait là un village indigène avec une place publique, une rue principale et une rangée de maisons ; tout compte fait, c'était un endroit plutôt agréable et familier, avec un air artistique[1].

En creusant un peu les journaux et récits des expéditions de Colomb, je trouvai une autre histoire semblable : « Un navire dérouté par la tempête aborda sur l'île des Sept-Cités [Antilia] du temps de l'infant D. Henrique [Henri le Navigateur]. » L'équipage de Colomb fut bien accueilli par les habitants qui le pressèrent, en bon portugais, d'assister à la messe, et de rester jusqu'au retour de leur chef[2]. Bien sûr, au moment où Christophe Colomb entreprit ses voyages, le prince Henri était mort depuis longtemps. Cette anecdote se trouve corroborée par un historien portugais du XVIe siècle, Antonio Galvão :

> En cette année 1447, il arriva qu'un navire qui passait le détroit de Gibraltar fut dérouté par une forte tempête et emporté beaucoup plus loin vers l'ouest que son équipage ne le souhaitait. Ils atteignirent finalement une île, où se trouvaient sept villes, et les habitants parlaient portugais et leur demandèrent si les Maures causaient encore du souci à l'Espagne [...] Le maître d'équipage en rapporta une poignée de sable, qu'il vendit à un orfèvre de Lisbonne, qui en tira une bonne quantité d'or.
>
> Comprenant cela, Dom Pedro, qui gouvernait alors le royaume, fit consigner par le greffe du tribunal tous les récits qu'ils avaient rapportés de leur voyage et racontés à tous.

1. J. H. Longille, *Christopher Colombus*, Inscribers, Washington D. C., 1903, p. 191.
2. Extrait des carnets de Christophe Colomb, cité par Bartolomeo de Las Casas, *Historia de Las Indias*, Lisbonne, 1552.

> Certains pensent que ces îles, où les Portugais furent emportés, étaient celles d'Antiles, ou Nouvelle-Espagne, et donnent de bons arguments pour soutenir cette opinion[1].

Voilà donc la preuve que les Portugais avaient colonisé Antilia en 1431, et qu'ils y étaient encore en 1447. Le régent Dom Pedro devait connaître l'existence de cette île : elle apparaissait sur la carte qu'il avait lui-même rapportée d'Italie en 1428. J'étais certain qu'il devait exister des traces écrites de ce qu'avaient découvert les caravelles. Il eût été parfaitement absurde de penser que les navigateurs avaient pu passer des semaines et des semaines en mer, tomber ensuite sur une île dont la population parlait portugais et repartir sans jamais raconter leur voyage, ni la façon dont vivaient leurs compatriotes sur ces rivages lointains. Il était aussi probable que certains de ceux qui étaient arrivés à Porto Rico en 1431 avaient souhaité rentrer dans leur patrie en 1447. Il devait se trouver, parmi les colons, des nostalgiques de leur terre natale, qui espéraient encore y passer leurs vieux jours à écouter le *fado*. Une fois de retour au pays, ces colons avaient aussi dû confier aux cartographes les informations dont ils avaient besoin pour corriger et compléter leurs travaux.

Zuane Pizzigano, auteur de la carte de 1428, qui montrait Antilia, n'en dessina jamais d'autre et l'histoire ne dit pas ce qu'il advint de lui (je supposai qu'il était mort dans les années 1440). Mais je décidai de retourner à la salle des cartes de la British Library afin d'examiner les cartes réalisées juste après 1447. Elles me fournirent une remarquable source d'informations. Entre 1448 et 1489, toute une série de cartes se succédèrent rapidement. J'avais donc devant moi sept cartes précolombiennes, qui mentionnaient en tout soixante-treize noms de lieux, et décrivaient des caractéristiques d'Antilia et Satanazes. Je m'attendais à ce que les cartes les plus récentes complètent les précédentes mais, en fait, la carte dessinée par Grazioso Benincasa en 1463 représentait exactement le même nombre de villes que la carte Pizzigano. La seule différence, c'était qu'elles avaient toutes changé de nom. L'île était, elle aussi, identique, excepté une baie ajoutée sur la côte nord d'Antilia et un dessin plus précis de ses côtes est et sud-est. Je ne comprenais pas pourquoi le cartographe avait jugé bon de changer le nom des villes. Le mystère s'épaissit encore avec une carte ultérieure, datant de 1476, et qui modifiait encore une fois tous les noms. Pourquoi donc ?

1. Galvão, *op. cit.*, p. 370.

J'étais convaincu que les noms d'origine devaient être en portugais médiéval, car il était peu probable qu'Henri ait employé des mercenaires étrangers. Je m'armai donc d'un dictionnaire pour tenter de les traduire. À l'exception d'Antilia, aucun des noms figurant sur ces cartes ne venait du portugais médiéval. Ils étaient proprement incompréhensibles[1]. S'il se trouvait effectivement des colons portugais dans ces sept villes, pourquoi donc ne portaient-elles pas de noms portugais, plutôt que ces appellations sans queue ni tête ?

Je demandai l'aide des propriétaires de la carte Pizzigano. La Royal Geographic Society de Londres possédait un exemplaire d'un livret rédigé par le Pr Carol Urness, conservateur de la carte. Il y décrivait les efforts déployés par les historiens pendant ces cinquante dernières années pour résoudre l'énigme des îles. La plus grande confusion semblait régner parmi les spécialistes, et il paraissait fort présomptueux de prétendre réussir là où ils avaient tous échoué. Je décidais d'abandonner cette direction de recherche et de laisser à d'autres ce mystère. Je résolus de rentrer chez moi, particulièrement frustré de ne pouvoir trouver de preuves que les Portugais s'étaient installés à Porto Rico après sa découverte par les Chinois, mais avant l'arrivée de Christophe Colomb.

Lorsque j'ai des soucis, j'ai l'habitude d'adresser une prière à la Sainte Vierge et de me nourrir de sandwichs au bacon, ce que je fis en cette occasion. J'avais à peine fini mon sandwich qu'il me vint une idée. Sagres ne se trouve qu'à un jour de mer de Sanlúcar de Barrameda, sur l'estuaire du Guadalquivir. En 1431, c'était un grand port castillan. Y avait-il des Castillans sur les premières caravelles d'Antilia ? Les noms en question pouvaient-ils venir du castillan médiéval ? Je retournai, en toute hâte, à la Royal Geographic Society. J'y trouvai un dictionnaire de castillan médiéval en six volumes, mais seuls les volumes concernant les lettres A à D étaient disponibles. Ce n'était pas très grave : six des sept noms de localités figurant sur la carte dessinée par Grazioso Benincasa en 1463 commençaient par la lettre A. Pas un seul n'apparaissait dans ce massif dictionnaire. Ils ne venaient donc pas du castillan. Pouvaient-ils venir du catalan, que l'on parlait alors en Aragon ? Je me plongeai dans un dictionnaire de catalan médiéval, mais, cette fois encore, je n'y trouvai absolument rien. En désespoir de cause, je fis deux dernières tentatives, avec un dictionnaire de basque, puis de latin. Sans résultat. Je m'avouai vaincu.

1. Voir Armando Cortesão, *The Nautical Chart of 1424*, Coimbra, 1954, p. 106.

Je quittai la salle de lecture et commençai à faire les cent pas dans la cour en me creusant la cervelle, sans succès. Je retournai finalement à ma place pour ranger les dictionnaires. Sept ouvrages jonchaient ma table. En refermant le *Dizionario Etimologico*, j'aperçus une petite section expliquant les abréviations en usage au Moyen Âge. *Y* signifiait « il y a » ou « et ». *A* voulait dire « vers » et *j* soulignait la lettre placée juste avant ou juste après. *An*, devant un mot, constituait une négation signifiant « le contraire de ». Pour décrire la couleur noire, on pouvait donc écrire *anblanco*, « le contraire de blanc ». Était-ce la clé de mon énigme ?

À nouveau, je me reportai aux cartes. Six des noms qui m'intéressaient commençaient par *an*, « le contraire de ». Au lieu de chercher *ansollj* dans le dictionnaire, je cherchai donc *sollj*, qui signifiait « soleil ». Fébrile, j'écumai les dictionnaires de catalan, de castillan et de portugais médiéval, en croisant les informations avec des dictionnaires modernes. J'en avais désormais plus d'une dizaine sur ma table de travail. L'un des noms venait bien du castillan, quelques autres du catalan, mais la grande majorité provenaient du portugais médiéval. Je me constituai une liste alphabétique. 63 des 73 noms d'îles et de localités venaient du portugais médiéval, 4 autres du castillan, 1 du catalan. Il en restait cinq. Je m'attendais à ce qu'ils soient vénitiens, puisque c'était la langue de Pizzigano. Mais je fus étonné de constater qu'un seul d'entre eux provenait du vénitien médiéval. Trois venaient du dialecte vénète de Trévise. Le dernier, *anthib*, restait inexplicable.

En comparant ces noms avec ceux qui figuraient sur une carte moderne de Porto Rico, il me fallut à peine une demi-heure pour trouver la solution de l'énigme. Ils ne désignaient pas sept villes, mais une série de localités naturelles ou humaines. Les cartes publiées entre 1448 et 1489 ne laissaient plus aucun doute possible : Antilia était bien Porto Rico. Les montagnes, forêts, ports naturels, rivières et marais salants qu'elles mentionnent sur Antilia correspondent exactement à ceux que l'on trouve à Porto Rico. Il n'y avait pas d'incohérences entre ces cartes : les plus récentes ne faisaient que développer les plus anciennes. Elles utilisaient des noms castillans, mais pour désigner les mêmes lieux. Dans le monde entier, seules deux îles correspondaient à celles qui figuraient sur ces cartes : Porto Rico et la Guadeloupe.

L'indication *con* figurait à l'extrémité sud-est de l'île d'Antilia, signalant le sommet montagneux conique de Pico del Este. Au nord, le cartographe avait écrit *ansollj*, « le contraire du soleil », pour désigner la forêt tropicale d'El Yunque, où il pleut encore 240 jours par an. De semblables précipitations tropicales, torrentielles, sont signalées à l'extrémité occidentale de l'île, qui est aussi celle de la Cordillère centrale, par les mentions *choue, chouedue* ou *cyodue.* Dans cette région, les précipitations annuelles, diluviennes selon des critères européens, atteignent toujours 2,50 mètres. Les dessinateurs avaient représenté des marais (*ensa*) autour de l'actuel Mayagüez, sur les terres détrempées de l'estuaire du Rio Grande. Mais l'une des indications les plus intéressantes restait le mot *antuub* ou *an tuub*, littéralement « sans tuyaux de drainage », sur la côte nord, à l'est d'Arecibo. Aujourd'hui encore, cette région marécageuse est infestée de moustiques, et elle s'appelle Ciénaga Tiburones. *Tiburones* est un mot castillan signifiant « drainage », qui vient du portugais *tubaro.* Au sud-ouest, les cartes mentionnent les perroquets bigarrés de Porto Rico, dont les Portugais devaient porter à leur chapeau les plumes vertes et jaunes, comme le firent plus tard les hommes de Christophe Colomb. La forêt de Boqueron où le cartographe les a représentés reste, aujourd'hui encore, le paradis des ornithologues. Les cartographes reviennent avec insistance sur le manque de terres arables (elles forment moins de 5 % de la surface de l'île) : *ansessel*, « pas d'herbe », apparaît quatre fois, complété par *an suolo*, « sans terres cultivables ». Les ressources offertes par les étroites plaines côtières compensent cette lacune.

Le mot le plus difficile à traduire fut *asal.* Mon dictionnaire expliquait qu'il provenait du latin *acinus*, « baie, plus spécialement le raisin, mais aussi toute baie ou les graines qu'on trouve dans ces fruits[1] ». Mais dans les montagnes des environs de Ponce, il ne pouvait pas pousser de vigne : cette plante a besoin d'hivers froids pour donner des fruits. En revanche, le mot *asal* voisinait avec l'actuel Yauco, capitale portoricaine du café. Je me demandai donc si les cartographes portugais n'avaient pas ainsi désigné les grains de café. Cette idée provoqua un vaste débat parmi les historiens qui acceptaient de me conseiller. Certains firent remarquer que le café venait d'Afrique de l'Est et que c'étaient les Espagnols qui l'avaient introduit dans les Caraïbes. Il ne pouvait donc pas figurer sur une carte antérieure à leur arrivée. Mais des recherches plus approfondies montrèrent qu'on trouvait au moins dix-neuf variétés de caféiers dans les Caraïbes avant que les Espagnols n'y parviennent[2]. Ils poussaient sous les tro-

1. Dictionnaire de l'Académie des sciences de Lisbonne.

2. À ce sujet, voir D. Maclellan, « *Coffe varieties in Puerto Rico* », *Puerto Rico Agriculture Station Bulletin*, n° 30, Mayagüez, Porto Rico, 1924 ; P. C. Stanley, *The Rubiceae of Central America*, Chicago, 1930 (Field Museum of Natural History, *Botanical Series*, vol. 7, n° 1) ; E. C. Hill, *Coffe Planting*, Higginbotham, Madias, 1877, p. 1-3 et 17-19 ; E. R. Thurber, *Coffe from Plantation to Cup*, American Grocer Publishing Association, New York, 1881, p. 4-5 et introduction.

piques, mais en climat tempéré, sur des coteaux ensoleillés, à l'abri du vent, entre 1 000 et 1 500 mètres d'altitude. Exactement les conditions climatiques de la Cordillère centrale de Porto Rico, juste à côté de Ponce, là où figurait le mot *asal* sur les cartes d'Antilia. Se pourrait-il que le café ait été introduit par les Chinois, lorsqu'ils se rendirent dans les Caraïbes, en 1421 ?

Une deuxième traduction suscita de vifs débats, celle de *cua cusa*, « citrouille », mention figurant à l'est de la plaine côtière, près de Naguabo. Citrouilles et courges avaient-elles vraiment poussé là ? Il s'avéra qu'on les y cultivait encore. Lors de mon passage à Porto Rico, pendant mes recherches, j'eus l'occasion d'en photographier une bonne vingtaine de variétés. On les empilait au bord des routes : potimarrons, pâtissons, courges musquées, melons brodés jaunes, rouges et blancs, avec un assortiment de concombres, cornichons et aubergines[1]. Les cucurbitacées prospèrent et peuvent atteindre des tailles impressionnantes, grâce au sol volcanique, au soleil et aux précipitations modérées qui caractérisent la plaine côtière orientale de Porto Rico.

Ce qu'il y avait de plus fascinant dans les noms figurant sur les cartes, c'était de se rendre compte qu'ils décrivaient des plantes étrangères à Porto Rico, bien avant le départ de Colomb. Le café était alors censé provenir d'Afrique, les cucurbitacées d'Inde et les mangues d'Asie du Sud-Est. Christophe Colomb trouva aussi, dans les Caraïbes, des noix de coco originaires du Pacifique. Quelqu'un y était passé avant lui, non seulement pour cartographier l'île avec une précision remarquable, mais aussi pour introduire ces espèces végétales venues de différentes régions du monde. Il me semblait que seule la flotte chinoise de Zhou Wen aurait pu faire tout cela.

Marolio, autre nom intéressant, figurait sur la carte réalisée par Albino Canepa dans les années 1480. Il correspondait exactement à l'endroit où figurait l'inscription *marnlio* sur la carte Pizzigano, où la base de la lettre *o* avait pu s'effacer avec le temps, donnant à lire un *n*. Or *marolio* désigne, en portugais médiéval, « les plantes de la famille des *Annonaceae* », qui produisent des fruits comme l'asimine, la carambole et le cœur-de-bœuf. Sur les deux cartes, cette mention figurait juste au nord de l'actuel Ponce, au milieu de la côte sud, région qui reste à ce jour le centre des vergers tropicaux de Porto Rico : on y trouve en abondance carambole, papaye et pomme-cannelle. Leur jus, exporté à travers toute l'Amérique, constitue la

1. Produits photographiés à la Mayagüez Agricultural Station.

base du punch que les touristes apprécient tant. Ces espèces endogènes asiatiques et sud-américaines n'avaient pu être apportées dans les Caraïbes que par les Chinois, en 1421.

Les cartographes réservaient à l'île de Satanazes (la Guadeloupe) un traitement tout différent. Les cartes les plus récentes de la série lui attribuaient le nom de Saluagio (île des sauvages)[1]. À cette exception près, elles se contentaient de reprendre, en les amplifiant, les caractéristiques visibles depuis le large : un autre volcan, le mont Carmichael et le plateau qui le séparait de la Soufrière et les torrents qui dévalaient ses flancs orientaux (aujourd'hui, le Karukeka et Trois-Rivières) se voyaient aussi attribuer des noms : *duchal* et *tubo de agua*, « eaux tombées du ciel ». Des villages et des terres cultivées (*aralia y sya*) apparaissent dans les plaines côtières à l'ouest de Grande Terre, à l'endroit exact où Christophe Colomb les vit des années plus tard. L'île des sauvages, Satanazes, apparaît comme un lieu horrible, ce qu'Albino Canepa résume par *nar y sua*, « rien que chaleur accablante ». Mais sa description de Saya (Les Saintes), « nombreux oiseaux tropicaux », s'avère fort pertinente car aujourd'hui encore, l'archipel doit sa réputation aux martins-pêcheurs, aux oiseaux-mouches et aux sucriers à ventre jaune, ces petits bijoux de la nature que l'on peut voir déployer leurs ailes multicolores sur le fond turquoise des bras de mer qui séparent ces îles.

L'inscription la plus surprenante de la carte Pizzigano, le mot *ura*, figurait au sud-ouest d'Antilia, qui couvrait aussi Vieques. Les cartes ultérieures lui adjoignaient la mention *con. Uracano*, en vénitien, signifiait « explosion violente, éruption ou tempête ». En 1421, les volcans de la côte sud-ouest de Porto Rico étaient éteints depuis longtemps. Quant aux tremblements de terre, ils se produisaient surtout dans l'ouest de l'île, près de Mayagüez, comme aujourd'hui. Mais les ouragans viennent invariablement de l'est, et se dirigent vers le nord-ouest, de Vieques vers San Juan. J'étais certain que le cartographe chinois avait été témoin d'une telle tempête tropicale : les jonques étaient arrivées en novembre, avant la fin de la saison des ouragans.

Tous ces noms, joints aux ressemblances avec les îles représentées sur les cartes de Pizzigano et ses successeurs, confirmaient qu'Antilia était bien Porto Rico, Satanazes, la Guadeloupe, et Saya, l'archipel des Saintes. Bien qu'il soit sans doute possible de disputer les nuances de certaines traductions du castillan ou du catalan, il semble parfaitement futile de

---

1. Voir cette note d'Albino Canepa sur le domaine des « *saluagio vivuadi (nom vulgar de alguns brasilieros)* », soit le nom courant des gens venus du Brésil, les Indiens caraïbes.

continuer à débattre de l'identité de ces îles. Ces cartes fournissent des preuves irréfutables du fait que les Portugais y avaient établi des colonies dès avant 1447, et qu'elles existaient encore lorsque Christophe Colomb y arriva en 1492. Les espèces végétales allogènes y furent apportées avant son départ. À mon avis, leur présence lors du premier voyage de Colomb prouve que ce sont bien les Chinois qui ont découvert Porto Rico.

Si les cartes décrivaient de façon exacte les contours côtiers des îles et leurs principales caractéristiques physiques, elles leur attribuaient, en revanche, des positions et des orientations complètement erronées. Elles semblaient d'abord les situer dans l'Atlantique plutôt que dans la mer des Caraïbes, à plus de 2 000 milles de leur position réelle. Les cartographes avaient peu à peu corrigé cette erreur. En 1448, elles apparaissaient à 1 500 milles des Canaries, avec une erreur de 750 milles nautiques. En 1474, elles étaient revenues vers l'ouest et l'erreur s'était réduite de 250 milles. Ces variations s'expliquent aisément. En 1431, les Européens ne disposaient pas encore de sextants fiables, ils utilisaient des quadrants et ne connaissaient pas la déclinaison du soleil. Il fallut attendre 1451 pour que les navigateurs portugais apprennent à calculer leur position d'après Polaris et 1473 pour qu'ils puissent déterminer correctement leur latitude à l'aide de leurs « éphémérides » (en 1474, la carte de Toscanelli donne la latitude exacte des localités d'Antilia). Seul demeurait le problème des longitudes. Christophe Colomb commettait encore une erreur d'environ 1 000 milles nautiques en longitude et de 20° en latitude. Lorsqu'il rentra de son premier voyage, il ne savait ni où il était allé ni ce qu'il avait trouvé et il ne connaissait pas la position exacte de ces nouvelles terres. Il était convaincu d'avoir atteint la Chine.

Au XVe siècle, les Portugais naviguaient à la boussole et mesuraient leur vitesse en lançant des bûches depuis la proue de leurs bateaux. Pour eux, faire « le point », ce n'était qu'estimer vaguement leur propre position et celle des terres qu'ils découvraient, en multipliant leur vitesse dans l'eau par le nombre de jours de voyage. Eux non plus ne comprenaient pas que la masse d'eau qui les portait était en mouvement, et qu'elle les avait déjà emmenés loin de l'endroit où ils croyaient être. Eux non plus ne savaient pas où ils étaient arrivés. Lorsque je refis les calculs, à partir des cartes, en tenant compte de la vitesse des courants sur le trajet de Madère à la Guadeloupe[1], je me rendis compte que les Portugais avaient parfaitement estimé la position et l'orientation des îles.

---

1. J'ai pour cela utilisé les indications données par l'Amirauté britannique dans *Ocean Passages of the World*.

La carte Pizzigano me posait deux derniers problèmes. Le premier concernait la taille des îles. Les cartes les plus anciennes représentaient aussi Antilia et Satanazes comme beaucoup plus grandes que ne l'étaient en réalité Porto Rico et la Guadeloupe. Cette erreur me semblait due aux transpositions successives de la carte originale chinoise. L'autre problème, et il était de taille, c'était de comprendre où et quand la carte Pizzigano avait été dessinée. Son auteur travaillait probablement pour Dom Pedro, dont les cartographes recherchaient sans cesse des informations sur les terres nouvelles afin de réaliser un grand planisphère pour Henri le Navigateur. Je savais que le Saint Empereur avait donné à Dom Pedro la province de Trévise, à une vingtaine de kilomètres au nord de Venise, qui était devenue la base de l'ambassade portugaise. Il me vint alors l'idée que les cartographes portugais avaient très bien pu y rencontrer Niccolò de' Conti en 1424. Ce dernier avait passé des années à voyager sur un vaisseau-trésor chinois, ou du moins, sur un navire qui suivait la flotte chinoise, celle qui découvrit Antilia. Il était presque certain que Pizzigano avait dessiné sa carte à Trévise : lorsqu'ils ne venaient pas du portugais, les noms qu'il y avait inscrits provenaient majoritairement du vénète, dialecte de Vénétie, et non du vénitien propre à la cité des Doges. Peut-être Pizzigano était-il un dominicain du grand monastère San Niccolò de Trévise.

Sa carte décrivait Porto Rico avec une précision telle que seul un topographe expérimenté avait pu, à l'origine, collecter les données qu'il avait utilisées. À cette époque, il fallait nécessairement qu'il fût chinois. L'étude de la carte Pizzigano et de celles qui lui succédèrent permettait donc de tirer deux conclusions capitales : les Chinois avaient découvert l'Amérique soixante-dix ans avant Christophe Colomb et des colons portugais s'étaient installés à Porto Rico dès avant 1447. Les inscriptions figurant sur ces cartes ne cessent de préciser la description de l'île, bien avant que Colomb n'y débarque. La position des îles fut aussi constamment corrigée, et les cartes de 1463 et 1470 consignent un nombre considérable de détails supplémentaires sur Antilia : elles montrent plusieurs baies sur ses côtes est et nord-ouest, et corrigent les contours de l'extrémité sud-ouest de l'île, que les cartes antérieures exagéraient légèrement. Elles représentent aussi avec plus de précision l'île d'Ymana, au nord de Porto Rico, qu'elles appelent « Rosellia ». Comme les navigateurs européens amélioraient sans cesse leur calcul des positions, avec la découverte de la déclinaison du soleil et l'apparition du sextant, et perfectionnaient leur mesure du temps, les cartographes déplacèrent peu à peu ces îles vers le sud-ouest[1].

L'identification d'Antilia et de Satanazes me permit de repérer les îles qui les entouraient sur les cartes médiévales. La carte d'Andrea Bianco datant de 1448, par exemple, comprend la côte nord du Brésil. Celle de Cristobal Soligo, dessinée en 1489, ajoute sept autres « îles » correspondant à l'extrémité occidentale d'Hispaniola, à Trinidad, Saint-Vincent, Sainte-Lucie, les îles Vierges, la Barbade et à la côte septentrionale du Venezuela. Cette carte précède, elle aussi, les voyages de Christophe Colomb.

Je revins à Porto Rico et me mis à la recherche du site probable de la première colonie. Les Portugais, portés comme les Chinois par les vents dominants, avaient dû aborder l'île par le sud-ouest. La carte Pizzigano représentait ses côtes méridionales et occidentales avec plus de précision. J'y concentrai donc mes recherches.

La carte Pizzigano fait figurer les mentions *cyodue*, « pluies incessantes », à l'ouest, *ansuly*, « terres infertiles », au sud-ouest, et *ura*, « ouragan », à l'est. Aucune de ces indications ne laissait imaginer des lieux particulièrement hospitaliers. En revanche, l'inscription *marolio*, « fruits tropicaux », apparaît aux nord de Ponce, et la baie de Ponce était représentée avec une précision frappante sur toutes les cartes. Elles montraient notamment le cap de La Guancha, à l'est, qui abrite cette baie des vents dominants, et en fait un port naturel sûr. La région, aux eaux poissonneuses, bénéficie indirectement des pluies qui se déversent sur les montagnes et, à Porto Rico, c'est sans doute Ponce qui jouit du climat le plus favorable. Lorsque je me rendis sur place pour me faire une idée, je pus voir les nuages pourpres des orages qui tombaient tous les soirs sur la cordillère, au nord, mais épargnaient la ville. Ce n'est pas sans raison qu'elle a été surnomme « la perle du sud ». Il est probable que les Portugais ont établi là leur première colonie. C'est sans doute à cet endroit qu'ils ont salué l'arrivée des marins perdus, en 1447, et qu'ils les ont invités à assister à la messe.

La rivière qui relie le port à la vieille ville se nomme encore río Portugués. Sur ses rives, se dresse la cathédrale de Notre-Dame-de-Guadeloupe, d'un blanc éclatant. Je m'assis là un soir, dans le parc de la

1. Jusqu'ici, je n'ai pu étudier que la collection de cartes anciennes du prince Youssouf Kamal pour examiner les corrections et les ajouts apportés à la description d'Antilia. Elle comporte quatorze cartes dessinées avant le premier voyage de Christophe Colomb : les cartes de Beccario (datant de 1435 et 1436), deux cartes d'Andrea Bianco (1436 et 1448), la carte Parreto (1455), quatre cartes de Benincasa (1463, 1470, 1476 et 1480), la carte Toscanelli de 1474, deux cartes de Canepa (datées de 1480 et 1489), une carte de Jaime Bertram (1482), et la carte de Cristobal Soligo (1489).

cathédrale, après avoir passé une journée de plus à ratisser l'île à la recherche de traces du passage des Chinois. Je sirotais un café local, noir et amer, en regardant les fidèles qui se réunissaient pour les vêpres. Il y avait des hommes roux, des femmes au visage sculpté, aux traits plus dessinés et au teint plus blanc que dans le nord de l'île. L'apparence physique des habitants de Ponce, leur mode de vie, leur goût pour le *fado* et les danses *ferrapeira*, les rapprochent encore de leurs ancêtres venus d'Algarve. Retrouvera-t-on un jour, sous le sanctuaire de Notre-Dame-de-Guadeloupe, les restes de leurs courageux aïeux, qui partirent de Sagres, il y a de cela bien longtemps, pour fonder la première colonie européenne du Nouveau Monde ?

Les Portugais faisaient leurs premiers pas dans le Nouveau Monde, que les Chinois avaient déjà découvert. Mais, malgré les preuves que fournissaient les cartes européennes fondées sur le travail des Chinois, il restait un dernier obstacle à surmonter pour que le Portugal puisse devenir un empire planétaire. La peur de l'inconnu dominait encore l'esprit des hommes d'équipage. Tous les mythes, toutes les légendes et les superstitions ne s'effaceraient pas en un jour. Magellan devait encore compter avec la peur de ses hommes lorsqu'il tentait de les convaincre, au début du XVIe siècle, de s'aventurer dans le détroit qui porte aujourd'hui son nom.

À l'été 1432, alors que Madère, les Açores (découvertes par La Salle) et Porto Rico accueillaient déjà des colonies, le prince Henri fit venir à sa cour Gil Eannes, loyal serviteur et navigateur expérimenté. L'année précédente, il l'avait envoyé en mission aux Canaries. Désormais, il lui ordonnait de contourner coûte que coûte le cap Bojador, sur la côte de l'actuel Sahara occidental, au sud du Maroc. Bien des récits fantaisistes mentionnaient ce cap : on disait que d'énormes cataractes s'y jetaient dans l'océan, que des courants violents y entraînaient les équipages vers une mort certaine, et que la mer elle-même y devenait rouge et boueuse.

Eannes se plia aux ordres, tout en faisant preuve d'une prudence fort compréhensible : il resta bien au large du cap et l'approcha par le sud pour éviter les légendaires cataractes. Mais il constata, en abordant à quelques kilomètres de là, qu'il ne trouvait ni monstres ni serpents de mer. Les terres semblaient désertes et il poussait même quelques fleurs sur le rivage. Eannes en fit un bouquet : « Monseigneur, il m'a semblé qu'il me fallait vous rapporter quelque chose de ce pays où j'ai jeté l'ancre. J'y ai cueilli ces fleurs, que j'offre aujourd'hui à vos regards, et que nous appelons, dans notre pays, roses de Sainte-Marie[1]. » En repartant vers le nord, Eannes atteignit le cap lui-même, et il eut l'occasion de constater que les « tourbillons éternels » étaient d'immenses bancs de mulets, qu'en lieu et place de cataractes violentes se dressaient des falaises à pic, et que la légende des « brûlantes boues rouges » devait provenir de la couleur particulière que le sable rouge du Sahara donnait à la mer.

En contournant le cap Bojador, Eannes révolutionna l'idée que les Européens se faisaient de la navigation et des explorations. Légendes et superstitions séculaires s'effondraient soudain : si son navire avait pu contourner tranquillement le cap Bojador, alors il devenait possible d'aller partout sans crainte. Il n'était plus question de croire que l'on allait atteindre les bords de la terre et tomber dans l'inconnu. Munis de leurs cartes, d'origine chinoise, et pour peu qu'ils parviennent à convaincre leurs hommes de les suivre, les capitaines portugais pouvaient désormais s'aventurer n'importe où. L'exploration de la planète n'était plus qu'une question de temps.

1. Cité par E. D. S. Bradford, *Southward with the Caravels*, Hutchinson, 1961, p. 107.

CHAPITRE 18

Sur des épaules de géants

À la mort d'Henri le Navigateur, en 1460, les Portugais connaissaient déjà bien Porto Rico et ils avaient parfaitement exploré les trois archipels de l'Atlantique. Les Açores, les Canaries et les îles du Cap-Vert, mises en valeur, devinrent les bases avancées des explorateurs qui circulaient entre les Amériques et l'Afrique. Par un heureux hasard, ces îles se trouvaient toutes sur le trajet des vents dominants, si bien qu'ils pouvaient faire escale aux Canaries et aux îles du Cap-Vert à l'aller, aux Açores au retour. Peu à peu, les Européens atteignirent les terres que les Chinois avaient déjà découvertes.

Tout en cherchant à améliorer les techniques de navigation, Henri avait sans cesse encouragé ses capitaines à s'aventurer de plus en plus loin. Lorsqu'ils parvinrent au cap de Bonne-Espérance, ils savaient calculer leur latitude dans l'hémisphère nord avec une précision comparable à celle des Chinois quelques années auparavant.

C'est Bartolomeu Dias (vers 1450-1500) qui ouvrit la voie dans cette direction. En 1482, il commandait l'un des navires qui explorèrent la Côte-de-l'Or et descendirent la côte africaine vers le sud. En 1487, il fut nommé capitaine d'une petite escadre de trois vaisseaux, qui devait tenter de contourner l'extrémité sud de l'Afrique. Ni lui ni ses commanditaires ne savaient vraiment quelle distance ils allaient devoir couvrir (les travaux cartographiques des Chinois en Afrique précédaient leur perfectionnement du calcul des latitudes dans l'hémisphère sud), mais ils savaient qu'il était possible de faire le tour du continent par la mer. La carte rapportée par

Dom Pedro en 1428 montrait le cap de Bonne-Espérance, et lui attribuait correctement une forme triangulaire. Avant le départ de Dias, le roi du Portugal confia à son émissaire, Pêro da Covilhã, un planisphère (*Carta de Marear*) qui montrait bien que l'on pouvait atteindre l'Inde en faisant le tour de l'Afrique. Quand Dias parvint à l'extrémité du continent, il put :

> [...] apercevoir le grand et célèbre cap, *caché depuis tant de siècles*, qui, lorsqu'il se révéla, révéla aussi un monde de contrées nouvelles. Bartolomeu Dias et ses hommes, à cause des tempêtes et des dangers qu'ils durent affronter pour le passer, le nommèrent cap des Tempêtes, mais à leur retour au pays, le roi Dom João lui donna un autre nom illustre, et l'appela cap de Bonne-Espérance[1].

Vasco de Gama (vers 1469-1525) succéda à Dias et reçut la mission de poursuivre cette route jusqu'en Inde, source des épices. Il se vit confier des cartes où figurait le cap de Bonne-Espérance et des tables de déclinaison du soleil.

> L'astronome royal, Abraham Zacuto Ben Samuel fournit des tables de déclinaison précises. Elles [...] avaient été traduites de l'hebreu en latin l'année précédente et imprimées à Leiria sous le titre de *Almanach Perpetuum Celestium Motuum Cujus Radix Est 1473*. D'autres ouvrages et cartes lui furent aussi fournis [...] et parmi ces documents figuraient certainement [...] le journal et les cartes de Dias[2].

Après avoir passé le cap de Bonne-Espérance, Dias continua son voyage sur la côte orientale de l'Afrique, où il trouva les grands ports de Sofala, Kilwa, Zanzibar, Mombasa et Malindi, qui s'étaient développés depuis des siècles avec le concours des flottes indiennes et chinoises, à l'époque où l'océan Indien représentait sans doute la zone commerciale la plus lucrative au monde. À la fin du XVe siècle, les Chinois n'échangeaient plus avec le reste du monde, mais les explorateurs portugais trouvèrent encore une trace de leur présence passée : une quantité impressionnante de faïences bleues et blanches qui servaient de décoration dans tous les foyers de la côte africaine. En rentrant de ce second voyage, Vasco de Gama connaissait la route de Malacca et des îles aux Épices, à l'est. Le Portugal avait désormais la mainmise sur le commerce des épices. Quiconque contestait ses prérogatives était anéanti. De fait, on peut affirmer que Vasco de

1. João de Barros, lettre au futur roi Manuel de Portugal, cité par Eric Axelson dans *Dias and His Successors*, Cape Town, 1988, p. 3. [Nous soulignons en italiques.]
2. K. G. Jayne, *Vasco da Gama and His Successors*, 1460-1580, Methuen, 1970, p. 36.

Gama vola aux Indiens et aux Chinois le commerce qu'ils avaient passé des siècles à développer. Il fut sans doute très habile, comme Dias l'avait été avant lui, mais il ne découvrit rien de nouveau.

Pallallèlement, le roi Jean II de Portugal avait envoyé Pedro Álvarez Cabral (1467-1520) en Amérique du Sud, explorer les terres qui figuraient sur la carte Pizzigano. En 1500, son successeur, Manuel Ier, ordonna à Cabral de prendre possession des Indes occidentales. Comme Dias, puis de Gama, Cabral se servit des Canaries et des îles du Cap-Vert comme base avancée, avant de jeter l'ancre sur la côte d'Amérique du Sud. À cette époque, une quantité d'explorateurs atteignirent l'Amérique du Sud : Vespucci, Pinzón, et de Lepe en 1499, puis Mendoza l'année suivante. Les trois premiers abordèrent dans le delta de l'Amazone puis repartirent vers le nord-ouest.

Avant même leur départ, de nombreuses cartes montraient la côte nord-ouest du Brésil, découverte par les flottes chinoises de Zhou Man et Hong Bao. En 1448, la carte d'Andrea Bianco parlait d'une *Ixola Otinticha Xe Longa a Ponente 1 500 mia* (« une île véritable se trouve à 1 500 milles à l'ouest de ce lieu [l'Afrique de l'ouest] ») et João de Barros, lors de son expédition sur la côte brésilienne, confirme qu'elle apparaissait bien sur les cartes avant son départ : « Les terres que sa Majesté peut voir représentées sur la mappemonde qu'avait Pêro daz Bisagudo[1]. » Bisagudo, c'était le surnom du célèbre explorateur Pêro da Cunha qui était parti, avec un planisphère portugais, coloniser la région correspondant à l'actuel Ghana. De Barros affirmait encore que la seule différence entre ce qu'avait repéré l'expédition de Cabral en 1500 et ce qui apparaissait sur la carte, plus ancienne, de Bisagudo, c'était que le Brésil était habité, comme il se trouvait désormais en mesure de l'attester. Christophe Colomb confirma, lui aussi, que les Portugais connaissaient le Brésil avant même le départ des grandes expéditions vers l'Amérique du Sud. Ainsi notait-il dans son journal qu'il désirait aller plus loin, au sud de Trinidad, pour « savoir ce que voulait dire le roi Jean de Portugal, qui prétendait qu'il se trouvait, au sud, des terres fermes[2]. »

Andrea Bianco, Christophe Colomb et de Barros affirment tous qu'il existait une carte du Brésil avant le départ des premières expéditions européennes en 1500. La seule source d'information possible pour le carto-

---

1. João de Barros, lettre au roi de Portugal, 1er mai 1500, cité par Jaime Batalha Reis, *Estudios Géograficos y Historicos*, minsitère des Affaires coloniales, Lisbonne, 1941, p. 286.
2. S. E. Morison, *Portuguese Voyages to America in the Fifteenth Century*, Harvard U. P., Cambridge, Massachusetts, 1940, p. 131.

graphe de 1428, c'étaient les travaux de ses confrères chinois, qui avaient voyagé sur les vaisseaux-trésors entre 1421 et 1423. Sur la carte Piri Reis, on reconnaît immédiatement le havre de San Luis, et les deltas de l'Amazone et de l'Orénoque figurent à leur latitude exacte. Les preuves ne manquent pas, en outre, du passage des Chinois dans cette région, depuis les gallinacés asiatiques que les explorateurs européens y trouvèrent, jusqu'aux caractéristiques génétiques des Indiens du Venezuela et d'autres tribus du continent, qui les rapprochent indubitablement des populations de Chine méridionale.

Une fois passé le cap de Bonne-Espérance et l'Amérique du Sud découverte, le reste du monde fut rapidement exploré. Ferdinand Magellan (1480-1521) était un orphelin d'à peine dix ans lorsqu'il devint page à la cour du Portugal, où il reçut une formation de navigateur. En 1505, il fut envoyé en Afrique de l'est et, pendant les dix années qui suivirent, servit dans l'océan Indien. Il prit part à l'expédition qui devait établir une colonie portugaise en Inde et joua un rôle important dans la prise de l'ancienne base avancée de Zheng He, Malacca. Rentré en 1512, il repartit avec une expédition au Maroc, où il fut grièvement blessé. S'étant querellé avec son commandant, il décida de quitter l'armée sans autorisation. Il tomba donc en disgrâce et on lui refusa une pension.

Par dépit, il passa en Espagne, où il se vit confier le commandement d'une flotte en 1518, avec la mission d'ouvrir une route commerciale des épices vers l'ouest, à travers le Pacifique. L'année suivante, il quittait l'estuaire du Guadalquivir à la tête de cinq navires et 241 hommes. Avant même son départ, il connaissait l'existence du détroit qui porte aujourd'hui son nom, car il apparaissait sur une carte que le roi du Portugal gardait dans son trésor. Magellan l'avait vue, et il en possédait au moins une copie[1], qu'il montra même au chef local en arrivant aux îles aux Épices[2], et qui indiquait la route à suivre, à travers le détroit de Magellan puis le Pacifique. « Du cap Frío aux Moluques, sur tout ce trajet, il ne figure aucune terre sur la carte qu'ils [Magellan et ses hommes] ont emportée[3]. »

Magellan ne put jamais prétendre avoir été le premier à accomplir un tour du monde, mais son expédition reste un exploit. La première circumnavigation européenne se fit à bord de vaisseaux minuscules, des

1. Voir les chapitres 5 et 6.
2. Voir le chapitre 8.
3. Sebastian Alvarez, agent du roi de Castille, cité par le commandant A. W. Miller, Royal Navy, *The Straits of Magellan*, Griffin, Portsmouth, 1884, p. 7.

coquilles de noix, si on les compare aux léviathans des navigateurs chinois. Contrairement à eux, les Portugais avaient peu d'expérience des voyages au long cours et ils ignoraient que certaines denrées pouvaient prévenir l'apparition du scorbut. Magellan, Dias, Gama, Cabral, autant de navigateurs habiles, d'hommes résolus et doués de véritables qualités de commandement, qui ne découvrirent cependant aucune « terre nouvelle ». En partant, chacun d'entre eux emportait une carte qui lui indiquait où il devait aller. Toutes leurs « découvertes », les Chinois les avaient déjà faites un siècle auparavant.

Christophe Colomb ne « découvrit » pas l'Amérique, lui non plus. Il était bien loin de penser que sa flotte risquait d'atteindre les limites du monde et de tomber dans l'inconnu. Il savait qu'il se dirigeait bien vers des terres, comme l'indique son journal :

> Mercredi 19 septembre [1492]
>
> L'amiral ne voulut pas s'arrêter à louvoyer pour s'assurer qu'il y avait terre, bien qu'il tînt pour certain que, tant vers le nord que vers le sud, il y avait quelques îles – comme cela était en vérité [...]. « Le temps est bon et, s'il plaît à Dieu, tout se verra au retour. » Telles sont ses paroles.
>
> Mercredi 24 octobre
>
> Ils [les Indiens] me montrèrent que j'y arriverais par l'ouest-sud-ouest, et je l'entends ainsi parce que je crois, comme me le signifient tous les Indiens, ceux des îles et ceux que j'emmène sur mes navires – car je ne comprends pas leur langage – que c'est bien là l'île de Cipango dont on me conte des choses si merveilleuses et qui, sur les sphères que j'ai vues, et sur les peintures des mappemondes, est située dans ces parages.
>
> Mercredi 14 novembre
>
> Il dit que ces îles sont celles, innombrables, que sur les mappemondes, on situe au bout de l'Orient[1].

Ces trois entrées du journal de Christophe Colomb ne laissent subsister aucun doute : il avait bien vu des globes et des mappemondes qui montraient des îles dans l'Atlantique et, le 19 septembre 1492, il pensait qu'elles devaient se trouver au nord et au sud de la position. De fait, Porto

1. Christophe Colomb, *Journal de Bord 1492-1493*, Michel Balard (dir.), S. Estrorach et M. Lequenne (trad.), Imprimerie nationale, Paris, 1992.

Rico apparaît sur la carte Pizzigano de 1424, les côtes de Nouvelle-Angleterre sur la carte d'Andrea Bianco en 1448, et de nombreuses îles des Antilles figurent sur la carte de Cristobal Soligo en 1489. Elles ont toutes été dessinées avant le départ de Colomb.

En 1479, il devait épouser Doña Felipa Perestrello, fille du gouverneur de Porto Santo, petite île proche de Madère, elle aussi colonisée par les Portugais. Ce mariage tout proche semble lui avoir donné assez d'assurance pour écrire au célèbre savant Toscanelli, qui lui répondit aussitôt : « J'ai reçu votre lettre et les présents que vous m'avez fait envoyer, qui me sont un grand honneur. Ayant eu vent de votre noble et magnifique désir de faire voile vers les régions de l'Orient en passant par l'ouest, comme le montre la carte que je vous ai envoyée[1]. » Cette carte s'est perdue depuis longtemps, mais l'on peut s'en faire un idée à partir d'une autre lettre de Toscanelli, adressée au roi du Portugal : « Mais de l'île d'Antilia, que vous connaissez, à la célèbre île de Cipangu, il n'y a que dix espaces [...]. Par conséquent, il n'y a pas une grande étendue d'eau à traverser sur ces mers inconnues[2]. »

En effet, les Portugais connaissaient bien Antilia : ils s'y étaient installés en 1431 et ils y étaient encore quand Christophe Colomb partit en 1492. Mais ce dernier en savait bien plus encore sur les Amériques. De son propre aveu, il connaissait l'existence du « détroit de Magellan »[3], au sud, et la côte nord-est du Brésil.

Il avait vu des mappemondes et des globes représentant l'Atlantique. Il savait aussi que l'on pouvait atteindre la Chine et les îles aux Épices par l'est, en passant le cap de Bonne-Espérance, car il était présent avec son frère Bartolomé, quand Dias rentra de son voyage et fit son rapport au roi[4]. Christophe Colomb était prêt à tout pour se faire un nom en parvenant à rallier la Chine par l'ouest.

Il avait très certainement vu la carte de 1428, ce que semble indiquer tout un faisceau de preuves : les notes de la carte Piri Reis qui, en 1513, attribuent à Christophe Colomb la connaissance du jour réduit à deux heures dans l'extrême sud ; la lettre qu'il adressa au roi du Portugal et qui mentionne les terres d'Amérique du Sud, avant même le départ des pre-

1. H. Vignaud, *Toscanelli and Colombus*, Sands, 1902, p. 323.
2. Toscanelli, lettre au roi du Portugal, 1474, cité par J. H. Parry, *The Discovery of South America*, Elek, 1979, p. 48.
3. Voir la note VII de la carte Piri Reis, traduite par G. C. McIntosh dans *The Piri Reis Map of 1513*, University of Georgia Press, Athens, Georgia, 2000, p. 46.
4. Arthur Davies, « *Behain, Marcellus and Colombus* », *Geographical Journal*, vol. 143, p. 454.

mières explorations portugaises vers cette région ; les notes qu'il rédigea de sa main, sur la page de garde de son exemplaire du récit de voyage de Chine en Inde par la mer, de Marco Polo. Pour résumer, Christophe Colomb savait que l'on pouvait atteindre la Chine aussi bien par l'est que par l'ouest. La carte de 1428 lui indiquait que le voyage par l'est était plus court.

Dans ces circonstances, il dut être effaré d'apprendre que les Portugais allaient contourner le cap de Bonne-Espérance, et atteindre l'océan Indien, d'où les vents de mousson les porteraient en Chine. Les progrès de leurs expéditions sur la côte africaine devaient lui causer beaucoup de soucis. En 1485, Dias était descendu jusqu'à 13° de latitude sud. À ce moment, Colomb savait qu'il existait un passage par l'ouest, et il s'était même rendu en Islande en 1477, pays où les Chinois, lui dit-on, étaient déjà passés.

En 1485, Christophe Colomb quitta le Portugal, où il ne résidait que par intermittence depuis son mariage. Il est possible qu'il ait alors déjà effectué une première traversée vers Antilia, en tant qu'agent secret du pape, comme l'affirme Ruggero Marino, sur la base de l'épitaphe du Saint-Père. Celui-ci mourut en 1492, avant le départ de Colomb. Or, une inscription sur son tombeau affirme : *Novi orbis suo aevo inventi gloria*, « la gloire du nouveau monde ayant été découverte avec son or ».

Bartolomé Colomb resta, lui, au Portugal, où il faisait partie de l'équipe qui travaillait à l'amélioration des cartes au fur et à mesure qu'arrivaient des données nouvelles fournies par les explorateurs. En 1487-1488, Dias descendit la côte africaine jusqu'au cap de Bonne-Espérance. Depuis 1473, les Portugais savaient calculer les latitudes grâce à la déclinaison du soleil, si bien qu'il put estimer la latitude du cap de Bonne-Espérance à 34° 22'. Mais, comme nous allons le voir, les frères Colomb en connaissaient déjà la latitude exacte.

Le projets d'expédition de Colomb semblaient de plus en plus compromis, car les Portugais étaient sur le point d'ouvrir une nouvelle route des Épices par l'est. À moins d'agir rapidement, il verrait s'évanouir tous ses rêves de gloire. À cette époque, les souverains Ferdinand et Isabelle venaient de lancer l'attaque contre la dernière enclave maure de la péninsule, Grenade, au sud de la Sierra Nevada. Colomb n'avait aucune chance de faire financer son voyage par les Portugais, qui se concentraient sur la route de l'est. Il savait que tous ses espoirs reposaient sur les souverains espagnols qui ne disposaient pas de la carte de 1428 et ignoraient que la route de l'est était plus courte. Il avait donc tout intérêt à convaincre

Ferdinand et Isabelle que la route de l'ouest était plus directe. Voilà, à mon avis, ce qui motiva le vol et le faux que les frères Colomb allaient commettre.

Ils eurent beaucoup de chance, car Grenade tomba en 1492, et les souverains espagnols souhaitèrent alors poursuivre les Maures en Afrique et au-delà des mers. Christophe Colomb trouverait une oreille attentive s'il parvenait à les persuader que la route de l'ouest était la plus directe pour rallier les îles aux Épices et que ses projets étaient parfaitement réalistes.

En 1963, Alexander O. Vietor, conservateur des cartes anciennes à bibliothèque de l'université de Yale, rapporte qu'un généreux donateur, qui souhaitait rester anonyme, offrit à la bibliothèque « une magnifique mappemonde peinte signée Henricus Martellus, d'environ 180 cm x 120 cm ». Il poursuit ainsi sa description :

> Elle était réalisée, apparemment, en tempera sur une base de feuilles de papier de tailles différentes, le tout renforcé par une grande toile sur cadre, à la façon d'un tableau [...]. Elle comporte, dans ses marges, des graduations de latitude et de longitude, premier exemple connu d'indication des longitudes sur une carte [...]. Sur cette carte, Cipangu est placé à 90° des Canaries[1].

M. Vietor entretint une correspondance au sujet de cette carte avec le Pr Arthur Davies, alors titulaire de la chaire Reardon Smith à l'université d'Exeter. Il eut ainsi l'occasion de lui envoyer des clichés infrarouges. Pour plus de commodité, nous nommerons cette carte « la carte de Yale », et il est intéressant de remarquer qu'elle fait à peu près quatre fois la taille d'une autre carte, elle aussi publiée par Martellus en 1489. Les spécialistes, dont Davies et Vietor, pensent tous que cette petite carte est une copie à l'échelle de la grande carte de Yale. Asleigh Skelton, lui aussi, conclut à l'authenticité de la carte de Yale. Je suis d'accord pour dire qu'elles sont toutes deux authentiques, mais je pense qu'elles contiennent un certain nombre d'éléments faux, de la main de Bartolomé Colomb.

La carte Martellus montre l'Atlantique, et s'étend des Canaries à la côte orientale de la Chine. Bien qu'elle ne donne aucune indication de méridiens ni de longitudes, on peut estimer, en se fondant sur son échelle, qu'elle place la Chine à 230°, voire 240° à l'est de Lisbonne. Alors qu'à l'ouest, les côtes chinoises ne sont plus qu'à 130° des côtes portugaises. Il s'agit d'une colossale exagération de la distance séparant le Portugal de la

1. A. O. Vietor, « *A pre-columbian Map of the World circa 1489* », *Imago Mundi*, XVII, 1963.

Chine par la route de l'est. En comparaison, l'atlas catalan de 1376 plaçait la Chine à 116° environ à l'est du Portugal ; la carte génoise de 1457, à 136° et la carte de Fra Mauro, à environ 120°. Les Canaries se trouvant réellement à 141° à l'ouest de Shangaï, la carte Martellus exagère d'environ 100° la distance qui sépare la Chine du Portugal, à l'est. Or, les frères Colomb connaissaient la distance réelle entre Lisbonne et la Chine, puisque les Portugais disposaient du planisphère de 1428.

Les cartes de Martellus ne peuvent être antérieures à 1489, car elles rapportent fidèlement les informations collectées par Dias lors de son expédition de 1487, où il passa le cap de Bonne-Espérance pour déboucher dans l'océan Indien. Il rentra au Portugal en 1488. Il aurait donc fallu moins d'un an pour que tous les détails de son voyage apparaissent sur une carte dessinée par Martellus en Italie, en dépit de tous les efforts déployés pour empêcher les informations de filtrer. Les voleurs de cartes encouraient la peine de mort. Tous les efforts des autorités portugaises auraient donc été anéantis d'un seul coup, par une personne assez bien placée pour tout savoir.

Le deuxième élément faux, sur ces deux cartes, c'est une énorme péninsule fictive, qui vient prolonger la péninsule malaise, et qui s'étend de l'équateur jusqu'à 29° de latitude sud, et s'élargit jusqu'à atteindre la Chine. Une péninsule si vaste qu'elle rend impossible le voyage d'Inde en Chine et qu'elle empêche de traverser l'océan Indien. Les souverains espagnols, qui n'avaient jamais vu la carte de 1428, devaient être parfaitement convaincus qu'il était impossible d'atteindre la Chine en passant par le cap de Bonne-Espérance.

Justement, le troisième élément faux sur les deux cartes Martellus, c'est qu'elles placent le cap de Bonne-Espérance à 45° de latitude sud. Il est indubitable que Bartolomé Colomb était à l'origine de cette invention. Dans le volume *Imago Mundi* retrouvé dans les effets de Christophe Colomb après sa mort, figurent de nombreuses notes marginales manuscrites. Le Pr Davies, qui consacra une bonne partie de sa vie à étudier les écritures respectives des frères Colomb, attribuait à Bartolomé la note 23 :

> En l'an [14]88, au mois de décembre, arriva à Lisbonne Bartholomeu Diaz [*sic*], capitaine de trois caravelles envoyées en Guinée par sa Majesté le roi de Portugal. Il rapporta à sa Majesté qu'il avait couvert 600 lieues, dont 450 vers le sud, puis 200 vers le nord à partir d'un promontoire qu'il nomme cap de Bonne-Espérance et qu'il pense être en Abyssinie. Il dit qu'à cet endroit, son astrolabe lui indiquait qu'il était à 45° sous l'équateur et qu'il se trouvait à 3 100 lieues de Lisbonne. Il a

> décrit et raconté son voyage lieue par lieue sur une carte marine sous les yeux de sa Majesté en personne. J'étais présent pendant tout ce temps[1].

Lorsque Bartolomé affirme que Dias plaçait le cap de Bonne-Espérance à 45° de latitude sud, c'est manifestement un mensonge. À cette époque, personne à Lisbonne n'avait jamais entendu parler de ces 45° de latitude sud, car Bartolomé n'en parla qu'après avoir quitté le Portugal.

Jusqu'ici, il n'a pas été possible de reconstituer le lien qui unirait les frères Colomb à Martellus et il se pourrait que le cartographe ait dessiné une mappemonde fausse de son propre chef. Deux arguments permettent cependant de déduire cette connexion. D'abord, sa carte présente des informations qui n'étaient accessibles qu'aux Portugais, des données récentes et, qui plus est, jalousement gardées, sous peine de mort. Il fallait donc qu'une personne ayant accès aux cartes les plus secrètes du trésor royal portugais eût informé Marcellus. On pourrait facilement incriminer Bartolomé Colomb, ou même d'autres membres de ce cercle cartographique très fermé, comme Martin Behaim, par exemple.

Mais c'est la carte de Yale qui révèle le mieux son lien direct avec Bartolomé Colomb. Les feuilles de papier sur lesquelles elle est peinte sont de taille différente, ce qui exclut la possibilité qu'elles aient été imprimées, car elles auraient alors été toutes égales, pour entrer dans un portfolio. Dans sa correspondance avec le Pr Davies, Alexander Vietor affirmait qu'en examinant la carte aux rayons X, on ne trouvait aucune trace d'impression sur les feuilles de papier, et que tout, sur la carte de Yale, avait été écrit, dessiné et colorié à la main. Pour tout dire, c'était sans doute un calque, une juxtaposition de calques. Et l'auteur de ces calques, selon Davies, c'était Bartolomé Colomb. Voici comment il annonçait cette nouvelle accablante :

> Quand Colomb quitta Lisbonne en 1485 pour se rendre en Espagne, Bartolomé resta au Portugal, où il travaillait dans l'atelier de cartographie de Jean II. C'était un cartographe extrêmement habile et expérimenté, dans le style de l'école de Gênes. On lui demanda de participer à l'élaboration d'un grand planisphère, à partir des cartes portugaises et des travaux de Donnus Nicolaus. Comme toutes les cartes de cette époque, elle était dessinée sur des parchemins, que l'on pouvait joindre ensuite de façon presque imperceptible, et monter sur une toile de lin. Cette grande carte, de 180 cm x 120 cm, constituait l'étalon des cartes portugaises, on y ajoutait sans cesse de nouveaux éléments, au fur et à mesure des découvertes, y

1. Davies, *op. cit.*, p. 458.

compris celles de Cão et de Dias. Au début de l'année 1489, Colomb tomba dans la pauvreté en Espagne : sa pension prenait fin en 1488 et il n'était plus ni logé ni entretenu par Medina Seli ni par le marquis de Moya. Bartolomé s'apprêtait à le rejoindre pour le seconder dans ses projets. Ils avaient besoin d'argent, et en particulier du soutien vital que leur offrait la banque de Saint-George, à Gênes. Ils trouvèrent un moyen de se procurer argent et appuis : vendre les cartes secrètes des rois de Portugal. Avant de quitter Lisbonne, Bartolomé copia les cartes les plus faciles à copier, les plus petites. Quant au grand planisphère étalon, il put le calquer morceau par morceau, en se cachant, sur onze feuilles de papier, plus fin, plus discret et meilleur marché que le parchemin. Les feuilles de la carte de Yale sont des calques de la main de Bartolomé. Au début de l'année 1489, il quitta Lisbonne et se rendit d'abord à Séville pour aider son frère. Là, il modifia la carte en substituant au document original une feuille qui montrait l'Afrique et le cap de Bonne-Espérance, à 45° de latitude sud, et non à sa latitude exacte de 34° 22'. La carte Martellus était comparable à un tableau entouré d'un cadre. Le cadre s'arrêtait à 41° S. Pour intégrer la feuille substituée, il fallait la faire sortir du cadre, jusqu'à 45° S[1].

Un deuxième indice est fourni par une mention portée sur la côte est de l'Afrique : *Ultima navigatio Portuga A. D., 1489*. À première vue, comme la carte Martellus descend jusqu'à 45° de latitude sud, cette inscription semble indiquer que Dias était remonté vers le nord en longeant la côte orientale de l'Afrique, et qu'il avait dépassé la latitude de Natal. Ce qu'il n'avait pas fait pendant ce voyage. Or la légende apparaît entre 33 et 34° S, soit exactement la latitude atteinte par Dias, au niveau de l'actuel port Albert. Si elle se situe au nord de Natal, c'est parce que l'extrémité sud du continent a été exagérément allongée. Quand il changea cette partie de la carte, Bartolomé ne réussit pas à enlever la légende.

Ces trois modifications importantes conspiraient à rendre apparemment impossible le voyage en Chine par l'est. La carte Martellus ne s'adressait pas aux Portugais, qui possédaient le planisphère de 1428. Elle était destinée à convaincre les souverains espagnols, qui en ignoraient tout. À cette époque, si l'on en croit la lettre de Toscanelli, on pensait qu'un degré de latitude équivalait à 50 milles nautiques (soit 90 kilomètres). Pour atteindre la Chine en contournant l'Afrique, selon la carte Martellus, il fallait donc descendre de 39° N à 45° S, puis remonter vers le nord pour rallier l'Inde, soit encore 45° + 15°. Soit, au total, un voyage de 15 000 milles. En outre, les navires devaient descendre à 45° S, et Dias lui-même avait décrit les tempêtes du cap de Bonne-Espérance comme les plus violentes au monde.

---

1. Davies, *op. cit.*

Ouvrir une route par l'est semblait donc une entreprise hasardeuse tandis que, par l'ouest, il suffisait de partir d'Antilia et de traverser un détroit pour prendre les Portugais de vitesse. C'est la raison pour laquelle, selon moi, les Portugais concentraient tous leurs efforts sur la route de l'est alors que les Espagnols tentaient d'atteindre la Chine et les îles aux Épices par l'ouest. Bartolomé Colomb, après avoir volé la propriété intellectuelle du royaume du Portugal, produisit un faux, qu'il utilisa sciemment, avec son frère, pour soutirer des fonds à la banque de Gênes et aux souverains espagnols, et s'assurer leur appui. Ce que Christophe Colomb a légué de plus important à la postérité, ce n'est pas sa « découverte » de l'Amérique, mais sa compréhension du système de circulation des vents et des courants de l'Atlantique Nord. Ses analyses brillantes lui servirent à préparer et à mener ses expéditions, qui conduisirent à la colonisation de l'Amérique.

Passons, pour finir, à ce marin génial, le capitaine James Cook, « le navigateur le plus célèbre et le plus habile que ce pays, ou même aucun autre, ait jamais produit [et qui] possédait toutes les qualités nécessaires à sa profession et à ses grandes entreprises[1] ». Cook fit le premier de ses trois grands voyages en 1768, lorsqu'il se rendit dans le Pacifique pour y observer le transit de Vénus. Il continua ensuite sa route à travers le Pacifique pour « découvrir » la Nouvelle-Zélande, la jugeant propre à accueillir des colonies « si jamais on considérait cette idée comme digne de l'attention des Anglais ». Il explora la côte orientale de l'Australie, prit possession de tout le continent au nom du roi et rentra chez lui en passant par la Nouvelle-Guinée et le Cap.

Lors de son second voyage, en 1772, pour « achever la découverte de l'hémisphère sud », Cook s'arrêta en Nouvelle-Zélande, où il introduisit des moutons et déposa des vivres destinés aux futurs colons. Il reprit ensuite la route vers le sud, jusqu'aux confins de l'Antarctique. Puis il revint en Nouvelle-Zélande et en Australie avant de remonter vers le nord. Il cherchait un passage septentional entre l'Atlantique et le Pacifique. Il explora donc la côte occidentale de l'Amérique, au nord de l'Oregon, et entra dans le détroit de Béring. Mais le passage était pris dans les glaces et il ne pouvait pas le trouver. Il se fit tuer à Hawaï lors d'une rixe avec les indigènes, sur le chemin du retour.

Cook était un grand homme. Sans doute fut-il le plus grand marin de tous les temps. Mais il ne découvrit ni l'Australie ni la Nouvelle-Zélande.

1. Lord Palliser, supérieur hérarchique de Cook.

Plus de deux siècles avant ses voyages, toute une série de cartes de l'école de Dieppe dépeignaient les côtes australiennes avec une exactitude remarquable. À l'époque où il entama ses explorations, le gouvernement britannique disposait de la carte Rotz et Joseph Banks, qui accompagna Cook en mer, était en possession de la carte de Harley (ou carte Dauphin), où l'Australie figurait avec une égale précision. L'Amirauté britannique connaissait aussi les travaux de Desliens et Desceliers, autres cartographes de l'école de Dieppe. Sur toutes ces cartes, la barrière de corail à laquelle le vaisseau de Cook donna son nom en venant s'y échouer était clairement signalée. Dès qu'il réussit à tirer son navire de cette mauvaise passe, il mit directement le cap sur Cooktown : « Ce port sera parfait pour ce que nous y voulons faire, bien qu'il soit moins large qu'on ne me l'avait dit[1]. »

Lorsque Cook prétendit avoir découvert l'Australie, à son retour en Angleterre, le responsable des services cartographiques de l'Amirauté britannique, le commandant Dalrymple, écrivit une lettre de protestation virulente. James Cook avait fait preuve d'un grand courage, d'une grande détermination, mais il n'avait pas découvert le continent australien. L'amirauté possédait des cartes dessinées deux cent cinquante ans auparavant, où l'Australie était parfaitement représentée.

Il fallut sans aucun doute beaucoup d'audace et de résolution à Colomb, Dias, Gama, Magellan, ou encore Cook. Mais si courageux qu'ils fussent, ils partirent tous avec des copies de cartes chinoises qui leur indiquaient le chemin de leurs « grandes découvertes ». Ils devaient tout à ces premiers explorateurs, à ces Chinois qui avaient sillonné les océans entre 1421 et 1423. Quelle chance pour l'Europe, quel malheur pour la Chine, que cet incendie qui ravagea la Cité interdite dans la nuit du 9 mai 1421 ! Les Européens avaient désormais le champ libre pour redécouvrir la planète, que seuls les Chinois, et leur compagnon de voyage, Niccolò de' Conti, connaissaient jusque-là. Cartes, navires, techniques de navigation : les grands explorateurs européens doivent beaucoup au prince Henri le Navigateur et à son frère, Dom Pedro, mais immense est leur dette envers l'empereur Zhu Di et ses amiraux habiles et courageux, Zheng He, Zhou Man, Hong Bao, Zhou Wen et Yang Qing.

Il peut paraître décevant d'apprendre que Vasco de Gama n'a pas été le premier à rallier l'Inde en passant par le cap de Bonne-Espérance, que Christophe Colomb n'a pas découvert l'Amérique, que Magellan ne fut pas le premier à boucler un tour du monde, que l'Australie avait déjà été

1. K. G. McIntyre, *Early European Explorations of Australia*, non publié, p. 12.

cartographiée deux cent cinquante ans avant les voyages de Cook, et l'Antarctique quatre siècles avant l'arrivée des premiers Européens. Les admirateurs inconditionnels de ces explorateurs célèbres pourraient même être choqués. Mais l'authenticité des cartes Kangnido, Pizzigano, Piri Reis, Jean Rotz, Cantino, Waldseemüller ne fait aucun doute. Elles contiennent des informations que seuls avaient pu obtenir des cartographes chinois, embarqués sur les vaisseaux-trésors. Niccolò de' Conti se rendit en Australie à bord d'une jonque chinoise ; Dom Pedro lui soutira directement des informations stratégiques, qu'il fit incorporer à son planisphère. Toscanelli persuada Christophe Colomb que l'on pouvait atteindre la Chine par l'ouest, et Magellan ne fut jamais si près de dire la vérité que lorsqu'il jura à ses hommes qu'il avait vu le « détroit de Magellan » sur une carte du trésor portugais avant leur départ, afin d'éviter une mutinerie. La réalité dépasse la fiction.

Quelle épitaphe commémore donc la vie d'efforts et de sacrifices, mais aussi les grandes réussites du prince Henri le Navigateur ? Il n'y a rien qu'un cadran solaire abîmé sur son tombeau de Sagres, où les herbes poussent entre les pierres. Également négligé, le tombeau de Zheng He sur la colline de la Tête du Taureau, dans l'est du Jiangsu, est lui aussi envahi par les herbes.

CHAPITRE 19

Comment les Français montrèrent aux Européens le chemin du Nouveau Monde

Si Jean de Béthencourt devait revenir aujourd'hui dans son château de Grainville-la-Teinturière, il trouverait sans doute que peu de choses ont changé depuis ce triste jour de mai 1421 où il dut renoncer à tous ses biens et tous ses titres en faveur de son frère, Renault. La même austère église normande, avec sa flèche et son toit d'ardoises, domine encore le pigeonnier du château et les vestiges de ses fortifications, où se promènent les oies et les poules. Si le château est en ruine, la campagne alentour n'a sans doute pas changé en l'espace de six siècles : prairies et champs vallonnés, doux paysage ponctué de bosquets de bouleaux.

Un panneau explicatif, dans le village, résume très bien son histoire :

Jean de Béthencourt

Dans cette ville s'élève le château de Jean de Béthencourt, personnage particulièrement novateur et entreprenant. Il partit à la conquête des isles Canaries alors « sans seigneurs », ouvrant, pour le meilleur et pour le pire, l'ère des grandes découvertes. En 1402, le seigneur de Grainville accompagné de son chapelain et de quelques dizaines de soldats, paysans et artisans, venus principalement du pays de Caux, entreprend la conquête des isles Canaries. C'est la première expédition lointaine organisée par un Européen hors des terres connues. En 1418 Jean de Béthencourt, qui ne peut plus communiquer avec ses possessions canariennes du fait de l'occupation anglaise du pays de Caux, cède les îles conquises à l'Espagne.

Dans *Le Canarien, livre de la conquête et conversion des Canaries 1402-1422*, Béthencourt racontait ses impressionnantes aventures. Il partit de La Rochelle en 1402, avec Gadifer de La Salle. Ils abordèrent Lanzarote, puis poussèrent jusqu'à Fuerteventura, Las Palmas, Ténérife, Gomera et Palma la Verte, les plus grandes îles de l'archipel. À son retour, il s'arrêta à Sanlúcar de Barrameda, pour faire allégeance au roi de Castille et obtenir son appui pour de nouvelles expéditions. Il repartit en janvier 1405 et, en décembre de cette même année, ses armes flottaient sur Lanzarote et Fuerteventura : il contrôlait les Canaries.

Mais il ne s'arrêta pas là, et poursuivit son chemin vers l'Afrique :

> *Béthencourt n'a pas seulement conquis les Canaries ; il doubla le cap Bojador, si fameux dans les fastes de la marine portugaise ; et cette navigation qui, vingt-huit ans plus tard, illustra Gil Eannes, lui paraissait sans importance.*

Pourquoi donc, après tant d'exploits, Béthencourt fut-il contraint d'abdiquer ses biens et ses titres en faveur de son frère le 11 mai 1421 ? À ce moment même, le Parlement anglais ratifiait le traité de Troyes, signé l'année précédente. Il prévoyait que Catherine de Valois, fille de Charles VI, épouse Henri V d'Angleterre, vainqueur d'Azincourt en 1415. Leur aîné deviendrait roi de France et d'Angleterre à la mort d'Henri et de Charles (en fait, ils moururent tous deux l'année suivante). Quand un seul roi unifierait les deux pays, la guerre cesserait pour de bon. Ce traité déshéritait tout bonnement Charles VII. En attendant, Henri V tentait de contrôler ses possessions françaises et, en mai 1421, ses opérations navales sur la Seine empêchèrent Béthencourt de repartir aux Canaries. Ainsi se terminait sa grande aventure, sur un piteux échec.

Cette version des faits n'en reste pas moins, à mon avis, très lacunaire. En 1421, Henri le Navigateur fonde son école de Sagres. En 1428, son frère rapporte de Venise un remarquable planisphère. Comme je l'explique dans la postface de cet ouvrage, ce planisphère avait été commandé par Zheng He. Henri était déterminé à envoyer ses capitaines en Chine. Pour ce faire, il leur fallait contourner le terrible cap Bojador, que l'on considérait comme le bord ultime de la terre, l'endroit où la mer se jetait dans un précipice sans fond. Tout capitaine assez téméraire pour s'aventurer à contourner le cap Bojador verrait des monstres marins déchirer les voiles de son vaisseau, avant de précipiter son équipage infortuné dans les flots rouge sang. Gil Eannes reconnut sa dette envers Jean de Béthencourt, qui lui avait montré le chemin et avait prouvé que les légendes circulant sur le cap Bojador étaient infondées.

Cependant, d'autres explorateurs français allaient suivre l'audacieux exemple de Béthencourt et ce, dès que les Anglais levèrent leur blocus des côtes françaises, quand Jeanne d'Arc fit couronner Charles VII à Reims, en 1429. Avec le sacre de Charles VII, les prétentions d'Henri V à la couronne de France restèrent lettre morte : la France ne pouvait avoir deux souverains et la noblesse française devait préférer, au bout du compte, un roi français. La décennie 1450 vit en effet la fin des prétentions anglaises sur le royaume de France. Les capitaines français pouvaient à nouveau partir de Dieppe. Jean Cousin, lui, quitta ce port en 1488, et découvrit une terre inconnue où coulait un fleuve immense. On pense aujourd'hui qu'il avait atteint l'Amazone. Après être ensuite descendu jusqu'à l'extrémité méridionale de l'Afrique, qu'il nomma « le banc des Anguilles », il passa le « cap des Tourments » et « fut sans aucun doute le premier Européen à pénétrer dans l'océan Indien, avant de rentrer à bon port en 1489 ». Voilà, en résumé, les prétentions de Dieppe, telles qu'elles sont expliquées au Musée municipal : ses capitaines auraient découvert l'Amérique du Sud avant Magellan, et ils auraient contourné l'extrémité sud de l'Afrique pour pénétrer dans l'océan Indien, avant les Portugais et avant Vasco de Gama.

À mon avis, ces théories sont largement corroborées par les cartes de l'école de Dieppe.

Quand Henri V arriva en Normandie, ses armées mirent la main sur tous les objets de valeur. Le registre des confiscations du duché de Normandie pour les années 1418 à 1420 affirme ainsi :

> Le 13 juin de la même année [1419], alors que presque toute la noblesse normande abandonnait ses terres pour rester fidèle au pays, Jean de Béthencourt faisait hommage au Roi d'Angleterre pour les propriétes qu'il avait dans le baillage de Caux.

Les cartes des marins de Dieppe, quant à elles, furent emportées en Angleterre, où l'on peut encore les voir aujourd'hui, dans la salle des cartes du British Museum. Parmi elles, se trouve la collection de Jean Rotz, cartographe dieppois. Comme nous l'avons dit, elle comprend des cartes de l'Australie, nommée « Java la Grande ». Dans le même portfolio, on trouve également la *Géographie* de Ptolémée, révisée par Claudius Clavius Niger, publiée en 1423-1424. Sur l'une de ces cartes, le Groenland figure à l'ouest de l'Islande.

La question se pose de savoir comment les Dieppois s'étaient procuré toutes ces informations. À mon avis, ils les tenaient du grand planisphère de Zheng He, datant de 1418, où figurent les Canaries, le fleuve Niger, les îles du golfe du Bénin, soient toutes les terres nouvelles où Béthencourt devait s'aventurer.

ÉPILOGUE : L'HÉRITAGE

Les Chinois nous ont légué l'héritage de cet âge d'or, où l'influence de leur pays s'étendait du Japon à l'Afrique et même au-delà, pour englober toute la planète. L'architecture chinoise reste aujourd'hui présente de Malacca à Kobe. On retrouve des soieries chinoises de la dynastie Ming de l'Afrique au Japon, de magnifiques porcelaines bleues et blanches de l'Australie à la Mandchourie, et des tombeaux découverts partout dans le monde témoignent de la qualité du travail chinois du jade à cette époque. Le plus blasé des voyageurs ne peut que s'émerveiller de cette omniprésence. De Sumatra au Timor, en passant par le Japon, routes commerciales, croyances religieuses et caractères écrits unissent les communautés qui les ont hérités des Chinois. Sur des milliers kilomètres, d'est en ouest et du nord au sud, on peut suivre les traces colossales de la Chine, ses pas de géant.

La culture chinoise est aussi profonde que riche. Il y a trois mille ans, les Chinois savaient déjà couler le bronze, et ils fabriquaient d'admirables objets d'art. Sous la dynastie Qin (221-206 av. J.-C.), ils portèrent le travail de la terre cuite à un niveau de perfection qui devait rester à jamais inégalé, et dont témoignent les magnifiques soldats et les gracieux chevaux qui gardent le tombeau de l'empereur Qin. Sous la dynastie Tang (618-907), alors que nos ancêtres européens allaient sommairement vêtus de drap, les Chinois les plus riches dînaient dans de la vaisselle d'or ornée de phénix et de dragons, et buvaient dans des gobelets d'argent au bord desquels trottaient des chevaux finement dessinés. On exposait les fruits dans des coupes de jade blanc. Les femmes des riches négociants, portaient soieries brodées, exquis bijoux de jade et parfums persans.

Dans tous les domaines, les Chinois bénéficiaient d'une expérience millénaire. En 305 av. J.-C., la préservation des terres et la rotation des cultures avaient fait l'objet d'un rapport adressé à l'empereur. Les immenses flottes de vaisseaux-trésors représentaient l'apogée d'une marine séculaire, qui avait déjà bien des découvertes à son actif. Dès l'époque de la dynastie Song (960-1279), les Chinois avaient atteint l'Australie. L'Inde et la Chine commerçaient depuis six siècles, et même la grande flotte de Zheng He aurait pâli en comparaison de celle qu'avait fait construire Kublai Khan, deux cents ans plut tôt. En matière scientifique et technique, les Chinois avaient des siècles d'avance sur le reste du monde, et la Grande Muraille témoigne encore de leurs connaissances et de leur savoir-faire. Elle assurait à l'empire une protection et une stabilité vitales, si bien que, de toutes les grandes civilisations antiques, seule la Chine demeure aujourd'hui. Important symbole national, la Grande Muraille est bien un monument à l'histoire, à la résistance et au pouvoir durable du peuple chinois.

Si d'innombrables témoignages des grands voyages d'exploration chinois ont disparu, certains autres sont encore visibles aujourd'hui, partout autour de nous : les espèces végétales et animales que les Chinois introduisirent dans les territoires qu'ils avaient découverts, et celles qu'ils en rapportèrent. La culture et la propagation des plantes pourraient bien être la contribution la plus importante de la Chine aux progrès de la civilisation.

Depuis des siècles, on pensait que les espèces végétales avaient commencé à se répandre à l'échelle planétaire avec la « découverte » de l'Amérique par Christophe Colomb, et que leur propagation s'était accélérée après Trafalgar, avec la constitution d'un empire colonial britannique. En réalité, les Victoriens eurent beau se passionner pour la botanique, les principales cultures agricoles s'étaient répandues à travers le monde bien avant le premier voyage de Colomb. Non seulement, les Européens disposaient alors de cartes pour trouver les terres nouvelles qu'ils allaient coloniser, mais ils trouvaient déjà sur place les plantes les plus intéressantes à cultiver. On compte pas moins de vingt-sept cultures commerciales introduites à Hawaï depuis l'Inde, l'Asie, l'Indonésie, les Amériques et même l'Afrique. Patate douce, canne à sucre, bambou, cocotier, maranta, igname, bananier, curcuma, gingembre, kava, arbre à pain, mûrier, courge, hibiscus et bancoulier poussaient tous à Hawaï lorsque les premiers Européens y arrivèrent. Aucune de ces espèces n'est endogène de l'archipel.

Ce cas de figure se répète à travers toute la Polynésie, et jusqu'à l'île de Pâques : les Européens y trouvèrent des roseaux du lac Titicaca, des tomates, des ananas sauvages et des patates douces d'Amérique du Sud, des calebasses d'Afrique, des papayes d'Amérique centrale, des ignames d'Asie du Sud-Est et des cocotiers du Pacifique, qu'ils rencontrèrent aussi dans les Caraïbes. Aux Philippines, Magellan trouva du maïs, qui provenait d'Amérique centrale. On trouvait des roses chinoises en Californie, des gallinacés asiatiques à travers toute l'Amérique du Sud, et l'on sait aujourd'hui que ce continent partage avec l'Océanie pas moins de 94 genres végétaux.[1] Il présente, par ailleurs, 74 genres végétaux communs avec l'Océanie, comprenant 108 espèces propres à l'Amérique tropicale et à l'Afrique orientale.

On a pu défendre l'idée que toutes ces plantes s'étaient répandues naturellement, au gré des vents et des courants, ou même avec les oiseaux qui transportaient leurs graines. Certes, les noix de coco flottent, et elles auraient très bien pu traverser l'océan Indien pour arriver toutes seules dans le Pacifique Sud, ou l'Atlantique Sud, pour se retrouver dans les Caraïbes. Cela a même dû arriver. De même, des graines ou des spores ont très bien pu être emportées par le vent. Mais il serait grotesque de prétendre que toutes ces plantes ont pu se répandre de cette façon. Deux exemples, le maïs et la patate douce, montrent les limites de cette théorie : ils ne flottent pas, et les patates douces sont incontestablement trop grosses pour avoir été emportées par des oiseaux. Ces trois dernières décennies, d'éminents botanistes se sont penchés sur l'origine des plantes cultivées. Une meilleure compréhension de la classification des espèces et, par conséquent, de leurs liens avec des espèces sauvages voisines, a radicalement transformé les théories concernant leur origine géographique. Prenons l'exemple du cocotier, que les premiers explorateurs européens trouvèrent sur les côtes atlantique et pacifique de l'Amérique centrale :

> On pensait autrefois le cocotier (*Cocos Nucifera*) originaire du Nouveau Monde, comme les autres espèces du même genre (*Cocos*). On sait aujourd'hui qu'il s'agit d'un genre monotype, dont le cousin le plus proche est endogène d'Afrique. Des traces fossiles, mais aussi la variété du genre et la multiplicité de ses utilisations en Asie du Sud-Est nous conduisent désormais à penser qu'il est originaire du

1. Barbara Pickersgill « Origins and Evolution of Cultivated Plants in the New World », *Nature* 268 (18), p. 591-594.

Pacifique Ouest et qu'il s'est répandu en traversant l'océan d'ouest en est, et non d'est en ouest[1].

Certes, une analyse poussée des espèces communes à l'Afrique et à l'Amérique du Sud, d'une part, à l'Amérique du Sud et à l'Océanie, d'autre part, indique qu'elles se sont répandues dans la direction des vents et des courants dominants. Or, certaines devaient être introduites par l'homme, et les navires chinois suivaient précisément les vents et les courants. À notre connaissance, aucun navire polynésien n'a pu quitter le Pacifique pour entrer dans l'Atlantique Sud. Seuls les Chinois ont pu répandre une telle variété d'espèces végétales et animales à travers le globe. Non seulement il est très probable que leurs navires transportaient des semences, mais ils ont aussi fait le tour du monde dans le sens de propagation de ces espèces, de la Chine vers l'Inde en passant par l'Asie du Sud-Est, puis par l'Afrique, pour rallier l'Amérique du Sud et, finalement, l'Océanie.

Le riz constituait sans aucun doute la principale culture chinoise. Il compte aussi parmi les espèces qui s'adaptent le mieux et comprennent le plus de variétés différentes. Les Chinois avaient même développé des variétés susceptibles de prospérer sur des pentes montagneuses sèches, alors que d'autres requéraient de grandes quantités d'eau. Certains de leurs riz pouvaient arriver à maturité en deux mois seulement. D'autres étaient particulièrement sensibles aux températures, et d'autres encore à la lumière. Certains hybrides se développaient si bien dans l'eau saumâtre qu'ils les utilisaient pour gagner des terres marécageuses sur la mer. Le riz est sans conteste une culture vivrière idéale : délicieux, surtout assaisonné avec de la sauce de soja, très nutritif, il se conserve bien, sa préparation est facile et peu onéreuse. Jusqu'au XXe siècle, le riz produisait sept fois plus de calories à l'hectare que n'importe quelle autre céréale[2], et la Chine possédait l'agriculture la plus efficace au monde.

Le mode de vie de plus d'un milliard d'individus dépend entièrement du riz, culture idéale des zones densément peuplées d'Asie, où son importance dépasse celle du pain dans nos sociétés occidentales. Lorsqu'ils perdent leur emploi, les Chinois disent qu'ils ont « cassé leur bol de riz ». Les mariages et les contrats commerciaux se concluent autour d'une coupe d'alcool de riz, le saké. L'habitude de lancer des poignées de riz sur les

1. R. A. Whitehead, *Evolution of Crop Plants*, Longman, 1966, p. 221-225.
2. F. Braudel, *Grammaire des civilisations*, Paris, Flammarion, 2005, p. 427.

jeunes mariés pour leur porter bonheur est parvenue jusqu'en Occident, sous forme de confettis. Et lorsque les enfants japonais regardent la lune, ils n'y voient pas un visage, mais un lapin occupé à confectionner des gâteaux de riz.

Sous les Ming, les Chinois en exportaient vers le Pacifique, en passant principalement par Macassar (l'actuel Selat, en Indonésie). Des cargos de riz suivaient les vaisseaux-trésors et l'on en a retrouvé dans les cales de la jonque de Sacramento[1]. Mais les Chinois importaient aussi diverses espèces végétales et ils se montraient assez novateurs pour introduire chez eux des espèces qu'ils avaient découvertes à l'étranger. La plupart d'entre elles provenaient de la même aire climatique, l'Asie du Sud-Est, qui s'étend de la Chine à l'Indonésie. On peut être certain que d'importantes cultures vivrières comme le riz, le millet et les ignames proviennent de cette zone. Plus tard, canne à sucre, bananier et gingembre arrivèrent également, avec certaines espèces d'agrumes. Le coton, quant à lui, était une importation indienne. Mais à cet égard, l'exemple le plus révélateur reste celui du maïs, rapporté d'Amérique par les flottes de Zheng He.

Cette céréale, la plus prolifique après le riz, offre un rendement trois fois supérieur au blé. De plus, elle peut pousser dans les régions les plus arides comme les plus humides, et jusqu'à 3 600 mètres d'altitude. Bien qu'elle soit originaire d'Amérique du Sud, Magellan et ses hommes en trouvèrent dans les Philippines lors de leur circumnavigation, et des archives chinoises qui nous sont parvenues mentionnent les « épis d'une taille extraordinaire » rapportés par les vaisseaux de Zheng He. Ses racines profondes en font une plante idéale en montagne, qui résiste aux précipitations violentes et au gel. Pour les Miaos de Chine méridionale, l'introduction du maïs fut une véritable bénédiction. Aujourd'hui, le maïs est la troisième culture la plus importante au monde : il s'est répandu à travers tout l'Asie et constitue la base du régime alimentaire de nombreux peuples africains.

Taro, igname et patate douce forment un autre ensemble de cultures vivrières répandues par les Chinois. Les patates douces (*Ipomonea batatas*) prospèrent dans les climats chauds et humides d'Amérique du Sud, leur région d'origine, et se sont développées dans les pays sub-tropicaux. Lors-

---

1. Judith, A. Carney, professeur d'histoire à l'université de Californie, à Los Angeles, a publié un ouvrage fascinant sur la véritable origine du riz américain, *Black Rice : The African Origins of Rice Cultivation in the Americas*, Harvard U. P., Cambridge, Massachusetts, 2001. Elle montre que la théorie traditionnelle, selon laquelle les Européens ont introduit le riz en Afrique de l'Ouest, puis aux Amériques, est entièrement fausse.

que Cook arriva chez les Maoris, elles constituaient la base de leur alimentation. Ils les nomment *kumara*, ce qui rappelle étrangement leur appellation péruvienne, *kumar*, encore en usage dans la région de Lima. Les véritables ignames de la famille des dioscoréacées (*Discoreaceae*) proviennent d'Afrique et d'Asie du Sud-Est. Les Européens en trouvèrent cependant à Hawaï lorsqu'ils abordèrent l'île pour la première fois. Les taros, originaires du sud-est asiatique, avaient, eux aussi, atteint Hawaï avant les Européens. Ils appartiennent à la famille des aracées (*Araceae*) et, comme les pommes de terre, ils sont riches en amidon. On les cultive dans tout le Pacifique, de Tahiti, au sud, où l'on en voit dès les abords de l'aéroport, à Hawaï, au nord.

On peut donc dire que riz, maïs, patates douces, taros et ignames constituaient la base de l'alimentation dans les régions tropicales et subtropicales. Leur introduction fut un progrès considérable pour l'humanité, qui disposait désormais de cultures vivrières convenant à presque tous les sols et tous les climats.

Sans même parler de son rang de premier producteur et exportateur de soieries au monde, la Chine joua un rôle capital dans l'expansion de l'artisanat textile. Le coton, originaire de la vallée de l'Indus, où il est utilisé depuis des millénaires, représente aujourd'hui 5 % de la production agricole commerciale mondiale. D'abord interloqués par la structure génétique du coton d'Amérique du Sud, les scientifiques ont finalement réussi à déterminer, grâce à toute une série d'expériences complexes, qu'au moins une espèce parente du coton américain provient d'Asie. Le coton sauvage que les Européens trouvèrent aux Amériques possédait un gène d'origine indienne. Les Chinois avaient rapporté le coton des Indes et, dès le VIIIe siècle, en cultivaient autour de Canton. La dynastie mongole des Yuan, vit l'expansion de cette culture. Sous les Ming, qui leur succédèrent, les navires chinois exportaient d'énormes quantités de coton[1]. Le roi de Cochin était ainsi particulièrement reconnaissant envers Zhu Di : « Comme la fortune nous a favorisés en nous faisant bénéficier des enseignements des sages chinois ! Depuis plusieurs années, nous avons de bonnes récoltes dans notre pays, notre peuple peut vivre dans des maisons, la mer lui donne assez pour se nourrir, et il a assez de toile pour se vêtir[2]. »

---

1. Roderich Ptak, « *China and Calicut in the Early Ming Period : Envoys and Tribute Emissaries* », *Journal of the Royal Asiatic Society*, 1989, sect. 447, et correspondance du Pr Ptak avec l'auteur.
2. Tablette de Cochin « Taizong Shi Lu », chap. 183, citée par Louise Levathes, *When China Ruled the Seas*, Oxford U. P., Oxford, 1996, p. 145.

Il nous reste à évoquer cocotiers et bananiers. Originaire d'Indonésie, la noix de coco était déjà arrivée dans les Caraïbes et sur la côte Pacifique de l'Amérique centrale quand les Européens les explorèrent. On trouve environ 3,5 millions d'hectares de cocotiers répartis entre les Philippines, l'Inde, l'Indonésie, le Sri Lanka et les Caraïbes. Ils poussent très bien sous les tropiques, mais ils peuvent résister à des gelées légères. Hormis les noix et leur lait de coco, ils produisent une huile (extraite de leur chair séchée, la copra) utilisée depuis des siècles pour la cuisine, mais aussi dans la fabrication des savons, cosmétiques et lubrifiants. Après extraction de l'huile, les pains de copra sèche, riche en protéines, peuvent servir à nourrir le bétail ou les volailles. Le tronc des cocotiers fournit de bonnes poutres et l'on fabrique également des cordages à partir des fibres de coco, l'une des marchandises les plus importantes des flottes de l'ère Ming.

Quant aux bananiers, ils viennent d'Asie du Sud-Est, mais les premiers explorateurs européens en trouvèrent également à Hawaï, et depuis, ils se sont répandus en Inde, en Afrique et en Amérique tropicale. Avec les oranges, le raisin et les pommes, les bananes comptent parmi les fruits les plus importants au monde. Sous les tropiques, on connaît aussi leurs cousins, les plantains, riches en amidon. Notons aussi que les ananas proviennent des zones chaudes et humides de la côte Atlantique d'Amérique du Sud, ce qui n'empêcha pas Christophe Colomb d'en voir lors de son second voyage aux Indes occidentales, en 1493. Aujourd'hui encore, les traces des grands voyages chinois poussent littéralement autour de nous.

Au début du long voyage qui m'avait mené sur les traces des explorateurs chinois, j'avais entendu parler de la grande stèle que Zheng He avait fait ériger sur les rives du Yang-tseu, et j'avais pu lire l'inscription qu'il y avait fait graver. À travers la Chine entière, c'était presque la seule trace concrète de ce sixième et épique voyage des grandes flottes de vaisseaux-trésors : presque rien n'avait échappé aux purges des mandarins. En voici la traduction :

> Nous, Cheng Ho [Zheng He] et ses compagnons, avons reçu le mandat de l'empereur en tant qu'ambassadeurs auprès des barbares [...]. Nous avons commandé plusieurs dizaines de milliers de soldats et plus de cent vaisseaux. [...] Pour traiter les étrangers avec bienveillance [...], nous avons visité les contrées occidentales [...] et d'autres pays, plus de trois mille en tout [...]. Nous avons traversé l'étendue de mers immenses, de plus de 100 000 *li* [...].

Au début de mon propre périple, qui devait m'occuper pendant bien des années, cette inscription m'avait beaucoup intrigué. Au terme de mon exploration, je m'en retournais, certain d'avoir trouvé assez de preuves pour faire tanguer sur leurs bases les théories occidentales sur l'histoire des grandes découvertes. Je pouvais prouver que les grandes flottes chinoises commandées par les amiraux Zheng He, Yang Qing, Zhou Man, Hong Bao et Zhou Wen avaient rallié tous les continents lors de leur sixième voyage. Elles avaient reconnu plus de 62 archipels, comprenant 17 000 îles, et cartographié des dizaines de milliers de kilomètres de côtes. L'affirmation de Zheng He, qui disait avoir reconnu plus de 3 000 pays, grands et petits, était parfaitement fondée. Les flottes chinoises avaient sillonné l'océan Indien jusqu'en Afrique de l'est, doublé le cap de Bonne-Espérance, atteint les îles du Cap-Vert et, de là, s'étaient élancées vers les Caraïbes, l'Amérique du Nord et l'Arctique, l'Amérique du Sud, l'Australie, la Nouvelle-Zélande et l'Antarctique, et elles avaient trouvé un passage vers le Pacifique. Sur tout leur trajet, les vaisseaux-trésors avaient nécessairement dû conserver un vent d'arrière et un courant favorable, sauf dans l'Antarctique, où cela s'avère extrêmement difficile.

Avant cette grande expédition, Zhu Di avait déjà soumis au tribut toute l'Asie du Sud-Est, la Mandchourie, la Corée et le Japon. La route de la Soie était rouverte entre la Chine et la Perse. La Chine tenait sous sa coupe toute l'Asie centrale et dominait le trafic maritime dans tout l'océan Indien. Les expéditions de 1421-1423 ne faisaient qu'ajouter quelques territoires à ce vaste empire commercial. Elles fondèrent quelques colonies sur les côtes pacifiques des Amériques, de la Californie au Pérou, mais aussi en Australie, en Nouvelle-Zélande, et dans tout l'océan Indien jusqu'en Afrique orientale. Sur les routes maritimes reliant la Chine à l'Amérique, à l'Australie et à la Nouvelle-Zélande, elles créèrent des bases de ravitaillement qui allaient de l'île de Pâques à l'île Pitcairn, des Tuamotu et des Marquises à Tahiti, sans oublier les Samoa (sur l'île de Sarai), les Tonga (sur l'île occidentale), les îles Salomon (à San Cristobal), les Carolines avec Nan Madol, Yan et Tobi, et enfin les Mariannes avec Saipan. Aujourd'hui encore, on peut y contempler les vestiges de casernes, de jetées, de maisons, de réservoirs et de plates-formes d'observation astronomique. Si le grand dessein de Zhu Di s'était réalisé, les flottes de l'amiral Zheng He auraient relié toutes ces bases.

Ma thèse repose sur une étude détaillée des cartes Kangnido, Piri Reis, Jean Rotz, Cantino, Waldseemüller, et Pizzigano, dont aucun historien n'a, à ce jour, remis en question l'authenticité. On a pu contester celle de la carte du Vinland, mais selon moi, elle peut être prouvée (voir le chapitre 14 et la postface). Les cartes Piri Reis, Rotz et Cantino montrent la totalité de l'hémisphère sud, soit des centaines de kilomètres carrés d'océan, des milliers d'îles et des dizaines de milliers de kilomètres de côtes, qui s'étendent de l'Antarctique à l'équateur. Seuls les Chinois ont pu cartographier toutes les régions que ces cartes décrivent avec exactitude. Seuls leurs énormes vaisseaux-trésors ont pu sillonner l'hémisphère sud avant les grandes expéditions européennes.

Il reste aussi beaucoup de preuves matérielles de leurs grands voyages. La jonque de Pandanan, dans les Philippines, montre à quel point les relations commerciales entre les États de l'océan Indien, les Amériques et l'Asie du Sud-est étaient développées. On a retrouvé des porcelaines Ming sur tout la côte orientale de l'Afrique, dans le golfe Persique, en Australie, et des soieries de la même époque jusqu'au Caire. Des épaves de vaisseaux-trésors au large de la Nouvelle-Zélande, et de l'Australie méridionale viennent s'ajouter à la masse de preuves attestant une présence chinoise dans ces régions. Des stèles gravées se dressent dans tout l'océan Indien, aux îles du Cap-Vert, en Nouvelle-Zélande et en Amérique du Sud. Des espèces asiatiques de gallinacés furent introduites en Amérique, et le maïs transporté d'Amérique en Asie. Quant aux ex-voto chinois, on en a trouvé dans l'archipel des Lamu, à Darwin et sur la plage de Ruapeke, en Nouvelle-Zélande.

C'est la répartition et la grande variété de ces indices qui rend crédibles les grands voyages d'exploration chinois. Certes, on peut toujours estimer qu'une épave isolée sur les côtes australiennes est celle d'un navire de commerce indien égaré. Mais plusieurs épaves accompagnées d'ex-voto chinois, de céramiques, d'ancres à pattes perpendiculaires, typiquement chinoises ? Dans leur ensemble, ces éléments indiquent une tout autre histoire, corroborée par le folklore des Aborigènes, leurs peintures rupestres, et les cartes où figure déjà la Grande Barrière de corail, des siècles avant sa découverte par les Européens. Les porcelaines Ming éparpillées dans tout l'océan Indien pourraient, elles aussi, venir de caravelles portugaises naufragées, mais là non plus, on ne les trouve pas seules. Elles s'accompagnent d'ex-voto et de soieries trouvés par les premiers explorateurs européens, et de légendes locales. Il existe aussi une carte détaillant l'océan Indien sur des millions de kilomètres carrés, dessinée bien avant que les Portugais ne soient capables de réaliser des levés d'une telle ampleur. À ce jour, les seules théories permettant d'expliquer la présence de

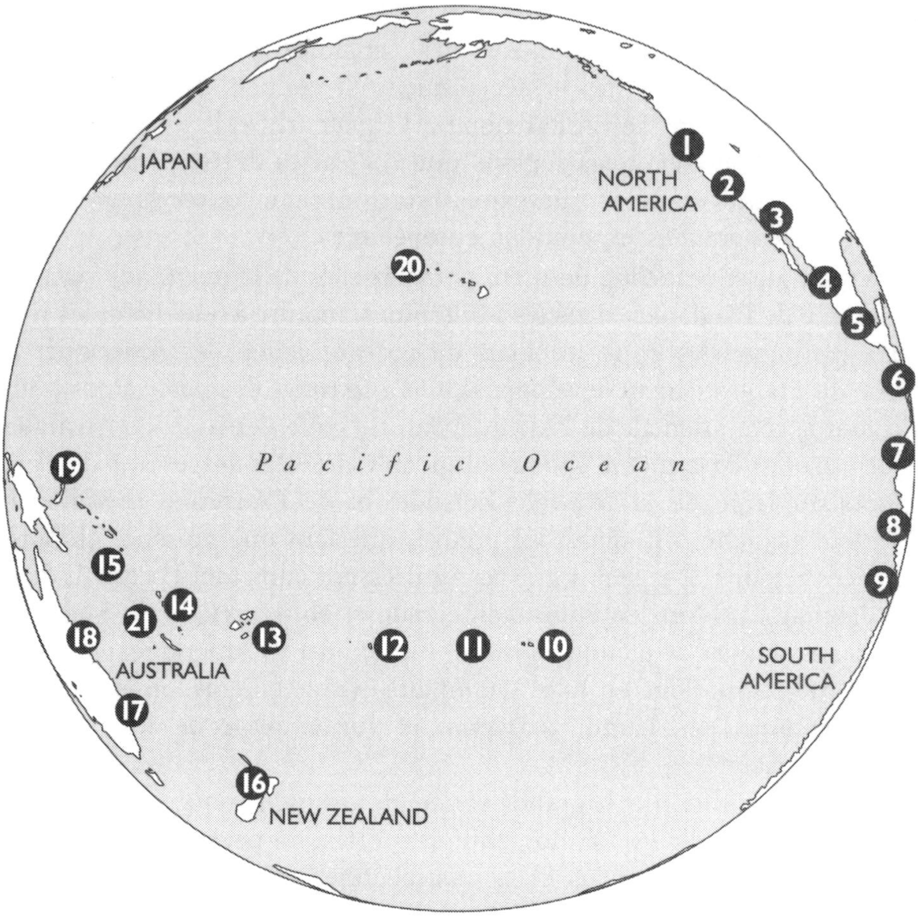

Bases chinoises à travers le Pacifique.

1. Sacramento
2. Los Angeles
3. Basse Californie
4. Mexique-Michoacán
5. Guatemala
6. Colombie
7. Équateur
8. Nord du Pérou
9. Sud du Pérou
10. Île de Pâques
11. Île Pitcairn
12. Tahiti
13. Kiribati
14. Samoa
15. Îles Carolines
16. Nouvelle-Zélande, fleuve Waikato
17. Nouvelle-Galles-du-Sud
18. Gympie
19. Micronésie
20. Îles Hawaï
21. Île Norfolk

l'Antarctique sur une carte, quatre siècles avant que les Européens ne s'y soient rendus, ont été formulées par Erik Daniken et Charles Hapgood, qui y voient respectivement l'œuvre d'extraterrestres et d'une civilisation égyptienne pré-pharaonique.

Avant son départ, Magellan avait vu une carte représentant le Pacifique et le détroit qui porte son nom. Il faut donc que quelqu'un ait passé ce détroit et débouché dans le Pacifique avant lui, quelqu'un qui avait aussi dessiné les animaux endogènes de Patagonie avant même que les Européens n'en aient entendu parler. Ce « quelqu'un » était chinois, ce que confirment la publication d'images de ces animaux à Pékin, en 1430, les objets d'art chinois retrouvés tout au long de la route suivie par les vaisseaux-trésors, et la représentation de ces continents sur les cartes chinoises qui nous sont parvenues. Que les Chinois aient disposé des navires, du savoir-faire, des fonds et du temps nécessaire à cette première circumnavigation ne fait pas l'ombre d'un doute. Il est tout aussi indubitable qu'à cette époque, ils étaient les seuls à pouvoir accomplir un tel exploit.

Ces déclarations susciteront sans doute l'étonnement, mais si l'on s'efforce d'adopter un point de vue objectif, on conviendra qu'elles n'ont rien d'illogique. Les Chinois avaient hérité d'une tradition maritime bien plus ancienne et bien plus riche que les Européens. Quand les flottes de Zhu Di partirent en 1421, elles bénéficiaient de six siècles d'expérience en matière d'explorations maritimes et d'astronavigation. Quand Dias et Magellan prirent la mer, les Portugais ne savaient pas se diriger précisément dans l'hémisphère sud. Les vaisseaux-trésors chinois et leurs cargos de ravitaillement étaient le fruit d'un programme de construction navale presque industrielle, que seule rendait possible la puissance économique de la Chine. À côté d'eux, les minuscules caravelles de Dias, Cabral et Magellan devaient avoir l'air de misérables canots. Aucun voilier européen ne devait approcher leur taille avant la construction du *Dauphin Royal*, rebaptisé *L'Orient*, lors de l'accession au trône de Napoléon, quatre siècles plus tard. Ces vaisseaux-trésors représentaient parfaitement la suprématie navale de la Chine et sa domination des océans. Les vaisseaux de guerre de la bataille de Trafalgar auraient à peine pu soutenir la comparaison en termes de taille, de rayon d'action et de puissance de feu. La flotte de Nelson, qui comprenait tout au plus une trentaine de navires, armés de 18 000 hommes, aurait semblé minuscule devant l'armada de Zheng He, qui commandait plus de 100 navires et 28 000 hommes. Ses vaisseaux-trésors étaient deux fois plus longs et trois fois plus larges que le *Victory*, navire amiral de Nelson. Ils pouvaient rester en mer beaucoup plus longtemps, ils étaient plus résistants et disposaient d'un soutien logistique plus efficace.

Les Chinois avaient cartographié le monde entier, inventé des méthodes de calcul des latitudes, mais aussi des longitudes, grâce aux éclipses lunaires. En comparant leurs cartes, ils étaient en mesure de calculer les différences de longitudes qu'ils n'avaient pas encore pu déterminer. Ils pouvaient donc dessiner la première mappemonde connue à ce jour. Mais pour acquérir toutes ces connaissances, ils avaient payé le prix fort. Seuls quatre des navires de Hong Bao et un seul des navires de Zhou Man rentrèrent en Chine. À elles seules, ces deux flottes avaient perdu 50 bateaux. Le bilan humain de leur expédition était tout aussi lourd : seuls 900 des 9 000 hommes de Zhou Man regagnèrent leur patrie en octobre 1423. Au total, les trois quarts des effectifs de la flotte avaient péri, ou bien avaient été abandonnés dans des colonies éparpillées dans le monde entier.

On a déjà localisé 24 épaves à travers le monde. Il en reste bien d'autres, chargées de trésors, à retrouver. Avec le temps, les océans finiront par livrer de plus en plus de preuves. Le coût humain et financier de ces expéditions reste sans comparaison, et même l'empire le plus puissant de la planète s'avéra incapable de le soutenir, mais les amiraux de Zhu Di avaient rempli la mission qu'il leur avait confiée. C'était un formidable exploit, encore inégalé dans l'histoire de l'humanité.

Le grand dessein de Zhu Di, l'empereur qui voulait étendre au monde entier l'harmonie confucéenne par le commerce et la diplomatie, aurait très bien pu se réaliser. Désormais, la Chine avait en effet le monde à ses pieds. Du moins ses amiraux avaient-ils pu le penser quand ils s'efforçaient péniblement de rallier leur port d'attache, à l'automne 1423. Ils ne devaient rentrer dans leur patrie que pour la trouver irrémédiablement transformée. Zhu Di était malade, mourant, et les mandarins s'appliquaient à détruire les bases de l'empire planétaire qu'il avait presque réussi à construire. Il n'y aurait plus de système mondial du tribut, plus de grandes expériences scientifiques, plus de grandes expéditions commerciales ni de grandes découvertes. La Chine entrait dans la longue nuit de son isolement. Les amiraux limogés, leurs navires furent démantelés, quand on ne les laissa pas lentement pourrir à l'amarre. Les cartes et les précieux documents qui relataient leurs exploits furent systématiquement détruits. Les grandes réussites de Zhu Di furent reniées, volontairement ignorées, puis oubliées.

Que se serait-il passé si la foudre n'était pas tombée sur la Cité interdite le 9 mai 1421, si l'incendie n'avait pas dévasté le palais impérial, et réduit en cendres le trône du Fils du Ciel ? Voilà l'un des plus passionnants « et si… » de l'histoire de l'humanité. La favorite de l'empereur aurait-elle survécu ? Zhu Di aurait-il gardé tous ses esprits ? Aurait-il ordonné aux flottes de l'amiral Zheng He de repartir pour d'autres expéditions ? D'installer des colonies permanentes en Afrique, aux Amériques, en Australie ? New York s'appellerait-il aujourd'hui Nouveau-Pékin ? Trouverait-on à Sydney un quartier anglais plutôt qu'un quartier chinois ? Le bouddhisme serait-il devenu la première religion du Nouveau Monde ?

La colonisation de ces nouvelles terres ne fut pas menée par les Chinois, qui avaient reçu l'ordre de « traiter avec bienveillance » les peuples étrangers, mais imposée par des chrétiens cruels, qui se comportèrent presque comme des barbares. Pour conquérir le Pérou, Pizzaro massacra 5 000 Incas. De nos jours, il serait considéré comme un criminel de guerre.

De fait, les Portugais se servirent des cartes chinoises pour trouver la route de l'Orient. Ils s'emparèrent comme des voleurs du commerce des épices, que Chinois et Indiens avaient mis des siècles à édifier. Ils éliminèrent impitoyablement tous ceux qui leur résistaient. Quand Vasco de Gama arriva à Calicut, il ordonna à ses hommes d'exhiber des prisonniers indiens, et de leur couper les mains, les oreilles et le nez. Ces amputés furent ensuite entassés dans un petit canot et voici comment Gaspar Correa décrit l'initiative de Vasco de Gama :

> Quand tous les Indiens eurent été ainsi exécutés [*sic*], il ordonna qu'on leur liât les pieds. Comme ils n'avaient plus de mains pour défaire leurs liens, pour éviter qu'ils ne les coupent avec les dents, il ordonna qu'on les leur casse à coups de gourdin, et ils leur défoncèrent les mâchoires dans la gorge[1] […].

Un brahmane arriva ensuite de Calicut pour demander la paix. Le « courageux » capitaine lui fit couper les lèvres et les oreilles, puis recoudre à leur place celles d'un chien.

Il est certain que si les Chinois avaient mené d'autres expéditions, ils auraient fini par atteindre la seule région du globe qu'ils n'avaient pas encore explorée, ni cartographiée, l'Europe. Les bouleversements qui se produisirent à Pékin empêchèrent cette aventure. Mais qui peut dire ce qu'aurait été l'histoire du monde si les vaisseaux-trésors chinois étaient apparus à l'horizon de l'Europe dans les années 1420 ? Une chose est sûre, cependant : si les successeurs de Zhu Di ne s'étaient pas retranchés

---

1. Gaspar Correa, *Lendas da India*, traduit par H. E. J Stanley dans *Three Voyages of Vasco de Gama*, 1869.

dans un isolement xénophobe, c'est la Chine, et non l'Europe, qui aurait dominé le monde.

La Cité interdite se dresse toujours sous les cieux de Pékin, témoin grandiose des desseins visionnaires de Zhu Di. Mais quel monument pourrait mieux célébrer la mémoire de « l'empereur Cavalier » que la statue du vaillant cavalier de Corvo, dominant les déferlantes de l'Atlantique, qui viennent se briser sur la falaise, à ses pieds. Il montre toujours l'Amérique, la terre de Fusang, qu'ont découverte ses marins courageux et habiles. Quand la Chine se replia sur elle-même, d'autres, Portugais et Espagnols, notamment, vinrent occuper la place qu'elle avait laissée vacante. Voilà des siècles qu'ils jouissent d'une gloire et d'un prestige usurpés. Il est temps, désormais, de peser dans la balance de l'Histoire, afin de redresser son jugement et de rendre aux amiraux chinois l'honneur qui leur revient de droit.

Affirmer la primauté des Chinois dans l'exploration du Nouveau Monde et de l'Australie ne diminue en rien la valeur des exploits de Bartolomeu Dias, de Christophe Colomb, de Magellan ou de Cook. Les réussites de ces hommes habiles et courageux ne tomberont jamais dans l'oubli. Il ne s'agit pas non plus de dénigrer leur mémoire. Mais il est temps, aujourd'hui, de rendre hommage à de grands hommes restés, depuis bien trop longtemps, dans l'obscurité. Ces remarquables amiraux chinois doublèrent le cap de Bonne-Espérance soixante-six ans avant Dias, reconnurent le détroit de Magellan quatre-vingt-dix-huit ans avant lui, explorèrent les côtes australiennes trois siècles avant Cook, et l'Arctique, quatre siècles avant les Européens. Ils découvrirent l'Amérique soixante-dix ans avant Christophe Colomb. Ces grands amiraux, Zheng He, Hong Bao, Zhou Man, Zhou Wen et Yang Qing, méritent d'être honorés et reconnus pour ce qu'ils furent : les premiers, les plus audacieux et les plus courageux entre tous. Ils méritent une place dans notre mémoire. Ceux qui leur succédèrent, quels qu'aient été leurs exploits, ne firent jamais que voguer dans leur sillage.

POSTFACE À L'ÉDITION ANGLAISE

J'eus énormément de chance lorsque je fis ma communication à la Royal Geographical Society de Londres, en mars 2002 : elle fut retransmise dans le monde entier et le *Daily Telegraph* y consacra un article, que reprirent 74 journaux et magazines différents. Grâce à cette large diffusion, des preuves commencèrent à me parvenir en masse, de partout dans le monde. Il fallait les faire évaluer et vérifier par des spécialistes de différentes disciplines. Je retravaillai sans cesse le texte de cet ouvrage pour les y intégrer, mais je dus mettre un point final à ces modifications pour pouvoir le publier. Depuis, e-mails, fax et courriers évoquant de nouvelles découvertes passionnantes continuent d'arriver chaque jour et, au moment où le livre est sous presse, cette postface m'offre une occasion de faire le point des éléments les plus récents.

À cette date, c'est sans doute la découverte de l'épave d'un grand navire très ancien, près de Fraser, en Australie, sur les côtes du Queensland, qui constitue la nouveauté plus impressionnante. On la doit aux recherches d'un historien local, Brett Green, qui furent suivies d'un examen au sonar des bancs de sable situés à l'est de cette île. Le 5 octobre 2002, lors des marées les plus basses de l'année, les experts d'une société privée de récupération d'épaves déployèrent d'énormes pompes à sable dans la zone où le sonar avait permis de repérer des traces de métal. Ils dégagèrent trois canons d'acier coulé, ainsi qu'une immense carcasse de navire en bois. Les premières analyses, encore provisoires, ont permis de déterminer que l'épave était vieille d'environ six siècles, mais pas de définir la provenance des canons. Le 8 novembre, avant même qu'ils n'aient pu être dégagés des fonds marins, le gouvernement australien a reclassé cette zone, en lui attribuant le statut de patrimoine national. Seuls les archéologues mandatés par l'État sont désormais autorisés à la fouiller, et j'attends avec grande impatience les résultats de leurs recherches. L'origine de cette épave ne peut être que chinoise ou portugaise et, quoi qu'il en soit, elle devrait fournir une preuve définitive du fait que le capitaine Cook n'a pas été le premier à explorer les côtes orientales de l'Australie.

Hormis cette découverte, la grande majorité des éléments nouveaux qui me sont parvenus concernent les côtes Pacifique et Atlantique de l'Amérique du Nord et du Sud. De l'île de Vancouver au Chili, on m'a signalé une abondance de nouvelles preuves, de formes diverses. Le Dr Annabel Arends et ses confrères ont repris et prolongé les recherches novatrices entamées par son père, Tullio Arends, et son collaborateur, le Dr Gallengo, sur l'ADN des Indiens du nord du Brésil, du Venezuela, du Surinam et de Guyane, prouvant qu'ils possédaient des transferrines propres aux populations de la province du Guangdong. On a également constaté la présence de parasites (nématodes, poux et lentes), répandus en Asie du Sud-Est mais jusque-là inconnus en Amérique du Sud, chez les populations indigènes du Mexique qui utilisent couramment les techniques chinoises complexes et caractéristiques de laquage du bois et de teinture des tissus (impliquant l'extraction de colorants de certains insectes, racines ou feuilles).

Il faut ajouter aux cas déjà exposés dans cet ouvrage une vaste gamme d'espèces animales, et en particulier d'oiseaux, introduites en Amérique à l'époque précolombienne. Des cochons sauvages (*babiroussa*) furent importés en Colombie-Britannique depuis l'île de Sulawesi, en Indonésie. Au Pérou, les premiers Européens trouvèrent également des chevaux, espèce qui s'éteignit sur le continent américain vers 10 000 av. J.-C. Le dendrocygne fauve, une espèce de canard, presque incapable de voler mais présentant des comportements arboricoles, existe à l'état sauvage dans quelques zones d'Inde et sur les côtes caribéennes d'Amérique du Sud. Quant à la dinde, qui est à l'origine un gros faisan sud-américain, elle parvint en Turquie (pays dont elle tient son nom anglais, *turkey*) par la route de la Soie, bien avant les voyages de Christophe Colomb. Des chameaux, espèce endogène du Maghreb et des îles Canaries, furent repérés en Amérique du Sud par les premiers explorateurs européens.

La répartition de certaines espèces végétales vient encore renforcer ma thèse. Ainsi, avant les expéditions de Christophe Colomb, les Européens trouvèrent du riz (espèce allogène d'Amérique) au Mexique et au Brésil, et du coton présentant des caractéristiques génétiques propres à l'Amérique du Nord, dans l'archipel du Cap-Vert. De même, des cocotiers originaires du Pacifique Sud poussaient à Porto Rico et de l'autre côté de l'isthme du Darién, sur la côte Pacifique. Il existait aussi des plantations de canne à sucre dans les bassins de l'Amazone et de l'Orénoque. Quant aux bananiers, ils poussaient près des affluents de l'Amazone, où l'on a retrouvé d'autres cultures typiquement chinoises. Tabac, patate douce et maïs, originaires de cette région furent, eux, exportés vers le Sud-Est asiatique et le Pacifique. Toutes ces espèces végétales et animales confirment l'existence de contacts maritimes avec les Amériques à l'époque précolombienne.

Il faut aussi mentionner des éléments linguistiques. Les habitants des villages d'Eten et Monsefu, distants de moins de dix kilomètres dans la province de Lambayeque, au Pérou, ne comprennent pas leur patois respectif, mais comprennent tous le chinois. Stephen Powers, chargé d'une mission d'observation par le gouvernement californien au XIXe siècle[1], avait trouvé des preuves linguistiques de l'existence d'une colonie chinoise dans cet État, et des recherches plus récentes, menées sur les Otomis du Mexique, suggèrent, elles aussi, un lien similaire avec la Chine.

Au Mexique, justement, une légende nayarit évoque des « vaisseaux semblables à des maisons » arrivant en vue des côtes. Sur la plage toute proche, playa de la Ropa, à l'embouchure du río Balsas, une épave déverse, aujourd'hui encore, de grandes quantités d'étoffes chinoises après chaque tempête. On y a également exhumé des objets d'art chinois : une statuette à Huehuetla, un vase à Azcapotzalco, des chevaux de céramique sur la côte, des médaillons représentant des lions et des chevaux à Palenque, des amulettes et des boucles d'oreilles à Teotihuacán (l'actuel Mexico), ainsi qu'un grand nombre de chevaux gravés sur la péninsule du Yucatán, comme à Teotihuacán.

Nous disposons donc de preuves indiscutables d'une présence chinoise dans cette ancienne capitale, de même que dans la région du río Balsas, qui relie Uruapan à la côte. Des recherches plus précises, conduites à Teotihuacán, ont produit des boucles d'oreilles et des médaillons de jade chinois. Mais la découverte la plus fascinante reste celle d'un tombeau situé au pied de la pyramide du Soleil. Il contient la dépouille d'un important dignitaire mongol ou chinois, ce dont on peut être certain car la tombe

1. Voir le chapitre 9.

recelait une statuette qui le représentait[1], et le corps était orné de bijoux de jade[2]. Le Pr William Niven a également retrouvé « à Teotihuacán des dalles portant des inscriptions gravées en caractères chinois, que le secrétaire de l'ambassade de Chine parvint à déchiffrer aisément, de même qu'une statue "de style proprement chinois". Un squelette "de type mongol" fut aussi exhumé d'une tombe, et l'on disait que "ce corps aurait porté un collier de jade vert[3]", pierre alors inconnue au Mexique. » Ajoutées aux éléments déjà évoqués, ces nouvelles informations donnent bien l'impression d'une présence considérable et durable des Chinois dans le Nouveau Monde, avant sa "découverte" par Christophe Colomb et ses successeurs.

Enhardi par ces preuves supplémentaires, je consacrai ensuite mon attention aux îles de la Reine-Charlotte, au large de la Colombie-Britannique, au Canada. La carte Waldseemüller les représentait clairement, et le courant de Kuroshio, qui coule le long de la côte nord-ouest du Canada, avait très bien pu y emmener les jonques de Zhou Man. S'il y avait débarqué, il avait dû y laisser des traces de son passage. Les îles figuraient également sur une autre carte, elle aussi publiée bien avant sa « découverte » par Cook ou Vancouver. L'auteur, le Vénitien Antonio Zatta, lui donnait d'ailleurs le nom de *colonia dei Chinesi*. La langue de ses habitants, les Indiens squamish, possède plus de 40 mots en commun avec le chinois, dont *tsil* (mouillé), que l'on retrouve à l'identique en chinois, *chi* (bois) proche du vocable chinois *chin*, de la même signification, et *tsu*, qui veut dire « grand-mère » et ressemble fortement au mot chinois *etsu*, désignant également cette aïeule.

Grant Keddie, conservateur de la section archéologique du Royal British Columbia Museum de Victoria, a sérieusement examiné les preuves montrant que les cultures indigènes d'Amérique du Nord avaient pu être influencées, autrefois, par un contact avec les Chinois[4]. Il considère que les milliers de pièces de monnaie chinoises retrouvées dans cette région y ont probablement été apportées plus tard, par des commerçants, et qu'elles ne prouvent en rien la présence des Chinois sur cette côte à l'époque précolombienne. En revanche, la découverte d'un talisman taoïste et d'une lampe de pierre chinoise lui paraît nettement plus significative. Ce

1. Léon Poutrin, « L'origine chinoise des anciennes civilisations de Mexico et du Pérou », dans *Journal de la Société des américanistes de Paris*, 1913.

2. Francisco A. Loayza, *Chins llegaron antes que Colon : Tesis arqueologica, transcendental, sustenada por 150 de los mas famosos autores, antiguos y modernos*, Lima, Pérou, 1948, p. 44-45.

3. *Journal de la Société des américanistes de Paris*, n° 10, 1913, p. 303.

4. Grant Keddie, « *Contributions to Human History* », *Royal British Columbia Museum Publication*, n° 3, 19 mars 1990, Victoria, B. C., Canada.

talisman appartient au type « avec Zhu Lao » (le dieu taoïste de la longévité), dont j'ai pu voir de nombreux exemples à travers le monde.

En 1747, un jeune garçon d'Attu, dans les îles Aléoutiennes, évoquait une légende où « des hommes vêtus de robes de soie et de coton multicolores arrivèrent dans l'île sur de petits canots à voile. Ils avaient la tête rasée sur le devant du crâne et les cheveux qui leur restaient à l'arrière étaient coiffés en longue tresse[1]. » Les parallèles entre la culture médiévale chinoise et celle des sociétés les plus avancées du Nouveau Monde ont fait l'objet de débats entre historiens depuis qu'Hugo Grotius (1583-1645), juriste et homme politique néerlandais, a évoqué les récits des Espagnols, qui disaient avoir observé des épaves « asiatiques » sur la côte Pacifique du Mexique[2]. Le navigateur portugais Antonio Galvão entendit parler de voyages dans le Nouveau Monde lors de son passage en Chine, en 1555. Il remarquait alors : « Les Chinois furent autrefois seigneurs de la plus grande partie de la Syrie, et ils parcouraient souvent la côte qui semble aller jusqu'à 70° de latitude nord[3] », soit la latitude le l'île de Baffin, au Canada, ou celle des côtes septentrionales de l'Alaska et de la Sibérie.

L'avance que m'accorda l'éditeur de cet ouvrage me permit d'engager une petite équipe de chercheurs capables de lire l'espagnol et le portugais médiéval, et même le portugais du Brésil. Je leur demandai de travailler sur les premiers récits des explorateurs espagnols et portugais du Nouveau Monde, dont un bon nombre n'avaient encore jamais été traduits. Je décidai également de concentrer les recherches sur les zones où les preuves d'une présence chinoise étaient les plus évidentes : la Californie autour de San Francisco, le Mississippi à l'ouest de Kansas City, la Floride, le Mexique entre la côte Pacifique et Mexico, la côte caribéenne du Venezuela, la Colombie et la Guyane, l'Amazonie autour de Santarém, au confluent du Tapajós et de l'Amazone, ainsi que l'extrême sud du Brésil vers Cuiabá, où prennent leur source à la fois le fleuve Paraná du Paraguay et le São Francisco, autre affluent de l'Amazone.

À première vue, il semblait improbable que les Chinois aient pénétré aussi loin vers l'intérieur des terres (près de 3 000 milles, dans le cas de l'Amazonie), mais toute une série de cartes anciennes montraient clairement le cours des fleuves d'Amérique du Nord et du Sud, bien avant que les Européens ne les aient reconnus. Tout comme la carte Toscanelli de

1. Lettre du Pr Hummel (spécialiste d'art médiéval chinois), du 29 août 1927, citée par Keddie, *op. cit.*

2. Hugo Grotius, *De Juri belli ac pacis*, Amsterdam, P. de Coup, 1724. Pour la traduction française, voir *Le Droit de la guerre et de la paix*, Pierre Pradier-Fodéré (trad.), Paris, PUF, 1999.

3. Lee Eldridge Huddleston, *Origins of American Indians*, University of Texas Press, Austin, 1967, p. 27.

1474 figure les fleuves Murray, Cooper, Darling, Diamantina et Flinders en Australie, la carte Martellus de 1479 représente la Magdalena en Colombie, l'Orénoque au Venezuela, l'Amazone et ses affluents, le São Francisco, le Paraná et le Paraguay, mais aussi le Colorado et le Negro en Argentine, et le Chubut en Patagonie. La Magdalena apparaît également sur la carte Cantino de 1502, avec le Caura, affluent de l'Orénoque, tandis que la carte Waldseemüller de 1507, elle, représente le Mississippi sur un millier de milles, le Brazos, l'Alabama, le Roanoke, le Delaware et l'Hudson en Amérique du Nord.

On pouvait établir un autre lien entre les fleuves de Colombie et du Venezuela, d'une part, et la Chine, d'autre part : les transferrines typiques des populations voisines. Le même schéma est perceptible au Surinam, en Guyane et dans le delta de l'Orénoque. Comme les Chinois de certaines régions, les indigènes du Mato Grosso, au Brésil, ne possèdent pas d'antigène permettant la classification de leurs groupes sanguins selon le système de Duffy (utilisé pour comprendre et estimer la propagation de certains types de malaria). On trouve aussi, dans les plaines inondables du São Francisco, du Xingu, et dans le Mato Grosso, des maladies de peau qui ne peuvent avoir été transmises que par des voyageurs venus d'Asie du Sud-Est.

Les pierres gravées des vallées du Mississippi et du Missouri produisent encore des preuves fascinantes de la présence des Chinois. Dans l'extrême ouest de l'Oklahoma, mais aussi près de Springfield et à Hickling Springs, au Colorado, ainsi que dans le comté de Le Flore, à la frontière de l'Arkansas et de l'Oklahoma, elles représentent indubitablement des chevaux. Quelqu'un devait bien les avoir amenés là, sinon comment les artistes locaux auraient-ils pu les reproduire ? Dans la même zone, on trouve également de nombreux pétroglyphes montrant des navires : à Picture Canyon, près de la frontière entre le Colorado et l'Oklahoma ; dans les comtés de Le Flore et de Baca, respectivement situés à l'extrémité occidentale de l'Oklahoma et au Colorado ; mais aussi le long de l'Arkansas, affluent du Mississippi, dans le Colorado. On dénombre au total plus de 50 gravures représentant des chevaux, et 40, des navires ; ce qui laisse penser que ces chevaux ont dû arriver par bateau.

Ces trouvailles m'incitèrent à regarder de plus près les journaux des premiers explorateurs du Mississippi et de ses affluents, en particulier le Missouri. En 1540, l'Espagnol Francisco Vasquez de Coronado (vers 1510-1554), gouverneur d'une importante province du Mexique, conduisit une expédition de grande envergure à travers ce que nous appelons aujourd'hui l'Ouest américain. Il cherchait les « Sept Cités de Cibola », décrites par un autre conquistador espagnol, Cabeza de Vaca, lors de l'équipée qui l'avait mené de la Floride à la côte Pacifique du Mexique, entre 1528 et 1536. On pensait que ces cités perdues, censément construites sur un terrain aurifère, se trouvaient quelque part dans les plaines alluviales, entre le Mississippi et le río Grande. L'historien Pedro de Castaneda raconte que Coronado commença par rechercher celle de Quivira qui, croyait-il, n'était « pas loin du grand coude de l'Arkansas, dont ils avaient suivi le cours depuis le voisinage de [Dodge City][1] ». Coronado décrivait ses rencontres avec des chasseurs Indiens, mais aussi avec une population très différente :

> Ces gens, puisqu'ils sont peu nombreux et que leurs mœurs, leur gouvernement et leurs coutumes sont si différents de ceux des autres nations que nous avons vues et découvertes dans ces régions, ont dû venir d'une contrée de la Grande Inde, dont les côtes se trouvent à l'ouest de ce pays [c'est-à-dire la Chine], traverser les chaînes montagneuses, descendre le fleuve et s'installer à l'endroit qui leur semblait le plus hospitalier. Ces villages et ces gens que nous avons déjà nommés sont tous ceux que nous rencontrâmes sur un territoire de 70 lieues de large et 130 de long dans la région habitée le long du fleuve Tiguex [le Missouri] [...]. Dans bon nombre de ces villages, on trouve de l'argent, qui est utilisé pour peindre et vernir les poteries[2].

Mais il y a plus étonnant encore : « Des vaisseaux furent retrouvés, dont la proue était dorée, et Pedro Menéndez parle d'épaves de navires chinois sur la côte, près d'Acosta. Il est également indiscutable que les Catualcans ont reçu la visite de marchands étrangers vêtus de soie. Tous ces récits viennent s'ajouter à ceux que nous avons déjà évoqués et, dans leur ensemble, constituent autant de preuves du fait que les Chinois entretenaient des relations commerciales avec le nord de la Californie, dans une région proche du comté de Quivira[3]. »

On retrouve une histoire semblable un peu plus à l'est. Acosta, grand historien espagnol du XVIe siècle, raconte avoir rencontré des Chinois au Mexique et parle du :

1. Pedro de Castaneda, *The Journey of Coronado 1540-1542*, George Parker Winship (trad.), Dover Publications, New York, 1933.
2. Castaneda, *op. cit.*
3. M. de Guignes, *Mémoires*, Paris, 1761, p. 31.

[...] détroit que d'aucuns pensent être en Floride [...]. Au moment même où Magellan trouva son détroit du sud [le détroit de Magellan], d'autres prétendaient en découvrir un autre, dont ils disent qu'il est au nord, et qu'ils supposent être en Floride [...]. Pedro Menéndez, le gouverneur (*Adelantado*), habile marin, tient pour certain qu'il existe un détroit, que le Roi lui a commandé de trouver, ce dont il a grand désir. Pour prouver son opinion, il avançait l'argument qu'ils avaient vu quelques vestiges de navires dans le nord de l'Atlantique, semblables à ceux qu'utilisent les Chinois, ce qui serait impossible s'il n'y avait de passage entre les deux mers[1].

Les Caraïbes et les côtes américaines proches témoignent aussi d'un vaste héritage chinois, mais c'est tout au long de l'Amazone que l'on trouve les preuves les plus convaincantes. Les plus anciennes cartes de la région montrent que des navigateurs avaient remonté le fleuve jusqu'à Cuiabá et, dès le début de mes recherches près de Santarém, sur le Tapajos, un affluent de l'Amazone, j'appris qu'une grande quantité de jade et d'objets asiatiques avaient été découverts dans la région. Selon João Barbosa Rodrigues, botaniste et anthropologue brésilien, les amulettes de jade qu'il nommait « amulettes de Muyrakyta » provenaient de Chine[2]. Plusieurs autres spécialistes s'accordent à dire que certains objets de jade découverts par les premiers Européens en Amérique centrale et du Sud étaient d'origine « indiscutablement chinoise », et un canard de jade retrouvé à Santarém présente une ressemblance frappante avec une figurine du même type découverte en Nouvelle-Zélande. Je disposais désormais de la preuve fournie par les talismans de jade éparpillés sur toute l'étendue des Amériques centrale et du Sud. Il n'est pas impossible que certains s'avèrent guatémaltèques, mais il ne fait aucun doute qu'ils sont en grande majorité d'origine chinoise. En outre, les objets de jade retrouvés au Brésil et au Venezuela provenaient de régions où les populations locales présentaient soit des caractéristiques génétiques, soit des maladies propres à la Chine et à l'Asie du Sud-Est. Au moment où j'écris ces lignes, il semble qu'un autre trésor de jade vient d'être exhumé à Maracay, au Venezuela.

Ces objets d'art furent retrouvés à des endroits aujourd'hui envahis par la forêt tropicale. Mais j'étais sûr que les Chinois n'auraient cédé ces pièces magnifiquement ouvragées qu'en échange de marchandises de grande

1. José de Acosta, *Historia natural y moral de las Indias*, Séville, 1590, p. 140. Traduction française disponible : *Histoire naturelle et morale des Indes*, Paris, Payot, 1979.

2. João Barbosa Rodrigues, *Estudo da origen Asiaticada civilizçao Amazonica*, Manaus, Brésil, 1889.

valeur. Je me reportai donc aux récits de voyages des premiers Européens qui remontèrent l'Amazone jusqu'au Pérou, notamment le conquistador Francisco de Orella (1511-1546), second de Pizzaro lors de son expédition vers l'est des Andes en 1542, le Portugais Gabriel Soares de Sousa (1558) et le moine espagnol Gaspar de Carjaval (1539-1596). Ce dernier raconte une histoire particulièrement saisissante. Au confluent de l'Amazone et du Tapajos, il découvrit une « vaste cité », aux bâtiments magnifiques, pleins de porcelaines multicolores de très grande qualité.

Des informations beaucoup plus récentes pourraient bien corroborer ses affirmations. Le 7 septembre 2002, le Dr Denise Gomes de l'université de São Paulo décrivait une cité perdue « dans un enfer vert entièrement peuplé d'Indiens[1] », dans la jungle près de Santarém. Mais fut-elle construite par des populations locales, ou bien par les amiraux de Zhu Di, comme semble le suggérer le grand nombre d'objets d'art chinois qui y furent retrouvés ? L'origine, la forme, la couleur, la densité et la composition chimique des amulettes de néphrite, par exemple, sont semblables à celles des amulettes de jade chinoises, comme celle d'autres pièces découvertes au Nicaragua et au Costa Rica : il s'agit « incontestablement de jade chinois[2] ». On a également trouvé des amulettes de terre cuite portant le symbole chinois du yin et du yang et, près de Santarém, des urnes de terre cuite peintes de rouge, jaune, noir et blanc, couleurs symboliques en Asie. Pourquoi aurait-on utilisé ces quatre couleurs minérales « chinoises » alors que de nombreuses teintures végétales étaient disponibles sur place ? Quant à la chaîne montagneuse proche de Muyrakyta (ou Muiraquita), elle porte le nom de « serra del Chinella ». Or, en portugais du Brésil, ce mot signifie « sandale » ou « pantoufle », chaussure d'origine chinoise, et il s'agit peut-être d'une variation précoce du vocable portugais *chinês*, désignant les Chinois.

Jointes à des rites mortuaires, à des traditions et un folklore similaires à ceux des Chinois, ainsi qu'aux rituels divinatoires faisant intervenir le sacrifice de poulets dont on répand le sang sur du papier, ces trouvailles indiquent une influence profonde, et probablement très étendue dans le temps. Ces preuves concrètes d'une présence chinoise, dans une région

1. « Nouvelles découvertes sur les sociétés complexes d'Amazonie », *Le Monde*, Paris, 7 septembre 2002.

2. Lors du congrès semestriel de l'American Antiquarian Society, le 28 avril 1886, F. W. Putman présenta des objets de jade, provenant de l'Ancien comme du Nouveau Monde, accompagnés d'une lettre du laboratoire de chimie de l'université d'Harvard, expliquant que les trois pièces provenant d'Amérique centrale qui y avaient été examinées étaient taillées dans un jade « incontestablement chinois ».

extrêmement riche, puisqu'on y trouve les mines de diamant du Brésil et les mines d'argent de la Chapada, rendent très plausible l'établissement d'un réseau de colonies et de comptoirs commerciaux chinois tout le long de l'Amazone et de ses affluents. Plusieurs expéditions se sont lancées à la recherche de ces cités perdues, mais elles sont toutes rentrées bredouilles, quand elles ne se sont pas purement et simplement perdues dans la jungle, comme celle du colonel Perry Fawcett qui, parti à la recherche de leurs richesses légendaires, ne devait jamais revenir.

Pendant toutes les années que j'ai consacrées à mon enquête et à l'écriture de ce livre, j'ai toujours été frappé par l'exactitude et la véracité des descriptions fournies par les premiers explorateurs. Loin de constituer des exagérations fantaisistes ou étranges, tous les points sur lesquels j'ai été amené à conduire des recherches après avoir lu leurs récits se sont avérés justes. L'« île des Sept Cités », par exemple, c'était Antilia, et les Portugais l'avaient bien explorée avant Christophe Colomb. J'avais donc de bonnes raisons de penser que les affirmations concernant les cités perdues d'Amérique du Nord et du Sud étaient véridiques. Voici les impressions que livre Gaspar Carjaval de son voyage sur l'Amazone dans les années 1540 :

> Nous n'avions pas fait deux lieues que nous vîmes déboucher dans le fleuve, à main droite, un autre fleuve très puissant et plus grand, si grand même qu'à son embouchure, il formait trois îles [...]. Dans ce village, on trouvait une maison de plaisance dans laquelle nous trouvâmes beaucoup de vaisselle de différentes formes, de grandes cruches, de très grandes jarres de plus de vingt-cinq *arrobas* [400 litres environ] et une autre petite vaisselle, telle qu'assiettes, écuelles et chandeliers, faite de la meilleure faïence qu'on ait vue dans le monde, que celle de Málaga n'égale pas, car celle-ci est vernissée et émaillée de toutes les couleurs, si vives qu'elles ravissent. En plus de cela, les dessins et les peintures qui les ornent sont de si belles proportions qu'ils travaillent et dessinent naturellement à la manière des Romains. Ici, les Indiens nous dirent que tout ce qui se trouvait dans cette maison, fait d'argile, on le trouvait dans les terres intérieures, fait d'or et d'argent, et qu'ils pensaient nous y mener car c'était tout près [...]. Dans ce village, on trouva aussi de l'or et de l'argent [...]. De ce village, partaient beaucoup de chemins, très grands, vers l'intérieur des terres. Le Capitaine voulut savoir où ils menaient, et pour cela emmena avec lui Cristobal Maldonado et son lieutenant, ainsi que d'autres compagnons, et il s'engagea par ces chemins, mais il n'avait pas fait une demi-lieue que les chemins se firent plus grands et plus larges. Voyant cela, le Capitaine décida de revenir, car il n'aurait pas été sage de continuer [...]. Nous reprîmes notre navigation [...]. Plus nous avancions et plus la terre était belle et peuplée [...], très souriante et riche, produisant avec abondance toutes les nour-

ritures et les fruits, tels les ananas et les poires que, dans la langue de Nouvelle-Espagne, l'on nomme avocats, prunes et *guanas* et nombre d'autres fruits[1].

Après avoir étudié attentivement le reste du récit de Carjaval, je fus certain que ce « fleuve très puissant et plus grand », « à main droite », c'était le Tapajos, avec les trois îles qui se trouvent au nord de Santarém. La mention d'une très grande route, qui étonna les Espagnols, est ici d'une importance capitale, car de nos jours, toute cette zone est envahie par la forêt. Ceux qui l'ouvrirent devaient disposer de capacités d'action énormes et d'ingénieurs. C'est avec grand intérêt que nous attendons le résultat des fouilles de la cité perdue repérée par le Dr Gomes.

Un peu plus au sud, le Tapajos reçoit plusieurs affluents, dont le plus méridional prend sa source dans les montagnes de la Chapada, dans le Mato Grosso, au nord-est de Cuiabá[2]. Dans cette petite région naît aussi le Panamá, fleuve puissant qui coule d'abord vers l'ouest, puis vers le sud-ouest pour se jeter dans l'estuaire du río de la Plata.

Quand les Portugais y parvinrent, un siècle après Carjaval, ils avaient trouvé le moyen de profiter d'un vent portant pour remonter le cours du fleuve jusqu'à Cuiabá. Il est parfaitement plausible que les Chinois aient fait de même : les premiers Européens avaient vu du riz pousser sur les rives du Parana, et des maladies de peau propres à l'Asie du Sud-Est sont endémiques dans cette zone. On trouve aussi d'importantes mines d'argent dans la région où ces fleuves prennent leur source.

Une troisième cité perdue, Quivira, qui comptait parmi les sept légendaires « cités de Cibola », était censée se trouver quelque part au nord de l'actuel Wichita. L'expédition de Coronado partit de Compostela, sur la côte Pacifique du Mexique, et longea le golfe de Californie vers le nord pour atteindre l'actuel Sonora. Près de Zuni, elle se dirigea vers l'est jusqu'à l'actuel Albuquerque, puis obliqua vers le nord-est jusqu'au Missouri. Coronado nommait « Tiguex » la région qui s'étendait des Montagnes Rocheuses au fleuve, et il y rencontra des Chinois. Il envoya des escouades en reconnaissance dans toutes les directions. L'une d'elles, sous le commandement de Garcia Lopez de Cardeno, repéra même le Grand Canyon. Au printemps 1541, sa principale troupe atteignit l'actuel Wichita. Elle y trouva des « navires à la proue dorée », mais pas la fabuleuse cité de Quivira. L'histoire s'arrêterait-elle là ? Je ne le crois vraiment pas. Il existe,

1. Gaspar de Carjaval, *Amazonie, ventre de l'Amérique, Relation de la première descente de l'Amazone*, Laure Técher (trad.), Michel Lequenne (éd.), Grenoble, Jérôme Million, 1994, p. 106-110.
2. Vers 16° 01' N, 52° 20' O.

dans l'ouest de l'Oklahoma, bien trop de gravures représentant des vaisseaux étrangers et des chevaux, trop d'inscriptions anciennes et de pétroglyphes qui semblent liés.

Un peu plus en amont du Mississippi, dans le Wisconsin et le Michigan, les légendes indiennes évoquent « d'antiques navigateurs étrangers, qui vinrent extraire la "pierre rouge" ». C'est à Rock Lake, dans le Wisconsin, que se trouve peut-être la clé de cette énigme. Cette région abonde en cuivre, qui pourrait bien être la « pierre rouge » de la légende indienne. Vers 900 av. J.-C., ce métal devint la monnaie des Mayas. Leurs prospecteurs et leurs astronomes connaissaient les dépôts de cuivre du nord du Michigan, et des expéditions y furent envoyées pour prendre le contrôle de la région. Ils construisirent alors la grande colonie d'Aztalan, qui resta pendant plusieurs siècles un important centre maya du commerce du cuivre. Mais, vers 1300, ils trouvèrent des terrains cuprifères tout près de Mexico même, et il semble qu'ils aient alors abandonné Aztalan.

Pendant cinq siècles, y compris pendant la période des grandes expéditions d'exploration chinoises, cette ville disparut de l'histoire. Mais entre 1830 et 1840, les colons européens qui s'installèrent à Rock Lake rapportèrent avoir vu d'étranges formes émergeant du lac. Les Indiens de la région les décrivaient comme « les tipis de pierre des antiques étrangers ». En une vingtaine d'années, la construction de barrages destinés à alimenter des scieries provoqua une hausse du niveau des eaux, et ces structures furent entièrement submergées. Mais lors d'une longue période de sécheresse, en 1900, deux habitants des lieux, qui étaient partis chasser le canard sur le lac, observèrent de mystérieuses formes sous l'eau. Des dizaines de personnes se massèrent pour les voir, et plusieurs jeunes gens plongèrent. Ils purent toucher des pyramides à sommet plat. Ils décrivirent l'une d'entre elles comme une grande structure « en forme de tente », d'environ 250 mètres de long. Le lendemain, cependant, il se mit à pleuvoir, l'eau devint boueuse et l'on dut cesser les observations.

Dans les années 1980, une équipe dirigée par le journaliste et écrivain local Franck Joseph examina la zone au sonar et photographia ces structures immergées[1]. Entre 2000 et 2002, on procéda à d'autres balayages afin de déterminer leur position exacte. Voici les impressions de l'un des plongeurs :

---

1. Franck Joseph, *The Lost Pyramids of Rock Lake : Wisconsin's Sunken Civilization*, Galde Press, Lakeville, Minnesota, 1992.

Je dirais que la première fait environ 2,50 mètres de haut, 3,50 à 4,50 mètres de large et plus de 30 mètres de long. La seconde, 3 à 6 mètres au sud de la première, est à peu près de la même largeur, avec des flancs plus abrupts, et elle est moins longue. Elles semblent être de même hauteur, et parfaitement alignées sur un axe nord-sud [...]. Les pierres semblent constituer une sorte de pyramide en forme de tente, qui s'est écroulée [...]. On dirait un tas de remblais, avec de grandes pierres à la base et de plus petites au sommet [...]. Sur les côtés, il y a des traces de plâtrage. Des dalles fragmentées de plâtre ou de ciment, en tout cas d'une substance fabriquée par l'homme, se trouvaient au sommet de la plus grande[1].

Les historiens locaux développèrent une théorie selon laquelle il s'agissait des pyramides tronquées d'Aztalan, qui faisaient office d'observatoires pour déterminer les mouvements de la Lune et des planètes.

La Louisiana Mounds Society mentionne des restes de chevaux retrouvés dans cette partie du Wisconsin[2] : on y a découvert un crâne de cheval, avec des objets d'art indiens, dans un tumulus datant de la période précolombienne. Un paléontologue a déclaré qu'il s'agissait bien d'ossements de cheval, et qu'ils « n'étaient pas fossilisés[3] ». En outre, des études récentes ont montré la présence de caractères génétiques chinois chez les Sioux et les Cree-Ojibwas natifs de cette région.

Tous ces éléments tendent à prouver que les Chinois ont dû venir exploiter les mines de cuivre d'Aztalan. Ils suffiraient, en tout cas, à justifier de plus amples recherches dans cette zone. Comme je l'ai constaté à de nombreuses reprises au cours de mon enquête, la réalité dépasse souvent la fiction.

C'est avec une simple feuille blanche que j'ai débuté mes recherches, il y a de cela des années. Au moment où j'écris ces lignes, vers la fin de l'automne 2002, mon livre doit bientôt sortir aux États-Unis, au Canada, en Australie, en Nouvelle-Zélande, en Afrique du Sud, en Chine, en Espagne, au Portugal, en Italie, en Pologne, en Scandinavie, en Allemagne, au Japon et dans une quantité d'autres pays. On m'a également acheté des droits d'adaptation télévisée dans le monde entier. Un public et un lectorat constitués de millions de personnes à travers le monde vont désormais pouvoir contribuer, s'ils le souhaitent, à ma recherche de preuves et de traces des grandes expéditions chinoises du début du XVe siècle. Il existe maintenant un site internet (www.1421.tv), où j'accueille volontiers toutes

1. John Sulak, de Lake Mill, cité dans la *Gazette* de Janesville, Wisconsin, 7 juin 1989.
2. Bulletin de la Louisiana Mounds Society, janvier-mars 1990.
3. Laurence I. Lambe, cité par T. L. Tanton dans *Geological Survey of Canada Memoir*, n°167, Ottawa, 1931.

les contributions et toute l'aide qu'ils pourraient m'offrir, notamment au sujet des légendaires « cités perdues ». La grande aventure ne fait que commencer.

Dans les mois trépidants qui suivirent l'écriture de cette postface à l'édition américaine de *1421*, un flot d'éléments nouveaux et de précieuses pièces à conviction, en provenance de plus de 127 pays, se déversa sur notre site internet. Nous disposons maintenant d'indications précises sur la localisation des colonies chinoises du Nouveau Monde, avant tout corroborées par des analyses ADN.

En octobre 2002, mon épouse Marcella et moi-même, nous partîmes avec quatre chercheurs pour Nanjing, quelque 200 milles en amont du Yang-tseu, ce grand fleuve qui se jette dans la mer Jaune près de Shanghai. C'est là que se tient, tous les deux ans, la conférence de l'Association des études sur Zheng He, où sont invités les plus éminents spécialistes travaillant sur le grand amiral. Plus d'une centaine d'entre eux étaient présents cette année-là. Le Pr Yingsheng Liu, de l'université de Nanjing, m'avait fort aimablement proposé de prononcer le discours d'ouverture du colloque. De nombreux universitaires, qui avaient tous passé leur vie à étudier Zheng He, eurent ensuite la gentillesse de me faire partager les résultats de leurs longues années de recherches. Je rentrai donc chez moi avec une masse de travaux inestimables, publiés ou non, sur le grand amiral et ses expéditions. J'avais beaucoup appréhendé ce colloque, craignant qu'une bombe scientifique ne vienne détruire mes conclusions. Cela ne devait pas se produire, cependant. Au contraire, la conférence me permit non seulement de faire évaluer le contenu de mon livre par les plus grands spécialistes du monde entier, mais aussi de prendre vraiment confiance en la fiabilité de ma thèse. Une majorité d'entre eux la considérait en effet comme globalement correcte.

À la fin du colloque, je fus invité à séjourner chez le chef du Parti communiste de Taicang, dans un somptueux appartement destiné aux visiteurs. C'était dans le port de Taicang que l'on armait les vaisseaux-trésors, après leur construction sur les chantiers navals de Nanjing, en amont du fleuve. En arrivant, je trouvai les douze membres de la commission, au grand complet, à la porte de la salle de banquet. Chacun d'entre eux tenait deux verres de lait de bufflonne. La raison de cet étrange accueil m'apparut bientôt : la coutume locale voulait que, pendant le repas, chacun des hôtes portât deux toasts, l'un à l'invité d'honneur, et l'autre à une personne de son choix. Ce qui faisait, en tout, vingt-quatre verres de *mao tai*. Je sentais encore cette merveilleuse boisson circuler dans mes veines le lendemain matin, quand nous fîmes péniblement le tour du vieux port de Taicang, pour entamer ensuite la visite du temple consacré à la déesse de la Mer. C'est dans ce temple que se trouve le mausolée familial de l'amiral Zhou Wen. Des archives récemment découvertes confirment qu'il passa douze années en mer avec Zheng He. Il apparaît aussi que, contrairement à de nombreux autres amiraux, ce n'était pas un eunuque : il avait une femme et des enfants.

En décembre de la même année, je retournai dans le Yunnan, dans le sud-ouest de la Chine, sur l'invitation du Pr Yao Jide et du Pr Fayan Gao, afin d'assister à la conférence de Kuming sur Zheng He. Elle se réunit également tous les deux ans, et porte plus spécifiquement sur des aspects biographiques, car c'est dans cette province que naquit le grand homme. Une fois encore, je me retrouvai en compagnie d'une bonne centaine d'universitaires, qui consacraient tous leurs travaux aux relations entre la Chine et les pays d'outre-mer. Une fois encore, on me proposa de prononcer le discours d'ouverture. C'est le Pr Bi Quanzhong qui prit la parole après moi, et sa communication fut passionnante.

Quelques années auparavant, en menant des recherches à la préfecture du Fujian, il était tombé sur un document mentionnant l'arrivée d'une délégation brésilienne dans cette province. Elle avait trouvé son chemin grâce à une carte, et elle apportait un cadeau considérable : six boîtes de bois pleines d'émeraudes. Ses lettres de créance étaient frappées d'or fin. Il s'agissait donc d'une ambassade extrêmement importante. Le Pr Bi Quanzhong se rendit alors compte qu'en 1501, les Européens n'étaient toujours pas arrivés au Brésil, ni en Chine. Ils ne pouvaient donc pas être les auteurs de la carte que la délégation avait en sa possession. De plus, la Chine cessa tout contact avec l'étranger en 1431 ; ce qui le conduisit à conclure que la carte devait avoir été dessinée avant cette date. Il commença donc à chercher les archives concernant les voyages de Zheng He, mais il constata, comme moi, qu'elles avaient toutes été détruites. Il décida alors de s'intéresser aux récits personnels, émanant d'individus qui auraient pu participer aux expéditions de l'amiral. Il en trouva deux : le premier affirmait que les flottes chinoises avaient atteint le Brésil, et le second, qu'elles étaient arrivées en Amérique du Nord.

Le professeur décida alors d'écrire un livre affirmant que les Chinois avaient découvert les Amériques avant les Européens. Il était en négociation avec son éditeur lorsqu'il entendit parler de ma communication devant la Royal Geographical Society, en mars 2002. Il jugea alors bon de repousser la publication de son ouvrage jusqu'à ce qu'il ait pu lire le mien. D'après ce que j'ai compris, son livre doit bientôt sortir. Les preuves qu'avançait le Pr Bi Quanzhong, et qu'il exposait avec beaucoup plus de concision et d'élégance que moi, stupéfièrent les participants au colloque de Kunming. Un spécialiste chinois, qui avait mené ses recherches indépendamment des miennes, parvenait exactement aux mêmes conclusions.

Mais ce n'était pas tout : une autre bombe scientifique allait suivre. L'amiral Zheng Ming, ancien contrôleur général de la marine chinoise, évoqua les travaux d'extension d'une piste aérienne du Fujian, où les ouvriers tombèrent par hasard sur les vestiges d'un palais ancien. On y retrouva des statues représentant Zheng He et ses vice-amiraux en train de préparer leurs expéditions. Il s'agissait de la première représentation jamais découverte du grand homme. Avec sa stature imposante et sa longue robe rouge, il correspondait à ce que nous savions de lui. Cette trouvaille archéologique revêtait à mes yeux une importance considérable : elle me permettait de comparer les statues avec des descriptions, des peintures et des dessins retrouvés dans le monde entier. Des détails, comme la couleur et la forme de sa robe ou de son étrange couvre-chef, n'étaient pas des moindres. Cependant, il y avait plus fascinant encore : près de l'amiral se tenait un petit Européen à grandes oreilles et à gros nez. Il tenait à la main un paquet de documents ou de cartes, et ressemblait étrangement au Vénitien portraituré dans le *Récit illustré d'étranges contrées*. Manifestement, Zheng He accordait un rôle capital à ce personnage – et là, je compris soudain : c'était Niccolò de' Conti !

La communication de l'amiral Zheng Ming, qui avait suivi mon intervention et celle du Pr Bi Quanzhong, galvanisa l'assistance, qui se répartit ensuite en trois groupes pour examiner les preuves que nous avancions. Au bout de trois jours de colloque, celles-ci furent adoptées à l'unanimité. Pas une voix ne s'éleva pour protester contre cette motion.

Le dernier jour, nous visitâmes la demeure familiale de Zheng He, sur les rives d'un magnifique lac, proche de la frontière birmane. La clôture officielle de la conférence fut prononcée dans une pinède, à l'ombre de la statue du grand homme. Ce fut pour moi un immense honneur que de me voir alors officiellement remettre les clés de la ville de Kunming, qui m'accordait ainsi toute liberté. Ce fut aussi pour moi une très grande fierté que d'être nommé professeur honoraire de l'université du Yunnan : elle jouit d'une excellente réputation scientifique, qu'elle a notamment acquise par ses études génétiques des minorités chinoises du monde entier. Mes nouveaux collègues eurent la gentillesse de me promettre leur assistance et tous les moyens dont ils disposaient pour effectuer des analyses ADN parmi les populations du Nouveau Monde où, d'après moi, les Chinois avaient pu s'installer lors de leurs grands voyages. Pour mes recherches, c'était un immense progrès.

Mes thèses étant désormais largement acceptées, de nombreux historiens chinois entreprirent de réexaminer les chroniques officielles des Ming. Ils trouvèrent une grande quantité d'éléments indépendants prouvant non seulement que les flottes de Zheng He étaient restées en mer pendant quatre ans (et non deux ans et demi comme je l'affirmais), mais aussi qu'elles étaient parvenues en Amérique du Nord et du Sud, ainsi qu'en Australie. Le Pr Bi Quanzhong et moi-même n'étions plus des voix isolées. Nous faisions soudain partie d'une majorité.

Il semble également que mon estimation de la taille des flottes impériales ait été par trop conventionnelle. Ainsi le Pr Robert Finlay attira-t-il mon attention sur les récits de Vasco de Gama racontant qu'on lui mentionna le passage d'une flotte de 800 navires à Calicut, quatre-vingts ans plus tôt. Des jonques en provenance du Japon (Ryuku) et de Corée, mais aussi des navires birmans et indiens la rejoignirent. Voilà qui expliquerait à la fois l'abondance des traces laissées dans le monde entier, et les caractéristiques génétiques « chinoises » des Zuñis du Nouveau-Mexique. Voilà qui pourrait expliquer aussi les traits génétiques japonais que l'on retrouve fréquemment chez les pêcheurs de Norvège, puisque, comme j'explique dans mon ouvrage, une escadre au moins a dû longer les côtes septentrionales norvégiennes et sibériennes, avant de redescendre par le détroit de Béring.

Je fus également ravi d'obtenir des preuves indépendantes de l'authenticité de la carte du Vinland, et du fait que les Chinois avaient très bien pu contourner le Groenland en 1422. Je savais qu'en mentionnant cette carte, je m'exposais à une tempête de critiques. De fait, elle éclata. Mes détracteurs les plus tatillons s'en donnèrent à cœur joie, prétendant qu'en raison du « petit âge glaciaire », qui avait commencé au XIVe siècle sous ces latitudes, il était alors impossible de contourner le Groenland par la mer. La carte du Vinland ne pouvait pas dater de cette époque et, par conséquent, mon livre ne contenait qu'un tas de fadaises. Vers la fin de l'année 2002, cependant, D. J. Donahue, J. S. Olon et G. Harbottle proposèrent une datation fiable du parchemin de la carte, publiée dans *Radiocarbon* (vol. 44). Une spectrométrie de masse leur permit de situer sa fabrication entre 1411 et 1468, avec un taux de certitude de 95 %. Plus grave encore pour les tenants de la thèse du faux, ils trouvèrent un décalque à l'encre, qui était caché par les extrémités de la reliure, et qui mentionnait la nomination de Bartholomaeus Poignare, notaire, au conseil municipal de Bâle, le 16 septembre 1435. De son côté, l'université de Delft, aux Pays-Bas, a examiné des échantillons de glaces de l'Arctique, et ses spécialistes en ont conclu que : « Cinq hivers particulièrement chauds consécutifs ont pu entraîner la fonte complète des glaces dans l'océan Arctique. » L'institut météorologique néerlandais KNMI, a déterminé, en collaboration avec l'Union européenne, que les étés 1420, 1422 et 1428 furent très chauds et secs dans tout l'Atlantique Nord. Voilà qui confirmait les preuves déjà fournies par le niveau de strontium 90 dans les glaciers du Groenland entre 1400 et 1450, l'épaisseur de l'émail dentaire sur les squelettes datant de cette époque, et l'absence des espèces communes de mouches dans les habitations fouillées. Pour résumer : non seulement, la carte du Vinland était authentique, mais on pouvait aussi contourner le Groenland en 1422.

Nos voyages, bien que tout à fait agréables, nous obligèrent à manquer la traditionnelle succession de fêtes et de repas de famille précédant Noël. C'est donc parfaitement maître de mes esprits, et de mon foie, que je partis pour les États-Unis le 4 janvier 2003, afin de lancer l'édition américaine de ce livre. Juste avant mon départ, j'avais reçu le résumé d'un article du *New York Times* qui, m'avait-on dit, allait le tailler en pièces. Dès mon arrivée à New York, en pleine tempête de neige, je me jetai sur le journal. L'accueil critique était, à mon avis, franchement mauvais. Mais le public n'en avait cure : en une semaine, mon ouvrage passa du 2 834e au 3e rang des ventes en librairies, dans le classement du même *New York Times*. Il devait faire partie des meilleures ventes jusqu'au mois d'avril.

À ce moment-là, nous possédions déjà le site internet, www.1421.tv, et une équipe entière se chargeait de traiter les messages que nous recevions de partout dans le monde (16 000 e-mails nous étaient parvenus depuis la publication du livre en Angleterre, à l'automne 2002). Chaque matin, pendant mon séjour en Amérique, j'envoyais à mes collaborateurs une liste et un résumé des messages que je recevais et, à leur tour, ils m'envoyaient un synopsis de tout ce qu'ils avaient reçu. Le flot de preuves devint bientôt un raz-de-marée. Au bout de quelques jours, il était clair que des milliers de gens soutenaient ma théorie.

Avec le temps, je m'enhardis et je commençai à demander aux gens ce qu'ils en pensaient. J'ai même demandé à des Bostoniens s'ils avaient jamais pensé à faire analyser leur ADN pour voir s'ils n'avaient pas, par hasard, des ancêtres chinois. (Soit dit en passant, cette question me valut de voir apparaître plusieurs cas de dentitions et taches de naissance dites « chinoises », avant qu'une vingtaine de personnes ne décident effectivement de faire procéder à des analyses ADN.) En Californie, lors d'une conférence, je demandai qui, dans le public, avait déjà ramassé des objets chinois sur les plages. Je reçus ensuite des dizaines de messages électroniques : les gens avaient trouvé des plaques de cuivre Ming, des céramiques, des pierres gravées de caractères chinois, et du jade ouvragé. Ils connaissaient les légendes des Indiens qui décrivaient des Chinois débarquant en Californie. Ils connaissaient l'épave chinoise de Santa Catalina. Ils connaissaient les espèces végétales, arbres, plantes et buissons, qui provenaient de Chine, et ils savaient que des colonies chinoises avaient existé en Californie jusqu'au siècle dernier. Ils avaient entendu parler des Indiens de la région qui étaient capables de comprendre le chinois. Ils savaient que les premiers Européens avaient trouvé des Chinois sur place, et que les missionnaires jésuites et franciscains les avaient retrouvés, un siècle plus tard, qui s'échinaient à cultiver les rizières californiennes. Presque personne ne doutait du fait que les Chinois étaient arrivés en Californie avant les Européens. Grâce aux nouvelles preuves que nous ne cessions de recevoir, nous fûmes bientôt en mesure de placer précisément les colonies chinoises de la côte Pacifique d'Amérique du Nord : sur l'île de la Reine-Charlotte, en Colombie-Britannique ; dans l'État de Washington ; près de Neahkahnie Beach, en Oregon ; entre le fleuve Sacramento et la Russian River, en Californie ; dans la péninsule du Yucatán, au Mexique.

Il était évident que la prochaine étape consistait à lire et traduire les textes originaux des premiers explorateurs européens à s'être aventurés dans ces régions. Avaient-ils trouvé des Chinois ? Nous avons mis en ligne sur notre site les résultats détaillés de notre enquête. Disons, pour résumer, qu'à presque tous les endroits où s'étaient, selon moi, installés des Chinois, les Européens en avaient rencontrés. Une fois encore, j'avais du mal à le croire. Comment des historiens de profession avaient-ils pu faire si peu de cas des affirmations de Coronado, par exemple, qui disait avoir vu des jonques « à la proue dorée » ? Comment pouvaient-ils se débarrasser aussi facilement des rapports secrets de Christophe Colomb qui décrivaient sa rencontre avec des mineurs chinois sur des navires « oiseaux » ? Ou encore, des récits de José de Acosta, Antonio Galvão, Giovanni Verrazzano, Pedro Castenada, Gonzales de Mendoza, du père Antonio de la Calancha, de Carlos Prince, Cabrillo, Bartolomeo Ferrello, Pedro Menéndez de Avilés, et des lettres du père Luis Sales ? Tous affirmaient avoir trouvé soit des Chinois, soit des jonques lors de leur premier voyage aux

Amériques. Comment pouvaient-ils ne jamais parler du fait que les grands explorateurs européens, Gama, Colomb, Magellan, Dias, Cabral, étaient tous partis avec des cartes qui leur indiquaient comment atteindre leur destination ?

Les analyses génétiques constituaient la dernière pièce du puzzle : à ces endroits où les premiers Européens avaient rencontré des Chinois, les populations autochtones présentaient-elles des traits génétiques typiquement chinois ?

Un jour, ma collaboratrice Antonia Bowen-Jones me tendit un exemplaire d'un rapport intitulé « Insertions polymorphiques des séquences alu et origines asiatiques des populations autochtones d'Amérique[1] », publié par le Pr Novick et ses confrères dans *Human Biology* (vol. 70). Je n'étais pas psychologiquement prêt : j'ignorais à quel point les résultats de telles analyses pouvaient être immédiatement concluants. À cette lecture, je faillis m'évanouir. Voici comment l'argument général est résumé par les auteurs de l'article :

> Ces résultats attestent l'origine asiatique des populations amérindiennes, mais ne sauraient soutenir l'hypothèse des vagues d'immigration multiples, qui explique prétendument l'existence de trois groupes linguistiques distincts, eskaléoute, na-déné et amérindien. Ces populations présentent au contraire trois groupements identifiables reflétant leur répartition géographique. De grandes similitudes entre les Chinois et les Amérindiens suggèrent un apport génétique récent en provenance d'Asie.

Dans cet article, une carte montrait la répartition géographique des populations dont l'ADN avait été analysé. On aurait dit que le Pr Novick et ses collègues avaient recopié ma carte des colonies chinoises. Ce n'était pas le cas, bien sûr : ils avaient mené leurs recherches des années avant la parution de mon livre et je n'en fus informé que des mois après sa publication. Un deuxième graphique représentait l'« arbre des probabilités maximales », c'est-à-dire qu'il montrait à quel point l'ADN des Amérindiens était proche de celui des Chinois, et comment des gènes communs avaient pu se diluer dans les populations avec le temps. D'un point de vue génétique, les Mayas Buctzozt du Yucatán sont si proches des populations chinoises, elles-mêmes si proches d'eux, que l'on pourrait les dire chinois. Pour résumer, 22 des populations étudiées (sur 24) provenaient de

---

1. Novick, « *Polymorphic Alu Insertions and the Asian Origin of Native American Populations* », *Human Biology*, vol. 70.

régions où se trouvaient, selon moi, des colonies chinoises : en amont de l'Amazone, le long des affluents du Paraguay et du Parana, en Californie, dans l'ancien « Tiguex » (au Colorado et en Arizona), dans la péninsule du Yucatán, au Pérou, à la frontière du Venezuela et de la Colombie, et même à Hvalsey, dans le sud du Groenland, où le pape Nicolas V décrivait l'enlèvement d'habitants par des barbares qui les laissèrent ensuite regagner leur ville. L'article du Pr Novick figurera sur mon site internet dès que j'aurai obtenu son accord pour le mettre en ligne.

Ce deuxième graphique montre également que l'ADN des habitants de Hvalsey est quasiment identique à celui des Aléoutes d'Alaska. Pourtant, des milliers de kilomètres les séparent. Si les Groenlandais avaient commencé un grand périple à pied dans les îles Aléoutiennes pour finalement atteindre le Groenland, les peuples d'Amérique du Nord vivant entre ces deux régions devraient également posséder les mêmes caractéristiques génétiques. Ce n'est pas le cas. De la même façon, la génétique montre que les Mayas du Yucatán sont beaucoup plus proches des Aléoutes, des Groenlandais et des Chinois, que des populations locales vivant auprès d'eux. Toutes les tribus amérindiennes où Novick trouve les traces d'un apport génétique asiatique récent peuvent être facilement jointes par navire, soit par la mer, soit par les fleuves, pour les populations résidant sur les rives de l'Amazone et du Paraguay, ou encore pour les Sioux et les Cree-Objiwas du Mississippi. Une conclusion s'impose inéluctablement : cet apport génétique est bien arrivé par bateau, et le seul voyage récent effectué par un nombre de Chinois suffisant pour créer les 24 colonies citées par le Pr Novick, c'était l'expédition de l'amiral Zheng He. Je soutiens donc que Carlos Prince avait raison. Il y a de cela des siècles, il disait avoir examiné des archives chinoises montrant qu'avant les Européens, « les Chinois [...] avec des Tatars, des Japonais et des Coréens [...] ont traversé l'étendue maritime [...] jusqu'au royaume de Quivira, jusqu'au Mexique, au Panamá, au Pérou et bien d'autres pays à l'est des Indes [...]. » D'autres détails viennent étayer cette thèse, comme l'existence de marqueurs génétiques d'infections par nématodes chez les populations américaines, alors que ces parasites ne résistent pas à la traversée de l'Arctique, à cause du froid.

Je pense mes preuves presque indubitables, et de nouvelles pièces à conviction continuent d'affluer. La conférence que je prononçai à la Royal Geographical Society, en mars 2002, suscita tant d'intérêt et me procura tant d'informations nouvelles que l'épaisseur de mon ouvrage tripla pendant l'été suivant, juste avant son impression. Dans les mois qui suivirent, les gens qui hésitaient encore à me fournir des preuves convaincantes se décidèrent en masse. Par conséquent, je me sens libre, à présent, d'abandonner l'excessive prudence qui me paralysait, et d'aller beaucoup plus loin.

Je commencerai par rendre compte des recherches de Jerry Warsing. Bien avant la publication de mon livre, il était arrivé à la conclusion qu'une énorme flotte chinoise, commandée par Zheng He, avait été déviée par une tempête au large de l'Afrique du Sud. Emportée vers le nord-ouest, elle avait traversé l'Atlantique pour arriver sur les côtes d'Amérique du Nord. L'ensemble des preuves qu'il présente, et qu'il mit des années à collecter, reste vaste et fascinant. Il pense que près de 200 vaisseaux s'échouèrent sur la côte, entre la Floride et Newport, en Virginie. Séparés par la tempête, ils s'échouèrent par petits groupes isolés. Grâce à la proximité linguistique entre le chinois de la dynastie Ming et le langage, plus ancien, des Asiatiques qui avaient traversé le détroit de Béring pour s'installer autrefois dans les Amériques, ils étaient capables de communiquer avec les populations locales et finirent par se fondre à elles. L'un de ces groupes de Chinois, qui s'échoua près de Newport, devint les Oceanye Hos, appellation qui se corrompit en « Shawnee ». Un second groupe fit naufrage 150 milles plus loin, sur les côtes de Caroline du Sud, près de Southport. C'était les Ming Hos. Un troisième, les Wyo Mings, pénétra vers l'intérieur des terres et s'installa dans une zone montagneuse proche des Appalaches. Le quatrième, enfin, les Lyco Mings, se dirigèrent, eux aussi, vers l'intérieur des terres et finirent par s'installer dans un comté de l'actuelle Pennsylvanie, proche du Wyoming.

La première preuve avancée par Jerry Warsing, c'est la propagation de la maladie de Machado-Joseph, endémique dans ces populations. On admet traditionnellement que ce sont les Portugais qui l'ont répandue par la route maritime, au milieu du XVe siècle. Elle était cependant présente dans le Yunnan (où naquit Zheng He) bien avant l'arrivée des Européens en Chine. On l'a également rencontrée sur la terre d'Arnhem, en Australie et au Yémen, qui ne comptaient pas parmi les premières destinations des explorateurs portugais. Or, la flotte chinoise est susceptible d'avoir débarqué dans toutes les régions où elle est observée. Il est au moins possible d'affirmer que les Chinois ont apporté cette maladie aux Açores et sur la côte est de l'Amérique du Nord, où les Portugais la contractèrent.

La seconde preuve mentionnée par Jerry Warsing provient des récits évoquant des prisonniers shawnees qui, à la bataille de Fallen Timbers en 1794, protestaient contre leur traitement, arguant qu'ils n'étaient pas des

« Indiens ». Le capitaine John Smith relate un cas similaire dans *Notes Taken While Prisoner of Powhatan.* La troisième série de preuves comprend toutes les plantes chinoises trouvées sur place par les explorateurs européens. Enfin, le dernier argument repose sur tout un ensemble de bâtiments de pierre découverts en Virginie, alors que les Amérindiens n'édifiaient jamais de constructions en dur. Je peux moi-même citer, pour étayer la thèse d'une présence chinoise dans cette aire géographique, les analyses génétiques déjà mentionnées, menées sur les Moskokes, mais aussi la lettre que Verrazzano adressait à François Ier en expliquant avoir rencontré des Chinois dans la région de l'actuel New York, ainsi que la vieille jonque chinoise découverte par les amis de George Washington lors de l'assèchement des marais côtiers entre Norfolk et Elizabeth City. Autant d'éléments montrant que les Chinois étaient arrivés sur la côte est de l'Amérique du Nord bien avant les Européens. Cette théorie pourrait être corroborée par des analyses ADN des populations Ming Ho, et Jerry Warsing s'emploie actuellement à obtenir leur accord pour effectuer des tests.

Voici maintenant les arguments qui donneront sans doute lieu aux controverses les plus virulentes. Dans la première partie de cette postface, celle qui devait clore l'édition américaine de *1421*, j'écrivais : « C'est sans doute la découverte de l'épave d'un grand navire très ancien, près de Fraser en Australie, sur les côtes du Queensland, qui constitue la nouveauté la plus impressionnante [...]. Le 8 novembre, avant même que les canons n'aient pu être dégagés des fonds marins, le gouvernement australien a reclassifié cette zone, en lui attribuant le statut de patrimoine national. Seuls les archéologues mandatés par l'État sont désormais autorisés à la fouiller [...]. »

Comme on pouvait s'y attendre, mon livre déclencha une tempête de protestations en Australie. Les tenants du conte de fées, ceux qui persistaient à penser que les Néerlandais, ou même Cook, avaient été les premiers à découvrir ce continent, sautèrent sur l'occasion lorsque Greg Jeffreys, chef de la mission archéologique, fut obligé de retirer ses propos sur la jonque de Fraser Island. Il affirma être d'accord avec les autorités locales pour dire que cette épave était en fait celle du *Marloo,* un paquebot italien qui avait coulé au siècle dernier, et que les canons qu'il y avait retrouvés n'étaient que les étançons des canots de sauvetage. Mais alors pourquoi donc avoir fait du site un patrimoine national ? J'ai moi-même pu voir des photographies de cette épave, prises en 1919 puis en 1972. Elles montrent clairement une membrure de bois, pratiquement détruite par les marées en 2002, lorsque l'équipe de Jeffreys commença ses fouilles. Les trois séries de clichés dont je dispose furent prises à l'endroit exact où John Green décrivait très nettement une épave de bois émergeant des flots, le 28 février 1862. En outre, j'ai reçu les photos d'un seau à rafraîchir le vin, datant indubitablement de la période Ming, retrouvé sur le site. Et je sais que du bois de teck est actuellement en cours de datation, alors que la *Marloo* était un navire de métal. Il est regrettable que certains croient servir la mémoire du capitaine Cook, l'un des plus grands navigateurs de tous les temps, en empêchant des fouilles sérieuses de l'épave de Fraser Island et en déniant au public le droit d'en savoir plus.

Il en allait de même pour les côtes méridionales australiennes : en affirmant que le navire de Warrnambool était une jonque chinoise, j'avais suscité une panique proche de l'hystérie parmi les universitaires australiens. Or, depuis la première édition du livre, une masse d'éléments nous sont parvenus, attestant que la flotte de Zhou Man avait bien atteint la côte sud du continent, à partir de l'Antarctique. Je ne puis en donner ici qu'un bref aperçu : Zhou Man perdit en fait trois jonques, une première à Storm Bay en Tasmanie, une deuxième à King Island dans le détroit de Bass, entre l'Australie et la Tasmanie, et la troisième réussit à atteindre Warrnambool avant de sombrer. Les survivants parvinrent à gagner le rivage avec leurs chevaux. Ils y établirent une ferme, reliée à la mer. Près de Warrnambool, ils fumaient anguilles et civelles pour les exporter, par la route, vers l'amont des fleuves Glenlenty, Murray, Darling et Murrumbidgee. C'est pourquoi ils figurent sur la carte Toscanelli de 1474, et sur la carte d'Australie dessinée par Vallard en 1536. C'est aussi la raison pour laquelle les peintures rupestres des Aborigènes montrent des Chinois à cheval.

Plaçons maintenant la barre plus haut, au Pérou cette fois. Ma thèse sur ce pays, à savoir qu'il s'agissait d'une vaste colonie chinoise, fut accueillie avec une immense incrédulité. Le fait que plus d'une centaine de villages péruviens possèdent, aujourd'hui encore, un nom chinois, n'en fut pas la moindre cause. Pas un seul de mes détracteurs, cependant, n'accepta mon offre de venir examiner nos cartes à grande échelle de la province d'Ancash pour les voir de ses yeux. Pas un seul ne pouvait avancer d'explication valable au fait que le père Antonio Calancha racontait y avoir vu la cavalerie chinoise, ni au fait que les premiers explorateurs européens y avient retrouvé une masse d'objets d'art, de plantes et d'animaux venant de Chine lors de leurs premiers voyages. Nous disposons aujourd'hui d'informations sur l'ADN des Incas à partir de deux sources indépendantes : la première, c'est le rapport de Novick, et la seconde, c'est l'étude de Juanita, la dépouille d'une femme retrouvée gelée en altitude, qui fut analysée au Japon. Génétiquement, les Incas sont si proches des Chinois que l'on peut raisonnablement supposer qu'un grand nombre de ces derniers se trouvaient au Pérou.

Voici enfin le point le plus controversé. Parmi les universitaires, ceux qui ont le plus dangereusement frôlé l'apoplexie à la lecture de mon livre sont sans doute les historiens néo-zélandais. C'est qu'ils sont déterminés à résister, à tout prix, à tout ce qui pourrait contredire la grande légende des Maoris ! La *doxa* historique néo-zélandaise voudrait que tous les animaux et les plantes allogènes que trouvèrent les premiers Européens aient été apportés par les Maoris dans leurs pirogues. Je dis bien tous : chevaux, chiens, cochons, rats, sans oublier toute une gamme d'espèces végétales d'Amérique du Sud et du Nord, d'Asie et du Pacifique. À en croire les historiens néo-zélandais, les Maoris avaient fait le tour du monde et ils commerçaient avec une infinité de peuples étrangers.

Un bon nombre de gens m'adressèrent par courrier des critiques concernant la taille des réservoirs d'eau que devaient transporter les flottes chinoises afin d'abreuver les chevaux. Ils affirmaient que le nombre de réservoirs transportables devait limiter le nombre des chevaux car il était impossible, selon eux, de dessaler assez d'eau de mer pour satisfaire plus d'une poignée de ces animaux, chacun d'entre eux ayant besoin d'environ 10 à 15 litres d'eau par jour. Certes. Appliquons donc ces remarques au scénario maori. Les Maoris auraient voyagé de Tahiti à la Nouvelle-Zélande dans des pirogues ouvertes. Pour que des chevaux puissent se reproduire, il faut au moins deux individus, car une seule jument pleine ne peut donner naissance à une lignée. J'ai moi-même effectué le trajet de Tahiti à la Nouvelle-Zélande en sous-marin : pendant la plus grande partie de l'année, la mer, fort agitée, aurait rendu ce voyage très difficile. En pirogue, il devait prendre quatre à six semaines. Or, les chevaux boivent plus lorsqu'ils sont exposés à une atmosphère humide, comme celle qu'auraient créée les embruns sur une embarcation maorie. Dans ces conditions, un cheval devrait boire une vingtaine de litres d'eau par jour. Le total se monte donc, pour un voyage de six semaines, à plus de 900 litres, soit pratiquement une tonne d'eau. Bien sûr, il fallait aussi transporter du fourrage pour nourrir ces animaux. Et je ne parlerai même pas du ravitaillement en vivres, ni en eau potable, pour l'équipage. Il me semble donc impossible que les Maoris aient transporté des chevaux en Nouvelle-Zélande. Les poneys sauvages kaimanawa, qui vivent dans nord de l'île, ont dû être introduits par quelqu'un d'autre, soit par les Européens, soit par les Chinois. Des analyses génétiques sont actuellement en cours sur les kaimanawas, mais aussi les pasos du Pérou, les assateagues des îles de Virginie et les mustangs kiger d'Amérique du Nord. Je suis convaincu que leur ancêtre commun à tous s'avérera être le fameux « cheval sanglant » du Tadjikistan, monture de la cavalerie chinoise, dont Zhu Di fit importer des millions d'individus pendant son règne.

Quand les premiers Européens arrivèrent en Nouvelle-Zélande, ils y trouvèrent toute une série de végétaux allogènes. Le plus courant, le *Chenopodium album*, provenait d'Amérique du Nord, où les peuples indigènes l'utilisaient depuis des lustres pour confectionner des pains. Le capitaine Cook le découvrit en 1769. Le second, c'est le *Rorippa palustris*, une sorte de cresson identifié par l'équipage de *L'Astrolabe* lors de l'expédition française de 1826-1829. Cette plante entre dans la composition d'un collyre rituel chez les Navajos (tribu dont les anciens comprennent, aujourd'hui encore, le chinois). Parmi ces plantes, mentionnons juste au passage le maïs originaire du Pérou, la citronnelle de Colombie, le taro de Chine et les ignames du Pacifique, observés par Cook, sans oublier la plus célèbre, la patate douce d'Amérique du Sud, appelée *kumar* dans sa région d'origine et *kumara* dans le Pacifique, espèce dont Cook souligne l'importance capitale pour les Maoris.

Il a bien fallu que quelqu'un, fût-il maori, polynésien, sud-américain, indien ou chinois, introduise ces plantes en Nouvelle-Zélande. Mais ce ne sont certainement pas les Européens qui les transportèrent : elles étaient déjà sur place à leur arrivée. Thor Heyerdahl, selon moi l'un des plus grands explorateurs de tous les temps, prétendait que c'étaient les Incas qui avaient rallié Tahiti, depuis le Pérou, avant de poursuivre leur route. Malheureusement, les analyses génétiques ont révélé que cette hypothèse était fausse car, selon ce raisonnement, on devrait trouver des caractéristiques incas dans les populations îliennes du Pacifique. Une équipe d'archéologues et de généticiens de Cambridge y mena des recherches sous la direction de Matt Hurles. Ses conclusions furent publiées dans *American Journal of Human Genetic* : les caractéristiques génétiques péruviennes n'étaient présentes que sur une seule une île du Pacifique, près de Tahiti. Encore ces gènes rapas provenaient-ils de l'équipage d'un bateau péruvien, qui y avait fait escale en 1862, pour enlever des esclaves.

Maoris et Polynésiens pouvaient-ils, en revanche, avoir rapporté toutes ces plantes d'Amérique du Sud ? Cette éventualité fut examinée par le Pr Bryan Sykes, de l'université d'Oxford, qui résume ainsi son argument, dans un magnifique ouvrage intitulé *The Seven Daughters of Eve*[1] : « Si nous trouvions une correspondance génétique [avec les Polynésiens] au Chili ou au Pérou, ou même sur les côtes d'Amérique du Nord, alors Heyerdahl avait raison. Si nous la trouvions en Asie du Sud-Est, alors il avait tort. » Un peu plus tard, il conclut : « Il me fallait être certain que la variante 247, cette variante polynésienne des mitochondries de l'ADN, n'était pas courante aux Amériques. Personne ne l'y avait jamais rencontrée. Pas une seule fois. Heyerdahl avait tort. »

Si bien qu'à mon avis, il ne reste plus que les Chinois. Eux seuls sont susceptibles d'avoir introduit en Nouvelle-Zélande et en Australie, respectivement 8 et 74 espèces endogènes d'Amérique du Sud, que les Européens trouvèrent à leur arrivée. Si cela s'avérait, alors on devrait remarquer des particularités génétiques chinoises des deux côtés du Pacifique, chez les Incas comme chez les Maoris. Nous avons déjà évoqué les premiers. Qu'en est-il des seconds ?

Je me permettrai, tout d'abord, une petite digression. Les Maoris ne furent pas les premiers à s'installer en Nouvelle-Zélande. La datation au carbone 14 d'ossements de rats découverts à Hawkes Bay, sur la côte est, a montré qu'ils étaient vieux d'au moins deux millénaires. Or le plus ancien campement maori de l'île remonte à 800 ap. J.-C. Le Dr Richard Holdaway, paléontologue à Christchurch, affirme que ces rats ont nécessairement dû arriver avec l'homme et, par conséquent, que des voyageurs ont débarqué en Nouvelle-Zélande huit cents ans avant les Maoris. Comme le dit le Dr Rau Kirikiri, universitaire maori de grande renommée, « cela pourrait conduire les Maoris à remettre en question leur propre histoire ».

Revenons maintenant à nos analyses génétiques. Voilà cinquante ans que le problème de l'origine des Maoris donne lieu à de houleux débats : ils viendraient de Chine (Taiwan) pour certains, d'Indonésie pour d'autres. Récemment, les événements ont pris un tour très surprenant. Pour une émission de télévision, *Catalyst*, diffusée sur la chaîne ABC le 27 mars 2003, le Dr Adele White utilisait les mitochondries de l'ADN (celles du chromosome X) pour remonter les origines des Maoris jusqu'en Asie. Mais où donc sur le continent asiatique ? La réponse vint d'où on ne l'attendait pas : il fallait regarder attentivement l'évolution du gène produisant les déhydrogénases, ces enzymes qui nous permettent de métaboliser l'alcool. Le directeur d'Adele White, le Dr Geoff Chambers, trouva

1. *Les Sept Filles d'Ève : génétique et histoire de nos origines*, Pierre-Emmanuel Dauzat (trad.), Albin Michel, Paris, 2001.

une correspondance entre la variante maorie de ce gène et la variante taïwanaise. Il semblait donc bien que les Maoris fussent arrivés de Taiwan. Mais encore ? Quand le Dr Chambers se pencha sur le chromosome Y, il tomba sur un tout autre cas de figure. Si la plupart des femmes venaient de Chine, la plupart des hommes étaient bien mélanésiens.

Ce qui semble s'être produit, c'est qu'un petit nombre de Mélanésiens s'installa en Nouvelle-Zélande il y a deux mille ans. Ce sont eux qui apportèrent les rats dont les ossements ont été datés. Ensuite, la flotte de Zhou Man arriva d'Antarctique (de l'île Campbell) vers 1422-1423. Les Chinois débarquèrent en masse sur l'île du Sud, et quelques navires s'échouèrent sur l'île du Nord (à Ruapeke, par exemple). À bord, se trouvaient des concubines tankas, originaires des côtes chinoises. Les Mélanésiens emmenèrent les femmes après avoir tué les hommes. Si tel était le cas, alors il devait subsister des traces d'une visite chinoise sur l'île du sud. Grâce à Cedric Bell, à qui je dois beaucoup, nous savons aujourd'hui où les trouver. Nous avons découvert du bois, du mortier, des pierres et de petits terrils, dont la datation au carbone 14 a montré que les Chinois s'étaient établis en Nouvelle-Zélande pour extraire des minerais, cinq siècles avant sa « découverte » par le capitaine Cook.

Je suis de plus en plus convaincu, à présent, que nous avions écrit l'histoire à l'envers, non seulement celle de la Nouvelle-Zélande et de l'Australie, mais aussi celle des Amériques, du Pacifique, de l'Arctique et de l'Antarctique. La masse de preuves et d'informations nouvelles qui m'a permis de risquer dans ma postface toutes ces affirmations étonnantes, ce sont mes lecteurs qui me l'ont fournie. C'est vous, et non les historiens, qui venez de réécrire l'histoire.

Gavin Menzies, Londres, mai 2003.

POSTFACE À L'ÉDITION FRANÇAISE

La première fois que je suis venu en France, c'était en 1957. J'étais alors un jeune officier de la marine britannique et j'eus la chance de rencontrer une délicieuse et ravissante jeune Française, Hélène, de trois ans ma cadette. Pour elle comme pour moi, cette histoire d'amour fut une première expérience idyllique, forte et pure. Elle se termina trois ans plus tard, alors que j'étais en mer, en Asie du Sud-Est. De ces trois années, je conserve un amour éternel pour la France. Mon épouse Marcella, nos deux filles, Vanessa et Samantha, et moi-même sommes revenus en France presque tous les ans au cours des quarante dernières années, et nous avons énormément voyagé dans ce magnifique pays. C'est donc un grand plaisir que de rédiger cette postface pour l'édition française.

À la publication de *1421*, la compagnie Transworld a insisté pour que nous concevions un site internet afin de répondre aux questions qu'il soulèverait, et de recevoir les témoignages qui nous parviendraient au fur et à mesure que l'ouvrage paraissait dans des pays de plus en plus nombreux. Il est aujourd'hui vendu dans 105 pays et traduit en 25 langues.

Les prévisions de Transworld se sont révélées exactes : 3 500 personnes visitent chaque jour le site anglais www.1421.tv, ainsi que le site en mandarin http://1421.phoenixtv.com, géré par la chaîne Phoenix Television. Notre cercle d'amis s'est élargi en même temps que notre site. Plus de 100 personnes consacrent un peu de leur temps à nous conseiller et à nous aider, et 16 000 personnes sont abonnées à notre liste de diffusion. Nous projetons de créer un service de messagerie, dans l'espoir d'encourager de nouveaux débats enrichissants. Ce service est associé à la rubrique intitulée « Recherches indépendantes », qui se trouve sur la page consacrée aux indices et témoignages, et permet à tous les passionnés venus d'horizons divers de créer leurs propres pages internet sur *1421*, où ils peuvent glaner de nouvelles informations sur les sujets qui les intéressent plus particulièrement.

L'avènement de l'internet a permis de faire des découvertes considérables dans le domaine des recherches historiques. Je dois beaucoup aux concepteurs du site, Pedalo Limited, ainsi qu'à Ian Hudson et à son équipe dévouée, qui a réalisé tant de prouesses.

Tandis que le livre touchait un public de plus en plus large, l'intérêt des chaînes de télévision grandissait aussi pour la production de documentaires, pour l'instant en japonais, mandarin, cantonais, allemand et anglais. Quel monde étrange que celui de la télévision ! Nous ne sommes pas en mesure, pour le moment, de mesurer l'impact des documentaires télévisés sur les ventes de livres ou la collecte de nouvelles informations. Le brillant documentaire de la chaîne Tokyo Broadcasting System, réalisé au début de l'année 2004 et diffusé auprès d'un public de 23 millions de téléspectateurs, à une heure de grande écoute, le dimanche soir, n'a pas eu d'effet sur les ventes du livre.

Toutefois, lorsque la chaîne australienne ABC a diffusé, auprès d'un public de moins d'un million de téléspectateurs, une émission qui éreintait *1421*, et que je qualifierais de tentative de discrédit, les ventes du livre ont triplé en Australie. Les huit minutes consacrées à l'ouvrage lors de l'émission « The Richard and Judy Show », de la chaîne britannique Channel 4, ont fait vendre 120 000 livres supplémentaires. Les documentaires télévisés sont une loterie. Cela dit, je suis ravi et honoré que la chaîne Phoenix TV, qui touche près de 2 milliards de téléspectateurs, projette de réaliser un documentaire avec nous l'an prochain, dans le cadre de notre enquête pour localiser la base de Zheng He en Caroline du Nord (que j'évoquerai plus loin).

Nous avons également eu la chance que l'office de tourisme de Singapour et Pico Art International organisent une exposition « 1421 » dans le centre-ville de Singapour, pendant trois mois, durant l'été 2005. Elle nous a apporté une foule d'éléments nouveaux concernant les voyages de Zheng He en Asie du Sud-Est. Aujourd'hui présentée à Malacca, au musée Cheng Ho du Pr Tan Ta Sen, elle voyagera en Afrique du Sud au printemps prochain, puis en Israël et en France.

Cette exposition, intitulée « 1421 : la Chine découvre le monde », représentait l'aboutissement de longs mois de dur labeur et d'organisation minutieuse. La technologie moderne a permis de produire un large ensemble d'installations interactives, comprenant des objets anciens et des modèles réduits de jonques, pour que les visiteurs se retrouvent transportés six cents ans en arrière, tout d'abord dans le village natal de Zheng He, dans le Yunnan, puis à la cour impériale de Pékin, et enfin sur les grandes jonques que l'amiral commanda pendant trente ans.

Il est temps, à présent, d'évoquer la masse de nouveaux éléments que nous avons reçus en réaction à l'exposition et aux documentaires télévisés. Il semble pertinent de commencer par la Nouvelle-Zélande, qui faisait l'objet de notre dernière postface. En 2003, Cedric Bell, ingénieur de la Marine, s'est rendu sur l'île du Sud, en Nouvelle-Zélande. Il avait constaté que, lorsque les jonques avaient fait naufrage, quelques marins avaient réussi à gagner le rivage et avaient édifié des quartiers en pierre, dans lesquels ils pouvaient vivre. Ils avaient aussi planté des rizières, creusé des viviers pour se nourrir et construit des hauts fourneaux pour produire du fer.

Le rapport de Cedric Bell était si novateur que je restai d'abord incrédule, incapable de croire à sa véracité. Ma première réaction fut de ne rien faire. Cependant, lorsque je rencontrai Cedric Bell, il me parut évident que c'était un ingénieur pragmatique, sans propension à l'exagération, ni aux racontars. Ainsi, avec son accord, nous avons décidé faire procéder à toute une série de vérifications sur ses découvertes, par des organismes indépendants. Si l'un de ces tests apportait la preuve que sa thèse n'était pas plausible, alors, nous ne publierions pas ses travaux. Nous décidâmes d'examiner un groupe de bâtiments de pierre, une épave et un haut fourneau.

Nous commençâmes par les quartiers de pierres retrouvés sous le terrain de cricket d'Akaroa dans l'île du Sud. Des photos aériennes, prises en plein été, montraient que l'herbe poussant sur les murs enfouis était sèche, ce qui avait pour effet de révéler les contours des bâtiments. Nous avons alors engagé une compagnie indépendante d'Auckland, GPR Geophysical Services, pour effectuer un balayage échographique du sous-sol. À l'exception d'un mur, qui s'avéra trop droit pour être authentique, cet examen confirmait entièrement le rapport de Cedric Bell. Nous avons alors contacté les autorités locales pour demander les plans des canalisations enfouies sous le terrain. On nous a fourni, très gentiment, les documents dont nous avions besoin : le mur trop droit était en effet une conduite, mais pas les trois autres murs extérieurs, ni aucun des murs intérieurs des bâtiments. Cedric Bell avait raison.

Le haut fourneau se trouvait dans la baie de Le Bons, près d'Akaroa. Nous décidâmes de l'inspecter car il était situé sur un terrain public, facilement observable et accessible, proche d'un gisement de minerai de fer. Sa conception était complexe : deux ruisseaux alimentaient une turbine à eau, qui alimentait à son tour des compresseurs à air, pour faire monter la température du minerai de fer. Un entrepôt se trouvait à proximité.

Une spectrographie de masse et une datation au carbone 14 furent réalisées par le laboratoire Rafter Radiocarbon Dating et par l'université de Waikato, qui jouissaient d'une renommée internationale et n'avaient aucun lien ni avec M. Bell ni avec moi-même. Les certificats de datation sont publiés sur notre site iternet. À notre grande surprise, ils donnaient l'échelle de datation suivante : pour le fer, de 352 av. J.-C. à 19 ap. J.-C. ; pour le mortier, 769-983 ap. J.-C. ; pour les stériles, 1115-1270 ap. J.-C. ; pour les restes de mollusques (*Paphies australis*), 1220-1420 ap. J.-C. ; pour un autre mortier, 1675-1945 ap. J.-C. ; pour le bois, 1520-1820 ap. J.-C. Cedric Bell en avait conclu que ce haut fourneau était utilisé par un peuple inconnu, avant l'arrivée des Européens (les Maoris ne travaillant pas le fer) et il avait raison, sauf sur un point : cela faisait plus de deux millénaires qu'il était en activité.

Des populations pratiquaient donc la métallurgie en Nouvelle-Zélande, suivant des méthodes complexes, 1 400 ans avant l'installation des Maoris, et 2 000 ans avant l'arrivée des Européens ! Les recherches du Pr R. N. Holdaway corroboraient cette thèse : il avait découvert, en Nouvelle-Zélande, des ossements de rats vieux de deux mille ans, âge confirmé par une datation au carbone 14. Les rats sont incapables de faire plus de quelques mètres à la nage, ce sont donc des hommes qui ont dû les amener d'Asie.

L'épave que nous avions choisie se trouvait également dans la baie de Le Bons, mais elle était recouverte de sable, et immergée, sauf à marée basse. Elle fut examinée, lors d'un balayage radar du sous-sol, par GPR Geophysical Services. Cet examen révéla la présence d'un objet étranger, à l'endroit où Cedric Bell avait déjà réalisé une magnétométrie pour déceler les anomalies.

Les travaux de Cedric Bell avaient donc été vérifiés, par des méthodes différentes, et par des organismes indépentants et réputés. Ses résultats étaient avérés. Ces divers examens ont révélé qu'un peuple disposant de techniques avancées avait vécu et travaillé en Nouvelle-Zélande, bien avant l'arrivée de la flotte de Zheng He.

Le Pr Geoffrey Chambers et son équipe, en particulier le Dr Adele White, avaient mené une étude génétique sur les populations maories. Ils en étaient arrivés à la conclusion que certaines mitochondries de l'ADN des Maoris correspondaient à celles des Chinois de Taiwan. C'est la thèse qu'a retenue le ministre des Affaires étrangères de Nouvelle-Zélande, le Pr Winston Peters, dans son discours, prononcé le 25 juillet 2006, lors du sommet des Nations d'Asie du Sud-Est (NSEA), en Malaisie : « Je n'ai qu'une déclaration à faire : les populations indigènes de Nouvelle-Zélande viennent, en fait, de Chine [...]. Les analyses ADN sont irréfutables [...]. »

À présent nous espérons que le gouvernement néo-zélandais adoptera une démarche plus juste, qu'il modifiera la façon dont on représente les débuts de l'histoire du pays et, en particulier, qu'il permettra aux citoyens d'accéder aux sites aujourd'hui interdits, et que les ossements humains datant d'une époque antérieure à l'arrivée des Maoris feront l'objet de tests ADN.

Australie

Deux prospecteurs amateurs, qui cherchaient de l'or avec un détecteur de métaux sur la côte nord-est de l'Australie, près du site de la pyramide de Gympie, ont trouvé une pièce de monnaie ancienne, enfouie à une profondeur d'une vingtaine de centimètres. La Dhamurian Research Society l'a acquise aux enchères, car ses membres pensent qu'elle pourrait révéler le secret des origines de la pyramide. Il existe de nombreuses légendes aborigènes sur la pyramide en ruine construite par des « dieux venus du ciel ». Elles s'ajoutent aux mines de métaux toutes proches, construites par des étrangers, et datant d'avant l'arrivée des Européens, ainsi qu'à la découverte de divers objets au cours de ces deux derniers siècles : le lest d'un filet de pêche vieux de six siècles, au moins deux épaves non identifiées à l'est de Gympie, une lame d'épée ancienne, recourbée et non identifiée, retrouvée à proximité de la pièce de monnaie, et enfin, une mystérieuse vieille mine d'antimoine, non loin de la pyramide.

Suite à l'enquête menée par la Dhamurian Research Society en Russie, au Canada, en Égypte et en Amérique, on a découvert que la pièce de monnaie provenait de Pskov, dans le nord de la Russie, et datait de 1428-1440. La ville de Pskov frappa sa propre monnaie jusqu'en 1480 environ, date à laquelle elle fut conquise par la Moscovie, avec la principauté voisine de Novgorod, avant d'être purement et simplement annexée. J'ai visité Pskov en 2005. Aujourd'hui, il ne reste guère de l'ancienne capitale qu'une poignée d'églises de bois, qui furent autrefois belles. La ville tirait son prestige et ses richesses du commerce des fourrures et du miel, à l'époque où elle reliait l'Orient et les cités europénnes de la ligue hanséatique. Aujourd'hui, ses inestimables icônes se trouvent dans les musées de Moscou et de Saint-Pétersbourg. Pskov n'est plus que le fantôme de ce qu'elle fut dans les années 1420, lorsque ce port de la côte russe réalisa probablement des transactions commerciales avec les jonques des flottes de Zheng He, sur le chemin de leur retour en Chine, qui passait par le détroit de Béring.

Retour en Nouvelle-Zélande

Après les tests réalisés sur ses trouvailles archéologiques de 2003, Cedric Bell retourna en Nouvelle-Zélande en 2004, pour y découvrir des éléments encore plus surprenants : entre autres, des jonques naufragées encastrées dans les hauteurs de certaines falaises. Les contours de leurs coques de bois, retournées, étaient parfaitement visibles, tout comme un revêtement, qui ressemblait à du béton. Il a fait l'objet d'analyses, et l'on a eu confirmation qu'il s'agissait d'un mélange de chaux et de cendres volcaniques. Certaines coques étaient calcinées, certaines étaient renversées et penchées, comme si un géant les avait violemment projetées contre les falaises, trente mètres au-dessus du niveau de la mer. De temps en temps, ces falaises rendent d'ailleurs d'étranges objets, des boulets de canon, des contrepoids, les fragments d'une cloche de navire, et même une très ancienne broche bouddhiste gravée de l'idéogramme chinois signifiant « montagne ».

Une catastrophe avait dû s'abattre sur la flotte chinoise et le déclenchement d'un tsunami était la seule explication vraisemblable. D'immenses vagues avaient dû fracasser les jonques contre les falaises, où elles étaient restées encastrées lors du retrait des eaux. Nous avons appris que le Pr Ted Bryant, de l'université de Woolongong, avait publié un ouvrage solidement documenté, intitulé *Tsunami : le danger méconnu*[1], qui décrivait ses découvertes : l'île Sud de la Nouvelle-Zélande avait été dévastée par des incendies et par un tsunami entre 1410 et 1480 (selon une datation par dendrochronologie). Le livre du Pr Bryant a été publié bien avant le mien. Tsunami et incendies de forêt pourraient avoir été provoqués par un tremblement de terre, car la Nouvelle-Zélande est située sur une ligne de faille. De nombreux experts, tels que le Pr Goff, soutiennent cette thèse. Toutefois, un tel cataclysme n'explique pas comment les épaves ont pu être carbonisées avant de s'encastrer dans les falaises. Un tremblement de terre ne pourrait avoir provoqué de gigantesques incendies, jusque dans l'océan, d'où venaient les jonques. Les causes étaient ailleurs.

Le Pr Bryant rapporte que les Aborigènes d'Australie et les Maoris de Nouvelle-Zélande parlent d'une comète, qui aurait provoqué des « feux magiques ». Les astronomes chinois et mayas décrivent également une grande comète bleue, qu'ils observèrent pendant vingt-six jours consécutifs, dans la constellation du Petit Chien (Canis Minor), en juin 1430, année correspondant à la datation réalisée par le Pr Bryant (1410-1480).

En novembre 2003, Dallas Abbot et son équipe de l'observatoire Lamont Doherty, de Pallisades, dans l'État de New York, ont annoncé qu'ils avaient retrouvé le cratère formé par l'impact de cette comète, entre l'île Campbell et l'île du Sud de la Nouvelle-Zélande. Tournons-nous à présent vers la flotte de Zhou Man alors qu'elle voguait vers le nord pour renter en Chine, après avoir quitté l'île Campbell. À deux jours de mer au nord des îles Auckland, la vigie doit avoir signalé la présence d'îles peu élevées droit devant (les Snares, situées à 48° 10' de latitude nord, 166° 40' de longitude est). La flotte a dû modifier sa route pour contourner les îles, une première escadre a mis le cap à l'est, tandis qu'une autre barrait vers l'ouest. La flotte était désormais répartie en deux escadres, distantes d'environ 20 milles, autour de la position 48° 10' N et 166° 55' E.

Puis survient la catastrophe. La comète, vingt-six fois plus brillante que le Soleil, émet un son déchirant, de plus de 100 décibels, les marins ont les tympans percés et la la chaleur intense leur brûle la peau. La comète tombe dans l'océan à quelque 60 milles au sud de la flotte. Des vagues gigantesques, hautes de plus de trente mètres, projettent les navires en l'air comme des fétus de paille. L'incendie, attisé par des vents de

1. Ted, Edward, *Tsunami : The Underrated Hazard*, New York, Cambridge U. P., 2001.

640 kilomètres à l'heure, consume mâts et gréements. Voici l'argument soumis par Dallas Abbot, Andrew Matzen et Stephen F. Peckar, du laboratoire Lamont Doherty, et par Edward A. Bryant, de la faculté des sciences de l'université de Woolongong, en Australie, à la convention de la Geological Society of America, à l'automne 2003.

> Goff considère que l'abandon des côtes de la Nouvelle-Zélande vers 1500 est dû à un tsunami provoqué par un tremblement de terre. Toutefois, les plus grands tremblements de terre ont causé des raz-de-marée d'une hauteur maximale de 40 à 60 mètres. Or, à Hellfire Hut, sur l'île Stewart, en Nouvelle-Zélande, on a retrouvé du sable à environ 220 mètres au-dessus du niveau de la mer et, dans la baie de Mason, à environ 150 mètres au-dessus du niveau de la mer. Dans l'est de l'Australie, on trouve des débris déposés par de gigantesques tsunamis à des hauteurs maximales de 130 mètres. Ils datent d'environ 1503, d'après la datation au carbone 14. Les débris déposés par ces tsunamis géants se trouvent sur le versant oriental de l'île de Lord Howe, au milieu de la mer de Tasmanie, ce qui suggère que le cratère a son origine plus à l'est. Nous avons appelé ce cratère-source Mahuika, d'après le dieu du Feu maori. Il est large d'environ 20 à 22 kilomètres, et profond d'au moins 153 mètres. Il se trouve sur le plateau continental à 48,3° de latitude sud et 166° 4' de longitude est. Plusieurs éléments suggèrent que le Mahuika est à l'origine du cataclysme de 1500. Le premier indice, c'est que le cratère se trouve sur un grand arc de cercle et forme un angle d'environ 45° par rapport à l'orientation générale de la côte est de l'Australie. Les dépôts laissés par de gigantesques tsunamis dans les baies de Woolongong et de Jarvis en Australie suggèrent qu'un raz-de-marée a eu lieu, qui était orienté selon cet angle. Le second indice se trouve dans les profondeurs sous-marines, dans les dépôts du cratère. Nous y avons trouvé des rejets de l'impact dans tous les prélèvement effectués à proximité. Comme les sédiments marins se forment au rythme d'environ un centimètre en mille ans, ce serait parfaitement normal pour un cratère formé il y a cinq cents ans. Nous cherchons à effectuer une datation au carbone 14 pour confirmer ces résultats. Il y a aussi le problème de la répartition des tectites [roches vitrifiées par la chaleur] : elles se trouvent de l'autre côté du cratère par rapport à la trajectoire de l'impact. Bien que nous ayons retrouvé de nombreux produits rejetés par l'impact dans les échantillons, seuls quelques-uns contenaient des tectites. Tous les prélèvements contenant des tectites proviennent du sud-est du cratère, dans la direction opposée au sud-est de l'Australie, où la boule de feu a été observée par les Aborigènes. »

Dans des courriers plus récents, l'équipe Lamont Doherty a réduit sa fourchette de datation, qui va désormais de 1430 à 1455. La boule de feu de l'impact a été vue à plus de 1 600 kilomètres. Le tsunami faisait plus de 220 mètres de haut lorsqu'il a atteint l'île Stewart, plus au nord, et la vitesse maximale des vents était de 648 kilomètres à l'heure (selon les calculs de l'observatoire Lamont Doherty). L'augmentation de la pression provoquée par l'énergie cinétique de la comète aura provoqué un effet de Coriolis sur la direction des vents. Les vagues se sont propagées vers l'extérieur à partir de la zone d'impact, emportant vers le nord-est, en direction de la Nouvelle-Zélande, l'escadre de la flotte chinoise qui se trouvait à l'est, et vers le nord-ouest, en direction de l'Australie celle qui se trouvait à l'ouest.

Le texte intégral du rapport de Cedric Bell sur les jonques découvertes dans les falaises de Nouvelle-Zélande est consultable sur notre site web www.1421.tv, dans la rubrique « Preuves », puis « Rapports indépendants ». En gros, les 60 jonques se divisent en trois groupes : celles des Catlins, sur la côte sud-est de la Nouvelle-Zélande, celles qui se trouvent un peu plus au nord, autour de Moeraki, et enfin celles qui sont encore plus au nord, autour de la péninsule de Banks. La liste complète des épaves peut être consultée sur le site, avec la latitude et la longitude de chacune d'entre elles.

Il est possible d'effectuer un survol rapide des épaves australiennes. Celle qui se trouve à l'est de King Island est dotée de broches de cuivre semblables à ceux l'épave de Ruapuke. Avec chaque tempête, des pièces de monnaie datant du règne de Hong Wu (le père de Zhu Di) s'échappent d'une épave de la côte est de la Tasmanie, à Storm Bay. Les premiers colons ayant atteint l'île Kangourou y ont trouvé des cochons sauvages chinois. D'autres cochons sauvages, retrouvés autour de Warnnambool, sont infestés par la même espèce de puces asiatiques caractéristique. Trois autres épaves non identifiées gisent entre l'île Kangourou et Warnnambool. Ce littoral, appelé « le Coroong », s'honore de posséder plusieurs puits anciens, dits « chinois ». Les Aborigènes qui vivent le long de cette côte prétendent que des étrangers se sont installés parmi eux à la suite d'un naufrage, avant l'arrivée des Européens. À mon avis, on finira par y retrouver au moins cinq des jonques de la flotte de Zhou Man.

Le raz-de-marée qui s'est propagé à partir de l'impact de Mahuika les a probablement déportées vers l'Australie. Alors qu'elles approchaient de la côte, au nord du détroit de Bass, les vents suivant la force de Coriolis les auront emportées à travers le détroit, en en rejetant deux sur l'île de Flinders, une autre sur la côte orientale de l'île King près du fleuve Éléphant, et une sur la côte de Warnnambool et sur l'île Kangourou. La position de toutes ces épaves correspond bien au tsunami provoqué par la comète de Mahuika.

Cartes du monde

De toutes les informations passionnantes que nous avons reçues sur notre site internet depuis la publication de *1421*, en 2002, aucune ne pourrait se comparer à la mappemonde d'Albertin de Virga, que le Pr Gunnar Thompson m'envoya par courrier électronique au printemps 2003. Le Pr Thompson avait découvert qu'un collectionneur de cartes, Albert Figdor, était tombé sur le planisphère de Virga chez un bouquiniste, en 1911, à Srebrenica, ville bosniaque proche de Dubrovnik. M. Figdor l'apporta à l'université d'Autriche, à Vienne (la Bosnie faisait alors partie de l'Empire autro-hongrois), où elle fut examinée par le plus éminent cartographe de l'époque, le Pr Frans Von Wieser, qui en établit l'authenticité dans un mémoire intitulée *Die Weltkarte des Albertin di Virga* (La Mappemonde d'Albertin de Virga).

La carte fut photographiée et les photographies authentifiées, puis la Bibliothèque nationale de Paris et le prince égyptien et collectionneur Youssuf Kamal, en acquirent des copies. La collection du Prince Kamal se trouve aujourd'hui à la British Library. Il est possible de voir une copie de la carte de Virga dans le tome IV, 3e partie, page 1350. M. Figdor mit l'original aux enchères en 1932, mais il fut volé et il n'a jamais été retrouvé depuis. En 1952, grâce à l'*Histoire de la cartographie* de Leo Bagrow[1], la carte attira de nouveau l'attention du public. En 1992, un numéro de *Cartographica* (vol. 29, n° 2) l'évoqua encore, avant qu'elle ne soit analysée par le Pr Gunnar Thompson dans son ouvrage, *La Carte des moines*, publié en 1996[2].

C'est au Pr Thompson que je dois d'avoir appris l'existence de cette carte.

L'importance capitale de la mappemonde de Virga réside dans le fait qu'elle représente le monde, de l'Atlantique à l'Australie, de manière immédiatement reconnaissable. La forme de l'Afrique y est correctement dessinée, bien avant que les Européens ne doublent le cap de Bonne-Espérance ; les îles de l'océan Indien y figurent des décennies avant que les Européens ne les découvrent. Les Chinois avaient atteint ces îles presque un siècle avant les Portugais, et avaient exploré l'Australie quelque trois cent cinquante ans avant le capitaine Cook.

---

1. Leo Bagrow, *History of Cartography*, D. L. Paisey (trad.), Cambridge, Harvard U. P., 1964.
2. Gunmar Thompson, *The Friar's Map of Ancient America, 1360 AD : the Story of Nicholas of Lynn and the Franciscan Map of America*, Bellevue, WA, L. Lee Productions, 1996.

Cette carte devait nécessairement être une copie, mais de quoi s'inspirait-elle ? À mon avis, le Pr Piero Falchetta, conservateur des cartes pour les musées Correr et Marciano de Venise, a apporté la réponse à cette question, dans son article intitulé « *Carta Geografiche e Cartografi a Venezia al tempo di Giovanni Caboto* » (publié à Toronto en 1997). Voici ce qu'il en dit :

On dirait que de Virga disposait d'informations d'origine arabe ou chinoise. Mais quelle pouvait bien être leur source ? Des récits de marchands et de marins ? Ou des cartes et des comptes rendus de voyages à l'étranger ? Parce que le témoignage est incertain, il faut se pencher à nouveau sur un paragraphe tiré de Ramusio auquel personne n'a prêté attention, bien qu'il apparaisse dans des documents chinois.

Ce paragraphe, qui apparaît dans l'introduction de l'édition de 1583 du *Milione* [l'un des titres italiens de *La Description du monde* de Marco Polo], apporte des informations sur certaines cartes anciennes conservées dans le monastère de l'île de San Michele, à Venise, où Fra Mauro élabora le célèbre globe que nous connaissons aujourd'hui sous le nom de « globe Marciano ».

Ramusio rapporte que l'abbé du monastère de San Michele à Milan, celui-là même où vivait et travaillait Fra Mauro, lui raconta que ce dernier avait copié son célèbre globe à partir d'une belle carte marine ancienne, et à partir d'un globe rapporté de Chine par Marco Polo, et que Marco Polo avait noté sur cette carte les villes et les pays qu'il avait visités. Il est étrange que ce témoignage de Ramusio, qui semble parfaitement plausible, ait été accueilli avec tant de suspicion. Le même Fra Mauro ne réfute en rien ces propos lorsqu'il fait allusion à la navigation en Océanie. Mais ce n'est qu'après les publications de Fuchs, en 1953, et de Chang, en 1970, concernant cette première découverte de documents cartographiques chinois des XIVe et XVe siècles que le récit de Ramusio devint crédible. La carte de Chu Ssu Pen intitulée *Les Pays des mers du Sud-Ouest*, élaborée en 1320 (dont une copie nous est parvenue grâce à Hung Ssien au milieu du XVIe siècle), donne un excellent aperçu des connaissances précises dont disposaient les cartographes chinois des XIIIe et XIVe siècles sur les contours de l'Afrique. Selon Chang, ces connaissances provenaient d'une série de rapports cartographiques sur les côtes et l'intérieur du continent africain, effectués par des marchands et des marins entretenant des relations fréquentes et nombreuses avec les villes situées tout le long de la côte méridionale chinoise. La cartographie de Chu Ssu Pen devrait donc reposer sur des informations recueillies auprès des Arabes de l'océan Indien et d'Afrique, tandis que les descriptions de la Chine étaient élaborées à partir de documents cartographiques régionaux du genre de ceux que possédait Marco Polo selon Ramusio.

> Ainsi, si je devais résumer, il existait des cartes chinoises réalisées à partir de données arabes, documents que Marco Polo devrait avoir rapportés de Chine [...].

> Le globe de Virga resta unique dans son genre, en particulier parce que les questions qu'il posait ne furent explorées par aucun autre cartographe vénitien du début XVe siècle, et ne le furent que partiellement, ensuite, par Fra Mauro [...].

Pour résumer le propos du Pr Falchetta, il postule que de Virga a tiré ses informations de sources arabes et chinoises.

Dès l'instant où je vis pour la première fois la carte de Virga, j'eus la certitude qu'il s'agissait de la copie d'un original chinois, comme le dit le Pr Falchetta, et que l'on retrouverait un jour la mappemonde que de Virga avait copiée. La carte de Virga datait de 1419, nous allions donc retrouver un jour une mappemonde chinoise antérieure à 1419, qui représenterait le monde de l'Atlantique Nord jusqu'au l'Australie, de la Sibérie jusqu'à l'Antarctique, et de l'Orient à l'Occident, avec les îles et les fleuves dessinées par de Virga.

Comme je l'explique dans *1421*, les Portugais prétendaient avoir rapporté de Venise en 1428 deux cartes maîtresses. L'une représentait l'Afrique, l'océan Indien et l'itinéraire menant en Chine (« les Indes »), et la seconde, l'Amérique du Sud, avec ce que l'on appelait à l'époque « la Queue du Dragon », c'est-à-dire le détroit de Magellan. Je me suis rendu à Venise à plusieurs reprises, pour y examiner cartes et récits vénitiens. Sur le mur de la salle des cartes, au palais des Doges, est peinte une mappemonde, figurant terres et mers, de l'Inde à la Californie. Elle comporte deux cartouches. Le premier indique qu'elle fut élaborée grâce aux informations rapportées par Marco Polo, et l'autre dit que Niccolò de' Conti a rapporté des renseignements des Indes. Or les documents vénitiens ne laissent subsister aucun doute : Dom Pedro s'est bien rendu à Venise en avril 1428, il y a été reçu par le Doge, et s'est vu remettre des mappemondes. Il n'existe aucune divergence entre récits vénitiens et portugais.

J'étais donc certain que la carte de l'hémisphère ouest représentant les Amériques devait se trouver quelque part. Il existait une carte publiée par Waldseemüller en 1507, qui représentait l'Amérique du Nord et du Sud avant l'expédition de Magellan. Elle montrait aussi l'océan Pacifique, avant sa « découverte » par Balboa.

Waldseemüller a publié plusieurs cartes et globes, alors qu'il était dans les ordres, au monastère de Saint-Dié, en Lorraine. Il reste aujourd'hui au moins quatre exemplaires de sa mappemonde, la plus célèbre ayant été rachetée, en 2003, par la bibliothèque du Congrès de Washington, à la famille Waldburg-Wolfegg. C'est une gravure sur bois occupant plusieurs panneaux de 2,40 m x 1,20 m. Les autres cartes de Waldseemüller sont des globes et se trouvent à la bibliothèque James Ford Bell, dans le Minnesota, et en Allemagne. La dernière à avoir été découverte fut acquise chez Christie's par un négociant londonien, en juin 2005.

Bien que les quatre cartes Waldseemüller représentent les Amériques (ce sont les premières cartes européennes où figure ce continent), il existe des différences infimes, mais révélatrices, entre ces représentations de l'Amérique du Sud. L'exemplaire vendu par Christie's, en particulier, montre l'extrémité sud de la Terre de Feu et corrige quelques petites erreurs de latitude, par rapport à la carte que détient la bibliothèque du Congrès.

L'authenticité de ce dernier exemplaire et sa date de création, 1507, « n'ont jamais été remis en question et ne le seront jamais » (selon le Pr Carol Urness). Cette carte revêt une importance capitale car elle représente toute la côte Pacifique des Amériques, de 55° N à 45° S, avec les Rocheuses et les Andes. Ces montagnes ne sont pas visibles depuis l'Atlantique, donc pour que Waldseemüller puisse les dessiner, il a fallu que « quelqu'un » se rende sur la côte Pacifique des Amériques avant 1507, c'est-à-dire avant les expéditions de Magellan et Balboa, et avant que les premiers Européens, Cabrillo et Ferrero, n'atteignent la côte Pacifique de Californie. Il est évident que ce « quelqu'un » n'était pas européen et qu'il avait soit déployé d'immenses flottes pour effectuer un tel levé topographique, soit passé des décennies à explorer ces 37 000 kilomètres de littoral américain.

Ces quatre cartes ne se correspondent pas précisément entre elles, ni avec les globes. En particulier, le petit globe qui figure sur l'exemplaire de 1507 de la bibliothèque du Congrès ne concorde pas avec la carte. Les Amériques y ont une forme différente, le problème de Waldseemüller étant qu'il essayait de transposer les éléments d'un globe à plat, sur une feuille de papier. Il devait créer pour ce faire une sorte de système de projection ; il choisit une forme de cœur en haut et une forme elliptique en bas. Les échelles qu'il a utilisées pour les latitudes changent constamment. Dix degrés de latitude à l'extrême nord sont multipliés par quatre au niveau de l'équateur. Il en est de même pour les longitudes : l'échelle employée pour le Nord est cinq fois inférieure à celle de l'équateur. En outre, à une même latitude, les échelles des longitudes peuvent varier : les longitudes employées pour l'Afrique, par exemple sont plus grandes que celles des Amériques.

Comment pouvais-je, alors, transposer ou rendre intelligible ce que Waldseemüller essayait de montrer ? J'ai décidé de refaire ce qu'il avait fait, c'est-à-dire de transposer sur un globe ce que le cartographe avait dessiné sur le papier. J'ai d'abord photocopié la carte Waldseemüller en noir et blanc, puis noté les latitudes et les longitudes qu'elle indiquait pour la côte Atlantique à 90, 80, 70, 60, 50 degrés Ouest tout le long de la côte. J'ai procéde de même pour la côte Pacifique de l'Amérique du Sud, puis pour les côtes Atlantique et Pacifique de l'Amérique du Nord. J'ai noté ces quatre parties, A, B, C, etc. sur un tableau. L'étape finale consistait à prendre les latitudes et les longitudes de ce tableau pour les reporter sur un globe. L'effet fut spectaculaire : la forme, la taille de l'Amérique du Sud étaient exactes, et sa position par rapport à l'Afrique était parfaitement correcte. En 1507, les Européens n'avaient pas encore atteint les côtes du Pacifique, donc Waldseemüller devait avoir recopié une carte des Amériques antérieure, publiée avant 1428 (date à laquelle Dom Pedro rapporta sa carte des Amériques au Portugal, depuis Venise). Comme pour la carte de de Virga, j'avais à présent (au cours de l'été 2004) la certitude que nous trouverions un jour cette carte chinoise des Amériques publiée avant 1428.

La carte de 1418

En fait, M. Liu Gang, membre fondateur de Finance et Commerce, deuxième cabinet juridique de Chine, l'avait déjà repérée chez un petit vendeur de cartes anciennes de Shangai, en 2001. Comme nous le montrerons, elle représente le monde entier, avec une extrême précision. Une note indique qu'il s'agit une copie, datant de 1763, de la carte que Zheng He fit établir en 1418. Si elle était authentique, bien sûr, elle indiquait donc que Zheng He avait fait cartographier le monde dès avant 1418. À l'époque où M. Liu Gang l'avait vue pour la première fois, personne, ni en Chine ni en Occident, ne s'intéressait particulièrement à Zheng He et l'on savait peu de choses de ses voyages. La carte restait donc, pour lui, une énigme absolue. Cependant, comme elle était très bien dessinée et manifestement très ancienne, il décida d'acheter cet objet rare pour la somme de 500 dollars. Il était certain qu'il ne s'agissait pas d'un faux.

Il l'ajouta à sa collection de cartes du début de l'ère Ming et l'étudia de temps à autre. À la fin de l'été 2005, M. Liu Gang dut se rendre pour affaires à Hong Kong. Il acheta un exemplaire de *1421* à l'aéroport de Pékin. En feuilletant les premières pages, il vit la mappemonde sur laquelle j'avais dessiné les voyages de Zheng He. Il mesura immédiatement l'immense valeur de la carte qu'il avait achetée quelques années auparavant : il possédait l'unique copie de la toute première mappemonde.

M. Gang prit contact avec six cartographes chinois pour leur montrer des photos de sa carte. Aucun d'entre eux ne répondit à ses lettres, il contacta donc le bureau de *1421*, vers la fin novembre 2005. Notre équipe lui demanda d'envoyer une image de sa carte par courrier électronique. En arrivant, elle rejoignit les autres courriers de la nuit, sur la table de la réception. Quand je la vis pour la première fois, j'eus l'impression qu'il s'agissait d'une copie des cartes Waldseemüller et de Virga mélangées. Je n'y prêtai donc pas attention. Il s'écoula quelque temps avant que la vérité ne commence à m'apparaître. Je restai tout d'abord incrédule. Puis j'ai tout de suite pris deux aspirines et un cachet pour faire baisser ma tension. Ce document semblait apporter la preuve de tout ce que j'avais écrit, n'était-ce que Zheng He avait fait cartographier le monde trois ans plus tôt que je ne le croyais. Ma femme, Marcella, pensait que c'était trop beau pour être vrai, que nous étions victimes d'un faussaire. Elle me conseilla de ne pas répondre. D'un autre côté, l'hémisphère est de la carte de 1418 avait été copié un an plus tard par Albertin de Virga et personne n'avait remis en question l'authenticité de sa carte. De plus, l'hémisphère ouest avait été copié par Waldseemüller.

Cela ne signifiait pas que la carte était authentique, mais il aurait fallu un faussaire extrêmement doué, non seulement capable d'écrire le chinois médiéval, mais connaissant aussi parfaitement chaque détail des cartes de Virga et Waldseemüller, et qui plus est, ayant compris comment convertir les étranges échelles latitudinales et longitudinales de ce dernier. En fait, ce faussaire ne pouvait être que moi, ou alors un membre de l'équipe *1421*, ou un ami proche.

Marcella et moi-même nous sommes interrogés sur cet aspect pendant des journées entières. Nous avons fini par nous rendre compte que la carte de 1418 ne pouvait absolument pas être un faux récent : si c'était le cas, alors la carte de Virga de 1419 était forcément un faux, puisque c'était une copie de la carte de 1418. En 1419, les voyages européens d'exploration n'avaient pas encore commencé, pourtant la carte de 1419 représentait l'hémisphère est du monde. Comment aurait-on pu, à cette époque, produire un faux d'un événement qui n'avait pas encore eu lieu ?

Je décidai de me rendre à Pékin pour voir la carte de mes propres yeux. Je fus immédiatement convaincu, à la fois par intuition et pour une foule de raisons techniques, que la carte était authentique. Je demandai à M. Liu Gang de prendre des dispositions pour qu'une datation par spectrographie de masse soit réalisée par un organisme indépendant, afin d'en déterminer l'âge. Il décida de confier les analyses à l'université de Cambridge ou à celle de Waikato, puisque ces deux institutions sont, dans ce domaine, des spécialistes de renommée internationale.

M. Gang demanda à l'équipe de 1421 de s'occuper de la campagne mondiale d'information concernant la carte, qui devait commencer le 16 janvier 2006, à Pékin, et le lendemain, au Musée maritime de Greenwich, près de Londres. Nous avions choisi ces dates car on nous avait dit que les résultats de la datation seraient disponibles à la fin du mois de décembre.

En décembre 2005, on nous apprit que l'université de Waikato serait fermée pendant la période de Noël et que les résultats ne seraient pas connus avant le 16 ou le 17 janvier. À ce stade, nous avions retenu les services de Midas and Kaiten Communications pour s'occuper des relations publiques, et ils avaient remarqué un énorme intérêt des médias pour le lancement auprès de la presse. Nous devions donc prendre une décision : devions-nous poursuivre ce projet de lancement sans le certificat de datation, et le publier lorsqu'il serait prêt, ou devions-nous différer le lancement d'un mois ? À mon avis, il était impossible que la carte soit un faux, pour les raisons déjà évoquées, et le report n'était pas indiqué. C'était un risque énorme pour M. Liu Gang, car s'il s'avérait que la date de fabrication de la carte était récente, alors nous avions affaire à un excellent faux, mais sa réputation, comme celle du cabinet juridique qu'il avait mis des années à développer, seraient réduites à néant. Il était toutefois lui aussi convaincu que cette carte ne pouvait pas être un faux récent (des experts de Christie's étaient d'accord sur ce point). Nous sommes donc restés sur nos positions et nous avons maintenu les dates du 16 et du 17 janvier. Un mois après le lancement, nous avons reçu le certificat de datation de l'université de Waikato, qui nous donnait tout à fait raison. La carte de 1418 était authentique, ce qui entraînait des conséquences monumentales.

Son importance était historique, puisqu'il s'agissait du premier planisphère, utilisé par les explorateurs européens pour atteindre le Nouveau Monde, mais elle revêtait aussi pour nous une importance particulière, car elle nous fournissait des indices sur les orientations à donner à nos recherches.

J'en examinerai ici quatre exemples : ceux du Pérou, de la Caroline du Nord, de l'Europe du Nord et de la France.

Le Pérou

La carte de 1418 montre l'Amérique du Sud, avec un fleuve sur la côte Pacifique, et deux notes descriptives : « Ici, les gens pratiquent les sacrifices humains » et « les gens suivent la religion de Paracas ».

Je suis resté une petite semaine sur la côte Pacifique d'Amérique du Sud, avec mon épouse, du 2 au 8 mai 2006. Ce séjour faisait suite à deux visites au Pérou, trois au Chili, deux au Brésil et une en Colombie.

Avec sa cordillère enjambant l'équateur, l'Amérique du Sud est un continent incomparable. Au fur et à mesure que l'on descend vers le sud, les montagnes s'élargissent et les plaines côtières deviennent de plus en plus étroites : larges de plusieurs milliers de kilomètres en Équateur, elles n'en font plus qu'une quarantaine au Chili. Au sud, là où les massifs montagneux sont les plus importants, de hauts plateaux herbeux s'étendent entre les sommets, à quelque 3 500 mètres d'altitude. D'innombrables petits fleuves descendent les flancs occidentaux de l'Altiplano, vers la mer, lui donnant ainsi l'apparence d'un immense mille-patte.

À l'est du massif andin s'étend une vaste plaine de faible altitude. Chaude et humide, elle absorbe les vents chargés de pluie qui viennent de l'Atlantique et soufflent vers l'ouest. Ce précipitations arrosent alors la forêt brésilienne, puis les Andes, sous forme de neige, en raison de l'altitude. Au printemps, entre septembre et avril, le vent se rafraîchit et la neige peut même atteindre les hauts contreforts des Andes occidentales.

En été, quand la neige fond, l'eau dévale des sommets vers le Pacifique, en formant torrents et rivières. Ainsi, lorsqu'on part de la côte Pacifique, près de l'équateur, pour poursuivre vers l'est, on rencontre une diversité climatique étonnante : une étroite plaine côtière aride, tout d'abord (sur laquelle je reviendrai), ensuite les versants occidentaux de la cordillère, où se succèdent, tous les cinquante kilomètres environ, des rivières qui coulent à peu près trois mois par an, puis le vaste plateau herbeux d'altitude, l'Altiplano, bien irrigué pendant ces trois mois de l'année, et enfin, la forêt tropicale humide amazonienne, de faible altitude.

L'aridité de la plaine côtière orientale est dûe à la conjonction du courant froid de Humboldt, qui coule vers le nord depuis l'Antarctique, et d'un système anticyclonique situé loin dans le Pacifique. Il ne pleut jamais sur cette côte, et ni le quetchua ni l'aymara ne comportent de vocable désignant la pluie. Cependant, en hiver, il lui arrive souvent d'être plongée dans un fin brouillard, qui se dissipe au fur et à mesure que le soleil la réchauffe. En chinois, ce fin brouillard se dit *peru*.

En remontant des profondeurs marines, le courant de Humboldt emporte des millions de tonnes de plancton vers la surface. De petits poissons viennent s'en nourrir, attirant à leur tour de plus gros poissons, qui eux-mêmes attirent les otaries. Avec 1 680 kilos de poissons à l'hectare, ces eaux atteignent mille fois la moyenne mondiale. C'est en bateau, ou bien en sous-marin, que l'on mesure le mieux l'extraordinaire richesse de cette partie du Pacifique. On repère très bien le courant de Humboldt : des vols entiers d'oiseaux marins y plongent et se livrent à de spectaculaires acrobaties pour se gorger de poissons. Ils sont des millions à nicher sur la côte, où ils constituent une réserve quasiment infinie d'engrais, le guano.

Les populations des côtes Pacifique du sud de l'Équateur, du Pérou et du nord du Chili disposaient donc d'une ressource presque inépuisable de nourriture : poissons, palourdes, crabes, oiseaux et lions de mer. Ils profitaient de vallées bien irriguées pendant un quart de l'année, et d'une abondance d'engrais. Il n'est guère surprenant que, depuis la nuit des temps, de grandes civilisations se soient succédé dans cette région. Elle offre des conditions de développement aussi favorables que la vallée du Nil, la Mésopotamie, les vallées du Gange ou des grands fleuves chinois. Et, en matière d'ancienneté, les civilisations d'Amérique du Sud n'ont rien à envier : la civilisation de Caral-Supe date d'il y a 5 000 ans (à titre de comparaison, la civilisation chinoise est vieille de 3 900 ans, la civilisation indienne, de 4 600 ans, l'Égypte naquit il y a 5 300 ans et la Mésopotamie est civilisée depuis 5 700 ans).

Les plus grandes civilisations de la côte Pacifique d'Amérique du Sud, qui naquirent à Caral, puis à Chavin, prirent leur source entre le Lambayeque, au nord du Pérou, et l'Ica, affluent de l'Amazone, au sud du pays. En descendant plus au sud, la plaine côtière se réduit considérablement et, en remontant plus au nord, on voit mourir le courant de

Humboldt et disparaître ses réserves de poissons. Le Pérou fut donc le lieu de naissance de la plus riche des grandes civilisations.

Les Chinois au Pérou

Ce pays offre des traces évidentes de présence chinoise depuis 2 000 ans. On trouvera une liste des principaux éléments sur notre site internet. Aujourd'hui encore, plus d'une centaine de villages de la province d'Ancash ont gardé leur nom chinois. Les analyses confirment que les Incas ont reçu un tel apport génétique chinois qu'on pourrait presque les qualifier de chinois (professseur Gabriel Novick *et al.* Voir, sur notre site, « Part VII – *The Genetic Legacy of Zheng He's fleets* », sur l'héritage génétique légué par les flottes chinoises).

Les preuves les plus criantes se trouvent au Museo Arqueológico Rafael Larco Herrera de Lima, qui expose les objets retrouvés dans des tombes allant de la période Cupisnique (1 000 av. J.-C.) aux ères Nasca, Chimu et Chanca, plus récentes, en passant par la période Moche (400-800 av. J.-C.). Le conservateur, Claudio Huarache, s'est montré particulièrement obligeant : lorsque je lui ai demandé si des portraits de marchands chinois avaient été découverts sur les poteries retrouvées dans les tombes, il m'a immédiatement montré de magnifiques portraits chinois. Ils provenaient de tombeaux datant des ères Moche, Chanca et Nasca B. Ils couvraient donc deux millénaires, et toute la côte péruvienne, du nord au sud. La reproduction de l'un des ces portraits figure sur notre site internet.

Le Pérou apparaît sur des mappemondes bien antérieures au planisphère de 1418 (voir la collection cartographique Hendon Harris). Il figure aussi sur la grande carte de Diego Ribero, qui date de 1529, et montre précisément le détail de la côte péruvienne, avec une inscription décrivant la région comme « Province et cités de la soie chinoise ». La carte Ribero fut publiée avant que l'expédition de Pizzaro, le premier Européen à s'aventurer au Pérou, n'ait atteint le pays. Quant à la carte Waldseemüller, elle aussi antérieure à l'arrivée de Pizzaro, elle montre la cordillère des Andes qui s'étend sur toute la longueur de la côte sud-américaine. Il semblait donc parfaitement clair que Zheng He connaissait le Pérou avant même le départ de sa flotte en 1421.

Il avait dû se rendre dans les ports avec lesquels ses flottes pouvaient commercer. Nous savons, d'après les archives et les premières chroniques espagnoles, que dans les années 1420 les principales aires commerciales du Pérou devaient être Chan-Chan, dans le nord du pays, Chancay, au nord de Lima, Pachacamac, dans les faubourgs sud de l'actuelle capitale, et Paracas, à environ 250 kilomètres au sud. À cette époque, Chancay se mit à produire massivement des porcelaines parfois appelées *china*. Ma première idée fut donc que c'était à Chancay que Zheng He avait dû faire escale (en castillan médiéval, ce nom signifie « Cité de la soie chinoise »). Mais le site a fait l'objet de pillages et de dégradations tels qu'il est impossible d'en être sûr. Nous avions donc besoin de trouver d'autres indices.

Paracas

Quand M. Liu Gang rendit publique la carte de 1418 qui mentionnait la religion des « Paracas », nous explorâmes donc les récits des jésuites et des franciscains pour trouver quand apparaissait la première référence à cette religion dans les archives européennes. À ma grande surprise, il nous fut impossible d'y trouver la moindre allusion. C'est en nous déplaçant vers le sud et la péninsule de Paracas (aujourd'hui parc national) que nous avons pu mettre la main sur la clé de l'énigme. Les Paracas enterraient leurs morts en les enveloppant dans de splendides châles tissés de coton local et de laine de vigogne, dont ils obtenaient les magnifiques couleurs à l'aide de teintures naturelles. Nous en avons placé une photo sur notre site internet. C'est sur le marché de Lima qu'apparurent pour la première fois ces textiles, à la fin du XIXe siècle. Ils furent alors examinés par un archéologue allemand, Max Uhle, qui les attribuait à une « culture inca précoce ».

En 1925, un archéologue péruvien, M. Tello, qui travaillait dans la péninsule de Paracas, fouilla des sites du nom de Cerro Colorado et Wari Kayan. Il s'agissait de deux cimetières du style dit « caverne » ou encore « nécropole ». Il comprit qu'il n'avait pas affaire aux vestiges d'une culture inca, même précoce, mais à une civilisation entièrement différente, qu'il nomma « Paracas ». Jusqu'en 1925, les Européens ignoraient donc son existence. Pourtant, elle apparaît sur la carte Liu Gang de 1418. À mon avis, Zheng He connaissait forcément la péninsule de Paracas. Il était donc possible que le fleuve figurant sur la carte de 1418 se trouve effectivement tout près. Disposions-nous d'autres indices ?

Sur la péninsule de Paracas, on trouve un énorme candélabre précolombien gravé à flanc de colline, dominant l'océan. Il est visible à 15 milles au large. Son origine et sa fonction restent mystérieux. Nous avons loué un bateau pour gagner le large, dans l'alignement du candélabre, entre les îles Ballestas et Chincha (« l'île chinoise »). Il est évident que la tige principale de cette figure est bien antérieure aux autres bras, plus fantaisistes : elle a subi une érosion beaucoup plus importante et elle est gravée dans une pierre de couleur différente. Si l'on fait abstraction des fioritures, on peut donc apercevoir une portion beaucoup plus ancienne du dessin. Elle forme, à flanc de colline, l'idéogramme chinois *Shan*, « montagne ». Mais de quelle montagne pouvait-il bien être question ?

Les îles Ballestas et Chincha fournissent la réponse à cette question : des montagnes de guano ! Elles sont noires de nids d'oiseaux marins, qui les ont transformées en deux montagnes d'engrais blanc. Nous eûmes l'occasion de les survoler, du côté de la mer. Depuis le large, il est difficile d'identifier les groupes d'îles, surtout dans la brume matinale ou les tempêtes de sable de l'après-midi. Au marin qui venait charger sa cargaison de guano ou bien écouler ses marchandises sur la riche côte voisine, le candélabre indiquait qu'il était bien à l'endroit recherché. En outre, il le guidait pour lui permettre de passer, en tout sécurité, entre les îles Blancas et Ballestas. J'étais désormais sûr que ce candélabre était l'œuvre des flottes de Zheng He. L'étape suivante de notre enquête consistait donc à trouver, parmi les fleuves proches, celui qui correspondait le mieux au fleuve figurant sur la carte de Liu Gang.

Au nord, on trouve le Canate, à côté de la péninsule, le Pisco et, au sud, l'Ica. Les cours du Pisco, de l'Ica et de leurs affluents correspondaient au tracé du fleuve représenté sur la carte Lui Gang. Quand nous nous sommes rendus sur place (en mai 2006), leurs lits à tous deux étaient à sec, même si les vallées environnantes restaient luxuriantes et fertiles, car elles avaient reçu assez d'eau pendant le reste de l'année. En remontant le cours des ces fleuves, nous avons pu constater que le Pisco avait dû atteindre autrefois une quinzaine de kilomètres de large, comme l'indiquait l'érosion des falaises, à une trentaine de kilomètres en amont, vers Tambo Colorado. C'est à cet endroit que le fleuve se sépare en deux bras différents, comme celui qui figurait sur la carte de 1418. Le Pisco nous semblait donc bien lui correspondre. Nous décidâmes de rentrer en Angleterre pour examiner les récits des premiers Espagnols et voir ce qu'ils avaient trouvé en remontant le Pisco, un siècle après les flottes de Zheng He.

Les Chinchas

L'exposé le plus complet sur les Chinchas reste celui qu'offre Maria Rostworowski de Diez Canseco, dans son ouvrage *Histoire du Royaume inca*[1]. Après avoir expliqué que le mot *chincha* est l'équivalent de *chinchay* (« soie chinoise » en catalan médiéval), elle décrit la conquête paisible des Chinchas par l'Inca Topac Yupanqui, la façon dont leurs chefs s'intégrèrent à la hiérarchie inca, la grande courtoisie dont firent successivement preuve Topac Yupanqui, puis Huayna Capac, et enfin Atahualpa, envers les dirigeants chinchas. À la page 129 de son ouvrage, elle raconte comment le seigneur de Chincha et l'empereur Atahualpa rencontrèrent pour la première fois Pizarro. Ils se trouvaient tous deux en litière, dans la même procession. Leurs statuts respectifs étaient donc comparables, ce que Atahualpa justifia un jour en mentionnant les 100 000 navires du seigneur chincha. Bartholome Ruiz raconte avoir capturé en mer un radeau chincha chargé de marchandises précieuses. Une jonque chinoise figure, par ailleurs, sur le blason de Pizarro, au musée des Indes de Séville.

Maria Rostworowski décrit de nombreux points communs entre les peuples chinois et chincha. Parmi les anciennes civilisations péruviennes, seuls les Chinchas possédaient une grande connaissance de l'astronavigation : ils nommaient Cundri leur étoile guide. Marchands habiles, ils avaient coutume de se rendre jusqu'en Équateur et un certain type de cuivre leur faisait office de monnaie internationale. Habiles orfèvres, ils excellaient à travailler l'or et l'argent. Cet auteur raconte que les Naylamps, qui vivaient plus au nord, mentionnaient dans leurs légendes des étrangers arrivés par la mer avant les Espagnols, sur une flotte de radeaux, et qui s'étaient installés parmi eux.

Elle revient constamment sur le fait que les Chinchas possédaient une riche et prospère province de l'Empire inca, où ils préféraient parler leur propre langue, plutôt que le quetchua. Pour reprendre sa conclusion[2] : « Pourquoi les Chinchas étaient-ils devenus navigateurs, et comment avaient-ils appris à naviguer ? Nos connaissances actuelles ne nous permettent pas d'apporter de réponse satisfaisante à cette question. Peut-être eurent-ils des contacts avec des marins d'origines diverses, qui leur enseignèrent l'art de la navigation. »

---

1. Maria Rostworowski de Diez Canseco, *History of the Inca Realm*, Cambridge U. P., 1999.
2. *Ibidem*, p. 211.

Tambo Colorado : capitale des Chinchas ?

Dans *Les Civilisations préhispaniques du Pérou,* Justo Cáceres Macedo insiste sur le rôle capital des marchands chinchas :

> Une version de leur mythe des origines dit que des étrangers conquirent la vallée chincha avec l'aide d'un oracle nommé Chinchacama. La population croissait rapidement et, comme les vallées étaient adjacentes, elle s'allia avec les Chinchas, qui envoyèrent des excursions vers la sierra, vers la terre des Collas et les rives du lac Titicaca, au temps où les Incas fondaient Cuzco.
>
> À l'arrivée des Espagnols, les Chinchas étaient l'un des peuples les plus prospères et les plus prestigieux des Andes [...].
>
> Des études récentes indiquent l'existence d'un important groupe de marchands dans la vallée du Chincha. Ils commerçaient tout le long de la côte nord, jusqu'en Équateur, au sud de l'Altiplano, et tout au long de la côte sud, jusqu'à Valdivia, au Chili. On estime qu'au XVe siècle, il y avait, à Chincha, plus de 6 000 marchands [...].
>
> Un manuscrit anonyme du XVIe siècle nous assure qu'ils utilisaient des pièces de monnaie et qu'ils « achetaient et vendaient avec du cuivre ».

Sous le règne de Topac Yupanqui, les Incas conquirent leur province, qui fut annexée en 1476. Après cette conquête pacifique, les Incas prirent la direction de la ville de Tambo Colorado, où ils firent édifier quelques bâtiments supplémentaires.

Site idéal, Tambo Colorado reliait à la côte Ayacucho, Abancy et Cuzco, sur l'Altiplano. Des Andes arrivaient turquoises, or, argent, améthystes, obsidienne, mais aussi une laine de vigogne d'une qualité exceptionnelle. De la côte, venaient nacre, poisson et sel. De la vallée du Pisco partaient, à la fois vers la côte et l'Altiplano, des fruits et des légumes (raisins, oranges, bananes, dattes, coton, maïs, asperges et yuccas), que l'on peut encore voir aujourd'hui sur les marchés de la région.

La carte de 1418 indique que les peuples d'Amérique du Sud pratiquaient le sacrifice humain. C'est parfaitement correct. Il y a de cela dix ans, le volcan Abancay entra en éruption, éclaboussant de lave brûlante un volcan voisin, l'Ampato, ce qui fit fondre ses neiges. D'autres éruptions exhumèrent alors la dépouille d'une vierge du Soleil, enterrée après avoir été sacrifiée. On l'a nommée Juanita, et son corps, parfaitement préservé, est aujourd'hui conservé dans les congélateurs de l'université d'Arequipa. En 2000, il fut envoyé à Tokyo pour effectuer des analyses ADN et une datation au carbone 14. Il s'avéra que Juanita était morte vers 1440, et qu'elle était donc née vers 1425. Son ADN témoigne d'un substantiel apport génétique taïwanais.

La carte de 1418 et les colonies chinoises de Virginie et de Caroline du Nord

La carte de 1418 montre deux bassins fluviaux sur la côte Atlantique d'Amérique du Nord. Le plus septentrional, face au Groenland, est sans conteste celui du Saint-Laurent. Mais quel est donc le plus méridional de ces fleuves, qu'elle place un peu au-dessus des Caraïbes ? Elle le situe au nord d'une péninsule qui occupe la position du cap Hatteras, et en présente les contours. Or, à partir de ce cap, on peut remonter, vers l'intérieur des terres, le cours du Roaneke, fleuve qui bifurque, d'abord vers le sud-ouest, puis le nord-ouest, comme l'indique la carte. Elle montre également ce fleuve se séparant en trois bras. Celui du nord-ouest ressemble énormément au New River, qui devient ensuite le Scioto. Cette interprétation est corroborée par le relief figurant également sur la carte soit, dans le sens inverse des aiguilles d'une montre en partant du nord, le Blue Ridge, puis le plateau de Cumberlan à l'ouest, les Appalaches au sud-ouest et, enfin, le plateau de Piedmont au sud. La seule erreur que commit le cartographe, c'était de placer le confluent de toutes ces rivières vers Roaneke, alors qu'elles prennent toutes leur source dans les Appalaches, plus à l'ouest.

Il y a dix ans, un Américain, Jerry Warsing, menait une étude sur les Ming Hos, population originaire de Virginie et de Caroline du Nord, qui avait migré vers les Appalaches. Il remarqua parmi eux un taux élevé de maladie de Machado-Joseph. En recherchant d'où venait cette maladie, il remonta jusqu'au Yunnan. Avec des moyens limités, il parvint à faire effectuer quelques tests ADN, qui montrèrent que certains Ming Hos avaient reçu un apport génétique important provenant d'Asie orientale. D'un point de vue strictement statistique, ces échantillons étaient trop limités pour être significatifs. Mais Jerry Warsing commença à se demander s'il n'y aurait pas un fond de vérité dans la légende des Ming Hos qui faisait de ce peuple les descendants de marins naufragés, et non d'Indiens de la région.

Au bout de plusieurs années de recherches, en 2002, avant la publication de *1421*, il était convaincu qu'une flotte de 200 navires, sous le commandement de Zheng He, avait fait naufrage, en 1432, sur la côte américaine, entre Southport, en Caroline du Nord et Norfolk, en Virginie. Trouvant une plaine côtière marécageuse et inhospitalière, ils s'avancèrent vers l'intérieur des terres, le long des fleuves Fear (Yadkut) et Roaneke, puis s'implantèrent au pied des contreforts occidentaux des Appalaches, entre Salem et Ashville. Certains décidèrent de s'arrêter en chemin et de s'installer, comme en Virginie de l'Ouest, où l'on trouve une prolifération de constructions de pierre, y compris des maisons à étage, des barrages, des moulins, des bassins de pêcheries, des réservoirs, et j'en passe : tous ces édifices de pierre dont parlait Powhatan. Ils introduisirent également des espèces chinoises, tant végétales (paolownia – *Paolownia tomentosa* – et riz) qu'animales (gallinacés et petits singes).

On trouve, dans les archives de la Virginia Company of London[1], le récit de voyage du lieutenant Marmaduke Parkinson, qui fut l'un des premiers à explorer la Caroline du Nord. Son expédition partit de Jamestown pour se diriger vers le nord, jusqu'au Potomac. Dans la demeure du roi des Pawhattans, il put voir une boîte chinoise. Voici la réponse qu'il obtint lorsqu'il interrogea le grand chef sur sa provenance : « Il répondit qu'elle lui avait été envoyée par un roi qui résidait à l'ouest, dans les grandes collines [les Appalaches] à quelque dix jours de route, et dont la province est proche de la mer. Il tenait lui-même cette boîte de gens qui étaient arrivés en bateau, portaient des vêtements de tissu et possédaient des épées recourbées ; ils ressemblaient quelque peu à nos hommes et on les nommait les Acamack-China ».

Le chef proposa alors de guider Parkinson là où se trouvaient ces étrangers (près des sept affluents du Chesapeake), à près de 250 kilomètres à l'ouest de la chaîne des collines qui s'étendaient du nord au sud (les Appalaches), là où ils pourraient rencontrer leur roi. « Cette découverte apportera des très riches échanges à Cathay, à la Chine, au Japon et autres Indes orientales, pour le plus grand bénéfice de notre royaume [...]. »

Pour résumer, disons que les récits des premiers Européens à s'être rendus sur place corroborent les résultats des recherches menées par Jerry Warsing : il existait dans cette région une colonie chinoise.

---

1. Susan Myra Kingsbury (éd.), Washington D. C. 1906-1935, vol. 3, p. 547-48.

Le Grand Marais côtier
(où la carte de 1418 montre l'embouchure d'un fleuve)

Dans le Grand Marais côtier, habituellement nommé « Grand Marais lugubre » (*Great Dismal Swamp*), et situé au nord du fleuve Roaneke, au sud-ouest de Norfolk, trois observateurs indépendants rapportent avoir vu une très vieille épave chinoise.

George Washington et son ami Patrick Henry créèrent une société afin d'assécher la zone et d'y faire pousser une forêt, qu'ils voulaient exploiter. Ils racontent avoir vu apparaître une épave après avoir fait creuser les premiers canaux : « Alors que le premier marais était en cours d'assèchement, on découvrit un vieux voilier chinois. Sara [Jackson] disait que personne ne savait comment il était arrivé là[1]. »

En 1939, le corps d'Ingénierie de l'armée américaine racheta la compagnie créée par Washington afin de construire un canal reliant le Grand Marais au détroit d'Albemarle (à l'embouchure du Roaneke). En dégageant le passage, on s'aperçut qu'il était obstrué par l'épave d'une jonque chinoise, si bien qu'il fallut couper une partie de sa coque pour rendre le canal navigable. Les archives du corps d'Ingénierie ne disent pas de quel canal il s'agissait et ne précisent pas non plus la position de cette épave.

La troisième observation eut lieu en 1943, lorsqu'un bombardier ayant décollé de la base navale de Norfolk dut atterrir en catastrophe dans les marais à cause d'un problème de moteur. En recherchant l'appareil, l'armée tomba par hasard sur l'épave de la jonque (information que nous tenons d'un membre de la famille de l'aviateur, qui nous a envoyé un message électronique).

La carte de 1418 ne laisse subsister, selon moi, aucun doute. Le fleuve qu'elle représente est bien le Roaneke et la jonque de Zheng He l'avait remonté depuis son embouchure, dans le détroit d'Albemarle. À quelque 20 milles en amont, le fleuve se sépare en deux bras. Le plus important vient du nord, c'est le Nottoway River, qui longe le Grand Marais côtier par l'ouest. À environ 120 milles encore en amont de cet affluent, se trouve la ville de Jarrat, où un pont enjambe le Nottoway.

C'est là que grandit un ami et habitué du site internet *1421*, Richard Perkins, dont voici le témoignage :

---

1. *Merrill Reading Skilltext series*, Charles E Merrill publishing Co. Columbus Ohio, 1970.

> L'endroit où j'ai grandi se situe à la limite de navigabilité du Nottoway [...]. Une histoire que j'ai toujours entendu raconter disait que les premiers colons européens, et les premiers explorateurs y avaient rencontré des « Blancs », qui n'avaient aucun lien avec la colonie anglaise de Jamestown, et qui vivaient dans un village de pierre [...]. Je me souviens avoir vu les fondations de ces maisons de pierre [...]. Je connais aussi plusieurs personnes de la région qui étaient en possession de fragments de porcelaine bleus et blancs retrouvés sur place, et même quelqu'un qui avait retrouvé une étrange épée recourbée dans un champ, où elle avait été enterrée. J'ai eu l'occasion de voir cette épée, une fois [...]. Elle était de couleur sombre mais, contrairement à ce que l'on aurait pu attendre, elle n'était pas du tout rouillée.

Nous pouvons donc affirmer que des jonques chinoises ont remonté le Nottoway et longé la limite occidentale du Grand Marais côtier, où l'une d'entre elles s'échoua à 230° de la base aérienne de Norfolk (en admettant que l'avion qui s'y est écrasé en 1943 ait bien volé pendant 7 minutes avant que ses problèmes de moteurs ne le contraignent à tenter un atterrissage forcé). Nous devons donc chercher les vestiges de la jonque et du bombardier vers 36° 30' N et 77' 00' O.

La carte de 1418, les recherches de Jerry Warsing, les récits des premiers explorateurs européens, l'épave de la jonque aperçue dans le Grand Marais côtier et les objets retrouvés en amont du Nottoway, tous ces éléments sont parfaitement cohérents.

Je propose aux chaînes de télévision de nous aider à retrouver l'épave du Grand Marais. Après, tout, elle se trouve à moins de 200 kilomètres de Washington et créerait une petite excursion touristique tout à fait idéale !

La carte de 1418, le passage de Zheng He en Europe du Nord

D'après les recherches universitaires menées par le Dr Sui-Leung, le *Ming Shi* décrit le pays de « Franca » et les barbares qui le peuplent : ils ont la barbe rousse et le nez très long. Si la carte de 1418 ignore l'Angleterre, elle montre bien la France et la Hollande. On peut en effet penser que la péninsule en forme de pinceau qui s'avance vers le nord représente la côte néerlandaise entre Vlissingen (51° 30' N) et Vlieland (53° 15' N), et que le bras de mer apparaissant juste à l'est, c'est le lac d'Ijssel, avec les terres situées sous le niveau des eaux qui descendent jusqu'à Rotterdam. Cette région, aujourd'hui gagnée sur la mer grâce aux digues, était fréquemment inondée au Moyen Âge. La seconde inondation historique, celle de la Saint-Elisabeth, le 18 Novembre 1421, est encore mentionnée dans toutes les églises de Hollande et du nord-ouest de l'Allemagne.

On peut aussi penser que les œuvres de trois artistes qui vivaient, à cette époque, à proximité des principaux ports néerlandais, Bruges et Haarlem, attestent une visite des flottes chinoises entre 1420 et 1450. Il s'agit de Jean Van Eyck, Laurens Janszoon Coster et Jérôme Bosch. Le premier vécut et travailla à Bruges, le deuxième à Harlem et le troisième à Hertogenbosch, soit à une centaine de kilomètres de ces villes, vers l'intérieur des terres.

Jérôme Bosch

Jérôme Bosh (1450-1516) représentait le mal par des créatures mi-humaines, mi-animales. Certains de ses animaux à tête de canard ont des queues de poisson. Il peignit aussi des chiens debout sur leurs pattes arrière. Cependant, comme nous l'ont fait remarquer des internautes australiens, ils pourrait s'agir d'ornithorynques et de kangourous. Avant les voyages d'explorations européens, figuraient déjà dans les tableaux de Bosch, paons, oiseaux-lyres australiens, oiseaux-mouches, faisans chinois, ananas, jaques et pommes-canelle, ainsi que ziggurats et pagodes, mais aussi porc-épic, éléphants, chameaux, dromadaires, fourmiliers, singes, chiens chinois et crocodiles, et peut-être même ornithorynques et kangourous.

Comment Jérôme Bosh pouvait-il connaître tous ces animaux d'Asie et d'Australie bien avant que les Européens ne soient arrivés dans ces régions ?

Laurens Janszoon Coster

Sur la Grand-Place de Haarlem, face à l'hôtel de ville, se trouve encore l'imposante demeure de la famille Coster. Sur la façade, les curieux pourront lire une inscription dont voici la traduction : « À la mémoire de l'imprimerie, conservatrice de tous les arts, inventée ici vers 1440. »

Les admirateurs de Coster affirment que, dans les années 1420, il fut le premier à tailler des lettres dans des blocs de bois, dont il joignit les impressions pour former des mots sur le papier. Il imprima un premier ouvrage de cette façon, *Le Miroir du salut*. Ensuite, selon son biographe Junius, il « remplaça ces formes de bois de bouleau par des caractères de plomb, puis d'étain, plus résistants et plus durables [...]. Cette nouvelle invention prospéra [...], il prit des apprentis, ce qui marqua le début de ses déboires, car il se trouvait parmi eux un certain Johann. »

M. Junius raconte ensuite comment ce Johann saisit l'occasion de voler ces caractères de métal pendant que les Coster assistaient à l'office, et les vendit à un dénommé Gutenberg. Pour résumer encore : c'est à Haarlem, dans les années 1420, qu'apparurent, pour la première fois en Europe, les caractères d'imprimerie.

Jan Van Eyck

Van Eyck vécut et travailla principalement à Bruges, avec des séjours à Florence et au Portugal.

Dans son ouvrage intitulé *Savoirs secrets, les techniques perdues des maîtres anciens*[1], David Hockney raconte qu'il fut taraudé par le désir de comprendre comment les artistes du Moyen Âge, Van Eyck en tête, découvrirent soudain la perspective, technique qui révolutionna leur art, en 1432. Comparant son propre tableau *Pearblossom Highway* avec le *Retable de Gand* de Van Eyck (1432), il en tire la conclusion que le maître avait obtenu sa perspective grâce à une *camera obscura* d'une focale de 665 mm. (Van Eyck avait aussi représenté des marchands chinois dans son *Retable de Bruges*, mais comment avait-il pu les peindre ? Marco Polo n'avait apporté aucune image de ses voyages.)

Zhu Di consentit à de gros investissements pour améliorer les techniques d'imprimerie. La *camera obscura* fut, elle aussi, grandement perfectionnée au début de la dynastie Ming. Le *Récit illustré d'étranges contrées*, publié en Chine dans les années 1430, montre un bon nombre d'animaux également représentés par Jérôme Bosch. L'invention de Van Eyck et celle de Coster pourraient n'être que des coïncidences, tout comme les animaux de Bosch, qui auraient très bien pu naître de sa seule imagination. Mais que dire de ces trois coïncidences, considérées dans leur ensemble, qui se produisent au moment où les flottes chinoises sont susceptibles d'avoir exploré les côtes de « Franca » ?

---

1. David Hockney, *Secret Knowledge : Rediscovering the Lost Techniques of Old Masters*, Londres, Thames and Hudson, 2001. Traduction française, *Savoirs secrets, les techniques perdues des maîtres anciens*, Pierre Saint-Jean (trad.), Paris, Le Seuil, 2001.

Les flottes de Zheng He sont-elles arrivées dans le nord de la France ?

Ed Liu, internaute chinois, nous envoya ce message le 25 avril 2006, après avoir attentivement examiné la carte de 1418 :

> Sujet : Rouen, principale ville de Normandie, figure sur la carte de 1418.
>
> L'émissaire de Zheng He s'est bien rendu à « Fu-Den », nom qu'attribue à Rouen la carte de 1418.
>
> L'Espagne y figure également, sous le nom de « His-Fan », désignant les barbares (*fan*) his-paniques.

Les flottes chinoises s'étaient-elles rendues à Rouen ? S'agissait-il de la « Franca » mentionnée par le *Ming Shi* ?

Plusieurs éléments semblent corroborer cette thèse. L'école de cartographie de Dieppe se mit à publier toute une série de mappemondes dans les années 1540. Elles représentaient l'Australie, avec une grande précision, bien avant l'arrivée des Européens sur ce continent (voir les cartes Dauphin, Rotz et Vallard). Il devait s'agir de copies de cartes antérieures. Pour autant que je sache, seuls les Chinois avaient produit des planisphères aussi exacts avant les cartographes de l'école de Dieppe.

Plusieurs internautes nous ont également fait remarquer que les Bretons du pays Bigouden présentaient des traits asiatiques [...].

Nous espérons que la publication de cette édition française contribuera à stimuler la recherche, afin de déterminer si les flottes de Zheng He se sont rendues à Rouen entre 1415 et 1418, au moment où Henri V d'Angleterre avait instauré un blocus des côtes normandes. Il semble aussi que l'on ait offert à ce souverain des soieries chinoises mais, bien entendu, elles ont pu lui parvenir par la voie terrestre.

Pour nous, membres de « l'équipe 1421 », l'histoire des flottes chinoises constitue un grand voyage d'exploration. Nous avons reçu plus de 100 000 messages du monde entier et nous espérons que les lecteurs français feront bientôt partie des milliers d'internautes qui consultent chaque jour notre site. Ce sont bien les Français, après tout, qui montrèrent aux Européens le chemin du Nouveau Monde.

Gavin Menzies, Ian Hudson et Erica Edes
Londres, septembre 2006

REMERCIEMENTS

Ce livre étant destiné à un large public, et non aux seuls universitaires, les trois quarts des preuves dont nous disposons ont dû être omises, faute de place. C'est pourquoi une grande partie des calculs, des preuves et autres pièces à conviction sont consultables sur notre site internet, www.1421.tv. En outre, je serai ravi de répondre à toute question spécifique et de mettre mes notes à disposition des chercheurs de bonne foi. Pour me contacter, dans un premier temps, il est plus simple d'adresser un courrier à mon éditeur.

Bien que ce soit mon nom qui apparaisse sur la couverture, cet ouvrage est un travail d'équipe, et je n'aurais jamais pu l'écrire sans les efforts et le dévouement de bien plus de gens que je n'aurais la place d'en citer ici. Aussi, je voudrais dire toute ma gratitude à ceux qui m'ont aidé, qui m'ont offert leur soutien et leurs conseils avisés, en présentant par avance mes excuses à ceux dont le nom ne figurerait pas dans cette liste : elle sera complétée au cours des éditions suivantes. Je suis, tout d'abord, infiniment redevable envers ceux qui, dans la marine, m'ont appris à naviguer et m'ont enseigné la cartographie et l'astronavigation.

Sans ces connaissances, je n'aurais jamais pu faire les découvertes sur lesquelles se fonde cet ouvrage. Au cours de mes recherches, j'ai visité plus de 900 musées, mais je dois signaler les remarquables collections du British Museum, du Musée historique du Shanxi, à Xian, en Chine, et du Musée historique de Lima. Je remercie également la Biblioteca Marciana et le Museo Correr de Venise, le Musée maritime de Barcelone, le musée Fornsals de Visby, sur l'île de Gottland, le National Maritime Museum de Greenwich, la

Smithsonian Institution, le musée James Cook d'Australie du Nord, le Waikato Museum d'art et d'histoire d'Auckland, en Nouvelle-Zélande, le Tillamook County Pioneer Museum, dans l'Oregon, le Muséum d'histoire naturelle de Californie du Nord, le Zihuantanejo Museum de Michoacán, au Mexique, le National Museum australien et la Warrnambool Art Gallery.

En Angleterre, j'adresse mes plus sincères remerciements à la British Library, et en particulier au personnel du département des cartes et des sciences humaines (Humanities I), qui offre des collections incomparables et un service irréprochable. Les départements d'études orientales et africaines, d'études slaves et d'études islamiques de l'université de Londres, la Royal Asiatic Society, les Archives nationales, la Haklyut Society, le musée des Sciences et le Muséum d'histoire naturelle, la Bodleian Library d'Oxford, la bibliothèque de l'université de Cambridge et la bibliothèque des Arts extrême-orientaux d'Oxford m'ont également fourni une aide précieuse.

Tous les éminents spécialistes à qui j'ai demandé de lire et commenter mon manuscrit ont généreusement accepté de m'accorder de leur temps. Je leur suis infiniment reconnaissant de m'avoir aidé, mais je dois souligner que la responsabilité des opinions, voire des erreurs qui pourraient figurer dans cet ouvrage, m'incombe entièrement.

Je tiens à remercier avant tout le Pr Carol Urness, conservatrice de la James Ford Bell Library, bibliothèque de l'université du Minnesota, à Minneapolis ; le Dr Joseph McDermott du département d'études orientales, à l'université de Cambridge ; John E. Wills Jr, professeur d'histoire à l'université de Californie du Sud ; G. R. Hawting, professeur d'histoire médiévale et islamique au département d'études orientales et africaines de l'université de Londres ; le Dr Konrad Hirschler ; John Julius Norwich ; le Dr Taylor Terlecki du département de langues et littératures modernes et médiévales à l'université d'Oxford ; le Dr Ilenya Schiavondes des Archives de Venise ; le Dr Marjorie Grice-Hutchinson ; Sir John Elliott, professeur d'histoire moderne à Oxford ; et l'amiral Sir John Woodward. Je dois mentionner, entre autres, le Dr Linda Clark au bureau d'histoire du Parlement ; Mike Baillie du centre de paléoécologie du département d'archéologie et de paléoécologie de Queen's University, à Belfast ; le Dr Robert Massey de l'observatoire royal de Greenwich ; Mlle Helen Stafford et le Pr Philip Woodworth du laboratoire océanographique Proudman, à Birkenhead ; Bob Headland de l'institut de recherches polaires Scott, à Cambridge ; Shane Winser de la Royal Geographical Society (avec l'Institut de géographie britannique) ; Brian Thynne de la Caird Library au National Maritime Museum de Greenwich ; le Dr Piero Falchetta, bibliothécaire à la Biblioteca Marciana de Venise ; Chris Stringer du Muséum d'histoire naturelle de Londres ; Bryan Sykes, professeur de génétique humaine à l'université d'Oxford ; le vice-amiral Sir Ian McIntosh ; le Dr Fernanda Allen ; et Ron Hughes. Mes remerciements vont aussi à Johan de Zoete, conservateur du Museum Enschede, à Haarlem ; au Dr Muhammad Waley, conservateur des collections perses et turques du British Museum ; à Stuart Stirling ; à Timothy Laughton, professeur au département d'histoire de l'art de l'université d'Essex ; à Sue Povey, professeur de génétique humaine au département de biologie de University College, à Londres ; à feu le Dr Josie Hicks ; à Christie G. Turner II, professeur d'anthropologie à l'université d'Arizona State ; à John Oliver, professeur au départment d'astronomie de l'université de Floride ; à Marshall Payn ; à Alan Stimson, ancien conservateur de la section navigation de l'observatoire royal de Greenwich, et au Dr K. Tan.

Le Pr João Camilo dos Santos, de l'ambassade portugaise de Londres ; le conservateur des archives nationales de Torre do Tombo, à Lisbonne ; Daphne Horne, conservateur du Gympie Historical Society Museum, au Queensland ; Brett Green ; Vanessa Collingridge ; Michael Fitzgerald, conservateur du Tepapa Museum de Tongarewa ; Catherine Mercer, bibliothécaire au Waikato Museum ; Robin J. Watt ; et Roderich Ptak, professeur à l'université de Munich m'ont aussi fait l'honneur de bien vouloir m'aider. Je dois également remercier Steven Hallett de Xanadu Productions ; le Pr Yingsheng Liu de Nanjing ; le Dr Eusebio Dizon, directeur des recherches sous-marines du musée de Manille, aux Philippines ; Mme Wenlan Peng, ancienne directrice des programmes anglophones de la Télévision centrale Chinoise ; le captaine Richard Channon ; le commandant Mike Tuohy ; Christine Handte, capitaine de la jonque *RV Heraclitus* ; le conservateur du Musée maritime de Macao ; le Dr Wang Tao de l'École d'études orientales et africaines ; Miss Viviana Wong ; le Pr Kenneth Hsu ; le Dr John Furry ; David Stewart et les familles Reed et St Louis ; Robert Metcalf ; le commodore Bill Swinley, ancien chef des Forces Armées des Bahamas ; M. Gérard Lafleur ; David Borden ; Kirsten Seaver et le Pr Paul Seaver ; le Pr George Maul, du Florida Institute of Technology ; le Pr Maude Phipps, et enfin, le Dr K. K. Tan. Je suis infiniment redevable aux spécialistes chinois dont voici les noms : le professeur et vice-amiral Zheng Ming, le Pr Yuan-Ou (président l'Association des chercheurs en histoire de la marine médiévale chinoise), et à Kong Ling-Ren, maître de conférences, pour leur reconstitution des jonques de la flotte de Zheng He ; au Pr Zhu Jianqu pour les cartes marines médiévales chinoises ; aux professeurs Shi Ping, Chen Xiansi, Zhu Yafei, Chao Zhong Chang et Chen Qimao ainsi qu'au vice-amiral Liu Ta Tsai pour la politique étrangère des Ming en lien avec les expéditions de Zheng He ; au professeur Zheng Yi-Jun en ce qui concerne les relations entre la Chine et l'Afrique ; au Dr Tao Jingyi pour les relations sino-sri-lankaises ; au Pr Liao Dake pour les relations entre la Chine et Malacca ; au Pr Li Dao Gang pour les relations sino-thaï ; aux Prs Zhu Wei et Cheng Bei Bei pour les relations sino-indiennes ; au Pr Xu Yuhu pour la garnison de Nankin ; pour l'approvisionnement de la flotte de Zheng He et pour le rôle de Taicang, à Shouping Huang (directeur du mémorial Zheng He, palais Liu He), à Huiming Cheng (secrétaire du comité municipal du Parti Communiste de Taicang) et à Yao Ming Sun (vice-secrétaire) ; pour le traitement réservé aux ambassadeurs étrangers, aux professeurs Yang Zhao, Yang Suming, Yang Hong Wei et Zhou Zhiya ; pour les motivations des voyages de Zheng He, aux Prs Chen Xiansi, Du Xiujuan et Yan Xiamei ; pour les colonies chinoises d'Asie du Sud-Est, aux Prs Su Haltao, Zhaojijun Duxiujuan, Luo Mi, Zhengyong Tao et Liu Kun ; pour la « découverte des Amériques » par les Chinois, aux Prs Zhu Jianqiu, Luo Zong Zhen et Liu Manchum ; pour le rôle des médecins dans les flottes de Zheng He, au Pr Gong Jinhan ; et pour l'astronavigation, au Pr Zhang Guo Ying.

Après la publication de l'édition américaine, en janvier 2003, les personnes suivantes (citées sans aucun ordre particulier) m'ont fort aimablement fourni de nouvelles preuves : Adela Lee, le Pr Fayuan Gao, l'amiral Zheng Ming, le lieutenant Lee Juntao, Katherine Zhou, Al Cornett, Albert Yuen, Fran Chunge, Ma Yinghui, Alice Mong, Alphonse Vinh, Elizabeth Flower Miller, Bob Hassell, Brett Green, Bruce Tickell Taylor, le Dr Edgardo Caceres, Joel Fressa, Anthony Moya, A. Armstrong, Duncan Craig, Bruno et Chiara Condi, le Dr Catherine Skinner, David et Cedric Bell, J. D. Van Horn, Edwin Davey, E. O. Jeago, Charlie et Dottie Marshner, Charlotte Rees, Chung Chee Kit, Greg Jefferies, Bill Ward, Vaughan Cullen, David Crockett, David Borden, Ger Nijman, David Sims, Larry D. Clark, le commodore Bill Swinley, Charles Huegy, Guy Dru Drury, Hector Williams, B. Morelan, Ken Holmes, Howard Smith, Jerry Warsing, Jim Mullins, Shaun Griffin, Paul Yia, Romeo Hristov, Joan Butcher, John Braine Hartnell, Barbara et John McEwan, R. V. Remsen, A. D. Palmer, Steve Haynes, Steve Elkins, John Robinson, le Dr John Marr, Kerson Huang, Jake Smothers, Thad Daly, Margo Donovan, Key Sun, Linden Chubin, Mark Zhang, Ms Fan, Mike Armstrong, Jean Elder, Martin Tai, Mary Doerflein, Tony Brooks, R. Wertz, Meg Stocker, Dean Dey, Miranda Mraekts, Scott McClean, Gary Jennings, Michael Osinski, M. l'ambassadeur Nicolas Platt, Paolo Costa, Peter Robinson, Howard Smith, Sandy

Lydon, Durdock Riley, R. Dick Reed, Rene Kollmyer, le Pr Bryan Sykes, William Goggins, Richard F. Chauvet, Robert A. Hefner III, Katrina Van Tassel, Gerald Thompson, Robin J. Watt, Philip Mulholland, Greg Autry, Rodney Gordon, Bernard Chang, Holly Midgley, le Pr Gary Tee, Roger L. Olesen, Sun Shuyun, Jonathan F. Ormes, Christopher Spedding, le Pr Gabriel Novick et ses collègues, T. Lang, les docteurs Gregory Chambers et Winston Peters, Tan Ta Sen, les docteurs Wang Tao et Shong, L. A. R. Clark, Brent Kennedy, Jack Pizzey, M. le juge William Hupy, Bruce Trinque, Marti Brodel, William McVicar, D. D. Jevans, Baxter Smith, B. S. Cullins, les professeurs Yao Jide et Yingsheng Liu, Ken Welch, W. Feickert, l'institut météorologique néerlandais KNMR, l'université technique de Delft, C. G. Hunt, F. Hochstetter, E. Alan Aubin, Bill Ward, Norm Fuller, A. D. Fletcher, E. N. R. Fletcher, John Grubber, Jeff McCabe, Terry Glavin, Paul Wagner, G. Berteig, Dom Mollick, Ken Holmes, Susan Crockford, Steve Hayes, Jim Tanner, John Ting, F. Lizuka, le Dr Theodore Bainbridge, Barbara Vibert, R. Wertz, R. Banzo, R Remsen, Clay Ranger, Mrazert, le Dr Annabel Arends, Zerallos Palmer, Craig Hill Handy, le Dr Felipe Vilchis et ses collègues, Valary Porter, Glenn R. Whitley, Xiao-Qing Li, Armando Rozari, Stevie Tan, Tan Ing Soon, Regina Faresin, H. C. Hartman, Willard S. Bacon, Richard Zimmerman, le service des Parcs Nationaux (Ministère de l'Intérieur américain), Edwin H. Spencer, Ralph McGeeham, Alan McGillivray III, Peter Sommer, Anthony Fletcher, Tom Bender, Patrick Donohue, Jo Ann Alkamraikhi, Greg Coelho, T. Michael Stanley, le capitaine Roddy Innes, Mathias Hartmann, Robert Gariup, Frank Wells, les Prs Liu Kan et Quin, David Knight, Rodney Gordon, le Pr Edward Bryant, les docteurs Greg et Laura Little, Michael Ferrero, Cheuk Kwan, Siew Hong Wong, Francis Pickett, An Ping, Ric Baez, Frank Fitch, William Vigil, Alan Moks, J. Peter Thurmond, Heindri Bailey, Lynda Nutter, David Borden, Rewi Kemp, le Pr John Oliver, Enrique Garcia Barthe, Charles N. Rudkin, Lindsay Peet, John Weyrich, Tony Abramson, Brian Darcey, Ian McDonald, Aytac Tekin, Steven Lutz, Anthony Fletcher, Greg Jeffer, Annette Brown, Jessica Hanson-Hall, Lindsey Sayvin, Philip Hahl, Vanessa Collingridge, Merle O'Doherty, John et Erica Parker, Darril Fosty, T. Michael Stanley, Dom Kropfer, Robert Chase, Kurt Cox, Tom Felion, Lanton Roberts, Andy Asp, Susie Brumfitt, Andrew D. Basiago, P. J. Evans, Raphael Banzo, Bob Ward, Sydney Stout, Philip Bramble, Bob Shipp, Dom Raab, Orlando J. Martinez, Carlos Quirino, Celia Heil, Jack Andrews, Ciro Matuck, Joy Mertz, Ray Howgego, Adam Dunn, Don Hughes, David Sims, Jim Jackson, Alan Armstrong, Ronald Monroe, Ginni MacRobert, Jack Nixon,

Lennart Siltberg, Roy Sandor, Shizhang Ling, Errol Kirk, Steve Mumme, Nico Boon, le Pr David Price, Robert N. Heath, les docteurs M. E. Phipps et K. K. Tan, Tin Lam et ses collègues de Netism Solutions, le Dr Alan Leibowitz, B. S. McElney, Perry Debell et le Dr John S. Marr. Je dois aussi exprimer toute ma gratitude aux Voyages Jules Verne, qui fournissent de magnifiques prestations, avec des guides très compétents ; à Anthony Simonds-Gooding ; à Wendi et Mike Watson, et leur équipe ; à Steven Williams et Sophie Ransom de Midas Public Relations ; à Jack Pizzey ; à Pearson Broadband et Paladin Invision, et à leurs équipes. Je tiens également à remercier le Dr Joseph McDermott, Elizabeth Hay, les Drs Hubert Lal, Taylor Terlecki et Marjorie Grice-Hutchinson, Ian Hudson, Amy Crocker, mon épouse, Marcella Menzies, et notre fille aînée, Vanessa Gilodi-Johnson, qui ont tous traduit des textes de langues diverses. Luigi Bonomi, de Sheil Land Associates, a été un formidable agent littéraire et, chez mon éditeur, Transworld, je remercie sincèrement Larry Finlay, Sally Gaminara, directrice de publication de Bantam Press, ainsi que Simon Thorogood, Deborah Adams, Julia Lloyd, Alison Martin, Rebecca Winfield, Helen Edwards, Sheila Lee, Neil Hanson, Garry Prior, John Blake, Ed Christie et leurs équipes. Je suis aussi reconnaissant à Gillian Bromley, Daniel Balado, Elizabeth Dobson, Joanne Hill et Sarah Ereira pour le travail qu'ils ont effectué sur le texte. Enfin, je tiens à dire toute ma reconnaissance à ceux qui m'ont soutenu dans mon projet pendant quatorze longues années, et à remercier tout particulièrement Frank Hopkins, vieil ami et spécialiste d'histoire à Oxford, et Laura Tatham : jamais écrivain ne pourrait trouver assistante plus loyale ni plus dévouée. Enfin, c'est à mon épouse, Marcella, que j'adresse mes remerciements sincères pour l'amour qu'elle m'a témoigné pendant toutes ces années, pour son soutien moral et matériel, car elle m'a fourni les moyens financiers de poursuivre mes recherches. Ce livre me ressemble : il lui doit tout.

Gavin Menzies, Londres, mai 2003

Pour toute information complémentaire : www.1421.tv

INDEX

Déjà parus aux éditions Intervalles

LITTÉRATURE

Parano, de Jan Lars Jensen
Douze Histoires cul sec, d'Anthony James Perry
D'amour et d'Amazone, d'Anthony Smith
À la recherche d'Hassan, de Terence Ward
Le roman que je n'ai pas écrit, de Linda Grant
Twelve Bar Blues, de Patrick Neate
Les Mots pour jouir, de Martin Melkonian

PHOTOGRAPHIE

Idolâtrisme, de Jocelyn Bain Hogg
Les Enfants d'Abraham, d'Abbas
Tokyo Love Hello, de Chris Steele-Perkins
India Notes, de Raghu Rai et Tiziano Terzani
Cinéma, de Xavier Lambours
Roland-Garros, fenêtre sur courts, de Stéphan Gladieu
De la guerre et de l'amour, de Fouad Elkoury

Achevé d'imprimer en août 2007
par Normandie Roto Impression s.a.s., 61250 Lonrai - France
N° d'impression : 072062
Dépôt légal : 3e trimestre 2007
Composition : Nord Compo

ÉDITIONS INTERVALLES :

Direction éditoriale : Armand de Saint Sauveur
Direction artistique : Kamy Pakdel
Direction commerciale : Karine Mallet-Belmont

80 Boulevard Haussmann – 75008 Paris
Tél. : + 33 1 53 43 83 30
www.editionsintervalles.com